憲法と資本主義

杉原泰雄

keiso shobo

はしがき

(1)『憲法と資本主義』を公刊することにした。副題をつければ、「近現代の市民憲法はどのようなあり方の資本主義を求めてきたか」ということになりそうである。私の能力を超える検討課題であるが、いつか取り組まなければならないものと考え続けてきた。資本主義のあり方の問題（それへの否定的な対応も含めて）こそが、近現代市民憲法の主題中の主題であったからにほかならない。近時の経験からすれば、そのあり方を誤ると、国民や人類の存続をもおびやかすことになる。

(2) 近代以降、どの国民も、ほぼ例外なしに、社会と政治の根本的なあり方を憲法という「国の最高法規」に定め、その憲法に従って統治権を行使し、憲法の求める社会と政治のあり方を具体化する体制をとっている。「立憲主義」の体制である。この体制は、一八世紀末にアメリカとフランスで始まるが、一九世紀末には極東の日本にまで至っている。近代とともに登場し、世界化する人類の知恵の所産である。

(3) 近代市民革命を経て登場する近代市民憲法は、身分制的封建体制の解体と近代資本主義体制の本格的な整備展開を主題とし、それに適合的な人権の保障と統治体制を導入していた。全国民に対する形式的な自由・平等の保障、財産権の神聖不可侵の宣言、ほぼ野放しの契約の自由、普通選挙制度と直結しない国民代表制等を主内容とするものである。それは人間解放の新時代をもたらすものであったが、同時に性による差別、「自由放任・

低賃金長時間労働」の近代資本主義体制、非和解的な労資間の階級闘争と近代資本主義体制の不安定化、帝国主義的進出と帝国主義戦争等の時代をもたらすものでもあった。

(4) 第一次世界大戦後に登場し始める現代市民憲法は、ソ連＝東欧型社会主義憲法とともに、性による差別の禁止、すべての国民に「人間らしい生活」の保障を求める「社会国家」(「福祉国家」)の理念、「戦争の違法化」の原則、民主主義の強化等を主内容とする、現代資本主義憲法である。西欧・北欧の諸国民は、これらの現代的諸課題とそれなりに積極的な取り組みをしている。日本国憲法は、これらの諸課題を明示している典型的な現代市民憲法である。しかし、日本の憲法政治の現実においては、アメリカ合衆国の憲法・憲法政治に追随してのことであるが、これら諸課題への消極的または否定的対応が際立っている。

現代憲法の基本的諸課題を放棄すれば、その政治経済体制は、現代における積極的存在理由を失い、存続不能にさえもなる。ソ連＝東欧型社会主義憲法体制の諸国は、そのようにして二〇世紀末に崩壊した。第二次世界大戦後、ほぼ一貫して市場原理主義と軍拡に固執し続けたアメリカ合衆国は、「パックス・アメリカーナ」の地位を喪失してしまっただけでなく、世界最大の「双子の赤字」(国際経常収支と連邦財政の赤字)にさいなまれている。

(5) 第二次世界大戦後、世界を東西に二分して総力戦的な「東西冷戦」「米ソ軍拡競争」が始まる。この段階以降を「現在」と呼ぶならば、「現在」は、現代の基本的諸課題のみならず、それらのあり方を変形したまたはそれとは異なる、以下のような新しい課題をも提起している。①総力戦的な軍拡競争の結果として、人類を幾度も滅亡させうるほどの核兵器等の大量破壊兵器が蓄積・拡散され、かつ主要関係国の存続を経済財政的に困難としている。②米英日を主たる提唱国として、「例外なき自由化」をスローガンとする市場原理主義の世界化(グローバリゼーション）が推し進められている。そのなかで、生産・消費・大多数の生活者の生活のいずれにとっても破壊的でしかありえない投機的活動もが日常化している。「自由放任」の近代資本主義体制の世界化の進行である。③この②の進行とも密接に関係して、もろもろの形をとった地球環境の破壊が進行している。

これらの問題は、そのいずれもが、その破壊力の大きさの故に、国民の存続のみならず、人類の存続にも直結している。これらの問題も、現在における憲法の基本的課題として、政治経済体制のいかんにかかわらず一致して対処しなければならないはずのものである。それに対処しうる民主主義のあり方も、求められている。大多数の市民の生活にかんする重要問題は、「人民による、人民のための政治」を徹底して保障する民主主義によってしか的確な処理ができないし、そのような民主主義をもつ諸国民が現在の基本課題の解決のために国境を超えて連帯をすることができる。

(6)　この書物では、検討が多岐にわたり、その全体像が見えにくくなっているので、「序章」を設けてその概要を述べておくことにした。まずその「序章」に目を通したうえで、適宜お読みいただけると幸なことと思う。いずれにしても、「憲法と資本主義」の主題は、取り組まなければならない課題ではあったが、私には過大なものでもあった。私に時間の余裕がさらに与えられているのであれば、再度検討の機会をもちたいものと願っている。

厳しい出版界の状況下でこのような書物に公刊の機会を与えてくださった勁草書房とゆき届いたご配慮によってめんどうな編集業務を進めて下さった古田理史さんに心からのお礼を申し上げたい。

二〇〇八年七月

杉原泰雄

目次

はしがき
別表一覧
序章『憲法と資本主義』の概要……1
一　人類の歴史的歩みの特色　1
二　近代資本主義憲法（近代資本主義）体制の登場　3
三　二つの現代憲法体制の登場　5
四　軍拡「大競争」における「ソ連＝東欧型社会主義憲法」体制の崩壊　7
五　「社会主義憲法体制の崩壊」と「資本主義憲法体制の存続」の問題　8
六　現代・現在の基本的諸課題を解決する民主主義の問題　11
七　現在の問題状況　14
八　検討の仕方　16

目　次

第一章　近代の初頭における憲法と資本主義についての三構想……17
Ⅰ　三つの近代化構想……17
Ⅱ　近代立憲主義型資本主義憲法体制の登場……19
一　フランス革命の構造……20
1　二重の生産関係　21
2　二重の政治的対抗関係　22
二　ブルジョアジーの近代化構想——近代立憲主義型資本主義憲法体制……24
1　その立憲主義の精神と概念　25
(1)　その立憲主義の精神　25
(2)　その立憲主義の概念　26
2　人権保障の目的性と政治の手段性　29
3　人権保障の特色　29
(1)　立法権にも対抗できる人権の保障（人権の不可侵性）　29
(2)　内在的制約　32
(3)　経済的自由権の保障に力点をおく、自由権中心の人権保障　32
(4)　若干の受益権の保障　34
(5)　形式的平等の保障　34
(6)　参政権　36
(7)　抵抗権の保障　37
4　「国民主権」とその具体化　39
(1)　フランス革命と主権原理　39
(2)　「国民主権」の構造　39
(3)　「人民主権」を仮面とする「国民主権」　43
(4)　「国民主権」の歴史的対応能力　45
(5)　「国民主権」との関係で留意すべきこと　45
5　権力分立制（三権分立制）　46
(1)　立法とは　47
(2)　司法とは、行政とは　49
6　地方自治に消極的な中央集権体制　50
7　軍事問題——軍事の基本問題の憲法事項化と議会中心主義　52

8　小括――市場原理主義的資本主義体制の本格的な整備展開を求める憲法　53

III　外見的立憲主義型資本主義憲法体制の登場……56
一　はじめに……56
二　ドイツの場合――一八五〇年プロイセン憲法とその下における近代資本主義体制……57
1　「上からの近代化」　57
2　一八五〇年プロイセン憲法下で　62
(1)　立憲主義の意味　62
(2)　「プロイセン人の権利」の保障　63
(3)　君主主権の具体化　65
(4)　権力分立の形骸化　70
(5)　地方自治に消極的な中央集権体制　72
(6)　軍事問題　74
3　小括――ヨーロッパにおける「上からの資本主義化」　74
三　日本の場合――一八八九年の明治憲法による近代化……76
1　日本における「上からの近代化」　76
2　外見的立憲主義型資本主義憲法としての明治憲法　78
(1)　その立憲主義の意味――上杉・美濃部論争の焦点　80
(2)　臣民の権利　82
(3)　日本型王権神授説に基づく天皇主権　84
(4)　外見性の強い権力分立制　87
(5)　地方制度にかんする憲法規定の欠落　90
(6)　統帥権の独立　92
3　小括――絶対君主制下における権威主義的資本主義体制の創出　92

IV　民衆の憲法構想（近代化構想）……95
一　はじめに……95
二　J-F・ヴァルレの憲法構想――その近代化の構想……97

1　ヴァルレの登場　97
(3)　「人民」への権力の集中　106
2　「厳粛宣言」における憲法構想　98
(1)　その人権保障　98
(4)　「充実した地方自治」体制の要求　107
(2)　その「人民主権」の原理　102
(5)　戦争と軍備に対する厳しい態度　108
三　「バブーフの陰謀」における憲法構想……108
1　「テルミドールの反動」　109
(1)　その人権保障の特色　112
2　「バブーフの陰謀」における政治と社会の構想　111
(2)　「人民主権」の政治　115
(3)　「人民主権」と革命政府　117
四　民衆の憲法構想（近代化構想）のまとめ……118
V　近代における三つの憲法構想（近代化構想）の関係……119

第二章　近代立憲主義型資本主義憲法体制の「光」と「陰」……123
I　その「光」……123
一　封建体制からの解放……123
二　国民と権力の新しい関係の創出……124
三　近代資本主義体制の本格的な整備展開の保障……125
四　文学・芸術・教育・科学の発展と産業革命……127
1　文学・芸術の発展　127
2　教育・科学の発達と産業革命　128

(1) 教育・研究の制度・施設の整備　128　(2) 産業革命をもたらす成果　130

II 近代立憲主義型資本主義憲法（近代資本主義）体制の「陰」……131

一　性による差別……131
1 民法や刑法における差別　131　2 その他の法分野における差別　132

二　「自由放任」の近代資本主義体制とその現実……133
1 「自由放任」の近代資本主義体制　133
2 その資本主義体制の現実　134
(1) 低賃金長時間労働　134　(2) 平均寿命の低下　138　(3) 政府による事態の放任と法認　142
3 A・ド・トクヴィルの予言　145

三　近代立憲主義型資本主義憲法（近代資本主義）体制を賭ける階級闘争の時代へ……146
1 多種多様の社会主義思想の登場　146　2 一九世紀後半の階級闘争　148　3 存続能力を失う「自由放任」の近代資本主義体制　150

四　帝国主義的進出と帝国主義戦争の構造化……152
1 帝国主義的進出　152
(1) 一九世紀最後の四半世紀前の状況　153　(2) 一九世紀最後の四半世紀における根本的転換　153　(3) 民族の独立に向う植民地・半植民地等の状況　154
2 帝国主義戦争の構造化　159

五　小括——新しい「人間疎外」の体制としての近代立憲主義型資本主義憲法（近代資本主義）体制……160

目次

第三章　閃光的な「先駆者」……163
――一八七一年のパリ・コミューン――
I　はじめに……163
一　その簡単な経過……163
二　パリ・コミューンの憲法構想を示す代表的文書……164
1　三月二七日の二〇区共和主義中央委員会の宣言 165　(2)　四月一九日の議会の宣言 169　(3)　共通の政治理念・原理を欠く「二つのパリ・コミューン」? 173
2　四月一九日のコミューン議会の宣言 168
(1)　コミューン議会の選挙 168
II　パリ・コミューンの憲法的構想の特色……174
一　保障しようとする人権……174
1　その内容 174　2　新しい人権保障の追求 176
二　社会主義体制への意図……179
三　「人民主権」の原理と「充実した地方自治」の体制……181
1　「人民主権」の原理 181
(1)　従来の統治体制の否定 181　(3)　「人民主権」に立脚する中央政府 183
(2)　コミューンの解体・再編 182　2　「人民主権」と「充実した地方自治」の体制 183
四　軍事小国主義……185

五　安価な政府……186
六　一八七一年の憲法構想の歴史的意義……187
七　パリ・コミューンと「革命政府」の問題……188
1　「革命政府」をめぐる事態の経過　189
(1)　当初における問題意識の欠落　189
(2)　「公安委員会」の創設とコミューン議会の内部分裂　189
(3)　「革命政府」の原理と形態　190
2　内部崩壊の要因　190
3　パリ・コミューン後における「革命政府」の問題　192

第四章　二つの現代憲法の登場

――近代資本主義憲法体制下の「陰」を克服しようとする二つの試み――

……193
I　はじめに……193
II　現代資本主義憲法（現代資本主義）体制――その基本特色……194
一　性差別の禁止の明示……194
二　社会国家（福祉国家）理念の導入……195
1　経済的自由権の積極的制限　196
(1)　その具体例　196
(2)　新しい制限の特色　198
2　社会権の保障　201
(1)　その具体例　201
(2)　新しい権利保障の特色　205
3　「文化国家」の理念と文化的諸権利の保障　206

(1)「社会国家」(福祉国家)と「文化国家」 206
(2) 文化活動等の自由とその積極的な援助助成・条件整備 208
(3)「文化国家」理念の抽象性の問題 210
4 なぜ「社会国家」「文化国家」か 211
(1) その理由 211
(2) 現代資本主義憲法の運用における消極性とその正当化論 212
三 「戦争の違法化」原則へ……215
1 現代資本主義憲法における「戦争の違法化」原則への動向 215
(1) 転換の契機となる第一次世界大戦 219
(2) 国連憲章における「戦争の違法化」原則の強化 224
(3)「東西冷戦」「米ソ軍拡競争」とその後 226
2 国際法の転換 218
四 民主主義の強化の動向──「人民主権」への傾斜……227
1 参政権の保障の強化 228
(1) 男女平等の直接普通選挙制度の導入 228
(2) 例外的な直接民主制の導入 229
(3) 議員の選挙の意義の変化と議会解散制度の導入の傾向 229
2 「議会主義」から「議会制民主主義」へ 231
(1)「議会主義」「古典的代表制」「純粋代表制」とは 231
(2)「議会制民主主義」「現代代表制」「半代表制」 233
(3) 比例代表制への傾向 239
3 なお逡巡する地方自治 245
(1) 若干の確認 245
(2) 現代資本主義憲法の対応 247
五 社会経済的決定論の相対化の動向
──現代資本主義憲法におけるブルジョアジーの地位の不安定化……250

1　立憲主義体制の導入　251
2　近代資本主義憲法におけるブルジョアジーの優越性の保障　252
3　現代資本主義憲法下の状況　254
(1)　現代資本主義憲法下の社会関係　254
(2)　現代資本主義憲法下の政治関係　255
III　ソ連＝東欧型社会主義憲法体制……257
一　はじめに……257
1　一九三六年のソビエト社会主義共和国連邦憲法の体制に焦点を合せて　257
2　一八七一年パリ・コミューンの憲法構想との比較において　259
二　一九三六年憲法体制の基本特色――一八七一年の憲法構想との異質性……260
1　「人民主権」への対応　261
(1)　パリ・コミューンの場合　262
(2)　一九三六年憲法の場合　263
(2)　一九三六年憲法と一九七七年憲法の場合　272
2　市民の権利保障の問題　266
(1)　パリ・コミューンの場合　266
(2)　一九三六年憲法の場合　268
3　軍事問題への対応　272
(1)　パリ・コミューンの場合　272
4　「党の国家化」の問題　273
(1)　一九三六年憲法の場合　274
(2)　パリ・コミューンの場合　277
(3)　未解決の課題としての革命政府の問題　279
5　小　括　279
第五章　「大競争の時代」とソ連＝東欧型社会主義憲法体制の崩壊……281
I　「大競争の時代」を迎える前に……281

II　「大競争の時代」の具体的展開――「東西冷戦」「総力戦的軍拡競争」……282
一　はじめに……282
1　「本筋をはずれた大競争」　282　　2　その要因に関連して　283
二　総力戦的軍拡競争……284
1　ソ連の軍拡　284　　2　アメリカの軍拡　286
三　「大競争」の帰結……287
1　戦争（武力の行使を含む）の手段性の喪失　288
(1)　核戦争の場合　288　　(2)　非核戦争の場合　290
2　軍備の存在理由の喪失――経済・財政の破綻と現代憲法理念の放棄　292
(1)　軍拡を正当化する「抑止力論」　292
(2)　軍備・軍拡と経済・財政の破綻　293
(3)　アメリカの対応　296
(4)　ソ連の軍拡と崩壊　297
(5)　小　結　298

第六章　「社会主義憲法体制の崩壊」と「資本主義憲法体制の存続」の問題……299
I　ソ連＝東欧型社会主義憲法体制に内在する問題――社会主義憲法体制であったか……299
II　「資本主義憲法体制の崩壊の必然性論」の問題……301
一　マルクスの場合……301
1　はじめに　301　　2　『ルイ・ボナパルトのブリュメール一八日』

における検討　304
(1) 検討の要点の紹介　304
(2) その検討の意義　314
3 『フランスにおける内乱』における一八七一年パリ・コミューンの検討　316
(1) 一八七一年パリ・コミューンの経緯　316
(2) パリ・コミューンについてのマルクスの検討　319
(3) マルクスの新国家構想が残しているもの　325
(4) 小　括　328
二　レーニンの場合……330
1 『国家と革命』における検討　330
(1) 階級対立の非和解性と階級支配の手段としての国家　330
(2) 「国家と革命。一八四八年―一八五一年の経験」　331
(3) パリ・コミューンにかんするマルクスの検討の紹介と補完　332
(4) 若干の検討　338
2 『帝国主義論』における資本主義体制の「現状」分析　341
(1) 帝国主義の一応の概念規定と帝国主義戦争の不可避性論　342
(2) 寄生的で腐朽化しつつある資本主義　344
(3) 帝国主義の歴史的地位　345
(4) 小　括　347
三　「崩壊の必然性論」が前提とする近代資本主義憲法体制……347
1 近代資本主義憲法（近代資本主義）体制　347
(1) 近代資本主義憲法の基本特色　347
(2) 近代資本主義憲法下における近代資本主義体制の具体的特色　350
2 マルクスとレーニンの「崩壊の必然性論」の意義　353

四　「第七章」のために……354

第七章　現代資本主義憲法的対応とその強化の必要性を論証する社会諸科学の登場……355

I　社会政策学等による社会国家（福祉国家）的対応の提起……356
一　社会政策の「経済的必然性論」……356
1　社会政策学の展開　356
2　社会政策の「経済的必然性論」（大河内一男の本質論）　358
二　社会政策の「社会的必然性論」……359
1　「社会的必然性論」の一般的特色　359
2　岸本英太郎の社会政策論　360
三　小括——若干の整理とコメント……364
1　若干の整理　364
2　若干の疑問　365

II　総合的な経済社会政策学の展開……369
一　総合的な経済社会政策学への転換の動向……369
二　総合的な経済社会政策の理論的主役——ケインズ学派……370
1　ケインズ学派の登場　370
2　ケインズ学派の提案の意義と問題　371
(1)「初期段階の指摘」　371
(2)「後期段階の指摘」　374
(3) 問題点の整理　376

目　次

III 「平和のための経済学」……378
一　はじめに……378
二　R・ディグラス『アメリカ経済と軍拡』……379
1　背景となる主要事実　380
2　軍拡による経済衰退の証明　381
3　小括　385
三　佐藤定幸『二〇世紀末のアメリカ資本主義』（一九九三年）……385
1　はじめに　385
2　佐藤の検討の紹介　387
(1)　『『アメリカの世紀』だった二〇世紀』　387
(2)　「第二次世界大戦後のアメリカの圧倒的地位」　387
(3)　「アメリカの地盤沈下に拍車のかかった八〇年代」　389
(4)　「アメリカ経済の空洞化」　391
(5)　「『冷戦』終了後のクリントン政権下の問題状況」　392
(6)　社会的不平等の急速な拡大　392
(7)　「アメリカ経済『再生』の道」　392
3　小括　393
IV ジェンダー論と環境政策論からの問題の提起……399
一　ジェンダー論の場合……399
二　環境政策論の場合……400
第八章　現代・現在の基本的諸課題を解決する「民主主義」の問題……403

I　はじめに……403
一　立憲主義の問題について……405
二　民主主義の問題について……408
II　現代資本主義憲法下における「人民主権」論の展開……410
一　資本主義体制における「人民主権」「人民代表制」への動向……410
二　資本主義体制下における「人民主権」体制への変動を正当化する憲法論……411
1　議会制民主主義・半代表制・現代代表制のための憲法論　412
(1)　A・V・ダイシー等の場合　412
(2)　A・エスマンの場合　413
(3)　カレ・ド・マルベールの場合　415
2　比例代表制・「社会学的代表制」のための憲法論　416
(1)　M・デュヴェルジェの説明　417
(2)　若干の補足　418
(3)　G・ライプホルツの場合　419
III　「行政国家」状況への対応論——議会制度の強化論……422
一　「行政国家」の諸要因……423
二　立法府の形骸化への対応……425
1　形骸化の状況　425
2　あるべき対応の検討の必要性　427
(1)　アメリカ合衆国の連邦議会のスタッフ　428
(2)　ドイツの二つの現代資本主義憲法と国政調査権　429
IV　「充実した地方自治」体制への動向……431

一　中央政府の制度に内在する限界……431
1　「人民による政治」の困難性　431　2　「人民のための政治」の困難性　433
二　中央集権体制の問題性……434
1　中央集権体制と地方分権体制　434
(1)　中央集権体制について　435　(2)　地方分権体制について　435
2　中央集権体制に伴う弊害　436
三　近現代の資本主義憲法と地方自治……436
1　近代資本主義憲法と地方自治　437
(1)　一九八五年の「ヨーロッパ地方自治憲章」と「世界地方自治宣言」　440
2　「充実した地方自治」の体制を求める動き　437
(2)　旧ソ連＝東欧型社会主義諸国の一九九〇年代の新憲法における地方自治　443
3　現代資本主義憲法と地方自治　438
(3)　「世界地方自治憲章」の採択運動　445
4　現代資本主義憲法を超えて――「充実した地方自治」の体制へ　439
Ⅴ　「知る権利」の問題……445
Ⅵ　小　括……448

終　章　現在の問題状況……449
一　第三の転換期としての現在……449
二　第三の転換期で問われていること……451
1　「大競争」の再開ではありえない　451　2　二つの資本主義憲法体制のいずれを選ぶか　452

3　資本主義憲法体制によって現代・現在の基本的諸課題を解決できない場合　454
めに　454
4　民族・人類の滅亡・破滅的混乱の阻止のための体制　456
5　なお固執すべき日本国憲法とその資本主義体制　456

注……………………………………………………………461

人名索引……………………………………………………i

別表一覧

別表1　有権者数の変化……144
別表2　第二次世界大戦における人的損害……216
別表3　各国で普通選挙が認められた年……228
別表4　戦後イギリスの総選挙における政党得票率……242
別表5　戦後イギリスの総選挙における各党の議席数……242
別表6　主な核保有国の状況（二〇〇七年）……289
別表7　インド、パキスタン、イスラエル、イランおよび北朝鮮の核搭載可能ミサイル保有状況（二〇〇七年一月現在）……290
別表8　列強の植民地領土……343
別表9　軍事費のＧＤＰ（国内総生産）比の国際比較……382
別表10　投資対軍事費の国際比較（一九六〇〜八〇年）……383
別表11　製造業の生産性上昇率の変化……384
別表12　主要国の防衛費の推移（年度）……394
別表13　主な国の入出超額の推移……395

序章　『憲法と資本主義』の概要

一　人類の歴史的歩みの特色

人類の歴史的な歩みには、無視するわけにはいかない一つの特色がある。それは、共同の生活のために必要なルールをつくりながら歩み続けてきたことである。とくに近代以降においては、国民国家単位のことであるが、歴史の各段階で共同の生活につき苦渋にみちた経験をする度に、その克服のために必要な新しい社会と政治の根本的なあり方を「国の最高法規としての憲法」に定めては、歩き続けてきた。そうすることによって旧い社会・政治のあり方と決別し、歴史の新しい段階に進んでいった。その意味で憲法の原理・原則の転換は、歴史的な時代転換の標識となっている。憲法には人類の歴史的な歩みと各時代の基本的諸課題の解決の仕方が、国の最高法規として定められている。

たしかに、憲法は国民国家単位のものであるから、その外見が各国民ごとに異なったものとなりがちである。しかし、諸国民が、各時代ごとに、国境を超えてほぼ共通内容の憲法体制を求め続けてきたこともたしかである。封建体制→近代資本主義の憲法体制→現代資本主義の憲法体制、という諸国民の歴史的な歩みは、そのことをよく示している。一部の国民が近代資本主義の憲法体制によって、身分制的な封建体制の克服に成功すると、他の諸国民もすぐにそれにならった。近代資本主義の憲法体制は、一八世紀末にアメリカとフランスに登場するが、一九世紀末には極東の日本にまで至っている。近代資本主義の憲法体制には、近代市民革命を経た諸国に出現する「近代立憲主義型市民憲法」体制とそれを経ずに「上からの近代化」をした諸国に出現する「外見的立憲主義型市民憲法」体制の二類型が存在するにすぎない、ということもできる。そのいずれも、資本主義体制を整備し展開しようとしていた。

　近代資本主義の憲法体制から現代資本主義の憲法体制への転換についても、同様の指摘をすることができる。「自由放任」の近代資本主義を否定する現代資本主義の憲法体制については、発展途上国の憲法体制を別とすると、一つの類型のものしか存在しないということもできそうである。

　より優れた社会と政治のあり方に聡いのは、人類の特性というべきであろう。憲法には歴史の各段階における人類の知恵がこめられている。それは、各国民の歩みの歴史的標識となっているだけでなく、若干の時間的なずれをもちながらも、人類の歴史的な歩みとその各段階で解決すべき基本的諸課題を示す大切な標識となっている。

　人類は、各国民を単位としつつも、それを超えて、封建時代→近代→現代→現在、と歩いてきた。そして近代以降、各時代の基本的諸課題の中心にあったものの一つは、資本主義のあり方の問題であった。憲法の最重要な課題の一つは、それぞれの段階における資本主義のあり方を「国の最高法規」として定めることであった。

　この書物では、資本主義のあり方に焦点を合せて、近代から現在に至る憲法とその運用およびそれらに影響を及ぼした各時代の社会諸科学等を私に可能な限りで検討してみようとしている。混迷と危機の様相を強めている資本主義憲法体制の現状をより的確に理解し対処するためである。やや大部のものとなっているので、はじめにその要旨だけを述べておくことにしたい。

二　近代資本主義憲法（近代資本主義）体制の登場

「近代市民憲法」とともに、憲法による近代資本主義の本格的な整備展開が始まる。近代市民憲法には、近代市民革命（「下からの近代化」）の結果として出現する「近代立憲主義型市民憲法」と、近代市民革命によらずに「上からの近代化」の結果として出現する「外見的立憲主義型市民憲法」の二種類がある。ここでの「市民」は「ブルジョア」（「ブルジョアジー」）または「資本主義」を意味する。*「市民憲法」とは、「資本主義憲法」の意味である。

＊「市民」は、多義的である。封建的身分制的社会の成員に対して、自由・平等な社会の成員を意味するとするのが、もっとも通常の用法であろう。しかし、発生史的には、資本主義経済が、封建体制下で自由（自治）をえた都市（bourg《ブール》）の自由な市民（bourgeois《ブルジョア》）の活動として始まっていることに由来している。[1]「ブルジョワジーという語は、もともと『市民権』を獲得した特権的都市、市場町 bourg の住民にだけつかわれたものであった。一八世紀になると、この語は農業以外の職業で財産をきずいた第三身分のもっとも富裕な部分をさしている[2]」。

「市民憲法」という用語が憲法学では一般的であるが、ここでは、「市民」の多義性および検討主題との関係を考慮して、以下においては「市民憲法」のかわりに「資本主義憲法」の語を用いることにする。「近代立憲主義型市民憲法」を「近代立憲主義型資本主義憲法」、「外見的立憲主義型市民憲法」を「外見的立憲主義型資本主義憲法」、「近代市民憲法」を「近代資本主義憲法」、「現代市民憲法」を「現代資本主義憲法」と表記するということである。

この書物では、近代については、ドイツや日本などの近代に出現する「外見的立憲主義型資本主義憲法」（その下における近代資本主義）体制およびとくにフランス近代に見られる資本主義化自体に消極的または否定的な「民衆の憲法構想」をも紹介する。しかし、検討の焦点は、近代立憲主義型資本主義憲法体制、とくに典型的な近代市民革命を経たフランスのそれに合せる。フランスの体制こそが近代資本主義憲法体制の歴史的な「光」と「陰」をもっとも鮮明に示しており、しかも現代に登場する現代資本主義憲法体制の母胎ともなっているからである。フランス近代の資本主義憲法体制は、①封建体制を徹底して解体消滅し、②各国民を自由・平等な人権の主体とすることによって、国民と政治の新しい関係を創出し（政治は国民の人権を守る手段としてのみ存在を認められる）、③人権の保障においても、統治機構においても、「自由放任」の近代資本主義体制の本格的な整備展開を保障し、④精神的自由権を万人に保障し、教育・研究の制度・施設を整備することによって、文学・芸術の大きな発展、教育・科学の飛躍的な発展および産業革命と産業資本主義の展開をもたらすものであった。それは、総じて、人間解放の新時代をもたらすものであった。

しかし、それは、新しい大きな「陰」をもたらすものでもあった。それは、ⓐ「法の下の平等」の保障にもかかわらず、民法・刑法・選挙法等の主要な法分野において、性差別を、合理的差別としてまたは憲法の他の規定によって、承認していた。ⓑ経済的自由権についても「内在的制約」しか認めず、しかもほぼ野放しの「契約の自由」を人権として保障していたので、平均寿命の低下をきたすような低賃金長時間労働を常態化していた（賃労働者を中心とする民衆層の「人間疎外」状況)。民主主義も軽視され、男性制限選挙が原則であった。この事態に対応して、非和解的な労資間の階級闘争も常態化し、有効需要の不足に由来する経済恐慌とそれに続く経済停滞も周期化した。ⓒ一九世紀後半以降の独占資本主義段階になると、帝国主義的な海外進出が一般化し、世界市場の再分割を求める帝国主義諸国家間の帝国主義戦争をも構造化しえた。

外見的立憲主義型資本主義憲法の体制においては、このような「陰」はさらに大きく濃かった。

近代資本主義憲法の体制は、そのままでは存続できないほど大きな「陰」を創出していた。

三　二つの現代憲法体制の登場

第一次世界大戦期以降を現代という。憲法学でも、そういうことが多いようである。近代資本主義憲法と大きくまたは全面的に原理を異にする憲法の体制が第一次世界大戦後に登場し始めているからである。社会と政治のあり方が量的に大きくまたは全面的質的に転換を始めている。現代資本主義憲法(現代資本主義)体制とソ連＝東欧型社会主義憲法体制の出現である。そのいずれもが近代資本主義憲法(近代資本主義)体制のもたらした「陰」の克服をその基本課題としている。

(1)　現代資本主義憲法の体制は、近代資本主義憲法体制の枠組みを一応維持しつつ、その「陰」をもたらした諸原理に以下のような修正を加えようとする。①性差別の禁止を明示する。②すべての国民に「人間らしい生活」の保障を求める「社会国家」(福祉国家)の理念を導入して、経済的強者の経済活動と公共性の強い経済活動の積極的制限、社会経済的弱者に対するもろもろの社会権の保障、および文化活動(知的精神的諸活動)を重視しそれに対する公的な援助・助成・条件整備の積極的推進、を求める。③侵略戦争の放棄・国際紛争の平和的解決等を内容とする「戦争の違法化」原則と国際法の国内法化を宣言する。④「人民の、人民による、人民のための政治」を求める「人民主権」への傾向が、参政権の保障、国民代表制・地方自治制度の保障と運用のうちに見え始めてくる。

(2)　もう一つの現代憲法は、一九三六年のソ連憲法を「範型」とする「ソ連＝東欧型社会主義憲法」の体制である。社会主義の憲法体制は、女性を含む市民の権利保障、戦争と平和の問題への対処、「人民の、人民による、人民のための政治」の保障等、現代憲法の基本的諸課題の解決において、近現代の資本主義憲法の体制を質的に超えていなければならないはずであった。たとえば、マルクス（Karl Heinrich Marx, 1818-83）やレーニン（Vladimir Iliich Lenin, 1870-1924）は、そのようなものとして一八七一年のパリ・コミューンの試みを積極的に評価しかつ「労働の経済的解放をなしとげるためのついに発見された政治形態」と規定していた。しかし、「ソ連＝東欧型社会主義憲法」体制は、その構造においては、外見上一応はその諸課題に応えているかに装いつつも、とくにその運用においては、一八七一年のパリ・コミューンと異質の諸原理をもつものと判断せざるをえないものであった。それは、それ故に、一九九一年に崩壊した。一九三六年憲法をはじめとする「ソ連＝東欧型社会主義憲法」体制は、「社会主義とはなにか」「それは社会主義憲法の体制であったのか」を問題とせずにおかないもののようであった。

四　軍拡「大競争」における「ソ連＝東欧型社会主義憲法」体制の崩壊

近代資本主義憲法体制がもたらした「陰」の克服を中核とする現代の基本的諸課題の解決の仕方をめぐって、登場した二つの現代憲法体制のいずれがよりよくその諸課題を解決できるか、「大競争」が期待されるのは自然のことであった。しかし、現実に「東西対立」「米ソ対立」として顕在化したのは、その基本的諸課題をめぐってではなく、本筋をはずれた、総力戦的な軍事的覇権競争（軍拡競争）であった。米ソがこの問題を「大競争」の主題にしたということは、米ソのいずれもが現代の基本的諸課題の解決と本格的な取り組みをする現代憲法体制の国ではなかったことを示すものでもあった。この本筋をはずれた「大競争」を通じて、「ソ連＝東欧型社会主義憲法」体制の諸国は、総力戦的軍拡による経済・財政の破綻を直接の引き金として、また現代の基本的諸課題を解決できない体制の国として、崩壊した。西側の主役であったアメリカも、この「大競争」を経由して、経済・財政的に破綻状況に陥り、現代・現在の基本的諸課題を解決できない状況にある。

この偽の「大競争」を通じて、①軍事科学技術の発達とそれを推進した政治が全人類を幾度も抹殺できるほどの大量破壊兵器の蓄積と拡散をもたらし、戦争と軍隊が維持してきた伝統的役割（外国の武力攻撃から国家の独立と国民の基本的人権を守る最後手段という役割）を喪失するに至ったこと、および②「抑止力論」に依拠する軍隊が経済・財政を破綻させ、すべての国民に「人間らしい生活」を保障する現代国家の役割を実行不能としていることが、明らかにされている。現代憲法に課されている基本的諸課題が、資本主義・社会主義のいかんにかかわらず、徹底した「戦争の違法化」と軍縮を前提としてしか達成できないものであることが、明らかにされた。

五　「社会主義憲法体制の崩壊」と「資本主義憲法体制の存続」の問題

米ソ軍拡競争を通じて、「社会主義憲法体制」が崩壊し、「資本主義憲法体制」が存続するという、一見すると「石が流れて、木の葉が沈む」かのような事態がおこった。崩壊したものが「ついに発見された政治形態」と異質のものであったところからすれば、崩壊したものは社会主義憲法体制ではなかったということもできる。しかし、資本主義憲法体制ではない、なんらかの社会主義的憲法体制が崩壊して、資本主義憲法体制が存続しているところからすれば、なお、「資本主義体制の崩壊の必然性論」との関係で、「なぜ資本主義憲法体制が存続しているか」の問題が残る。

(1)　マルクスは、その有名なフランスにかんする三部作――『フランスにおける階級闘争』（一八五〇年）、『ルイ・ボナパルトのブリュメール一八日』（一八五二年）、『フランスにおける内乱』（一八七一年）――において、資本主義憲法体制の崩壊と「労働の経済的解放をなしとげるためのついに発見された政治形態」の到来の必然性を実証的かつ説得的に論じていた。マルクスの検討は、史的唯物論の観点から、一八四八年以降のフランスの近代資本主義憲法体制が、不可避的であるかのようにして、一八七一年のパリ・コミューンの体制に至ることを丹念に論証していた。それは、広範な生産諸階級の生活・人権・民主主義を破壊する体制として、ひたすらに一八七一年に進行していったことを明らかにしていた。

レーニンも、『国家と革命』（一九一八年）では、マルクスの検討を紹介しつつ、労資間における非和解的階級闘争とコミューン型国家体制（徹底した「人民の、人民による、人民のための国家体制」）による「労働の経済的解放」の必然性をより包括的に論じていた。また、一九一七年公刊の『帝国主義論』は、「帝国主義」段階に達した近代資本主義体制においては、帝国主義戦争が不可避的となること、および寄生的資本主義・腐朽化しつつある資本主義が死滅しつつある資本主義であることを明らかにしていた。レーニンは、近代資本主義憲法体制が、一九一七年のロシア革命および第一次・第二次世界大戦に至ることを論証していた。

マルクスとレーニンが検討の対象としていたのは近代資本主義の憲法体制であった。それは、①性差別を当然とし、②平均寿命の低下をきたすような低賃金長時間労働を常態化する野放しの契約の自由を人権として認め、かつ非和解的な階級闘争と周期的な経済恐慌・経済停滞をもたらす体制であり、③帝国主義的寄生性・腐朽性と帝国主義戦争を構造化する、④反「人民主権」の非民主的な憲法体制であった。彼らの分析・検討は、正確で説得的でもあった。それは、賃労働者をはじめとする生産諸階級に説得的であっただけでなく、その正確性・説得性の故に、ブルジョアジーや研究者たちにも大きな影響を与えるはずであった。

(2)　資本主義の枠組みを維持しつつ、近代資本主義憲法体制のもたらした「陰」の克服を基本課題とする現代資本主義憲法体制に転換すべきだ、とする動きが顕在化することは避けがたいことであった。一八七一年のパリ・コミューン前後には、法律レベルで先どり的にその改革が始まっていた。一九一七年のロシア革命直後には、一九一九年の「ワイマール憲法」が、現代資本主義体制を求める現代資本主義憲法として登場している。国際法も、第一次世界大戦後戦争の違法化の方向に動きだした。また、そのような現代的な対応とその強化を求める社会諸科学や憲法論・憲法意識も時代を動かす力をえるようになる。

この書物では、以下のような社会諸科学や憲法学などによるそのような問題の提起の若干を紹介している。

その第一は、労資関係の改善に関係して、社会国家（福祉国家）的対応の必然性を指摘する「社会政策学」の

「経済的必然性論」と「社会的必然性論」である。適切な社会政策なしには、総資本が必要とする健全な労働力の確保が不可能となり、または非和解的な階級闘争により資本制的生産関係の維持が不可能になる、ことを論証する。

その第二は、一九二九年の世界大恐慌後に大きな影響力をもつ、総合的経済的社会政策学ともいうべき、ケインズ学派を中心とする対応の提起である。政府に、労資関係の調停役にとどまるのではなく、社会的総生産にみあう有効需要の創出者となることを求めるものである。企業の社会化、公共事業、経済状況に対応する金融政策、総合的社会保障、累進税制等、国家機能を最大限に活用する計画経済的な国家独占資本主義の体制の提案である。ケインズ（John Maynard Keynes, 1883–1946）は、赤字国債の発行による軍拡にも積極的な意義を認めていたという。

その第三は、「平和のための経済学」ともいうべきものである。主として紹介するのは、R・W・ディグラス（R. W. DeGrasse Jr.）の『軍拡と経済衰退』（一九八三年）と佐藤定幸の『二〇世紀末のアメリカ資本主義』（一九九三年）である。いずれも、アメリカの資本主義体制の場合につき、軍拡によってその経済・財政が破綻に向うことを実証的に検討している。軍事支出の再生産外消耗性からすれば、その負の効果は、ソ連＝東欧型社会主義体制の場合に限られず、体制のいかんを問わないはずである。現代資本主義憲法体制が求める「社会国家」（福祉国家）の理念は、徹底した「戦争の違法化」原則と軍縮を不可欠の条件としているようである。

その第四は、ジェンダー論と環境政策論である。現代資本主義憲法は、性差別を明示的に禁止している。しかし、長年にわたる性差別の現実は、若干の憲法規定を設けることで克服できるほどやわではない。憲法を具体化すべき下位法はその具体化を怠る。下位法で具体化しても、それを実施するために必要不可欠な諸条件の整備をしなければ、性差別禁止の命題は現実には機能できない。また、環境問題は、もろもろの地球環境の破壊に見られるように、現在では、遠くない将来に民族・人類の存続を不可能としかねないほどの危険性をもつに至っている。しかし、現代憲法では、時代の基本課題としての扱いはなく、若干の憲法が若干の言及をしているにすぎない。憲法への本格的な登場（たとえば、環境問題の現状・環境保全の方法・環境にかんする権利や義務等）はこれからのことのようである。二〇〇四年に制定され、翌年憲法化されたフランスの「環境憲章」がその先駆としての役割を果そうとしているようである。これらの問題については、ここで立ち入って検討する余裕も能力もないので、若干の基本的な参考文献をあげておくにとどめる。

六　現代・現在の基本的諸課題を解決する民主主義の問題

憲法に、あるいは下位法に、現代・現在の基本的諸課題とその解決のための理念を掲げてみても、解決に取り組む民主主義の体制——とくに「人民の、人民による、人民のための政治」を徹底して求める「人民主権」の原理とそれを具体化する政治的諸制度——がなければ、その基本的諸課題を現実に解決することはできない。憲法やその下位法に掲げられている現代・現在の基本的諸課題の解決は、国民の大多数に人間としての生存を確保するうえで必要不可欠のものであるにもかかわらず、権力を担当する者はつねに権力を濫用しがちであるから、「人民主権」に立脚する徹底した民主主義によってしか解決できないものである。資本主義・社会主義の体制のいかんを問わない。近現代の資本主義憲法下でも、憲法学や憲法思想は、この課題について、以下のように問題の提起を続けてきた。

その第一は、近代末以降における「人民主権」論・「人民代表制」論の展開である。近代末以降資本主義憲法体制下の西ヨーロッパ諸国においては、「人民主権」「人民代表制」への政治動向をふまえ、その憲法的正当化論が憲法研究者から提示されている。ここでは、イギリスのA・V・ダイシー（Albert Venn Dicey, 1835–1922）等、フランスのA・エスマン（Adhémar Esmein, 1848–1913）とカレ・ド・マルベール（Raymond Carré de Malberg, 1861–1935）、ドイツのG・ライプホルツ（Gerhard Leibholz, 1901–82）などの議論の若干を紹介する。その影響もあって、資本主義憲法体制下でも、「人民主権」「人民代表制」が具体化の時代を迎えていることは否定しがたいようである。西欧の諸国では、「人民が統治権の所有者」の憲法意識が一般化するにつれ、「人民」によって承認された基本方針をふまえて重要問題を処理することを議会に求める「半代表制」や民意の分布状態を議会構成に正確に転写することを求める「比例代表制」が一般化する傾向にある。

その第二は、難問山積の現代・現在においては、議会制度を形骸化してやまない「行政国家」の状況も見られる。憲法上執行作用の一部を担当するにすぎない行政府が立法作用を併呑する状況である。この状況への憲法学の対応は実り多いものとはいえないようである。しかし、アメリカ合衆国連邦議会の充実した調査スタッフの制度や現代ドイツの充実した国政調査権の制度などは、「人民代表府」としての議会の役割（「人民」によって承認された基本方針を法律等として具体化しかつ行政府によるその執行を統制すること）を確保するうえで不可欠のものと解される。近代の「夜警国家」段階の議会制度を維持したうえで、行政国家状況を理由に、行政府の能力の強化に走れば、議会は行政統制の能力さえも喪失して、与党独裁、さらには官僚独裁の政治をも招き、議会制自体が存在理由を喪失することにもなりかねない。

その第三は、とくに近時における「充実した地方自治」体制への動向である。近現代の資本主義憲法は、資本主義体制の展開維持のために、中央集権体制をとり続けた。それは、現在においても一部の大企業にとっては望ましいものであるが、地域の産業（中小企業が圧倒的部分を占める）や地域の文化にとっては、衰退の要因でしかありえない。中央集権体制下においては、地域はそれらを保護育成する権能も自主財源もなく、しかも中央政府は各地域の生活・産業・文化の実情を熟知していない。中央集権体制は、日本的表現をすれば、旧くは「白河以北一山百文」、近時では「地域間格差」「過疎過密」をほぼ不可避的にもたらす。一九八五年の「ヨーロッパ地方自治憲章」（多国間条約）と「世界地方自治宣言」（世界地方自治体連合〔IULA〕の宣言）を契機に、世界の多くの国が、市町村最優先の事務配分の原則やそれに見合った財源配分の原則などをもつ「充実した地方自治」体制の方向に、新憲法を制定したり憲法改正したりなどして、動き出している。「人民による、人民のための政治」をもっともおこないやすいのが地方公共団体である。「人民主権」は、「充実した地方自治」の体制を求める。

その第四は、「知る権利」の保障の動向である。現代・現在のように、憲法上またはその運用上、「人民主権」が前提とされるようになると、「人民」とその成員（市民）に政治につき「知る権利」を保障することが求められるようになる。必要な情報がなければ、「人民」・市民は、主権者・その成員としての役割を果せないからである。政治についての「知る権利」の検討は、近時のことのように見られがちであるが、「人民主権」下の政治に不可欠のものとして、その立場からは近代の初頭から一貫して求められている。フランスの一七八九年人権宣言は「報告の義務」を規定し、一七九三年のロベスピエール（Maximilien François Marie Isidore de Robespierre, 1758–94）の人権宣言案は「知る権利」を規定していた。

七　現在の問題状況

人類は、「憲法と資本主義」との関係で、いま第三の転換期に立っているようである。近代資本主義憲法体制を整備展開する近代市民革命期、二つの現代憲法体制――現代資本主義憲法体制とソ連＝東欧型社会主義憲法体制――を登場させる第一次世界大戦後の時期、そして現在の憲法的動揺期つまり第三の転換期である。

ソ連＝東欧型社会主義憲法体制は、現代・現在の基本的諸課題を解決できないままに崩壊し、市場経済体制に転換した。その現在においては、少なくとも当面のところ、その基本的諸課題の解決には資本主義憲法体制において取り組むほかはないようである。現に、(A)現代資本主義憲法体制によってその基本的諸課題の解決をはかろうとするものと、(B)現代・現在の基本的諸課題の解決を二の次として、市場原理主義の世界化、社会国家理念の放棄、帝国主義的ともいうべき軍事単独行動主義および地球環境の保全にも優先する経済活動の自由等に固執する資本主義憲法体制、のいずれを選択するかが諸国民に提起されている。

近代以降における人類の憲法史的経験からすれば、(A)によって対処するほかはないようである。(B)は、マルクスやレーニンの指摘（多数の国民の人間疎外化と資本主義体制の崩壊等）を世界的な規模で惹起する大きな可能性をもっているだけでなく、諸民族さらには人類の存続をも危うくする大きな可能性をもっている。現在における「例外なき自由化」「野放しの資本蓄積や投機」を求める市場原理主義の世界化、核兵器をはじめとする大量破壊兵器を用いる戦争のおそれ、「抑止力論」に依拠する「軍拡」と経済・財政の破綻、もろもろの地球環境の深刻な破壊等は、耐えがたい社会的格差と広範な人間疎外の状況をもたらすだけでなく、諸民族・人類の存続を不可能とする危険性さえも示している。一〇〇年前、諸民族・人類が遠くない将来滅亡するかもしれないと考える人間は、おそらく皆無に近いことであったろう。しかし、二一世紀初頭のいま、遠くない将来、諸民族・人類が存続しているかを疑わせる上記のような事実が、われわれの生活のうちに集積されている。資本主義体制の下で、いま、現代・現在の基本的諸課題の解決に取り組むことを始めなければならない。

そのためには、まず、近代以降における人類の憲法史的歩みをふまえて、解決を要する現代・現在の基本的諸課題を明確にしたい。現在までに至る資本主義体制をめぐる憲法史の歩みはその課題の発見に多くの手掛りを示している。

つぎに、明らかにされた基本的諸課題を解決しうる政治のあり方を明確にしなければならない。解決を要する基本的諸課題が、憲法や下位法に解決の理念や規定とともに明示されていても、必要な民主的政治制度を伴っていなければ、解決には至りにくい。権力を担当する者は、つねに権力を濫用しがちであり、憲法や下位法に定められている解決の理念や規定さえも軽視しがちだからである。国民（人民）の多数の利害にかんする基本的諸課題の的確な解決は、「人民の、人民による、人民のための政治」の徹底を求める「人民主権」を原理とし、国民が立法と行政を厳格に統制する諸制度（知る権利、半代表制や比例代表制、「充実した地方自治」体制など）を具体化するほかはない。その原理によって民主化された各国の国民と政府だけが、現代・現在の基本的諸課題の解決のために協働できる。

八　検討の仕方

以下においては、主として近現代の資本主義憲法下における資本主義体制に焦点を合せて検討を進めるが、せまく社会における経済体制としての資本主義体制に限定することなく、歴史の各段階で資本主義憲法がその求める資本主義体制のために用意している人権保障のあり方、統治権のあり方にかんする諸原理や機構の組織運営などできる限り広く検討することにしたい。同様にして、資本主義体制に否定的な憲法思想・憲法運動・憲法体制等にもふれておきたい。また、歴史の各段階で示されている社会諸科学による状況分析や問題の提起にも留意したい。歴史の各段階で求められている資本主義体制の「光と陰」およびその基本的諸課題とその解決方法をより鮮明にすることができるからである。

第一章　近代の初頭における憲法と資本主義についての三構想

I　三つの近代化構想

近代とともに、社会と政治の根本的なあり方を憲法に定めかつその憲法に従って政治をする立憲主義の体制と、その憲法による資本主義のあり方への明示的な対応とが始まる。社会のどの階層が近代化の主要な担い手となったか、したがって近代化をどのように遂行しようとしたかによって、三つの憲法構想、資本主義についての三つの対応の仕方が提起されていた。そのうちには、資本主義体制の本格的な整備展開に消極的な、さらには否定的な構想もあった。

その第一は、近代市民革命の結果として出現する「近代立憲主義型資本主義憲法」の体制である。この体制は近代市民革命の主役となったブルジョアジーの構想するものであった。それは、近代資本主義体制の本格的な展開を求めて、そのための入念な整備をしている。経済的自由権（経済活動の自由）をはじめとするもろもろの自由権や形式的平等を中心とした人権の保障、「人民の、人民による、人民のための政治」を求める「人民主権」(la souveraineté du peuple, la souveraineté populaire) ではなく、「人民の、人民による、人民のための政治」を求めない「国民主権」(la souveraineté de la nation, la souveraineté nationale)・その変型としての「議会主権」、権力分立制、中央集権体制（地方自治の軽視）を基本特色とする近代資本主義憲法の体制である。歴史的な「光」(長所)と「陰」(短所)の際立つものであった。憲法学では、この憲法の体制を「近代立憲主義型市民憲法」体制と呼ぶことが多いが「市民」の多義性やこの本の主題の故もあって、ここではより直截的に「近代立憲主義型資本主義憲法」の体制ということにする。

その第二は、ドイツや日本のような後発資本主義国において、近代市民革命の結果としてではなく、「上からの近代化」の結果として出現する「外見的立憲主義型資本主義憲法」の体制であり、その憲法によって整備され保障される資本主義体制である。この憲法体制は、旧特権階級のイニシアチブによる近代化として、不可侵の人権としての自由権・形式的平等も、「人民主権」「国民主権」「議会主権」も、権力分立制も、また地方自治も認めていない。君主主権、君主への権力の集中（統治権の総攬）、法律でいかようにも制限できる国民（臣民）の権利、地方自治を軽視する中央集権体制を基本特色とする。権力（統治権）の濫用を阻止するために不可欠な原理と構造を欠いた見せかけの立憲主義体制で、封建遺制豊なまた強大な国家権力による保護育成に大きく依存する資本主義体制を創出しようとするものであった。歴史的には「光」より「陰」が際立つ資本主義憲法体制であった。憲法学では、この憲法体制を「外見的立憲主義型市民憲法」の体制と呼ぶことが多いが、ここではより直截的に「外見的立憲主義型資本主義憲法」の体制ということにする。「外見的」とは、「見せかけの」「上べだけの」ということである。

第三は、民衆層の憲法構想（近代化構想）である。それは、近代の段階では、原則として憲法典にまではなっていない。それは、ブルジョアジーにも従属する民衆層（賃労働者を中心とする生産諸階級）を担い手とするもので、資本主義体制の本格的な整備展開に消極的または否定的で、近代立憲主義型資本主義憲法の場合とも異なる人権保障（たとえば、形式的な自由・平等のみならず、実質的な自由・平等の保障をも求めて、経済的自由権の積極的制限または否定ともろもろの社会権の保障などを求めている）や「人民の、人民による、人民のための政治」を徹底して求める「人民主権」を標榜し、地方自治を重視していた。軍備と戦争についても抑制的・批判的であった。民衆層の政治的および経済的解放を求めて、「近代立憲主義型資本主義憲法」の体制および「外見的立憲主義型資本主義憲法」の体制に一貫して批判的に伴走し、それらの変革を促す要因としての役割を果している。

以下においては、この三つの近代化構想をやや立ち入って見ておくことにする。

II　近代立憲主義型資本主義憲法体制の登場

封建体制を終らせて、ブルジョワジーの社会的・政治的支配をもたらす近代市民革命の典型は、フランス革命である。フランスにこそ典型的な近代立憲主義型の資本主義憲法が出現する。ここでは、フランス革命のなかで出現する憲法に焦点を合せて、その基本的な構造と特色を検討することにする。* まずは、その典型性を指摘する先人の言葉を見ておこう。

「フランスは、歴史上の階級闘争がつねにほかの国より決着まで戦いぬかれた国であり、したがって、つぎつぎと交替する政治的諸形態――階級闘争がそのなかでおこなわれ、また階級闘争の結果がそれに総括されてゆく、その政治的諸形態――が最も明確な輪郭をとってきた国である。中世には封建制の中心であり、ルネサンスこのかた統一的な身分制君主制の模範国であったフランスは、大革命で封建制度を粉砕し、ヨーロッパの他のどの国にも見られないほど典型的なかたちでブルジョアジーの純粋な支配を打ちたてた。そして、支配するブルジョアジーにたいする台頭しつつあるプロレタリアートの闘争も、ここではほかで見られないするどいかたちをとって現われている」[1]（傍点は引用者）。

＊　イギリスの名誉革命およびアメリカの独立革命との関係が問題となる。近代資本主義体制登場の第一走者となったイギリスが、近代立憲主義型資本主義憲法の登場に大きく寄与していることは間違いない。しかし、イギリスの名誉革命は、法律に優越する形式的効力をもつ憲法典（「硬性憲法典」）も、また立法権によっても侵すことのできない人権の観念も登場させなかった。また、アメリカの独立革命は、近代立憲主義型資本主義憲法と近代資本主義の体制を創出した点においては、フランス革命とともに注目に値するが、なお、君主主権と封建的土地所有制度を中核とする封建体制の否定という点では、近代市民革命の典型とはいいがたい。

一　フランス革命の構造

まず、フランス革命がどのような社会経済的および政治的な構造をもっていたかを見ておこう[2]。どのような社会経済的および政治的な利害の基本的な対抗関係があり、その結果として追求する社会と政治の根本的なあり方、つまり憲法ととくに社会経済体制のあり方について、どのような相違と対抗関係が生れてくることになるかは、それらの構造に大きく規定されているからである。とくに、社会と政治の根本的なあり方を定める成文憲法典が存在していなかった近代市民革命期においては、社会経済的な生産関係が直截的に政治的な対抗関係のあり方を規定しがちであった、ことには留意すべきであろう。

1　二重の生産関係

フランス革命は、末期封建社会としての「旧体制《アンシアン・レジーム》」下でおこった。末期封建社会は、それに先行する典型的な封建社会と異なって、封建的生産関係と過渡的資本主義的生産関係という二重の生産関係によって特色づけられる。封建領主（特権身分）が支配階級の立場にあったが、そのための条件となる封建的生産関係は、産業革命前という意味でなお過渡的なものではあったが、資本主義的生産関係の展開によって、事実上崩壊の過程にあった。しかし、封建的生産関係は、封建的土地所有制度、特権・非特権の身分制度および王権神授説に立脚する君主主権を主要な支柱とする「旧体制」によって保護されており、資本主義的生産関係の本格的全面的展開を阻止する立場にあった。

封建的生産関係は、封建領主による農奴の収奪を主内容としており、過渡的資本主義的生産関係は、商人資本家やブルジョワ地主による小生産者の収奪を主内容としていた。封建地代（労働地代、生産物地代、貨幣地代と変化していく）が固定化すると、非特権身分の一部は、土地保有を拡大して貧農・小農を小作人や農場労働者として使用するブルジョア地主に転化したり、経済活動に従事する商業ブルジョアになっていく。この段階の商業ブルジョアジーは、商品の交換（流通過程）のみに関与して、生産の外にある者ではなく、貧農・小農・その他の小商品生産者に、糸や織機などを提供して、安い賃率で織物などを織らせそれを引き取るような「分散マニュファクチャーの経営者」ともいえる存在であった（生産労働に従事する者と織機などを一か所に集めれば、マニュファクチャーとなる）(3)。

2　二重の政治的対抗関係

フランス革命期のフランス社会は、このような二重の生産関係を特色としていたので、フランス革命も、基本的にはそれに由来する二重の政治的対抗関係をもつことになるはずであった。封建領主層・特権身分とそれらによって収奪される農奴等・第三身分との対抗関係と、主としては第三身分の内部における過渡的資本主義的生産関係に由来するブルジョアジーと民衆層との間の対抗関係である。

フランス革命は、当時のブルジョアジーが民衆層とも異なる自己の利害と歴史課題を自覚した階級（「対自的階級」）として革命の舞台に登場していたのに対して、*全面的な被収奪者としての民衆層がブルジョアジーとの関係においては原則としてそのような階級として存在していなかった（「即自的階級」にとどまっていた）という事情もあって、その全過程を通じて原則としてブルジョアジーの指導の下におこなわれた。民衆層独自の革命（近代化の追求）は、原則としてその自覚的部分の運動にとどまり、全体としての民衆層の革命的エネルギーは、ブルジョアジーの革命目的のために利用された。**

＊　フランス革命当時、イギリスはすでに産業革命の状況にあり（一七六〇～一八三〇年頃まで）、英仏貿易においてはイギリスがフランスを圧倒していた。資本主義体制の優位は、フランスのブルジョアジーにも自明の状況にあった。イギリスでは、ジェームズ・ワット（James Watt, 1736-1819）による蒸気機関の改良（一七六五年頃、一七六九年特許）、リチャード・アークライト（Sir Richard Arkwright, 1732-92）による水力紡績機の発明（一七六八年、一七六九年特許）、サミュエル・クロンプトン（Samuel Crompton, 1753-1827）によるミュール紡績機の発明（一七七九年）、エドマンド・カートライト（Edmund Cartwright, 1743-1823）による力織機の発明と特許（一

七八四年）などが相つぎ、一七七六年には、アダム・スミス（Adam Smith, 1723-90）が『諸国民の富』（『国富論』）を公刊していた。

＊＊　ブルジョアジーとそれに従属する民衆層のこのような関係は、当時のフランスにおいてはほぼ不可避的なことのようであったが、フランス全土につねに一様なものとして存在したわけではない。過渡的なものではあれ、各地域における資本主義的生産関係の展開の度合のいかんによっては、ブルジョアジーと民衆層の社会経済的および政治的関係が異なった形態をとって、具体的にはたとえば民衆層がより大きな影響力をもち、それ故に両者の関係がより深刻な対抗関係として顕在化している地域もありうるはずであった。たとえば、当時、絹織物工業を中心とする繊維工業がとくに発達していたリヨン市である（労働人口の六三％近くが繊維工業に従事していたという）。同市では、①（親ジャコバン的ではあるが、ジャコバン派ではない）リヨンのサン・キュロット運動のリーダー達の集りである「シャリエ派」が、民衆層の支持をえて短期間（一七九三年三月初めから同年五月二九日まで）市政権を担当する事態がおこり（穀物・小麦粉の価格統制、富裕者に対する強制課税、革命軍の創設などを標榜する）、②一七九三年五月二九日には、反ジャコバン的穏和派ブルジョアジー（王党派ではない）の反乱によって、シャリエ派市政権が打倒され、穏和派ブルジョアジーの市政権が成立し、③その新市政権がジャコバン派主導の国民公会（中央政権）と対立する、という事態が発生している。パリと異なる、リヨンにおけるフランス革命の展開である。「革命勃発以前からリヨンは、近代工業の発展により住民間の社会的分化がおそらく他のいかなる都市よりも進み、住民間の溝も深まっていたので、革命の方向をめぐる社会的対立は激しく、革命のヘゲモニーを握る集団の交替をめぐる革命の方向も急激に変化した。その振幅は誠に大きかったと言える。革命闘争における社会的対立を、リヨンほど鮮明にしうるところは他にもそう多くはなかろう(4)」。この点については、小井高志の、フランスの学界でも注目されている『リヨンのフランス革命』（二〇〇六年）という実証性豊な力作がある。

しかし、過渡的なものであっても、資本主義的生産関係がすでに存在し、ブルジョアジーだけでなく、民衆層の自覚的部分が、民衆層解放のために民衆層の利害をふまえて、独自性豊な憲法構想・近代化構想を提示していたことは、注目に値する。彼らは、封建体制の打倒においてはブルジョアジーと意見をともにしていたが、その後の社会と政治の根本的なあり方については、ブルジョアジーと明確に意見を異にしていた。その憲法構想・近代化構想は、民衆層の巨大な反封建的エネルギーがブルジョア革命の遂行にとって不可欠であったという事情もあって、ブルジョアジーの憲法構想にも大きな影響を及ぼしている。* また、それは、フランス革命後においては、ブルジョアジーの憲法とその運用を批判する原理論としての役割を果している。

＊　たとえば、フランス革命後の憲法史においてシンボル的な意味をもつ一七八九年人権宣言やフランス革命史において特異の地位を占める一七九三年憲法（「人民主権」を原理とする）などは、民衆層の革命的エネルギーや憲法構想をぬきにしては、合理的には理解しがたいものである。

二　ブルジョアジーの近代化構想——近代立憲主義型資本主義憲法体制

近代市民革命としてのフランス革命の主役は、ブルジョアジーであった。彼らは、革命を通じて、特権身分とその物質的・制度的基盤を破壊すると同時に、民衆層独自の要求をも排除した。具体的には、近代資本主義体制の本格的な整備展開を確保するために、①一方で、封建的身分制度、封建的所有制度、「朕は国家である」の君主主権を否定し、②他方で、民衆層の求める、生産手段の私有を中核とする財産権の積極的制限（ときにはその否定)、「社会権」を含む豊な人権保障、「人民の、人民による、人民のための政治」を徹底して求める「人民主権」および「充実した地方自治」の体制を排除して、③資本主義的所有制度、自由権中心の人権保障、「人民の、人民による、人民のための政治」を保障しない「国民主権」、権力分立、および地方自治を軽視する中央集権体制などを特色とする憲法典を制定しようとした。近代資本主義体制の樹立を中心課題とする近代立憲主義型資本主義憲法体制の樹立である。その具体的な特色は、以下のようである。

1　その立憲主義の精神と概念

(1)　その立憲主義の精神

近代立憲主義型資本主義憲法とともに、社会と政治の根本的なあり方を憲法という「国の最高法規」に定め、その憲法に従って統治権の行使を中心とする政治をしなければならないという立憲主義の体制が始まる。その立憲主義を根底において支えていたのは、第三身分における、自由・平等な人間として生きたいという欲求と不自由・不平等を強要してやまない「旧体制」の統治権とその担当者に対する不信の念であった。

「旧体制」下においては、第三身分は、非特権身分として、職業選択の自由も居住移転の自由も法的にまたは事実上制限された、原則として支配の対象であった。しかし、第三身分に属するブルジョアジーは、近代資本主義体制を求めていたので、一定の経済的・身体的・精神的自由と形式的法的平等および法生活における予測可能性と安全性の保障を不可欠としていた。自由と平等と安全の欲求および統治権を濫用してやまないその担当者に対する不信は、ブルジョアジーの生活に内在するものであった。ブルジョアジーにも従属する民衆層が求める自由・平等の内容はブルジョアジーのそれと異なるものを含んでいたが、自由・平等をブルジョアジー以上に必要とする社会的・政治的存在として、民衆層も統治権の担当者に対する不信を共有しうる立場にあった。立憲主義体制は、その不信に支えられていた。若干の公理ともみなされていた発言を紹介しておこう。

まず、モンテスキュー（Charles-Louis de Montesquieu, 1689-1755）である。「政治的自由は、権力が濫用されない時にだけ、制限的な国家にある。しかし、権力を担当する者がすべて権力を濫用しがちであるということは、永遠の経験の示すところである。権力が濫用されないようにするためには、権力が権力を抑制するように事態を定めておかなければならない(5)」（『法の精神』一七四八年）。

アメリカでも同様であった。独立宣言の起草者で第三代大統領となったトーマス・ジェファーソン（Thomas Jefferson, 1743-1826）は、近代立憲主義の精神を以下のように明示していた。「信頼は、どこでも専制の親である。自由な政治は、信頼ではなく、猜疑にもとづいて建設される。われわれが権力を託さなければならない人びとを制約的な憲法で拘束するのは、信頼ではなく、猜疑に由来する。……権力の問題においては、それ故、人に対する信頼には耳を貸さず、憲法の鎖によって、非行をおこなわないように拘束する必要がある(6)」（ケンタッキー州議会決議、一七九八年）。アメリカの独立革命は、フランス革命に大きな影響を与えていた(7)。

(2)　その立憲主義の概念

立憲主義という言葉も多義的であるが、ここで問題となるのは、憲法に従って政治をしなければならないという政治のあり方、つまり「憲法による政治」の具体的な意味である。とくに、「憲法に従って統治権を行使すること」の具体的な意味である。フランス革命は、統治権（国家権力）を君主の所有物とする君主主権を否定して、それを「国民」（la nation）の所有物とする「国民主権」を導入している。これに対応して、その下における立憲主義の概念を次のように定めていた。「あらゆる主権〔統治権のこと〕の淵源は、本来国民にある。いかなる団体も、いかなる個人も、国民から明示的に発するものでない権限（autorité）を行使することができない」（一七八九年人権宣言第三条）。フランス革命のなかで最初に制定された一七九一年憲法は、「主権（統治権）は、単一、不可分、不可譲で、時効によって消滅することがない。それは、国民固有のものである。人民のいかなる部分も、いかなる個人も、その行使を自己のものとすることができない」（第三編前文第一条）、「すべての権限は国民のみに由来し、国民は委任によらなければそれを行使することができない」（同第二条）としていた。

これらの規定においては、①すべての主権（統治権）は、本来「国民」の固有の所有物だとされている。「国民」は、統治権の所有者（権利主体）として即国家とされている。フランス革命は、「朕は国家である」を『国民』は国家である」に転換するものであった。②「国民」のみが統治権の所有者であるから、「国民」にかわって統治権の行使を担当する国会や内閣等は、自己の利益のために行使できる権利として統治権の行使を担当しているのではない。その所有者である「国民」の利益のために行使しなければならない権限として統治権の行使を担当しているにすぎない。権利としての統治権と権限として統治権を峻別しなければならない。③「国民」のみが統治権の所有者であるから、国会や内閣等は、「国民」の定めた憲法を通じて「国民」から明示的に授権されている権限だけを、憲法の定める方法（手続・条件）に従って、「国民」のために行使しなければならない。授権規範、制限規範としての憲法である。国会・内閣等には、その担当する権限についての推定や権限行使の手続・条件を変更することが認められない。

このような立憲主義の概念は、フランスの場合、統治権の権利主体が「国民」のみで、国会や内閣等が権限の主体にすぎないところから、論理的に当然のことであるが、この種の立憲主義論は、フランス革命前から論じられていた。たとえば、フランス革命に大きな影響を与えたアメリカでは、「人民主権」を前提にしてのことであるが、一七七六年のヴァージニア権利章典は、「すべての統治権は、人民にあり、したがって人民に由来する。統治の任にある者は、人民の受任者にして奉仕者であり、かつ人民に責任を負う」(第二条)としていた。同年のペルシルヴァニア権利章典も、その第三条で「人民のみが自己統治の根源的で排他的な権利」をもつとしたうえで、その第四条で「すべての権力は、本来人民固有のものであり、したがって人民に由来するものであるから、それ故に立法権であれ、行政権であれ、それを担当する公務員は、すべて人民の受託者兼奉仕者であり、つねに人民に対して説明責任を負う」としていた(傍点は引用者)。

また、フランスでは、フランス革命の前夜、シエイエス(Emmanuel Joseph Sieyès, 1748-1836)が『第三身分とはなにか』(一七八九年一月)において、やがて出現する国民と国民代表の関係につき、以下のような注目に値する指摘をしていた。①国民代表制が出現しても、国民は統治権を放棄していない。それは国民の不可譲の財産であり、国民はたんにその行使を委任しているにすぎない。「代表は、自己に固有の権利としてそれを行使するのではない。それは、他人の権利である(8)」。②代表は、統治権を全面的に行使できるわけではない。国民は、統治権の行使を代表に全面的には委任せず、「正しい秩序を維持するのに必要な部分のみを委任しているにすぎない(9)」。③代表は委任された限度で統治権を行使できるのであって、「自己に委任された統治権の限界を超えることは、代表団の権限に属さない(10)」。④国民代表に委任される統治権が国民の役に立ちかつ濫用されないようにするために、国民代表に対する委任の範囲と条件を憲法に明確に定めておくべきである。「憲法は、二つの部分に分れる。一つは、立法部の組織と作用を規定し、他はもろもろの執行部の組織と作用を規定する。……憲法は、そのいかなる部分においても憲法によって設けられた権力(pouvoir constitué)の創り出したものではなく、憲法を制定する権力(pouvoir constituant)の創り出したものである。委任された統治権は、いかなる種類のものであっても、その委任の条件に変更を加えることができない。この意味で、憲法は基本法である[11]」。

2　人権保障の目的性と政治の手段性

この型の憲法の下では、人権の保障と政治（統治権、その担当者）の関係は、前者が目的で、後者が手段、の関係にあるとされている。政治や統治権やその担当者は、人権保障のための手段にすぎず、その目的のためにのみ存在を認められている。ここでは、統治権の行使の担当者のために政治をすることは、論外のこととされる。一七八九年人権宣言は、その第二条で、「〔国家をはじめとする〕あらゆる政治的結合の目的は、人間の自然的で時効によって消滅することのない権利〔人権のこと〕を保全することである」と明言している。同様の指摘は、アメリカでも、「独立宣言」をはじめとして、もろもろの権利章典でもおこなわれている。

3　人権保障の特色

フランス革命で出現する近代立憲主義型資本主義憲法は、人権の保障においては、以下のような特色をもっていた。

(1)　立法権にも対抗できる人権の保障（人権の不可侵性）

人権（人間の権利、droits de l'homme, rights of man）は、人間が生まれながらにして当然にもっている権利（droits naturels, natural rights）を意味するから、その保障は、立法権を含めていかなる権力によっても侵すことができないこと（不可侵性）を特色としている。このことを、フランスの一七八九年人権宣言は「人間の自然的〔生来的〕で時効によって消滅することのない権利」と表現し、アメリカの独立宣言は、わかりやすく「造物主

から与えられた一定の不可譲の権利」と述べていた。＊＊＊

＊　一七八九年人権宣言は、「人間および市民の権利の宣言」（Déclaration des droits de l'homme et du citoyen）として、「人間の権利」（人権）と「市民の権利」を区別している。「人間の権利」が同宣言の第二条から明らかなように、人間が、人間として、生れながらにしてもっている人間の「自然権」を意味していることは間違いあるまい。同条は、「自由（la liberté）、財産、安全および圧制への抵抗」を人間の「自然権」としている。これに対して、「市民の権利」は、一七八九年人権宣言のたとえば第六条（「すべての市民は、みずからまたはその代表者を通じてその〔法律の〕形成に協力する権利をもっている」）からもうかがわれるように、国家の存在を前提とし、国家の構成員としての市民に認められている諸権利を意味するものと解される。

「人間の権利」は国家の存在を前提としない「前国家的な権利」であり、「市民の権利」は国家の存在を前提とする「後国家的権利」というわけである。しかし、このような区別は、ヨーロッパ一七、八世紀の自然法思想——実定法つまり人間の行為によって創り出された現実に通用する法とは別に、国家以前にまた国家を超えて普遍的に妥当する「人間の権利」の保障を中核とした法があるという考え方（J・ロック〔John Looke, 1632-1704〕を代表的な唱導者とする）[12]——を前提としてはじめてなりたつ理論上の区別であるうえに、「人間の権利」も、近代市民革命前のフランスや明治憲法下の日本の経験からも明らかなように、実定憲法で保障されないことには、現実には通用しない。

「人間の権利」も「市民の権利」も、実定憲法で保障されることによってはじめて現実的な通用力をもつという点においては変りない。しかも、あとで見るように、「市民の権利」が憲法で保障されていないことには、「人間の権利」の保障が不十分となることも、たしかである。普通選挙権や「社会権」の保障が欠けている状況下では、とくに民衆層にとって生命・自由などの享有が困難となることは、経験的事実である。フランス革命期に民衆層の要求の代弁に努めたJ-F・ヴァルレ（Jean-François Varlet, 1764-1832）は、あとで紹介するように、その人権宣言案で、「社会状態」（国家成立後の常態のこと）において保障すべき「人間の権利」の冒頭に「主権〔統治権〕の行使への参加」をあげ、生存権・労働権・休息権などの社会権的諸権利をも「人間の権利」のうちに含めていた。それらの保障を欠くと、一七八九年人権宣言的な「人間の権利」の享有が困難または不可能となることを見抜いていた。

一七、八世紀的な「人間の権利」の観念は、それが侵害されがちであるだけに、重視されるべき見識である。しかし、それら以外の憲法上の権利も、とくに女性と民衆層にとって人間として生きるために不可欠なものとしてやがて憲法で保障されるに至っているところから、以下においては、狭い「人間の権利」だけでなく、広く立法権によっても侵すことができない憲法上の権利を人権と呼ぶことにする。

＊＊　一七八九年の「人間および市民の権利の宣言」が出された当時から、それは「男性および男性市民の権利の宣言」で、女性と女性市民を含んでいないのではないか、という疑問が出されていた。フランス語の《homme》という言葉は、「人間」の意味とともに「男性」の意味ももっている（英語の“man”も同じ）。フランス語の《citoyen》は、「市民」一般をも意味するが、「男性市民」も意味し、「女性市民」を意味する言葉としては《citoyenne》という言葉がある。

オランプ・ド・グージュ（Olympe de Gouges, 1748-93）という女性は、一七九一年九月、「女性および女性市民の権利の宣言」を発表して、一七八九年人権宣言が男性の権利宣言であることを問題にし、「女性および女性市民」に「男性および男性市民」と平等の権利の保障を求めていた。[13]「女性は、自由で、権利において男性と平等なものとして出生し、生存する」（第一条）や「すべての女性市民および男性市民は、みずからまたはその代表者を通じて、法律の形成に協力する権利をもっている」（第六条）などは、その視点を端的に示すものであった。近代立憲主義型資本主義憲法が曖昧にしていた問題を摘示するものであった。

(2) 内在的制約

人権が不可侵であっても、他人も不可侵の人権をもっているから、人権の名において他人の人権を侵害することはできない。不可侵の人権にも、「他人の人権を侵害してはならない」「他人の人権を侵害する行為は人権の行使とは認められない」という制約が含まれている。このような制約は、人権の内に本来あ（在）るものとして、「内在的制約」と呼ばれている。一七八九年人権宣言は、その第四条で、このことを、「自由とは、他人を害さないすべてをなしうることにある。したがって、各人の自然権の行使は、社会の他の成員にこれらの同じ権利の享有を確保すること以外の限界をもたない。この限界は、法律でのみ定めることができる」としていた。

　他人の人権を侵害することは人権の行使とは認められないから、法律は、他人の人権を守る必要がある場合に、人権の行使を最小限の程度や方法において制限することができる。「必要最小限」の規制である。人権は、もともと不可侵であるから、最大限に尊重されなければならない。したがって、その制限は、憲法がとくに例外を認めている場合を別として、必要最小限でなければならない。他人の人権を守るために現実に必要がある場合でなければ制限することができず、制限の程度や方法がより小さいもので他人の人権を守ることがあるのであれば、より小さな程度や方法のものをとらなければならないということである。

(3) 経済的自由権の保障に力点をおく、自由権中心の人権保障

人権の保障においては、自由権の保障が中心とされていた。自由権は、たんなる不作為請求権ではない。権力や他人に干渉されずに、他人の人権を害さないすべてをなしうる権利（するかしないかを選択・決定し、するときめたことをおこなう権利）である。具体的には、以下のような自由権が明示して保障される傾向にあった。

(i)　経済的自由権（経済活動の自由）。一般に、財産権*、労働の自由、契約の自由、営業の自由、居住・移転の

自由などが保障される傾向にあった。一七八九年人権宣言は、とくに財産権について「神聖で不可侵の権利」と断っていた（第一七条）。財産権は、人権のなかの人権であった。また、フランス革命期の諸人権宣言は、契約の自由について、「人は、すべて、その労働と時間を契約することができる。しかし、人は、その人身を売ることはできない。人身は、譲渡できる財産ではない」旨をくり返していた（たとえば、一七九三年人権宣言第一八条、共和暦三年＝一七九五年人権宣言第一五条）。契約によれば（相手方他人が同意すれば）、他人の人権を大きく制限することができる「私的自治」が強調されていた。

＊　財産権は、propriété の訳語であるが、この段階の propriété については、有体物についての使用・収益・処分権を意味する所有権ではないか、といわれることがある。しかし、当時の propriété は、すでに債権や無体財産権（著作権や特許権など）まで含むもので、広く財産権と訳す方が適当だと考える。(14)

(ii)　精神的自由権（精神活動の自由）。一般に、思想の自由、信仰の自由、意見の自由、表現の自由などが明示的に保障される傾向にあった。

(iii)　身体的自由権（人身の自由）。概して、奴隷的拘束とその意に反する苦役からの自由、法の適正な手続の保障、刑事手続法定主義、無罪推定原則、被疑者・被告人に対する苛酷な強制処分の禁止、罪刑法定主義、刑罰謙抑主義（絶対明確に必要な刑罰以外の刑罰の使用禁止）、残虐刑の禁止などが問題になっていた。

(iv)　その他の自由権。以上のような自由権が明示して保障される傾向にあったが、近代の初期の段階においては、自由権の保障は、それらに限られているわけではなかったようである。フランスの一七八九年人権宣言第四条「自由とは他人を害さないすべてをなしうることにある」（フランスの一七九三年人権宣言第六条や一七九五年＝共和暦三年人権宣言第二条にも、同文の規定がある）からもうかがわれるように、各人は一つの包括的自由権をもち、人権宣言や憲法はその包括的自由権に本来含まれている主要な個別的自由権や旧体制下でとくに侵害されがちであった個別的自由権を例示するものであったと解される。憲法上具体的な保障規定を欠いている事項（たとえば、学問・研究や散歩など）についても、自由権としての保障は及んでいるはずであった。アメリカ合衆国憲法修正第九条は、「この憲法に一定の権利を列挙したことをもって、人民の保有する他の諸権利を否定または軽視したものと解釈してはならない」としているが、それと同様に解すべきであろう。包括的自由権の保障は、J・ロック以来の自然法思想の伝統をふまえているようであった。

(4)　若干の受益権の保障

受益権とは、国民の権利・利益の保障のために権力の積極的な発動を求める権利（作為請求権）であるが、近代立憲主義型資本主義憲法においては、裁判を受ける権利、財産についての損失補償請求権（私有財産を適法に確認された公の必要のために用いるときは、事前の正当な補償を請求をすることができる権利）、請願権（公権力の担当者に対して希望を述べる権利）が保障されているにとどまった。

(5)　形式的平等の保障

平等については、「形式的平等」が保障されていた。各人に人権が平等に保障され、各人が法的に平等な価値として扱われることを保障するものであった。

「平等は、法律が保護する場合にも処罰する場合にも、すべての者に同一であることである」（フランス一七九五年＝共和暦三年人権宣言第三条、一七八九年人権宣言第六条も参照）ということである。それは、国民に利益を与える場合であれまた不利益を課す場合であれ、基準となる法律内容について一般性・抽象性を保障することにより、特権的処遇と差別的な処遇を禁止しようとするものである。つまり、法律がすべての国民・すべての事件に適用され、特定のまたは一部の国民・事件のみに適用されるものであってはならないとすることによって、多種多様なしたがって実質的に不平等な国民を法的には平等に処遇することを求めるものであった。この平等の保障の趣旨からすれば、法律の適用・執行においても不平等な処遇が禁止されるのは、当然のことであった。

しかし、すべての国民が法的に平等の価値だといっても、その例外がまったく認められないわけではない。平等原則または平等権にも、内在的制約がある。あらゆる場合に、すべての国民を平等に処遇すれば、他の国民が、場合によっては本人が、人権を過度に侵害されることになりかねない。それ故、憲法自体により、たとえば、公務員・教員・医師・法曹等については、そのために必要な能力等にかんする競争選抜試験が認められ(15)、租税負担についてはすべての国民が能力に応じて負担する「応能平等原則」が認められている（一七八九年人権宣言第六条・第一三条、一七九一年憲法第一編第一段）。

なお、この段階における租税の「応能平等原則」は、累進税制の採用を求めるものではなく、二倍の所得があれば二倍の所得税を納入するという形式的比例的平等を意味するものであったようである。近代立憲主義型資本主義憲法は、社会国家（福祉国家）理念を欠き、現実に各国民の間に存在する社会経済的不平等の積極的な是正（「実質的平等」の実現）を課題としていなかったからである。累進税制を求めない「応能平等原則」の宣言は、この段階の「民衆層の憲法構想」ともまた「現代資本主義憲法」とも異なる。

近代立憲主義型資本主義憲法下では、法の下の平等の宣言にもかかわらず、国民代表の選挙につき、男女平等の直接普通選挙制度がとられず、原則として男性制限選挙制度が採用されていた。この点についてはすぐあとでもふれるが、この憲法では「人民の、人民による、人民のための政治」を求める「人民主権《プープル》」ではなく、その政治を求めない「国民主権《ナシオン》」原理がとられていたので、選挙権を含めて参政権は、権利の問題ではなく、権限（公務）の問題であり、しかも憲法自体により男性制限選挙制度が明示されていた。

また、この近代立憲主義型資本主義憲法は、法の下の平等を明示しつつも、性差別の禁止を明示していなかった。この点についても、あとでさらにふれる。

(6) 参政権

参政権については、近代立憲主義型資本主義憲法は、「国民代表」の選挙につき、原則として、普通選挙制度さえも保障していなかった。一定額以上の直接税を納入しまたは一定額以上の財産を所有もしくは使用する男性だけに選挙権・被選挙権を限る制限選挙制度をとっていた。たしかに、アメリカの独立宣言やフランスの一七八九年人権宣言は、すべての市民に選挙権・被選挙権を認めるのが当然と解されるような規定を設けていた。しかし、近代の資本主義憲法は、一九世紀を通じて、アメリカでもフランスでも、女性には選挙権・被選挙権を認めず、男性についても、原則として男性制限選挙制度をとっていた。人民投票、人民発案、人民拒否などの直接民主制も、原則として認められていなかった。

参政権についてのこのような事態は、基本的には、近代立憲主義型資本主義憲法の主たる担い手であったブルジョアジーが、民衆層の政治参加は近代資本主義体制の本格的な整備展開と両立しないと考えていたことによる。フランス革命期には、民衆層の政治参加の排除は、①国家は巨大な株式会社のようなもので、直接税を納入している者だけが政治に参加する資格をもつ真の国民であるとする「納税者株主論」（たとえばシエイエス）や、②民衆層は日々の生活の糧をえることに追われて、「フランスを支配する法律の制定に関与するだけの教育や余暇を持ち合わせていない」とする「民衆無能力論」(たとえば、シエイエスやバルナーヴ〔Antoine Pierre Joseph Marie Barnave, 1761-93〕) などによって正当化されていた[16]。そして、ボワシー・ダングラス (Boissy D'Anglas) という政治家は、このような議論を以下のように総括していた。

「われわれは、最良の人たちによって統治されなければならない。最良の人たちとは、もっとも教育があり、法律の維持にもっとも関心をもっている人たちである。ところで、このような人たちは、ほんのわずかの例外を除いて、財産を所有し、その財産が存在している国と、その財産を保護する法律と、その財産を尊重する治安とに愛着の念を抱き、かつ、財産とそれから与えられる余裕のゆえに教育を受け、その教育によって祖国の運命をきめる法律の利害得失を分別をもって的確に討議する適性を与えられている人たちのうちに見いだされるであろう[17]」(共和暦三年〔一七九五年〕フリュクチドール五日、国民公会)。

ブルジョアジーのための選挙制度であった。このような参政権の事態は、フランスの場合、法的には、フランス革命で樹立された「国民主権」の原理と憲法の規定自体によって正当化されていた。「国民主権」の概念については、次の4で検討する。

(7)　抵抗権の保障

人権は不可侵で、政治 (統治権、その担当者) は、その保障のための手段として、そのためにのみ存在を認められている。しかし、権力を担当する者がすべて権力を濫用しがちであることは、「永遠の経験」の示すところである。不可侵の人権が権力の濫用によって侵害された場合、それにどう対処するかが問題となる。近代立憲主義型資本主義憲法は、抵抗権を用意していた。フランスの一七八九年人権宣言は、抵抗権を人間の権利の一つとして明示していた (第二条)。

とくに、フランスの一七九三年人権宣言は、抵抗権につき、以下のような規定を設けていた。「圧制に対する抵抗は、人間の他の諸権利の結果である」（第三三条）、「社会の構成員のただ一人でも圧迫されているときは、社会に対して圧制が存在する。社会が圧迫されているときは、社会の各成員に対する圧制が存在する」（第三四条）、「政府が人民の諸権利を侵害する場合には、反乱は、人民にとってまた人民の各部分にとって、権利のうちでもっとも神聖なものでかつ義務のうちでもっとも免れがたいものである」（第三五条）。抵抗権は、不可侵の人権から当然に導かれるもので、その連帯的権利性、権利のなかの権利性、義務のなかの義務性を強調していた。人権の保障が、人権主体の不退転の決意と努力にかかるものであることを示している。*

* 抵抗権は、とくに人権を侵害する権力に向けられた「非組織的制裁」(sanction inorganisée) である。それを実効的なものとすることは、容易なことではない。そこで近代の初頭から、抵抗権を組織化して違憲審査制度を設けることの是非が問題となっていた。しかし、近代資本主義憲法の段階では、アメリカ合衆国の場合を別として、ほかの国ではそれを本格的に導入することができなかった。憲法の番人が番人としての役割をうまく果しうるか（番人が狼に変身しないか）、うまく番人の役割を果すために必要な条件はなにか、誰がまたはいかなる組織がその役割に適しているか（選挙で選ばれていない裁判官が選挙で選ばれている議員たちより人権や憲法を尊重するか）、誰が番人の番をするかなどについて、意見の一致をみなかったためである。

アメリカ合衆国でも、連邦憲法は、連邦法についての違憲審査の権限を明示的には定めていない。それは、連邦最高裁判所の判例によって導入されている。

4　「国民主権」とその具体化

(1)　フランス革命と主権原理

革命とは、階級間における統治権（国家権力）の移動の問題である、といわれる。統治権を自己のものとした階級だけが、その求める社会と政治の根本的なあり方を（近代市民革命以降においては、憲法の制定を通じて）実現しかつ維持することができるからである。それは、法的には統治権の権利主体を定める主権原理の転換の問題として提起される。近代立憲主義型資本主義憲法が登場する近代市民革命期に、その問題ともっとも自覚的かつ積極的に取り組んだのは、フランスであった。フランスは、J・ボーダン（Jean Bodin, 1530–96）以来、主権者を統治権の権利主体（所有者）とする主権原理論をもっていたことに加えて、フランス革命には各階級・各階層がそれぞれの人権保障とともにその実現・維持のために必要な主権原理を掲げて革命の舞台に登場していたからである。旧特権階級は君主主権を、国民議会や国民公会に結集したブルジョアジーの代表たちは「国民主権《ナシオン》」を、議会外で革命に参加した民衆層は「人民主権《プープル》」を、掲げていた。

(2)　「国民主権」の構造

フランス革命の結果として憲法典に導入されたのは、「国民主権」であった。フランス革命のなかで最初に制定された一七九一年憲法は、以下のようにとくに明確にその基本的な構造を規定していた(18)。

「主権（統治権）は、単一、不可分、不可譲で、時効によって消滅することがない。それは、国民（nation）固有のものである。人民（peuple）のいかなる部分も、またいかなる個人も、主権の行使を自己のものとすることができない」（第三編前文第一条）。

「すべての権限は、国民に由来する。国民は、委任によらなければそれらを行使することができない」（同第二条一項)。「フランス憲法は、代表制をとる。代表は、立法府と国王である」(同第二条二項)。「立法権は、人民によって自由に選出される有期の代表者からなる国民議会に委任され、後に定める手続に従い、国王の裁可をえて国民議会がこれを行使する」(同第三条)。「政府は、君主制をとる。行政権は、国王に委任され、後に定める手続に従い、国王の権威の下で、有責の大臣およびその他の官吏がこれを行使する」(同第四条)。「司法権は、人民により適時選出される裁判官に委任される」(同第五条)。「県によって任命される代表は、各県の代表ではなく、全国民の代表である。県は代表にいかなる委任をすることもできない」(第三編第一章第三節第七条)。

これらの規定は、フランス革命によって創出された「国民主権」の構造を明示するものであるが、その要点は、以下のようである。

①「国民主権」は、国籍保持者の総体としての「国民」(全国民)が単一・不可分・不可譲で消滅時効にかからない権利として、主権つまり国家意思を決定しかつ執行する統治権(国家権力)の所有者(権利主体)であることを意味する。統治権の所有者を国家と呼ぶならば、「国民」は即国家であり、「国民」と別に国家が存在するわけではない。フランス革命は、「旧体制」下における「朕は国家である」の君主主権を否定して、「『国民』は国家である」の「国民主権」を新しい憲法原理としている。この「国民」は、市民の総体(社会契約参加者＝成年者の総体)としての「人民」とは異質のもので、当時の民衆層が求めていた「市民の総体としての『人民』が統治権の所有者である」「『人民』は即国家である」ことを意味する「人民主権」をも排除するものであった。*

＊「人民」は有権者の総体の意味でも用いられることもあるが、「国民主権」は、そのような「人民」を主権者とするものでもない。

②このような「国民」は、抽象的観念的存在で、それ自体では、自然的意思決定能力も、決定された意思の執行能力ももたないから、主権（統治権）の行使を、自然人からなる「国民代表」（政治の基準となる「国民」の始原的意思を法律などとして定める意思決定機関）とそれによって決定された法律等を執行する（執行のための細則を定めさらに法律等を個別的具体的な場合にあてはめる）機関とにゆだねざるをえなくなる。このようにして、「国民主権」下においては、主権の所有と行使は必然的に分離し、「国民代表」による「国民」（国家）意思の決定が不可避となる。

③「国民主権」下においては、「国民」が主権（統治権）の権利主体であるから、市民の総体や有権者の総体は主権者ではない。したがって、後者が「国民代表」の成員を選挙している場合であっても、それは主権者「国民」の主権の一部（任命権）を「国民」のために行使しているのであって、自己の権利を行使しているのではなく、権限の行使（公務の執行）をしているにすぎない（参政権公務説）。同様にして、「国民代表」が「国民」にかわって法律などを制定することも、「国民」のための権限の行使であり、その際には、市民の総体や有権者集団の意思に従うことも、その承認をえることも必要とされない。

ここでは、「国民代表」の成員（議員）について、「命令的委任の禁止」*（無拘束委任、自由委任）が原則となり、市民の総体や選挙人団による政治責任**の追及の制度化も必要とされない。ここでは、「国民代表」に実在する市民の総体や有権者集団から独立して、自由に政治の基準となる法律などを形成表示することが保障される。ここでは、主権者・「国民」のために権限の担当者として存在を認められている「国民代表」が事実上主権者の地位につくことになる。***

* 議員は、「全国民の代表」であって、自分を選出した選挙区の代理人ではないから、選挙区やその選挙人の指令に拘束されないとする制度をいう。フランス私法の représentation, représentant は、代理、代理人を意味するが、フランスの「国民主権」の下では、それらの言葉は、私法的な意味をもっていない。

** 責任の原因と内容（どういうことについてどのような責任を負うか）を法で定めることを必要とする法的責任（通常の刑事責任や民事責任）に対するもので、責任の原因は違法行為に限られず、不適当な行為や態度、無能力性にも及び、責任の内容は批判その他の不利益を受けることであるが、権力担当者の地位から降りることをもって限度とする。その典型は、リコール制である。

*** このような国民代表の概念は、まずイギリスに出現した。そこでは、一七世紀以降時間をかけて徐々に確立された。そこでの発生過程は、比較的に無意識的であった。その国民代表概念は、ヨーロッパ大陸では、フランス革命のなかで「国民主権」の原理から自覚的体系的に一気に樹立された。近代における代表的な「国民代表」の概念である。[19] しかし、それは唯一の国民代表概念ではなく、あとから見るように、近代は、「人民主権」原理と結合した「人民代表」ともいうべき別の国民代表概念も生み出している。フランス革命期には、日本語で国民主権と表示されることが多い、概念を異にする二種類の国民主権が存在した。「国民主権」（nation 主権）と「人民主権」（peuple 主権）である。それに対応して、国民代表制についても、二種類のものが存在した。フランス革命において実定憲法上の原理および制度として確立されたものは、「国民主権」と「国民代表制」であった。

④「国民主権」下では、主権（統治権）は、単一・不可分・不可譲のものとして「国民」固有のものとされているが、その個々の成員は、主権をなんら分有せず、その行使に参加する固有の権利をもたない。したがって、「国民主権」の原理は、「国民代表」の任命について、普通選挙制度を不可避とするものでなく、制限選挙制度による任命や選挙によらない任命をも可能とする。フランスにおいても、一九世紀前半においては、第一院についても憲法上原則として男性制限選挙制度がとられており、選挙によらない世襲の国王も「国民代表」とされていた（一七九一年憲法や一八三〇年憲章）。

⑤「国民主権」は、「国民代表」の成員（議員）の選任について、原則として選挙という多人数行為を用いることによって旧特権階級を「国民代表」のうちから排除できただけでなく、男性制限選挙制度を用いることによって女性・民衆層の参加をも排除でき、しかもさらに「国民代表」とその成員（議員）を選挙人団と選挙区の統制から解放することもできた。これらの可能性のうちに、その歴史的、社会的および政治的意義が明確に示されている。それは、まさしく、近代資本主義体制を本格的に整備し展開しようとするブルジョアジーのための主権原理であった。

(3) 「人民主権」を仮面とする「国民主権」

あとで見るように、フランス革命期の民衆層は、少くともその自覚的な部分は、民衆層の解放を求め、「人民の、人民による、人民のための政治」を徹底して求める「人民主権」を掲げて、フランス革命に参加していた。その民衆層が、民衆の政治参加を排除できる「国民主権」を認めてしまった理由が問題となる。以下の諸点を指摘しておきたい。

第一は、日常生活において、「国民」（la nation）の語が「人民」（le peuple）の意味をもつものとして、両者が混用されていたことである。現に、フランス革命を象徴する一七八九年人権宣言では、「国民」と「人民」が同義（「人民」の意味）で混用されている。そのうえで、その第六条は「法律は、一般意思の表明である。すべての市民は、みずからまたはその代表者を通じて、その制定に協力する権利をもっている」と定め、その第一四条は「すべての市民は、みずからまたはその代表者を通じて、その租税の必要性を確認し、それを自由に承認し、その使途を追及し、かつその数額、基礎、徴収および存続期間を決定する権利をもっている」と定めていた。「国民」＝「人民」（市民の総体）が主権者で、各市民が政治に参加する固有の権利をもっている旨を明示していた。

第二は、一七九一年憲法が「国民」の法概念（法的意味）を「人民」のそれと区別して用いているにもかかわらず、なお両者が同義であるかのように見せかけるべく、一七八九年人権宣言をその冒頭に掲げていたことである。一七八九年人権宣言は、一七九一年憲法の「国民主権」原理を隠蔽する仮面の役割を果させられていた。

第三は、一七八九年から一七九一年にかけての憲法制定国民議会が、「憲法制定権論」によって、男性制限選挙制度により選挙権さえも制限されている「人民」を架空の主権者に仕立てあげていたことである。[20]「国民」＝「人民」は、憲法制定権をもち、いつでも自由に憲法を改廃することができるから、選挙権を制限されていても「国民」＝「人民」は、なお主権者だというのである。憲法制定権が現実に行使できる権利でありうるためには、実定憲法で具体的な手続を伴って保障されていなければならない。しかし、一七九一年憲法は、そのような手続的保障を全面的に欠いていた。

フランス革命期におけるこのような経験からすると、現在においても、「国民」＝「人民」の主権を憲法制定権として説明する学説の役割があらためて問題となる。

(4)「国民主権」の歴史的対応能力

「国民主権」は、「国民代表」のあり方をすべての面にまでわたって特定するものではない。「国民代表」の具体的な形態とその成員の選任の方法等は、各憲法の定めるところにまかされているから、普通選挙制度によって「国民代表」の成員を選任するようにすることも可能であるし、また、例外的に直接民主制を導入し、有権者集団や市民の総体を「国民代表」とすることもできる。現に、「国民代表」としての議会の成員の選任方法は、男性制限選挙制度、男性普通選挙制度、男女平等の普通選挙制度によるものへと次第に変化してきているし、憲法改正などの若干の重要事項については、「人民投票制」も導入されるに至っている。この意味で、「国民主権」が社会経済的および政治的諸条件の歴史的変化にも対応しうる相当の能力をもっていることにも注目したい。

(5)「国民主権」との関係で留意すべきこと

フランス革命のなかで形成される「国民主権」との関係においては、いくつかの留意すべき事項がある。ここでは、次の三点を指摘しておきたい。

その第一は、フランス革命期に登場してくるもう一つの国民主権ともいうべき「人民主権」との関係の問題である。すでに若干ふれておいたようにまたあとで若干立ち入って検討するように、「人民主権」は、当時の民衆層を担い手としかつ「人民の、人民による、人民のための政治」を徹底して求めるものとして、ブルジョアジーを担い手としかつ「人民の、人民による、人民のための政治」を求めない「国民主権」と明らかに異なる、ということである。「人民主権」の構造については、「IV　民衆の憲法構想」等で若干立ち入って検討する。

第二に、アメリカで出現する「people 主権」が、フランス革命のなかで樹立された「国民主権」と、とくにその構造の面から見て、どのような関係にあるかも問題となる。アメリカの「people 主権」は、「人民の、人民による、人民のための政治」を求めるものとして、「国民主権」とは異質のもので、フランスの「人民主権」に類似するものと解される[21]。たしかに、アメリカも、近代の段階では男性制限選挙制度をとっていたが、その段階でも、「人民主権」との乖離は意識されていたようであるし、またその運用においては選挙人団に対する議員の従属性が求められていたようである。

第三は、日本国憲法の国民主権が、フランス革命に登場した「国民主権」「人民主権」と、その構造上どのような関係にあるかも問題になる。「人民主権」に近似するものと解されるが[22]、いずれにしても、結論を出す前に慎重な検討が必要となるのは当然のことである。フランスの「国民主権」について、カッコつきの表現をしているのは、日本国憲法の国民主権をフランスの「国民主権」とやみくもに等置することがないようにとの願いをこめてのことである。

5　権力分立制（三権分立制）

権力分立制は、近代立憲主義型資本主義憲法に不可欠の原理である。アメリカの場合も、フランスの場合も、それを当然のこととしている。フランスの一七八九年人権宣言は、「権利の保障が確保されず、権力の分立が定められていない社会は、すべて、憲法をもたない」（第一六条）とまで述べている。新しい憲法概念の提唱である。憲法というからには、人権の保障とともに、権力分立制を導入していなければならないとする。

権力分立制は、国家の作用（統治権の行使）を、その性質・内容に応じて立法、行政、司法の三つに分け、そのそれぞれを異なった機関に分担させ、その機関の相互間に抑制と均衡（checks and balances）の関係を設け、そうすることによって、権力の集中と濫用を阻止しようとするものである。モンテスキューが『法の精神』（一七四八年）で、それこそが自由な政治の鍵として強調していたことは、よく知られている（同書第一一編第四章）。

(1)　立法とは

近代立憲主義型資本主義憲法の立法の概念の中核的部分は、フランス革命のなかではっきりと表明されている。「法律は、保護を与える場合にも、処罰する場合にも、すべての者に同一でなければならない」（一七八九年人権宣言第六条第二文、共和暦三年＝一七九五年人権宣言第三条一項も参照）。法律は、少くとも国民との関係では、利益を与える場合であれ不利益を課する場合であれ、新たな（始原的な）一般的抽象的法規範であること、つまり特定の国民や一部の国民または特定の事件や一部の事件のみを対象とするものであってはならず、全国民・全事件を対象とし、それらに適用されるものでなければならないとしていた。すべての国民が不可侵の人権をもち、法的に平等の価値であるところからすれば、当然のことである。立法とは、国民との関係では、憲法が特別の規定をしている場合を別として、具体的な政治の基準となる、新たな（始原的な）一般的抽象的法規範を定立することと概念規定されることになる。

国民を直接の対象としない法律については、ことの性質上、一般的抽象的法規範でなければならないとする制約はない。しかも、近代立憲主義型資本主義憲法においては、議会は「国民代表」の地位にあるので、国民を直接の対象としない、新たな（始原的）な政治基準も、「国民代表」により、法律で定められる。国民を直接の対象としない法律としては国会をはじめとする中央政府の組織と内部的運営を定める法律、地方公共団体のあり方を定める法律などがあるが、なんといっても、その代表的なものは予算法である[23]。

イギリス、アメリカ、フランスでは、議会は、なによりも、租税の賦課・徴収のあり方（租税法）とその支出のあり方（予算法）を定めるために設けられたものであった。それらの国では、予算を定めることは立法であって、あとで見る一九世紀ドイツや明治憲法下の日本のように、行政とは考えられていない。フランスの場合、たとえばその最初の憲法（一七九一年憲法）は、第三編第三章第一節第一条で、立法府の排他的権限として、「公の支出を定めること」（二号）、「公の租税を設け、その性質、数額、期間および徴収方法を定めること」（三号）、「王国の諸県の間に直接税を配分し、すべての公の収入の使途を監視し、それについて報告させること」（四号）をあげている。財政支出議決権、租税議決権、直接税割当権、会計検査権である。このような財政原則は、一九世紀を通じてフランスに根をおろしていく(24)。

この後者の点をも考慮するならば、近代立憲主義型資本主義憲法における立法は、広く具体的な政治の基準を新たに定立することということになる。*

＊　立法、行政、司法という言葉は、いずれも、形式的意味と実質的意味と呼ばれる二つの意味をもっている。形式的意味とは、その作用を担当する機関またはその作用の形式に着目するもので、たとえば立法の場合、国会のおこなう作用を立法と呼び、または国法のうち法律の形式のものを制定することを立法という。これに対して、実質的意味とは、その作用の性質と内容に着目するもので、たとえば立法の場合、始原的性格をもった具体的な政治の基準となる法規範の定立を立法という（たとえば始原性をもたない法規範の定立は命令等の定立として執行の作用となる）。

権力分立制で問題となる立法、行政、司法は、いうまでもなく、実質的意味のものである。そこでは、国家の作用を三種類に分類して三つの異なる機関に分担させることが問題となっているのであるから、国家作用の性質・内容を問題にせざるをえない。立法とは法律を制定することというだけでは、国会の守備範囲はなにも明らかにされない。

(2) 司法とは、行政とは

近代立憲主義型資本主義憲法においては、その立法の概念（意味）からすると、司法と行政は、ともに、国民との関係では、原則として立法府が制定した始原的な一般的抽象的法規範を個別的具体的な場合にあてはめる執行作用（執行のために必要な細則を定めることも当然に含まれる）と説明されることになる。司法と行政は、その執行作用についての分担を示すものである。司法は、立法によって定められた一般的抽象的法規範を適用することによって、具体的な法的な紛争（事件）を裁判することであり、行政はそれ以外の場合における法律等の執行を意味することになる。司法は、たとえば、刑法などに従ってもろもろの刑事事件を裁判しまたは民法などの法律に従って売買や離婚などをめぐる民事事件を裁判することであり、行政は、たとえば税法に従って税金を賦課・徴収したり、道路交通法に従って交通の規制をすることである。*

* ひとしく近代市民革命によって近代化しても、イギリス、アメリカ、フランスは、それぞれ異なった司法の概念をもっている。

①イギリスでは、議会と裁判所が協力して近代化を推進したという事情もあって、司法は、具体的な法的紛争のすべてについて、法律を適用しこれを裁定することを意味する。民事事件（私人間の法的紛争）、刑事事件（犯罪にかんする事件）だけでなく、行政事件（国民と公権力との間でおこる法的紛争）についての裁判も、司法に含まれる。しかし、イギリスでは、近代とともに議会主権（「議会は、男を女とし、女を男とすること以外は、なんでもすることができる」といわれている）が確立されたことに加えて、通常の法律に優越する形式的効力をもつ硬性憲法（「最高法規」としての憲法）が成立しなかったので、裁判所は具体的事件を審理するにあたって、その事件に適用される法律が憲法に適合しているか否かを審査すること（「違憲立法審査」）ができない、とされている。

②アメリカでは、立法府をも拘束する硬性憲法が成立し、しかも憲法を含む法の最高解釈権が裁判所にあることを意味する「司法権の優越」が認められているので、裁判所は、民事事件、刑事事件、行政事件等を審理するにあたって、その事件に適用される法律が憲法に適合しているか否かを審査することができると考えられているし、そのように運用されている。連邦法律が連邦憲法に適合しているか否かを審査することを認める規定は連邦憲法にはないが、当然のことと解されている。

③フランスでは、フランス革命のなかで、「国民主権」「国民代表制」に基づき、「国民代表の優越」（立法府の優越）が樹立されたことに加えて、裁判官に対する不信の念もあって（裁判官は簡単には養成できず、革命後も、旧体制下で法曹であった者を排除できなかった）、司法は、具体的な法的紛争についての裁判のすべてを意味せず、現在に至るまで民事事件と刑事事件の裁判に限定されている。行政事件についての裁判は、行政系統の裁判所（コンセーユ・デタを頂点とする行政裁判所）が担当することになっている。いずれの裁判においても、具体的な事件の審理において適用される法律等が憲法に適合しているか否かを調べる違憲審査は認められないものと解されている。

なお、硬性憲法とは、通常の法律の制定手続で改正できる憲法（軟性憲法）に対するもので、通常の法律の制定手続より厳格な手続によらなければ改正できない憲法を意味する。硬性憲法は、形式的効力（他の法との関係における効力）においても通常の法律に優越し、憲法と矛盾する法律は効力をもつことができない。

6　地方自治に消極的な中央集権体制

近代立憲主義型資本主義憲法は、地方自治の保障には消極的であった。そこでの地方制度の扱いは、以下のような特色をもっていた。

①地方公共団体の存在を認める。

②地方公共団のあり方については、憲法は、原則としてなんら具体的な保障をせずに、その組織・運営を法律で定めるものとしていた。したがって、憲法上、立法権、行政権、司法権等が、それぞれ国会、内閣、裁判所等の担当とされている場合には、その権限配分と抵触しないことを条件として、法律による個別的具体的委任によるほかは、立法権、行政権、司法権を地方公共団体に担当させることはできないはずであった。地方公共団体は、憲法上特別の規定がないかぎり、中央政府の立法権、行政権、司法権の統制の下に立たざるをえない存在であった。地方公共団体が、「中央政府の下請機関」「中央政府の末端行政機構」となるのは、自然のことであった。たとえば、フランスの共和暦三年（一七九五年）憲法は、「フランス共和国は、単一・不可分である」（第一条）としたうえで、大臣→県庁→地方役場の間に上級庁・下級庁の関係を認めていた（第一八九条、第一九三条以下）。「共和暦八年雨月二八日（一八〇〇年二月十七日）の法律は地方団体をほとんど単なる行政区画としてしまった。この制度がその後のフランスの地方制を特色づけている……」[25]。

③そのような地方制度が意図していたことは、政治的には中央政府の優越と地方公共団体の従属の体制つまり中央集権体制を創り出すことであったが、経済的には、封権的割拠体制を全面的に解体して、近代資本主義体制の本格的な展開のために必要不可欠な統一国内市場を創出することにあった。

④なお、アメリカは、A・トクヴィル（Charles Alexis Henri Clerel de Tocquville, 1805–59）が『アメリカにおける民主主義』（De la démocratie en Amérique, 2 tomes, 1835–1840）で指摘しているように、「〔自治権をもっていた〕市町村は郡よりも前に、郡は州よりも前に、州は連邦よりも前に組織されていた」[26]という建国の事情、その市町村で「人民主権」の原理による自治がおこなわれていたこと、および「人民主権」の原理が連邦と州の原理

とされていたという事情により、（資本主義体制の構築をその建国の課題としつつも）他の資本主義国と異なって、「充実した地方自治」への志向をその建国以来の特色としている。[27]

7　軍事問題——軍事の基本問題の憲法事項化と議会中心主義

軍隊は国内最大の実力であり、戦争が国民と国家の運命に直結しているところからすれば、それらを的確に規制しないことには、社会と政治の安定も、人権・民主主義・立憲主義・財政の保障も、また経済と文化の発展もありえない。近代立憲主義型資本主義憲法は、軍隊と戦争を憲法の規制の下においている。軍事の基本問題は憲法で処理すべき事項とし（軍事の基本問題の憲法事項化）、かつその具体的処理の中心的担い手を議会としている（議会中心主義）。

たとえば、フランスの一七九一年憲法は、国王に軍の統帥権を認めつつも（第三編第二章第一節第六条）、以下のような規定を設けていた。①国王が国民にその軍隊を向ける場合またはそのような企図に公式に反対しない場合には、「国王は、王位を放棄したものとみなされる」（同条）。②「国王の提案にもとづき、陸軍と海軍を構成する兵員と艦船の数、それぞれの階級の俸給と員数、採用と昇進の規則、徴募と除隊の形式、海軍乗組員の養成、フランスのために働く外国の軍隊または海軍の採用と解雇の場合の処遇について決定すること」を立法国民議会の排他的権限としていた（第三編第三章第一節第一条八号）。③宣戦は、国王の提案に基づいて議会のデクレでおこなうものとしていた（同編同章同節第二条一項）。④「敵対行為が切迫し、または開始された場合、軍事力により支援すべき同盟または保持すべき権利がある場合には、国王はすみやかにそれについての通知を立法府におこない、かつその理由を知らせる。立法府が閉会中の場合は、国王は直ちにそれを招集する」（同編同章同節同条二項)。⑤立法府が戦争すべきでないと決めた場合には、国王は敵対行為を停止または予防するための措置をとり、大臣はその遅延につき責任を負う(同編同章同節同条三項)。⑥戦争の全期間を通じて、議会は平和を講ずることを国王に要求することができ、国王にその要求に応ずることを義務づけ(同編同章同節同条五項)、また平和条約・同盟条約の批准を議会の権限としている(同編同章第三条)。

一七八八年のアメリカ合衆国憲法も、大統領を軍の最高司令官としつつも(第二条第二節一項)、①戦争を宣言すること(第一条第八節一一項)、②陸海軍を徴募し維持すること(同条同節一二、一三節)、③陸海軍の統帥と規律にかんする規則の制定(同条同節一四項)などを連邦議会の権限とし、④大統領による条約の締結については元老院(上院)による助言と同意を条件としている(第二条第二節二項)。

軍事の基本問題を憲法事項としかつその具体的処理の中心的担い手を議会とする体制は、アメリカ合衆国の一七八八年憲法とフランスの一七九一年憲法を先駆として、近代立憲主義型資本主義憲法に一般化していった。なお、例外的にではあるが、この型の資本主義憲法のうちには、侵略戦争の放棄を宣言しているものがあった。フランスの一七九一年憲法は、「フランス国民は、征服の目的でいかなる戦争を企てることをも放棄し、かついかなる人民の自由に対してもその武力をけっして行使しない」(第六編単一箇条一項)としていた。この趣旨は、フランスの一八四八年憲法の前文第五号でも謳われている。

8　小括——市場原理主義的資本主義体制の本格的な整備展開を求める憲法

これまで見てきたところからも分るように、典型的なブルジョア革命を経験したフランスの場合に焦点を合せると、近代立憲主義型資本主義憲法は、市場原理主義的な資本主義体制の本格的な整備・展開を確保しようとする点において際立っていた。この観点からその特色をさらに整理すると以下のようになる。

(i)　封建体制の徹底解体。封建体制を全面的に解体し、自由な資本主義体制のための時代が整備されていた。封建体制の物質的な基礎をなしていた封建地代は最終的には無償廃止された（一七九三年七月一七日デクレ等）[28]。また、教会財産や亡命者財産は、国有化され（一七八九年一一月二日デクレや一七九三年三月二八日法律等）[29]、後にブルジョアジーに有利な条件で国民に競売された。このような農地改革が多くの自作農を創り出したことは事実であるが、それが全体として見るとブルジョアジーのためのものであったことも忘れてはなるまい[30]。これに加えて、君主主権、封建的諸特権および封権的身分制度が廃止されている。このようにして、新しい資本主義体制を創出するために、旧体制の解体が徹底しておこなわれた。

(ii)　本格的な立憲主義体制の用意。最高の形式的効力をもつ憲法（国の最高法規としての憲法）を、立法権・行政権・司法権等すべての統治権限の組織・運営にかんする授権規範・制限規範とすることによって、すべての統治権限の濫用を抑止し、私的自治による資本主義体制のための整備をしている。しかし、違憲立法審査制度は、原則として欠けていた。

(iii)　自由権中心の人権保障。①すべての国民に自由権を中心とする不可侵の人権と法の下の平等を保障し、②人権については「内在的制約」（他の国民に人権の享有を確保するために必要な最小限の制約）のみが認められるとし、③契約によればその不可侵の人権をも積極的に制限できることを認め、④総じて、「私的自治」を最大限に認め、「自由放任」（Laissez-faire, Laissez-passer）の近代資本主義体制ための人権保障体制を用意していた。

(iv)　「国民主権」原理の導入。君主主権の排除だけでなく、「人民の、人民による、人民のための政治」を求める「人民主権」をも排除する「国民主権」を原理としている。それは、男性制限選挙制度による「国民代表」の成員の選挙をも可能とし、かつ「国民代表」が有権者集団から独立して「国民」の意思を法律等として形成表示することを保障するものであった。それは、とくに近代の初頭においては、男性ブルジョアジーの代表により、近代資本主義体制の本格的な整備展開のために必要な法律等をつぎつぎと用意することを可能とする統治機構の根本原理であった。

(v)　立法府優位の権力分立制。①立法は、国民に不利益を課す場合だけでなく、国民に利益を与える場合を含めて、始原的な一般的抽象的法規範の定立を含むものと解されていた。また、予算の定立等も、立法と解されていた。広く行政・司法の基準を定立することが立法と解されていたようである。②行政と司法は、法律等の執行に厳しく限定されていた。③行政府による議会の解散は、「国民代表」への挑戦として、消極的に解されがちであった。④裁判所による違憲立法審査制度も、同様にして消極的に解されていた（アメリカ合衆国はその例外であった）。フランス近代の憲法と裁判所の判例は、これを否定していた。⑤このような権力分立制度も、ブルジョアジーの代表からなる議会の優位を確保しようとするものであった。

(vi)　地方自治の軽視。近代資本主義体制の展開は、多様な要因によって規定されているが、最終的には市場の規模によってきまる。それは、国内においては、封建的割拠体制を否定したうえで、統一国内市場を形成することによって可能となる。共通の言語、度量衡、法律、行政、司法、税制をもつことである。近代立憲主義型資本主義憲法は、とくにフランスにおいてはそのために典型的な中央集権体制を創出していた。

(vii)　近代資本主義体制の本格的な整備展開を目指して。以上の諸特色から容易に理解されるように、この憲法体制は「自由放任」の近代資本主義体制を本格的に整備展開しようとするものであった。立憲主義の本格的な制約を受ける国家統治権の組織運営自体がその憲法目的に適合的なものとされていた。

III　外見的立憲主義型資本主義憲法体制の登場

一　はじめに

近代以降の資本主義憲法体制の歴史をふまえていえば、近代立憲主義型資本主義憲法の体制こそ近代資本主義憲法体制の本命ともいうべきものであった。第一次世界大戦期後に出現し始める現代資本主義憲法体制は、原則としてその近代立憲主義型資本主義憲法体制を基礎としかつその修正形態として登場している。しかし、近代には、その近代立憲主義型資本主義憲法体制と異なる二つの注目すべき憲法構想（近代化構想）があり、大きな役割を果していた。

その一つは、後発資本主義諸国における外見的立憲主義型資本主義憲法体制である。ここでは、ドイツと日本の場合について見ておきたい。これらの国でも、現代においては、現代資本主義憲法体制が導入されている。しかし、これらの国では、かつて外見的立憲主義型資本主義憲法体制がとられていたので、現代資本主義憲法の解釈運用においても（とくに憲法の基本用語の概念規定において）、現代資本主義体制の具体的なあり方においても、近代立憲主義型資本主義憲法を経験した国の場合と大きく異なりがちである。

二　ドイツの場合――一八五〇年プロイセン憲法とその下における近代資本主義体制

ドイツについては、やがて統一ドイツの中核となるプロイセンに焦点を合せる。

1　「上からの近代化」

イギリス、アメリカ、フランスにおいては、近代市民革命を経て、近代的な法制度（イギリスは近代立憲主義型の資本主義憲法典をもつまでには至らなかった）と、近代資本主義の体制が出現する。旧い体制に対する近代的な体制の優位は、自明なほどであった。最初に資本主義化したイギリスの近代は、「世界の工場」としてヨーロッパのみならず、全世界の市場を席巻する勢いであった。一九世紀に入ると、ヨーロッパではフランスがそのイギリスに続こうとしていた。経済だけではない。政治的にも軍事的にも、近代立憲主義国は強かった。革命フランスに対するヨーロッパ諸国の干渉戦争は、すべて失敗した（一七九一年八月反革命的干渉を表明するオーストリアとプロイセンの「ピルニッツ宣言」、一七九二年二月オーストリアとプロイセンによる対仏同盟、一七九三年三月以降の第一次対仏大同盟などがあった）。「紙上〔の計算〕では、〔反革命的な干渉戦争をしかける〕反フランス連合のほうがあいかわらずフランス側よりはるかに強く、ともかくはじめはそうであった。にもかかわらず、その諸戦争の軍事史は、ほとんど完全な、息をのむようなフランスの勝利の歴史」という状態であった(31)。新しい憲法理念を身につけた「第三身分」の素人の兵士が、反革命的な干渉戦争をしかける「旧体制」側の職業軍人を圧倒していた。

このような状況下では、ドイツをはじめとする後進国が立憲体制と資本主義体制へ移行するのは、避けがたいことであった。しかし、この移行は、革命の形をとらないでおこなわれた。「第二のフランス革命を阻止すること、あるいは、フランス型の、全面的なヨーロッパ革命というもっとも悪い破局を阻止することが……列強全体の至上目的であった」(32)。その移行は、「反動による改革」つまり「上からの近代化」という形をとらざるをえないはずであった。

基本的には旧土地貴族のイニシアチブにより、封建的土地貴族と農奴の関係を資本賃労働の関係に再編成し、政治的にはそれに対応する外見的立憲主義型資本主義憲法によって立憲主義の外見を施す、という近代化の仕方である。農奴層のイニシアチブによって、封建的土地所有や封建地主・農奴の存在を否定し、近代立憲主義と近代資本主義の体制を創出する近代化ではない。

一九世紀に入っても、ドイツには約四〇もの独立国家群がひしめいていたが、プロイセンは、その中核としての地位を占めていた。一八七一年に、そのプロイセンを中心として統一ドイツが出現している。そのプロイセンにおいては、「上からの近代化」が、「シュタイン＝ハルデンベルクの改革」(Stein-Hardenbergische Reformen)等として、一八〇七年以降、以下のように進められていた。

①一八〇七年一〇月九日勅令は、プロイセンの全州において、「土地売買の自由」「職業選択の自由」「所領地隷属制の廃止」を認めた。この最後のものによって、「今後、隷属状態は、出生によっても結婚によっても、また隷属的地位の継承、契約によっても決して発生しないこととなった」(33)。農奴身分が廃止され、資本賃労働関係を展開する最低限の条件がこれによって用意された。

②一八〇八年四月二七日勅令によって、直割領の農民には、その耕作地（フーフェ〔Hufe〕）を自己の所有とすることが認められた。

③一八一一年九月一四日の勅令により、農民の一部に土地の有償解放が認められた。「すなわち中世のリテンあるいはラテンと似た世襲のいわゆる隷属農の場合にはその経営地の三分の一が、世襲的でない（一代限りの）隷属農や小作農の場合には二分の一がグーツヘル〔Gutsherr，領主〕に割譲されることとなった。しかし大抵の農民には、〔このような〕財産整理は許されなかった[34]」。

このような改革は、徹底しておこなわれたわけではないが、このようにして、多くの農民は土地から切り離され、土地と資本を集積した旧領主層は解放された農民を使用して資本主義的土地経営をはかり、ときには産業資本に転化した。「ユンカー〔Junker，土地貴族〕は、以前は封建的なやり方をしていたのにいまでは新しい搾取方法、新しい生産手段、非常に拡大された生産力で自分の土地を資本主義的に経営するようにな〔った[35]〕」。「封建的ユンカー」が「資本主義的生産様式をとり入れ〔た〕」のである。

たしかに、ドイツにも、「ドイツ三月革命」（一八四八年）やフランクフルト国民議会による「ドイツ国憲法」の制定（一八四九年）に見られるように、旧体制を革命的に転換し、近代立憲主義型資本主義憲法を制定する「下からの近代化」の動きがなかったわけではない。しかし「ドイツ国憲法」が施行されなかったところからもわかるように、ドイツでは「下からの近代化」は成功しなかった。

ブルジョアジーの力があまりに弱かったというだけではない。ブルジョアジーの立場から見ても、後発資本主義国ドイツの場合、旧特権身分が資本主義化を了承すれば、それと一緒になって、国家権力の保護の下で資本主義を育成し、先発の資本主義諸国に対抗する必要もあった。それに、一九世紀の中頃には、イギリスやフランスにおける新しい労資間の階級闘争も視野に入っていた。一八四八年、イギリスでは、普通選挙、労働者代表、社会立法を求めるチャーティスト運動が最高潮に達していたし、またフランスでも、「二月革命」が起り、続く

「六月事件」を経由して階級意識をもった労働者階級が成立していた。この年の二月には、『共産党宣言』も発表されていた。

有産者の立場からすれば、政治に対する共通の要求は、「ひしひしと迫ってくる労働者階級から有産者階級全体を守ること」(36)であった。事実、「ドイツ三月革命」では、伝統的支配層である貴族・ユンカーの利害を代弁する保守派、大ブルジョアジーの立場を代弁する自由派、小ブルジョアジー・労働者層につらなる民主派が交錯するが、自由派は保守派に接近し、「ドイツ国憲法」*の挫折と一八五〇年プロイセン憲法の登場をもたらした。フランス革命時のように、封建体制を否定しかつ旧特権階級を排除するブルジョアジーと民衆層の提携は成立しなかった。

ドイツにおける近代化（立憲主義体制と資本主義体制の展開）は、階級関係・支配関係の革命的転換の結果ではなく、資本主義体制を本格的に展開するため必要な諸条件を整備しつつも、可能な限り旧体制を温存する外見的立憲主義型資本主義憲法の形態をとることになる。そこでは、不可侵の人権の保障はない。保障されていたのは、法律によれば制限できる、「法律の留保」を伴った国民の権利であった。また、「人民主権」はもちろんのこと、「国民主権」（その変形ということができる「議会主権」）も導入されず、君主主権の原理が近代にもちこまれている。それに伴って、権力分立制も外見的のものとなっている。無答責の君主が行政権を担当していただけでなく、法律についての発案権と裁可権（拒否権）、議会の開閉権・解散権・停会権、それに広範な副立法権（勅令の形式で広範囲にわたり政治の基準を定めることができる）をもち、しかも、裁判所も君主の名において裁判するという、君主に統治権を集中する構造がとられていた。

近代立憲主義型資本主義憲法の諸原理を欠いた外見的立憲主義型資本主義憲法による近代化・資本主義化であ

る。「外見的」とは、「見せかけの」「上べだけの」という意味である。近代立憲主義型資本主義憲法は、一応は、人権を保障し、権力の濫用を阻止することを課題としていた。外見的立憲主義型資本主義憲法は、憲法という名称をもっているが、そのような課題をもっているとはいいがたい内実のものであった。

＊　一八四八年五月一八日、フランスの「二月革命」の影響を受けて、フランクフルトに憲法制定のための国民議会が招集された。翌年三月二七日、その国民議会は、自由主義的な「ドイツ国憲法」（「フランクフルト憲法」）を採択し、翌二八日は、プロイセン国王ヴィルヘルム四世（Friedrich Wilhelm IV., 1795-1861）を皇帝に選んだ。帝制をとってはいたが、皇帝は「ドイツ皇帝」ではなく、「ドイツ人の皇帝」（Kaiser der Deutschen）とされていた。「これは、一七九一年のフランス憲法で、国王の称号を〔旧体制下の〕Roi de France（フランスの国王）ではなく、Roi des Français（フランス人の国王）と定め、Roi de France の場合は、フランス国が国王の所有物の意味をもっているのに対し、Roi des Français とは、国王がフランス人に属し、フランス人からその権力を受けるという意味をもつと解したのと相通ずるものである」(37)。

ライヒ議会については、二院制がとられ、ラント（州）代表としての連邦議会（連邦院）と「ドイツ国民の代表」からなる国民議会（国民院）の二院が存在し、法律、予算、条約などを議決するものとされていた。連邦議会議員も、ラントの指示に従って行動するものではなく、全国民の代表として発言表決の自由をもつものとされていた。国民主権（フランス風にいえば「国民主権」）の立場がとられていた。国民議会議員の選挙方法は法律で定めるものとされていたが、一八四九年四月一二日公布の選挙法は、男性直接普通選挙制度を導入していた。連邦議会議員の数は、各ラントの規模で異なるものとされていた。また、大臣は、皇帝のすべての統治にかんする行為に副書し、それについて責任を負うものとされていた。

法律の留保を伴わない基本権として、居住移転の自由と営業の自由、法の下の平等と身分特権の廃止、身体の自由と住居の不可侵、表現の自由、信教の自由、学問と教育の自由、集会と結社の自由、財産権の不可侵、請願権などが保障されていた。これらの基本権は、ラントの憲法と法律をも拘束するものとされていた。

しかし、この憲法は、国民主権に敵意を示すヴィルヘルム四世や特権身分の反対にあって施行されなかった。(38)

2　一八五〇年プロイセン憲法下で

一八五〇年のプロイセン憲法は、外見的立憲主義型資本主義憲法のモデルともいうべきものであった。この憲法体制は、明治憲法の制定と運用に大きな影響を及ぼした。その基本的特色は、以下のようであった。

(1) 立憲主義の意味

君主主権を憲法原理としていたので、「政治は憲法に従っておこなわれなければならない」という意味での立憲主義は、「国民」を統治権の所有者とする「国民主権」のフランスの場合とは異なったものになりがちであった。旧体制以来の伝統的な君主主権によれば、君主は統治権の所有者であるから、君主とその政府は、憲法ではっきりと禁止されていない事項やはっきりと制限されていない方法（手続や条件など）は、おこないうることになる。憲法は、君主とその政府との関係においては、例外的な禁止規範・制限規範にとどまるからである。憲法で明示的に禁止されている事項や制限されている方法は、憲法が改正されない限りなしえないが、憲法で明示的に禁止・制限されていない限り、君主に権能の推定や方法の自己決定が認められるということである。君主が統治権の所有者（権利主体）だからである。プロイセン憲法下でそのことを示す大きな事件があった。

一八六二年に始まる「憲法争議」の際に、宰相ビスマルク（Otto Eduard Leopold von Bismarck-Schönhausen, 1815-98）は、有名な「欠缺説」（Lücken-theorie）を展開したが、その要点は右のような立憲主義論を示すことにあった[39]。プロイセン憲法第九九条は国家の総収入と総支出を法律としての予算で確定すべきことを定め、その第六二条は「法律は、すべて、国王と両議院の同意を要する」としていた。しかし、一八六二年以降、ビスマルクを首相とする国王の政府は、下院が圧倒的多数で反対する（反対三〇八賛成一一）軍備の増強を強行した。下院の同意なしに国費を支出したのである。一八六三年一月一四日、下院は、ビスマルクと陸相の責任を追及する上奏を可決した。

ビスマルクは、これに要旨以下のような「欠缺説」をもって対抗した。《憲法第九九条等は予算法律主義を定め、予算につき両院の同意を要するとしているが、予算につきその同意がえられない場合についての規定は憲法にない。憲法の欠缺である。国王は、憲法によって明らかに制限されていない部分については、憲法施行前と同様無限の権力をもっている。したがって、下院の同意がえられないときには、国王は独断で予算を定めることができる[40]》。

しかし、すぐあとでふれるように、「国家法人説」が政治の場でも支持され、法人たる国が統治権の所有者で、主権者・国王が統治権の所有者ではないと解されるようになると、ビスマルク的な「欠缺説」もなりたたなくなる。国王とその政府も憲法で明示的に認められている事項と方法によってのみ統治権を行使しうる、とされるようになる。あとでふれるが、明治憲法下でおこなわれた「天皇機関説」（国家法人説）にかんする「上杉・美濃部論争」も、この点に関係している。

(2)「プロイセン人の権利」の保障

かなり広範に、形式的な自由と平等を保障していた。しかし、法律によっても制限できない不可侵の人権としてではなく、法律には対抗できない「プロイセン人の権利」としてであった。

(i)　保障されていた権利。以下のようなものであった。法律の前の平等・身分上の特権の創設の禁止・公務就任の平等（第四条）、身体の自由（第五条）、住居の不可侵（第六条）、法律の定める裁判官の裁判を受ける権利（第七条）、罪刑法定主義（第八条）、財産権の不可侵・公用収用等に対する事前補償（第九条）、国外移住の自由（第一一条）、信仰の自由・宗教的結社の自由・礼拝の自由（第一二条）、学問・その教授の自由（第二〇条）、教育および学校の設立と管理の自由（第二二条）、表現の自由・検閲の禁止（第二七条）、平穏で凶器を携行しない屋内集会の自由（第二九条）、結社の自由（第三〇条）、請願権（第三二条）、信書の秘密（第三三条）などである。そこには、法律の定める裁判官の裁判を受ける権利（第七条）、公用収用等についての損失補償（第九条）、請願権（第三二条）のような若干の受益権も含まれていた。

(ii)　法律で制限できる権利。保障されている国民の権利は、法律で制限できるものであった。「身体の自由は保障される。身体の自由の制限、とくに逮捕を許諾する要件および方式は、法律で定められる」とする第五条や、「住居は、不可侵である。住居への侵入および家宅捜索、ならびに信書および文書の押収は、法律で定められた場合および方式においてのみ許される」とする第六条は、その事例である。

このような法律の留保は、当初は、制限列記的に解されていた。つまり、憲法上法律がとくに留保されている権利・自由は法律によらなければ制限できないが、憲法上法律が留保されていない権利・自由は勅令などの命令で制限できるもの解されていた。

しかし、このような理解の仕方は、ラーバント（Paul Laband, 1838-1918）の『予算法論』（一八七一年）以降強く批判され、プロイセン憲法第六二条にいう「立法」は、新たに国民の権利を制限しまたは国民に義務を課すような政治つまり国民に不利益を与える政治の基準を定める一般的抽象的法規範（「法規」＝Rechtssatz）の定立を意味するると解されるに至っている。国民の権利・自由を制限するなど国民に不利益を与える政治については、憲法の規定における法律の留保のいかんにかかわらず、一般に法律の留保が認められるに至ったのである。(41) このような立法の概念（「実質的意味での立法の概念」）は、やがてプロイセンを越えて全ドイツの通説的な見解となっていく。しかし、国民に権利・自由を与え、その義務を免除するなど、国民に利益を与えることを内容とする政治については、法律でその基準を定めることは要求されていない。この点では、なお、近代立憲主義型資本主義憲法の立法の概念と異なっている。

(iii)　不可侵の人権の保障ではない。プロイセン憲法で保障されている国民の権利は、不可侵性を特色とする「人権」ではなく、したがって、政治の目的でもまた立法権に対抗できるものでもなかった。それは、法律によれば、「内在的制約」の範囲を超えて、いかようにでも制限できるものであった。そのようなものであったので、憲法でその他もろもろの大きな制限も定められていた。たとえば、第一一一条は、戦時または時変の際、公共の安全にとって急迫の危険がある場合には、一時的に、場所を限って、第五条、第六条、第七条、第二七条、第二八条（表現活動によって犯した犯罪は一般の刑法によって処罰する旨を定める）、第二九条、第三〇条、第三六条（兵力は、法律の定める場合と方法および官庁の要請によらなければ、内乱の鎮圧および法律の執行のために使用できない旨を定める）については、効力を停止できるとしていた。また、あとでふれるように、第六三条は、法律の効力をもつ緊急命令の制定も認めていた。

(3)　君主主権の具体化

(i)　君主主権は当然の前提。プロイセン憲法は、ドイツの他の多くの諸邦の場合と異なって、君主主権を明示する規定を設けていなかった。しかし、君主主権は、当然の前提と解されていた。国王は無答責とされ（第四三条)、統治にかんする国王のすべての行為に大臣の副書が必要とされ(副書によって効力をもつ)、大臣が責任を負うものとされていた(第四四条)。

(ii)　権力の集中。君主主権(伝統的には、統治権を君主の所有物とする「朕は国家である」を意味するものと解されていた)の原理に基づいて、諸権力を君主に集中する「統治権の総攬」の体制がとられていた。具体的には、以下のようであった。

①行政権は、国王に専属するものとされていた(第四五条)。その「行政」の実質的意味については、全国家作用から実質的意味での「立法」と「司法」を除いたものとする「控除説」がとられていた。この「控除説」によると、2の(2)で見ておいた「立法」の意味からわかるように、国民に権利を与えまたは義務を免除するような政治、つまり国民に利益を与える政治、の基準となる一般的抽象的法規範の定立は、「立法」ではなく、「行政」ということになる。ここでの「行政」は、近代立憲主義型資本主義憲法の「立法」の守備範囲に大きく入りこむことになる。

プロイセン憲法では、大臣と文武官の任免権(第四五条、第四七条)、軍の統帥権、宣戦・講和権、条約締結権、恩赦権も国王の権能とされていた(第四六条、第四八条、第四九条)。このうち、統帥権の行使については、憲法第四四条(統治にかんする国王のすべての行為には国務大臣の副書が必要だとする)にもかかわらず、憲法の運用においては、軍政と軍令(統帥)の分離原則をうち出し、作戦用兵を中心とする軍令(統帥)につき陸軍大臣の副書を不要としていたことは注目に値する。「統帥権の独立」である。[42] この解釈運用は、あとでふれるように、明治憲法の解釈運用にも導入された。

②立法権は、「国王と両議院が共同して行使する」とされていた(第六二条)。その「立法」は、一八七一年以

降においても国政の基準となる一般的抽象的法規範の制定のすべてを意味するわけではなく、すでに見ておいたようにその一部つまり「法規」の定立を意味するにすぎなかった。しかも、国王は、各議院とともに法律の発案権をもち（第六四条一項）、「法律は、すべて国王および両議院の同意を要する」とする第六二条二項により、法律についての絶対的拒否権ももっていた。

国王は、法律の執行のために必要な命令（執行命令）を発することができた（第四五条）。また、「公共の安全を保持しまたは異常な災厄を除去するために緊急の必要がある場合にのみ、議会が召集されていないかぎりにおいて」大臣全体の責任で法律の効力をもつ命令を発することも認められていた（第六三条）。国王とその政府は、強大な副立法権をもっていた。

③司法権は、「国王の名において」、法律以外の権威に服従しない独立の裁判所により行使されるものとされていた（第八六条）。

(iii)　国家法人説による修正。「上からの近代化」として、君主主権が温存されていた。しかし、上からであっても、「近代化」として、資本主義体制の本格的展開のためには、自律的個人、私的自治、法生活の予測可能性と安定性、権力濫用の阻止などの保障が不可欠であった。とくに近代市民革命を経たフランス、ベルギー、イギリスの隣国ドイツにおいては、そうであった。この二つの要求を同時にみたすためには、統治権のあり方の面では、一方で、「人民の、人民による、人民のための政治」を求める「人民主権」および「国民代表」の優位をもたらす「国民主権」「議会主権」を排除しつつも、他方で絶対君主制的な君主主権の考え方から抜け出すことが必要であった。君主主権を近代にもちこんでしまったドイツ近代は、絶対君主制の立憲君主制化をその近代の課題とした。

これに対処するために、W・E・アルプレヒト（Albrecht）を創始者とし、G・イエリネク（Georg Jellinek, 1851-1911）を完成者とするドイツ国法学は、君主即国家、「国民」即国家、「人民」即国家というフランス的伝統的国家概念（「国家主権者説」）を拒否して、法人としての国家を統治権の所有者（権利主体）とするドイツ的国家概念をうち出した。(43)「国家法人説」であり、上から近代化した後発資本主義国ドイツにふさわしい、立憲君主制の憲法的国家論であった。その要点は、以下のようであった。

主権者・国王は、統治権の所有者ではない。統治権の所有者としての国家は、主権者とは別の「定住せる国民の社団」「領土社団」としての法人であり、主権者はその法人たる国家の一つの「機関」である。法人たる国家は、それに内包される人間集団とは別個の意思力と目的（利益）をもつものとされる。法人は、自然人と異なって意思決定機関や決定された意思を執行する機関（執行機関）などもろもろの機関を通じて行動する。国家の場合、国会や内閣などの諸機関は、すべて、憲法を通じて授権されている権限を、憲法の定める方法（手続・条件等）に従って、統治権の所有者たる国家のために行使しなければならない。国家の諸機関は、すべて、自己の利益のためには行使できない権限（権利ではない）を憲法の授権・制限に従って担当しているにすぎない。法人たる国家には、もろもろの機関による意思の決定や執行が混乱をきたさないよう、国家意思のあり方について最高・最終の決定権（権限）をもつ最高機関が必要となる。君主主権は、君主がその最高機関の地位にあることを意味し、その主権は、権利としての統治権そのものではなく、そのような機関の権限（最高機関権限）を意味する。*

こうすることによって、後発資本主義国ドイツは、国王が統治権の所有者として統治権を総攬する絶対君主制を回避しようとした。このような国家論は、上から近代化した、フランスの隣国・ドイツにこそふさわしい憲法的国家論であった。一九世紀ドイツ国法学は、それを社会と歴史を超えて普遍的に妥当する国家の概念（Allgemeine Staatslehre, Allgemeine Staatsrechtslehre）として展開した。

国家法人説の下においては、君主主権や「人民主権」などの主権原理は、憲法の原理としての内実をもつことができない。フランス的伝統的な理解においては、主権者たる君主や「人民」が統治権の所有者として即国家であることを意味するから、主権原理は、全統治権の担当者について、誰の授権により、誰の意思に基づき、誰の利益のために、その担当する権限を行使すべきかを示す憲法の第一原理となる。政治の場においても、憲法学においても、統治権の行使の仕方にかんする論議は、つねにそこから始まる。しかし、国家法人説の下においては誰が主権者であれ、統治権の行使を現実に担当する諸機関は、法人たる国家のために、憲法で認められている権限を憲法の定めている方法で行使するにすぎないから、主権者は、全統治権限の淵源にも、目的にも、またよるべき意思にもなりえない存在であった。

＊　主権（souveraineté）という言葉は、J・ボーダンが『国家論』（Jean Bodin, Les six livres de la République, 1576）において、国民国家フランスを正当化するためのキー・ワードとして用いたところから始まる。それ以降、フランスにおいては、主権は国家の統治権（国民と国土を支配する権利）またはそれに固有の属性としての最高性・独立性（国内においては他のいかなる権力にも優越し、対外関係においては独立であること）を意味するものとして、使用されてきた。そのような主権の所有者は、まさに国家そのものであった。君主主権や「人民主権」は、そのような主権の所有者を示すものとして、憲法の第一原理となるはずのものであった。

ドイツの国家法人説は、第三の主権概念（法人たる国家の最高機関権限）を登場させることによって、主権原理から憲法原理としての内実を奪うものであった。

(4)　権力分立の形骸化

君主主権がとられていたこともあって、権力分立の形骸化・外見化とそれに対応する権力集中が際立っていた。この点については、すでに2の(3)で見ておいたので、ここでは、以下の諸点だけを再確認しておきたい。

(i)　実質的意味での立法。それは近代立憲主義型資本主義憲法の場合と異なり、国民との関係において、政治の基準となる始原的な一般的抽象的規範の定立とは解されず、その一部つまり、国民に不利益を与える政治の基準となる始原的な一般的抽象的法規範（法規）の定立と解されていた。「立法」の守備範囲は、著しく狭かった。しかも、議会は、「国民主権」や「議会主権」の下におけるような「国民代表」ではなく、また立法権の唯一の担当者でもなかった。国王が法律の裁可権ももっていた。

議会は、第一院と第二院からなり、第一院は国王による任命制であり（一八五三年以降）、第二院は極度に不平等な公開の間接・三級選挙制度*で選ばれるものとされていた。国政への民意の反映は、立法の段階でも著しく困難であった。

＊　一八四九年五月緊急勅令で公布され、同年八月議会の承認をえて法律上の制度とされ、さらに一八五〇年憲法第七一条で憲法上の制度とされた三級選挙制度の要点は、以下のようである。(44)
①選挙人を選ぶ第一次選挙人（Urwähler）の資格（選挙権）は、二五歳以上のプロイセン男性で、同一市町村に六ヵ月以上居住しまたは住所をもち、かつ公的機関から貧民扶助を受けていない者に認められる。②被選挙権は、

三〇歳以上のプロイセン男性で、国籍取得後一年以上たった者に認められる。③第一次選挙人は、第一次選挙人二五〇人に一人の割合で選挙人を選出する。④第一次選挙人は、選挙区ごとに、支払うべき直接税によって三級に分けられ、かつ各級はそのすべての第一次選挙人の税額の合計が三分の一になるように分けられる。第一級は、高額納税者順に、総納税額の三分の一に達するまでの第一次選挙人で構成する。第二級は、その次の高額納税者順に総納税額の第二の三分の一に達するまでの第一次選挙人で構成する。第三級は残りの低額納税者・非納税者たる第一次選挙人で構成する。各級は、それぞれ、その選挙区で選出すべき選挙人の三分の一を選挙する。⑤選挙人は、各級において、第一次選挙人のなかから、級にかかわりなく選挙される。⑥選挙は、公開の場において、口頭でおこなわれる。

第一級の第一次選挙人の一票の価値は、第三級のそれと比較して、一八五〇年で一七・五倍、一九〇三年には二五倍に達していたし、第二院の議員の圧倒的部分は、大土地所有者・大ブルジョア・官史の代表によって占められていた。(45)

(ii)　実質的意味での行政と司法。実質的意味での行政については、すでに見ておいたように、全国家作用から実質的意味での立法と司法を除いたものとする「控除説」がとられていたので、行政は近代立憲主義型資本主義憲法における立法の概念の大きな部分（国民に利益を与える政治の基準となる始原的な一般的抽象的法規範の定立の部分）を吸収していた。また、その立法の概念（「法規」の定立）から明らかなように、予算の定立は、「法律によってこれを確定する」とする憲法第九九条にもかかわらず、実質的意味の行政と解されていた。司法は、民事事件と刑事事件の裁判のみを意味していた。行政事件の裁判は、もろもろの法律により、司法裁判所の所管外とみなされていた。

(5) 地方自治に消極的な中央集権体制

ドイツの場合も、資本主義体制の本格的な整備・展開のために、統一国内市場と中央集権体制を求めていた点においては、近代立憲主義型資本主義憲法体制の諸国と基本的な違いはなかった。しかし、「ドイツ三月革命」や「フランクフルト憲法」の影響などもあって、一八四八年プロイセン憲法第一〇四条や一八五〇年プロイセン憲法第一〇五条は、地方自治につき比較的に積極的な規定を設けていた。そこでは、たとえば、「州、県、郡および市町村の内部的事務および特別事務については、選挙された代表者から構成される議会が決定し、その決定は州、県、郡および市町村の長によって執行される」(「法律は、この議会の決定が、上級の議会ないしは国政府の承認に服する場合を定める」ことが留保されていた)、「(州、県および郡の長は国政府によって任命されるが)市町村の長は市町村の構成員によって任命される」「市町村事務の自治行政権は、法律上定められた国の指導監督の下で、とくに市町村に属する」「地方警察行政における市町村の関与については、法律がこれを定める」、州、県、郡および市町村の議会を公開することなどが保障されていた。しかし、一八五三年五月二四日法律は、そのような保障規定をもつ一八五〇年プロイセン憲法第一〇五条を、「プロイセン国の市町村、郡および州の議会および行政は、特別法により、詳細に定められる」と改め、憲法上の具体的な保障をなくした。[46] 地方自治に消極的な中央集権体制をとる憲法構造においては、フランスの場合と同一であった。しかし、以下の点においては、なおドイツ的な特色もあった。

①民意による改革の余地の狭さである。近代立憲主義型資本主義憲法においては、法律は、民選の「国民代表」が定めるものとして、民意を反映しうる可能性をもっていた。しかし、プロイセンの場合には、君主主権がとられていたこともあって、法律はその可能性をほとんどもっていなかった。法律発案権は国王と各議院がもち

（第六二条二項）、非民選の第一院[47]と国王の賛成が必要とされていた。しかも、第二院自体が、間接・三級選挙によるもので、民意を反映しがたいものであった。法律は、その実体においては、国王（政府）と官僚の作品であった。法律で定められる地方制度は、「従属」「監督」と結びついても、自治とは結合しにくいものであった。

②一九世紀末から二〇世紀にかけて、ドイツの学説は、通常の地方公共団体が、中央政府による監督のあり方が異なる「固有事務」と「委任事務」を担当するとしていた。固有事務については、中央政府は、地方公共団体の行動が違法とならないよう、合法性の観点から監督するが、委任事務については、合法性の観点のみならず、合目的性の観点からも監督するというのである。しかし、現実には、委任事務が圧倒的部分を占め、しかも、固有事務と委任事務の区別は理論的にも実際的にも明瞭でなく、さらに固有事務についても合目的性の観点からの統制がおこなわれていたという。「団体自治」の保障は事実上存在しなかったということである[48]。「ゲマインデ（市町村）対国家の紛争の決着は、法文によって決定されるのではなく、官僚機構の上下関係における裁量・判断によって解決される。したがって、ゲマインデの自治は、たんに制限されているだけでなく、むしろ、原理的に、そして構造的に、その存在要因を否認されているといってもいいすぎではない。立憲体制以前のドイツ絶対主義の後見的支配は、形を変えて、すなわち、地方自治制度を媒介とし、地方自治制度によって、温存されたのであった[49]」。

③地方公共団体内の住民自治も、非民主的な三級選挙制度・名誉職原理（無給制）などによって、実体を欠いていた。半封建的な大農場経営をするユンカーとブルジョアジーの支配の場であったといわれる。

(6) 軍事問題

軍事問題の処理については、以下のような特徴があった。

①軍事の基本問題は、憲法事項として憲法で定められていた。しかし、一八五〇年プロイセン憲法は、通常の立法手続で改正できる軟性憲法であったので（第一〇七条）、軍事の基本問題についての立憲主義的統制は弱かった。また、軍人は、両議院の議員および他の官吏と異なって、「憲法への宣誓」をおこなわないものとされていたので（第一〇八条二項）、「軍の独走」阻止のうえで問題があった。

②軍事の基本問題の具体的な処理においては、国王が中心におかれていた。ⓐ国王が軍の統帥権をもつ（第四六条）、ⓑ国王が、すべての文官と武官を任命する（第四七条）、ⓒ国王が宣戦と講和の権能をもち、それらについては議会の同意を要しない（第四八条）、ⓓ軍律は特別命令で定める（第三七条後段）、ⓔ軍の規模と編成を誰が定めるかは憲法に明示していないが、憲法の「立法」の概念からすれば、法律で定める事項ではなく、国王の行政権で定めるべき事項となるはずである、ことなどはそのことを示していた。

すでに、(3)の(ii)の①で見ておいたように、憲法の運用においては、統帥権の行使について、統治にかんする国王のすべての行為に国務大臣の副署を要するとする憲法第四四条にもかかわらず、その副署は不要とされていた。「統帥権の独立」であるが、軍人による「憲法への宣誓」を不要とする制度とともに、「軍の独走」阻止への備えを欠く憲法であった。

3　小括――ヨーロッパにおける「上からの資本主義化」

プロイセンでは、「シュタイン＝ハルデンベルグの改革」（一八〇七―二一年）等により、①農奴層の農奴身分からの人格的解放（居住移転の自由と職業選択の自由の承認）がおこなわれ、②グーツヘルシャフト（Gutsherr-schaft）と呼ばれる特殊な封建的な土地保有制度につき、限られた農奴層に有償で土地所有を認めつつも、封建的保有土地の大部分につき旧領主層に権利を認めた。封建地代の有償廃止と封建的保有土地の近代的所有権化により、旧領主層は、解放された旧農奴層を使用して資本主義的農業・工業・商業の経営をはかるブルジョワジーに転換する手掛りをえた。「上からの資本主義化」である。このような資本主義化に対応して、憲法においては、君主主権が原理とされ、権力の君主集中がはかられ、議会は立法の協賛機関とされかつその第一院は貴族院までがいのものとされていた。中央集権体制もとられていた。また、不可侵の人権の保障はなく、法律の留保を伴った「プロイセン人の権利」を保障するにとどまった。軍の独走を阻止する構造は、憲法に組みこまれていなかった。権力濫用阻止の視点を大きく欠いた外見的立憲主義型の資本主義憲法であった。

しかし、隣が「下からの近代化」をしたフランス、ベルギー、イギリスという地理的な条件もあって、プロイセンをはじめとするドイツ諸邦は、その外見的立憲主義型資本主義憲法の下で、その解釈運用の改革により、その君主主権の伝統的解釈（絶対君主制的解釈）を立憲君主制的解釈に転換させた。「ドイツ国法学」がそれに大きく寄与していた。国家法人説による主権者・国王の国家「機関」化とそれに伴う立憲主義の機能の強化や、国民に不利益を課す政治の基準はつねに法律で定めなければならないとする「立法」についての「法規」概念の樹立などは、その代表的事例である。このような対応は、一八七一年のドイツ帝国憲法の解釈運用にも継承されていた。

プロイセンの一八五〇年憲法は、後発資本主義国における、資本主義体制の本格的な整備展開をはかるためのモデルともいうべきものであった。財産権の不可侵を中心とする私的自治の体制を一応は保障しつつも、権力による資本主義体制の整備展開をはかり、先発の資本主義国に追いつき追い越そうとする、近代におけるもう一つの資本主義憲法である。

三　日本の場合——一八八九年の明治憲法による近代化

1　日本における「上からの近代化」

日本における近代化も「上からの」ものであった。一八六九年（明治二年）に版籍奉還が、一八七一年（明治四年）に廃藩置県がおこなわれ、一八八九年（明治二二年）に大日本帝国憲法（以後、明治憲法という）が「発布」された。当時、欧米の資本主義諸国は、独占資本主義段階に突入し、帝国主義的な海外進出をも本格化していた。《西洋文明の東漸は必然で、これを阻止する方法はない。これを阻止しようとすれば、日本の独立もありえない。それを積極的に受け容れて、脱亜入欧をはかる以外に方法がない。中国や朝鮮が、古風旧慣にこだわり続ければ、今より数年を出ずして亡国となり、それらが世界文明諸国の分割に帰すべきことは、一点の疑いもない。以後、隣国故にとて特別の会釈は不要で、西洋人と同様の態度をもって接すべきである(50)》とする福沢諭吉（1835-1901）の状況認識（一八八五年＝明治一八年三月一六日時事新聞社説、要旨）は、当時支配層のそれを代弁するものといっても誤りではあるまい。

明治維新は、大筋においては、旧支配層によって、そのような事態に対応するためにおこなわれたものであった。維新政府は、強力な中央集権国家を樹立することによって、近代化を遂行しようとした。富国強兵・殖産興業は、その課題を示すスローガンであった。

維新政府は、そのために、一方で国家資金によって官業の育成につとめた。軍需工業、鉱山、製鉄、鉄道、製糸、紡績等における大企業の育成である。育成が終ると、その官業を払い下げて、財閥という巨大独占資本家グループを創り出した。他方で、政府は、地租改正や秩禄処分等によって、*原始的蓄積をはかるとともに、農業における特殊日本的な生産関係（寄生地主・小作関係）を広範に創出し、全体として半封建的な寄生地主・小作関係とそれに大きく依存する特殊日本的な資本主義的生産関係を創出しようとした。そして、少くとも、第一次世界大戦を経て独占資本主義が確立されるまでは、寄生地主・小作関係が日本の支配的な生産関係であったという。

このようにして創り出された寄生地主制と資本主義体制は、相互補完関係にあった。小作農は、小作料が封建地代に匹敵するほど高率であったので（現物で、平均で五〇％、凶作時には六〇―七〇％に達していたといわれる）、農業だけでは生計を維持することができず、その婦女子や子弟を工場に送り出し、その賃金によってかろうじて生計を維持していた。また、逆の補充によって低賃金も可能とされていた。高率の小作料を特色とする寄生地主制と低賃金を特色とする日本資本主義体制は、このような相互補完関係にあった。

寄生地主は、株式、社債、国債などの有価証券投資によって、日本における資本主義の展開を資金面から支える立場にもあった。

＊　一八七三年（明治六年）、政府は、地租改正条例により、本格的な土地改革に着手した。[51] その内容の要点は、①課税基準を従来の収穫高から地価に変更し、地租は現物でなく金納とする、②税率は、地価の三％とし、作柄のいかんで増減しない、③納税者は、あらたに地券を交付された土地所有者とする、というものであった。あまりの重税ということで、一八七七年（明治一〇年）、二・五％に減らされた。この地租改正は、一八八一年（明治一四年）

に始まる「松方デフレ」の効果――農産物価格の暴落、地租滞納、借金返済の困難など――と相まって、地租滞納による身代限処分、地主からの借金のかたとしての土地喪失が続出した。この結果、一方で地主のもとに土地が集積して、その一部が商業・工業の経営にのり出し、他方で土地を失った農民が小作人や賃労働者に転落した。

秩禄処分も、同様の効果をもった[52]。明治政府は、地租改正条例後も三年間にわたって、旧大名領主と士族に家禄の支給を続けた。それは、国家財政支出の三〇―四〇%に達していた。政府は、一八七三年（明治六年）、家禄等を金禄に切りかえ、翌年の金禄公債証書発行条例により、家禄制度を完全に解体した。大名領主層は五分利公債で金禄元高五―七・五年分、上・中士層は六分利公債で七・七五―一一・五年分、下士層は七分利公債一一・五―一四年分を支給され、五年間据えおき、六年目から抽選により、三〇年間で償却するというものであった。公債受給者は、三一万人に達した。旧大名領主層は、受給者総数の〇・二%を占めるにすぎなかったが、公債発行総額の一八%、一人当り六万五二七円の公債を受けた。下級士族層は、受給者総数の八四%を占め、公債発行総額の六二・三%、一人当り四一五円の公債を受けた。これにより、前者は金融資本家・産業資本家などに転換したが、後者の大部分は賃労働者や下級公務員に転落した。

2　外見的立憲主義型資本主義憲法としての明治憲法

明治憲法は、このような社会的、経済的、政治的諸条件に制約されて、また国際環境がまったく異なっていたという事情もあって、一八五〇年のプロイセン憲法と比較しても、一段と外見性の度合の高い外見的立憲主義型資本主義憲法とならざるをえないはずであった。*

＊　明治憲法がそのような性格のものとなることは、その制定過程からも予測しえた。

伊藤博文（1841-1909）（初代内閣総理大臣）は、一八八六年（明治一九年）、井上毅（1844-95）、伊東巳代治（1857-1934）および金子堅太郎（1853-1942）の援助をえて、憲法の起草にとりかかった。伊藤は、国民の介入を排除すべく、一八八七年に地方長官を招集して、「今ノ時ニ当リ憲法発布ノ前或ハ后ニ於テ憲法ノ親裁ヲ異議スル者アラバ、断ジテ言論集会及請願ノ自由ノ外ニ出ル者トシ、若シ或ハ此ヲ以テ名トシテ暴動ヲ謀リ、又ハ教唆スル者アラバ、治安ヲ維持スルガ為ニ臨機必要ナル処分ヲ施スベシ」と命じ、同年の一二月には、保安条例を制定して、治安を害するおそれある者などに、むこう三年間皇居や行在所から三里以上離れた場所に退去することを命じた。これにより、中島信行（1846-99）、尾崎行雄（1858-1954）、中江兆民（1847-1901）らを含む知識人・活動家五七〇人が東京から追放された。

伊藤は、一八八八年（明治二一年）四月、憲法草案を天皇に提出した。天皇は、あらたに枢密院を設けて、この草案を審議させた。初代の同院議長は、伊藤であった。同院は、この年の五月から翌年の一月まで数十回にわたって、憲法と皇室典範を審議した。「枢密院の憲法会議」である。この会議には、わずかに、枢密院の正副議長と一五人の顧問官、とくに参加を許された三人の皇族と内大臣、および一〇人の国務大臣等の三〇人余だけが参加したようである。天皇は、ほとんど毎回出席した。この会議は、完全に非公開で、参加者の名前をそれぞれ記入した草案を配布し、会議終了後にそれを回収していた。枢密院の審議が終ると、一八八九年（明治二二年）二月一一日、明治憲法が発布された(53)。

憲法の制定にあたっては、国民投票の手続はもちろんのこと、民選の議会による審議さえもなかった。権力担当者のごく一部からなる「枢密院の憲法会議」があったにすぎない。このような制定過程は、制定される憲法の内容を予測させるものであった。しかし、国民の関心は、憲法内容に集ってはいなかった。東京帝国大学で医学教育にたずさわっていたドイツ人の医師ベルツ（Erwin von Bälz, 1849-1913）は、その日記のなかで、「東京全市は、一一日の憲法発布をひかえて、その準備のため、言語に絶した騒ぎを演じている。到るところ、奉祝門、照明（イルミネーション)、行列の計画。だが滑稽なことには、誰も憲法の内容をご存知ないのだ[54]」とやゆしていた。

(1) その立憲主義の意味——上杉・美濃部論争の焦点

天皇が統治権の所有者(権利主体)であれば、天皇とその政府は、憲法で明示的に禁止されていない事項についても、憲法で明示的に制限されていない方法(手続・条件等)で、なんでもおこないうることになる。しかし、天皇が統治権の所有者ではなく、統治権を所有する法人たる国家の機関にすぎないということになれば、天皇とその政府は、憲法で明示的に認められている事項を、憲法の定める方法でしかおこなえないことになる。この点について、明治末から昭和にかけて、大論争があった。「天皇機関説論争」である。「上杉・美濃部論争」は、その代表的なものであった[55]。

美濃部達吉(1873-1948)は、日本における国家法人説の代表的提唱者として、法人としての国家を統治権の固有者(固有の権利主体)とし、天皇をその国家の機関だとしていた。美濃部は、そうすることによって、「朕は国家である」の絶対君主制を否定し、立憲君主制を憲法解釈論によって創出しようとした。国家の機関は、憲法で認められている権限のみを、憲法の定める方法で行使できるにすぎないとしていた。「〔法人たる国家のすべての活動は、その機関を通じておこなわれる。〕国家機関が機関として国家の為に活動し得る範囲を称して機関権能と謂ひ、又は簡単に権限と謂っている。機関権能は機関として働き得る法律上の力であって其の法律上の力たることに於ては権利と性質を同じうして居〔るが〕……権利は常に自己の目的の為に認められる力であるに反して、機関権能は国家の目的の為に認められるものであって、自己の為に認められるものではない。国家の機関は自己の権利を行使するのではなく、国家の権利を行使するのであ〔る〕……君主国に於て君主が統治権を総攬〔するのも」……同様であって、等しく自己の権利としてではなく、機関権能として其の力を有って居のである」[56]「唯国法に依り国家意思を決定し得べき権能あるものと定められた機関が国法の定むる方法によって発表する所の機関意思のみが、国家意志たる効力を生じるのである」[57]としていた。

上杉慎吉（1878–1929）の立場は、天皇を統治権の所有者とする「朕は国家である」の立場であった。「天皇ハ国家ニ合一ス、天皇ハ一身ニ全国家ヲ負担シタマフ、天皇ノ大御業ハ悉ク国家ノ事ナリ、国家ノ事ハ皆残ラス天皇ノ活動ニ発現ス、若シ統治ヲ国家的活動ト云フト同義ニ用ヰ、統治者ヲ国家ト云フナラハ、天皇ハ即チ国家ナリ、……臣民ハ国家ノ臣民タリ、即チ天皇ノ臣民タリ[58]、……」であった。「天皇ハ完全ニシテ欠クルナキ統治権者ナリ、我カ国体上天皇ノ意志ハ唯一ナル統治権ニシテ、国家ニ於ケル凡テノ意志ハ之ニ服従ス、天皇ノ意志ノミ統治権タリ、天皇ト統治権ヲ分チ、又天皇ト共同シテ統治権ヲ行使スル何人モ存スルコトナシ、天皇ノ意志ハ直ニ統治権ナリ、何人ノ意志ヲモ其ノ成立ノ要件トスルコトナシ、天皇ノ意志ハ最高ニシテ独立ナリ、絶対ニ無条件ニ臣民ハ之ニ服従ス、天皇ノ統治権ハ無制限ニシテ及ハサル範囲アルコトナシ[59]」ともしていた。憲法の制約が存在しないかのような勢であった。

しかし、憲法第四条の「天皇ハ……此憲法ノ条規ニ依リテ之〔統治権〕ヲ行フ」との関連では、たとえば、「天皇ハ法律ヲ裁可シ之ヲ制定スルモ、議会ノ協賛ヲ経ルコトナクシテ、立法権ヲ行フコトヲ得ス」として、憲法からの制約があることは認めていた。*「然レトモ、憲法ハ一切ノ事項ニ付キ、統治権ノ全範囲ニ亘リテ、之ヲ行使スルノ条規ヲ定メス、最モ広キ範囲ノ国務ハ、憲法之ヲ行フノ規定ヲ定メサルモノニ属ス、此ノ範囲ノ国務ニ就テハ、憲法之ニ依ルヘキ条規ヲ定メサルモノナルカ故ニ、憲法制定以前ニ於ケルト同シク、天皇自由ニ之ヲ行フノ形式ヲ定ムルコトヲ得ルハ性質上当然ナリ[60]」としていた。ビスマルクの「欠缺説」と同義のものであった。

天皇は、統治権の所有者であるから、憲法上明示的に禁止されている事項および明示的に制限されている方法にだけは、及びえないとしていた。例外的な禁止規範・制限規範としての憲法である。

「天皇機関説論争」は、一九三五年（昭和一〇年）、「天皇機関説事件」「国体明徴問題」として、権力により強権的に天皇機関説（国家法人説）の否定という形をとって、決着させられた。天皇を含めて権力を現実に担当する者は、憲法で明示的に認められている事項・方法によってしか統治権を行使することができないとする立憲主義の概念は、明治憲法下では学説としても認められないことになった。**

* 東京帝国大学における上杉の前任者・穂積八束（1860-1912）は、天皇大権が法によって拘束されないことを強調していた。その論文「帝国憲法ノ法理」（『穂積八束論文集』一九一三年）で天皇が憲法に違反した場合に天皇に有効な制裁を加えることができないことを理由として、「法律上ノ議論」としては、天皇は憲法にも拘束されないとしていた。(61)

** 政府は、一九三五年一〇月一五日の声明のなかで、「抑々我国に於ける統治権の主体が天皇にましますことは我国体の本義にして帝国臣民の絶対不動の信念なり」とし、「天皇機関説は神聖なる我国体に悖りその本義を誤るの甚しきものにして厳に之を芟除せざるべからず」と糾弾していた。

(2) 臣民の権利

明治憲法では、「人権」の保障はなく、「臣民ノ権利」として、主として自由権が、プロイセンの一八五〇年憲法の場合よりその数を制限して保障されていた。

(i)　保障されていた権利。公務就任の平等（第一九条）、居住・移転の自由（第二二条）、法律によらない逮捕・監禁・審問・処罰の禁止（第二三条）、法律の定める裁判官の裁判を受ける権利（第二四条）、住所の不可侵（第二五条）、信書の秘密（第二六条）、所有権の不可侵（第二七条）、安寧秩序と臣民たるの義務を条件とする信教の自由（第二八条）、言論・著作・印行・集会・結社の自由（第二九条）、請願権（第三〇条）などが保障されていた。

明治憲法は、法律による差別をも禁止する「法の下（前）の平等」や性による差別の禁止はもちろんのこと、一八五〇年プロイセン憲法に見られるような「法律の前の平等」（法律の適用における平等）の保障さえも欠いていた。また、社会国家（福祉国家）理念が欠落していたこともあって、社会権の保障や経済的自由権に対する社会国家的制限の規定も欠けていた。

(ii)　法律の留保を伴う権利保障。明治憲法で保障されていた権利の大部分は、「法律の留保」を伴っていた。「日本臣民ハ法律ノ範囲内ニ於テ居住及移転ノ自由ヲ有ス」（第二二条）、「日本臣民ハ法律ニ定メタル場合ヲ除ク外信書ノ秘密ヲ侵サル、コトナシ」（第二六条）などは、その代表例である。そこで保障されている権利は、法律でいかようにでも制限できるものであった。保障されている権利が不可侵性を特色とする人権ではなかったからである。

(iii)　命令による制限も。明治憲法下の政治においては、一八五〇年プロイセン憲法下の場合と異なって、「立法」につき「法規」の定立の概念も認められていなかったようである。そこでは、憲法で法律によることを明示している場合を別として、国民の権利・自由を制限したり、国民に義務を課したりする場合（国民に不利益を与える場合）でも、その基準を法律で定めなければならないとは解されていなかったようである。法律の留保のない場合には、勅令などの命令で政治の基準を定めることができるものとされていたようである。[62] 法律の留保の「制限列記主義」的解釈である。しかも、議会の閉会中は、法律に代る緊急勅令の制定も認められていたし（第八条）、第三一条では、明治憲法の第二章で保障されている諸権利が、「戦時又ハ国家事変ノ場合ニ於テ天皇大権ノ施行ヲ妨クルコトナシ」として、法律によらないで制限できるとされていた。

(3) 日本型王権神授説に基づく天皇主権

(i) 日本型王権神授説に立脚。「大日本帝国ハ万世一系ノ天皇之ヲ統治ス」（第一条）、「天皇ハ国ノ元首ニシテ統治権ヲ総攬シ此ノ憲法ノ条規ニ依リ之ヲ行フ」（第四条）として、天照大神《あまてらすおおみかみ》の子孫である天皇が統治権の総攬者として永遠に統治するとしていた。前文にあたる「上諭」の第二段も、「国家統治ノ大権ハ朕カ之ヲ祖宗ニ承ケテ之ヲ子孫ニ伝フル所ナリ」としていた。統治権の「総攬」とは、全統治権を一身に集める、一手に掌握するということである。このような天皇主権の体制は、天照大神の意思である「神勅」によるもので、憲法の規定はこれを確認するものと解されていた。日本型王権神授説である。

伊藤博文の『憲法義解』（一八八九年＝明治二二年初版、明治憲法と旧皇室典範についての半官的な逐条解説書）は、その「第一章　天皇」の冒頭で以下のように指摘していた。「恭テ按スルニ天皇ノ宝祚《ほうそ》ハ之ヲ祖宗ニ承ケ之ヲ子孫ニ伝フ国家統治権ノ存スル所ナリ而シテ憲法ニ殊ニ大権ヲ掲ケテ之ヲ条章ニ明記スルハ憲法ニ依テ新設ノ義ヲ表スニ非スシテ固有ノ国体ハ憲法ニ由テ益々鞏固ナルコトヲ示スナリ[63]」。

ヨーロッパにおける王権神授説においては、神から直接に統治権を授けられた絶対君主は、地上における神の代理人として、人民から責任を追及されない立場にあったが、神の代理人にふさわしく神法・自然法に従って行動したかを「最後の審判」によって厳しく問われる立場にあるとされていた。しかし、明治憲法においては、天皇は神の子孫として「現人神《あらひとがみ》」「現御神《あきつみかみ》」であったから、神の代理人とは異なっていた。「天皇ハ神聖ニシテ侵スヘカラス」（第三条）であった。天皇の責任を問う法は一切存在しなかった。

(ii)　統治権の総攬の構造。天皇は、統治権の総攬者として、全統治権の行使に関与していた。天皇が一手に掌握する統治権は、「大権」と呼ばれ、宮務（皇室）大権、統帥大権、国務大権の三つに分けられていた。

第一の宮務大権は、皇室にかんする事務についてのもので、「皇室自律主義」の下に、議会と内閣・国務大臣の関与できないものとされていた。たとえば、皇室典範の改正に議会の関与を認めず（第七四条一項）、また皇室典範によって憲法の条規を変更できないともしていた（同条二項）。この大権の行使は、閣外の宮内大臣が輔弼するものとされていた。

第二の統帥大権は、憲法第一一条に定められていたが、憲法制定の当初から他の国務大権と異なり、国務各大臣の輔弼を要しないものとして解釈運用されていた。「統帥権の独立」である。軍事行動の機密性・迅速性・専門技術性および議会の干渉の排除がその理由であった。

第三の国務大権は、広義には宮務大権と統帥大権を除いた大権部分をいい、立法、行政、司法のすべての分野に及んでいた。それは、さらに、①帝国議会の協賛を経ておこなうもの（立法大権）、②裁判所に委任しておこなわせるもの（司法大権）、③帝国議会の協賛を経ないで天皇みずからが国務大臣の輔弼をえておこなうもの、に分けられていた。この③が狭義の国務大権である。

③の主要なものは、憲法第六条から第一六条に列記されているが、③はそれらに限られていたわけではない。ⓐ法律を裁可し、その公布、執行を命ずること（第六条）、ⓑ帝国議会の召集、開会、閉会、停会および衆議院の解散を命ずること（第七条）、ⓒ法律または予算に代る緊急勅令を制定すること（第八条、第七〇条）、ⓓ法律の

執行のための命令（執行命令）、公共の安寧秩序保持のための命令（警察命令）、臣民の幸福増進のための命令（保育命令）を制定しまたは制定させること（第九条）、ⓔ行政各部の官制を定め、文武官を任免すること（第一〇条）、ⓕ陸海軍の編制と常備兵額を定めること（軍政大権、第一二条）、ⓖ宣戦、講和、条約の締結をすること（外交大権、第一三条）、ⓗ戦時、時変の際に地域を限って司法・行政事務の全部または一部を軍司令官にゆだねる旨を宣告をすること（戒厳大権、第一四条）、ⓘ爵位、勲章などを授与すること（栄典大権、第一五条）、ⓙ恩赦をすること（第一六条）である。

そのほかに、貴族院議員を任命すること（勅選議員の任命、第三四条）、衆議院議員の総選挙をおこなわせること（第四五条）、憲法改正の発案（第七三条一項）などがある。第三一条の「非常大権」が国務大権に属するかそれとも統帥大権に属するかは、はっきりとしていなかった。

(iii)　立法権と副立法権。立法大権は、帝国議会の「協賛」を経て行使すべきものとされていた（第五条、第三七条）。法律については、天皇は絶対的拒否権をもっていた（第六条）。法律の発案権は、政府と両議院がもっていた（第三八条）。しかし、天皇とその政府は、広大な副立法権をもっていた。「立法」について、すでに見ておいたように「法規」の概念さえも認められていなかったので（「法律の留保」の制限列記的解釈がとられていたので）、勅令を含む命令の守備範囲が広くなるのは当然であった。行政各部のあり方を勅令で定める官制勅令主義（第一〇条）や「公共ノ安寧秩序ヲ保持シ臣民ノ幸福ヲ増進スル為ニ必要ナル命令ヲ発シ又ハ発セシム〔ルコト〕」（「独立命令」の制定、第九条後段）が憲法に明示されていたが、それらは法律を超える広範な守備範囲をもつはずであった。そのほかに、法律の執行のために必要な細則を定める執行命令の制定権（第九条前段）、法律に代る緊急勅令の制定権（第八条）も、認められていた。憲法に明示されていない委任命令の制定（法律の委任に基づいて勅令などの命令で法律で定めるべき事項を定めること）も、おこなわれた。憲法運用の現実においては、立法権自体を委任してしまうような白紙委任もおこなわれていた。国家総動員法（一九三八年＝昭和一三年）は、その代表例である。「政府ハ戦時ニ際シ国家総動員上必要アルトキハ勅令ノ定ムル所ニ依リ帝国臣民ヲ総動員業務ニ従事セシムルコトヲ得」（第四条）からもわかるように、臣民の権利をどのように制限するかは、ほぼ全面的に勅令に委任されていた。

(iv)　司法権も。「司法権ハ天皇ノ名ニ於テ法律ニ依リ裁判所之ヲ行フ」（第五七条）とされていた。ここでの司法権は、民事事件と刑事事件の裁判に限定されていた。

(4)　外見性の強い権力分立制

天皇による統治権総攬の体制がとられていたので、権力の分立が外見化するのは、当然のことであった。

(i)　天皇による立法権の行使。天皇が立法権を行使するとされていたが、それには帝国議会の協賛が必要とされていた（第五条、第三七条）。協賛とは、事前に審議し、同意を与えることによって、天皇の立法活動を補佐するということである。したがって、帝国議会は、立法権の担当者ではなく、その協賛者にすぎなかった。帝国議会の協賛を要する「立法」については、近代立憲主義型資本主義憲法の場合の（国民を対象とする政治の基準となる）始原的な一般的抽象的法規範の定立という概念はもちろんのこと、一八五〇年プロイセン憲法下でうち出された「法規」の定立の概念も、明治憲法下では支配的ではなかった。憲法が明示的に法律によると定めている事項だけは法律で定めるという「制限列記主義」的解釈が支配的であった（法律の留保がない場合には、命令で定めなければならないというわけではなく、命令で定めることができるというのが政治の現実であったようである）。議会の協賛を要する立法の守備範囲は、著しく狭くなるはずであった。

また、近代立憲主義型資本主義憲法の場合と異なって、予算は法律と解されていなかった。一八五一年のプロイセン憲法では、支出予算は法律で定められることになっていたが（第九九条二項）、その定立は実質的意味での行政と解されていた。* 明治憲法下では、予算の定立は名実ともに行政であり、ただ議会の協賛が必要とされるにとどまった（第六四条一項）。名実ともに行政であったから、議会の協賛について多くの例外が認められていた。**

* このようなP・ラーバント的解釈は、プロイセンの学界と実務を支配しただけでなく、一八七一年のドイツ帝国憲法がプロイセン憲法第九九条と同様の規定を設けていたこともあって、ドイツの通説的見解となった。予算の定立が実質的意味での行政だということは、歳入歳出の法的根拠が予算法ではなく、租税法（歳入）や俸給法（歳出）などの法律であること、および予算を法律の形式で定めるということは、行政府があらかじめ議会の同意をえることによって、事後に議会による不信任などの政治責任の追及を免除されることになること、を意味するものであった。(64)

** 憲法上、たとえば、皇室経費について増額の場合のほかは議会の協賛を不要とし（第六六条）、「公共ノ安全ヲ保持スル為緊急ノ需用アル場合ニ於テ内外ノ情形ニ因リ政府ハ帝国議会ヲ召集スルコト能ハサルトキハ勅令ニ依リ財政上必要ノ処分ヲ為ス」ことができ（第七〇条一項、「緊急財政処分」の制度）、議会で予算を議定せずまたは予算が成立しないときは前年度予算を施行することができるとされていた（第七一条、「前年度予算施行主義」）。また、憲法の運用においては、予備費を使ってもなお足りない予算超過支出や予算外支出に、政府の責任で前年度の歳計剰余金をあてる「責任支出」（剰余金支出）の慣行も早くから定着していた。

(ii) 司法権の名目的主体としての天皇。司法権も、天皇の名において、法律に従い裁判所がおこなうものとされていた（第五七条一項）。司法の守備範囲は、民事事件と刑事事件に限定され、行政事件の裁判には及ばないものとされていた。行政事件の裁判は、司法外の、つまり行政部内に設けられた行政裁判所の所管とされていた（第六一条）。

行政裁判所は、行政裁判所法によって具体化されていた。①行政裁判所は、東京にただ一つだけ設置され（同法第一条）、②そこへ出訴するには、原則として、処分をおこなった行政庁（「処分庁」）に対して一般的な指揮監督権をもつ上級行政庁の審理（「訴願」）を経ることが条件とされ（「訴願前置主義」、同法第一七条一項）、③法律・勅令でとくに認められている事件のみが終審として行政裁判所で審理され（「制限列記主義」と「一審にして終審」、同法第一五条）、④行政裁判所へは損害賠償請求の訴訟は提起できない（同法第一六条）、ものとされていた。

また、裁判所が具体的な事件を審理するにあたって、適用される法律・命令の内容が憲法に反しているかどうかを審査することについては、明治憲法はなんら規定していなかった。学説は多岐に分れていたが、ここでは、宮沢俊義（1899-1976）の以下のよう総括的な指摘を紹介しておくにとどめたい。「法令審査権は形式的審査権と実質的審査権に区別せられる。前者は法令の形式的瑕疵の有無を審査する権限をいひ、後者はその実質（内容）的瑕疵の有無を審査する権限をいふ。司法裁判所がすべての法令に対して形式的審査権をもつことは一般に承認せられてゐる。問題は専ら実質的審査権にある。ことに法律の内容が憲法に違反するや否やを審査する権限を司法裁判所がもつかどうかが最も争はれる点である。この点については別段の規定もないが、司法裁判所は従来命令に対しては実質的審査権をもつが、法律に対してはそれをもたぬといふ見解をとってゐる。（大正五・一一・一五大審刑一七七頁、昭和六・一〇・一二大審刑四四五頁、同一二・三・三大審刑一九一頁）」[65]。

(iii)　広範な行政。行政については、日本型の「控除説*」がとられているようであった。天皇は、統治権の総攬者として、本来全統治権の担当者であるから、立法および司法として憲法でとくに帝国議会および裁判所の関与の下におかれている事項を別として、他のすべての事項は、原則として天皇が国務大臣の輔弼をえておこなう行政とされるはずであった。

＊　一九世紀後半のドイツで展開された「控除説」は、実質的意味での行政についてのもので、全国家作用から実質的意味での立法と司法を控除したものが行政だとするものであった。しかし、明治憲法下においては、憲法の運用上実質的意味での立法の概念が成立せず、憲法がとくに法律によることを明示している事項についてのみ法律で定めるという立場（「法律の留保」の制限列記的解釈）が原則とされていたので、「控除説」といっても、ドイツの場合とその内容が大きく異なるはずであった。「法律の留保」の制限列記的解釈についても、府県制・市制・町村制や商法などの事例からもわかるように柔軟であった。

(5)　地方制度にかんする憲法規定の欠落

明治憲法は、地方制度のあり方についても、一八五〇年のプロイセン憲法の場合と大きく異なっていた。この点にかんする明治憲法の特色は、以下のようであった。

(i)　憲法における無規定。明治憲法は、地方制度についてなんら規定を設けていなかった。憲法が、地方公共団体の組織・運営につきなんらの具体的な保障をしていなかっただけでなく、その組織・運営を法律で定める旨の規定も、その存在を認める旨の規定をも設けていなかった。近代資本主義憲法としては、それはまったく異例のことであった。

　このような地方制度のあり方にかんする憲法規定の全面的な欠落が、中央集権体制の樹立の意図の現れか、それとも中央集権・地方分権のいずれをも意味しないかについては、見解が分れている。しかし、憲法が、天皇による「統治権の総攬」を明示したうえで、地方制度についての規定を全面的に欠落させているところからすれば、「わが政体が中央集権主義の君主政体であることを示している」(66)と解するのは論理的に当然のことであった。しかも、①自由民権期に設立された府県会が反政府闘争の場となっていたこと、②明治憲法の制定前に発表された民間草案のうちに「地方権」「固有権」に立脚する地方自治の構想が相当に強く見られたこと、そしてなによりも、③後発資本主義国として、強力な中央集権体制によって、単一国内市場を確保しかつ資本主義体制を急激に発展させようとしていたことなど、の当時の諸事情からすれば、明治憲法における無規定の体制が地方自治や地方分権の意図と逆接的であることは、間違いあるまい。

(ii)　法律による地方制度。明治憲法の運用においては、地方制度の基本的なあり方は、市制、町村制、府県制などの法律で定められていた。天皇による統治権の総攬の体制下においては、地方公共団体の具体的な組織・運営は、天皇の政府に従属したものにならざるをえないはずであった。たとえば、明治憲法下における立法手続だけからしても、地方公共団体の組織・運営を定める法律は、民意を反映するものではありえず、それ故に団体自治や住民自治を保障するものとはなりえないはずであった。明治憲法の制定に先だって、市制、町村制等の法律が整備されたが、それは、「〔天皇による統治権の総攬を強調した〕ドイツ人モッセ〔1846–1925〕の草案を基礎とし、範を当時のドイツにとって〔いた〕」(67)。団体自治、住民自治のいずれにおいても、見るべきものはほとんどなかった。地方公共団体は、「中央政府の強い統制に服するとともに、中央政府の政策を地方に浸透させる機構」(68)として設けられ、「帝国憲法下の地方行政ほど地方の伝統と住民の自主性を無視し、全国の画一化を促した例は、かって見られなかったところといわねばならぬ[69]」という状況をもたらしていた。

(6) 統帥権の独立

すでに見ておいたように、天皇は、国務各大臣の輔弼をえて、その国務大権を行使するものとされていたが（第五五条）、明治憲法制定の当初から、第一一条の統帥権の行使については、国務大臣の輔弼を要しないと解釈運用されていた。「統帥権の独立」である。伊藤博文の『憲法義解』も、「本条〔第一一条〕ハ兵馬ノ統一ハ至尊ノ大権ニシテ専ラ帷幄《いあく》ノ大令ニ属スルコトヲ示スナリ[70]」と解説していた。軍の統帥については、議会のみならず、国務大臣の関与さえも排除することにより、やがて「軍の独走」がもたらされることになる。

3　小括——絶対君主制下における権威主義的資本主義体制の創出

(i)　絶対君主制の維持。明治維新と明治憲法によってその方向性と内実を定められる日本の近代化は、近代市民革命によるものではなく、「上からの近代化」であった。その総括法典である明治憲法は、外見的立憲主義型の資本主義憲法であった。その意味ではプロイセンを含むドイツの場合と同様であったが、地理的および文化的諸条件の相違もあって、明治憲法は外見性の度合が際立つものであった。すでに見ておいたように、明治憲法は、日本型王権神授説に立脚する天皇主権を根本原理とし、天皇を統治権の総攬者として規定していた。ドイツ近代も君主主権を憲法原理としていたが、憲法の解釈運用においては、君主は統治権の所有者（「朕は国家である」）ではなく、法人たる国家の最高機関とされるに至っていた。しかし、明治憲法下の政治においては、国家法人説（天皇機関説）は認められず、「朕は国家である」がその根本規範とされていた。そこでは、立憲君主制は成立せず、絶対君主制が堅持されていた。これに対応して、権力の天皇集中が際立ち、たとえば、「立法」について、天皇が絶対的拒否権をもち、「法規」概念は認められなかった。また、国民について、「法の下の平等」のみならず、「法律の下の平等」（法律の執行における平等）を保障する憲法規定さえも欠けていた。近代資本主義憲法と呼称することが困難なほどに前近代性の強い資本主義憲法であった。

(ii)　権威主義的資本主義体制の導入。しかし、明治憲法は、資本主義体制を保障する憲法であった。それは、資本主義体制の導入・展開を当然のこととして、その目的に資する規定や制度を設け、そのように解釈・運用されていた。たとえば、権利保障の面では、以下のようであった。

第二二条で「日本臣民ハ法律ノ範囲内ニ於テ居住及移転ノ自由ヲ有ス」としていたが、『憲法義解』はその保障が営業の自由を含むものとして、以下のように解説していた。「〔かつては、人民の旅行・移転・自然の運動・営業を束縛して〕植物ト其ノ類ヲ同クセシメタリシニ維新後廃藩ノ挙ト倶ニ居住及移転ノ自由ヲ認メ凡ソ日本臣民タル者ハ帝国疆内ニ於テ何レノ地ヲ問ハス定住シ借住シ寄留シ及営業スルノ自由アラシメタリ而シテ憲法ニ其ノ自由ヲ制限スルハ必法律ニ由リ行政処分ノ外ニ在ルコトヲ掲ケタルハ此レヲ貴重スルノ意ヲ明ニスルナリ」「以下ノ各條ハ臣民各個ノ自由及財産ノ安全ヲ保明ス蓋法律上ノ自由ハ臣民ノ権利ニシテ其ノ生活及智識ノ発達ノ本源タリ自由ノ民ハ文明ノ良民トシテ以テ国家ノ昌栄ヲ翼賛スルコトヲ得ル者ナリ故ニ立憲ノ国ハ皆臣民各個ノ自由及財産ノ安全ヲ以テ貴重ナル権利トシ之ヲ確保セサルハナシ[71]」（傍点は引用者）。憲法第二三条では、経済活動に必要不可欠な身体の自由を保障していたが、『義解』は、その保障につき、「各人ノ自由ヲ尊重シテ其ノ限界ヲ峻厳ニシ威権ノ蹂躙スル所タラシメサルハ立憲ノ制ニ於テ至重ノ要件トスル所ナリ[72]」と解説していた。また、第二七条は、「日本臣民ハ其ノ所有権ヲ侵サル、コトナシ」（一項）、「公益ノ為必要ナル処分ハ法律ノ定ムル所ニ依ル」（二項）ことを保障していた。本条の所有権が民法上の所有権と異なって、広く財産権を保障していることについては、大きな異論はなかったようである。本条の所有権の保障は、第二二条の営業の自由の保障と相まって、経済活動の自由を保障し、その結果として契約の自由をも保障する。本条は、法律の定めるところに従って「公益ノ為ニ必要ナル処分」を受けるが、『義解』は、「公益収用処分ノ要件ハ其ノ資産ニ対シ相当ノ補償ヲ付スルニ在リ而シテ必法律ヲ以テ制定スルヲ要シ命令ノ範囲ノ外ニ在ルハ又憲法ノ証明スル所ナリ」[73]（傍点は引用者）としていた。公益収用に対する相当な補償は、本条の規定に内在する要件と解されていた。

臣民の権利にかんする以上のような規定や解説だけからしても、明治憲法が資本主義体制の展開に肯定的であったことは間違いない。資本主義体制の展開が近代化を推進した支配層の共通の方針となっていれば*、少くとも資本主義体制展開の初期の段階においては、非民主的な統治体制は、その展開の妨げにはならない。近代市民革命を経た国においても、資本主義の初期段階においては、賃労働者の強制的創出をはじめ、資本主義的生産関係の形成展開のために必要な諸制度を次々と創り出すべく女性を含めて広範な民衆層に選挙権さえも認めない非民主的な政治体制をとっていた。後発資本主義国が、議会を厳しい制限選挙制や任命制下におきかつ協賛機関にとどめたことをはじめとして、開発独裁ともいいうる非民主的な政治体制をとったのは、統治権と国庫の支援によって一気に独占資本主義の体制を創り出しすでに独占資本主義段階に到達していた先発資本主義諸国に追いつき追い越すためであった。しかし、それは、人権と民主主義の保障を大きく欠いた絶対君主制下における権威主義的資本主義体制として、大きな矛盾を内包するものとなるはずであった。

＊　維新政府は、一八七一年（明治四年）一一月から、一年一〇ヵ月弱にわたって、岩倉具視（1825-83）（大使）、木戸孝允（1833-77）・大久保利通（1830-78）・伊藤博文・山口尚芳（1839-94）（以上副使）等維新政府の若手実力

者を連ねた外交使節団兼調査視察団に、アメリカ合衆国およびヨーロッパ諸国（イギリス、フランス、ベルギー、オランダ、ドイツ、ロシア、デンマーク、スウェーデン、イタリア、オーストリア、スイス）を回覧させた。その使節団の実況報告書を、一八七八年（明治一一年）一〇月、久米邦武（1839-1931）編・太政官記録掛刊行『米欧回覧実記』として国民に公刊した。それは、米欧の資本主義諸国の政治・経済・文化等を網羅的に、そして経済については生産・技術・流通にまでわたって入念に紹介するものであった。資本主義体制の不可避性・脱亜入欧の必要性を説くものであった。「若い近代日本の政治指導者たちが、天皇制国家という枠組みをもちながら、いかなる近代国家への道を選ぶか、その模索の旅の知的表出でもあった……」[74]。

IV　民衆の憲法構想（近代化構想）

一　はじめに

近代市民革命期には、近代化としての近代資本主義憲法体制化を目指して議会に結集したブルジョアジーとは別に、議会外で、民衆層の解放という近代化を目指して民衆層（の一部）が独自性豊な行動をした。このような民衆層の行動は、イギリスの「ピューリタン革命」（一六四二―六〇年）においても見られた。「レヴェラーズ」や「ディガーズ」の思想と運動がそれである。しかし、その動きがとくに大きな社会的政治的影響力をもったのは、フランス革命においてのことであった。

すでに、第一章のIIの一の1で指摘しておいたように、フランス革命期には、産業革命前という意味で過渡的なものではあるが、資本主義的生産関係も展開していた。それ故、ブルジョアジーとそれに従属する民衆層とでは、封建体制の打倒について意見が一致していても、その後にどのようなあり方の社会と政治を創出するかについては、意見が大きく異なりうるはずであった。* もちろん、当時の民衆層の生活条件から見て、民衆層一般がブルジョアジーと異なる民衆層の利害・社会的政治的な基本的諸課題を識別していたわけではない。しかし、民衆層の自覚的部分が、それを識別し、民衆層解放のための憲法構想や人権宣言案を公表し、その観点から民衆運動を組織し、フランス革命の動向に無視できない影響を及ぼしていたことは事実である。サン・キュロット運動（貴族やブルジョアジーが着用していた半ズボンではなく長ズボンを着ていた都市の民衆層の運動）の理論的指導者のひとりであったJ-F・ヴァルレ（Varlet）の諸文書、P・ドリヴィエ（Dolivier）の農民解放論、「バブーフの陰謀」と呼ばれる社会主義革命の動きなどはその具体例である。

＊　フランス革命期の社会的・政治的状況について、次のような指摘には注目すべきであろう。第一、第二、第三の各身分の数、各身分の内部における分化の状況の数量化は不可能に近いことのようであるが、「五〇万人の二つの特権身分〔第一、第二身分〕と一〇〇万人のブルジョアに対して、二五〇〇万人の勤労者があり、その一〇分九は農民であった(75)」という指摘である。また、「〔サン・キュロットが活躍した〕当時のパリにおける最大の政治クラブはジャコバン・クラブ（Club des Jacobins）であった。しかし、これは議員を常に指導的メンバーとし、その入会費・維持費の高額な点や雰囲気の点でサン＝キュロット層が参加できるクラブではなく、一般に『人民協会』とはみなされていない(76)」。ジャコバン・クラブは、ブルジョア左派の運動組織であっても、民衆層のものではなかっ

たようである。

二　J-F・ヴァルレの憲法構想――その近代化の構想

1　ヴァルレの登場

ヴァルレは、パリでサン・キュロット運動がとくに高揚した一七九二年夏から翌年夏にかけて、その理論的指導者として活躍した。彼は、この時期に、二つの注目すべき文書を発表している。一つは、「国民公会における人民の受任者に対する命令的委任案」(Projet d'un mandat spécial et impératif, aux mandataires du peuple à la convention nationale. 以下、「命令的委任案」という) であり、もう一つは「社会状態における人間の権利の厳粛な宣言」(Déclaration solennelle des droits de l'homme dans l'état social. 以下、「厳粛宣言」という) である。

一七九二年八月一〇日の「第二革命」(民衆の蜂起もあって、議会が王権の停止と普通選挙による国民公会の招集を決定する) によって、「国民主権」と君主制をとる一七九一年憲法体制が崩壊した。同年九月二一日、新憲法制定のための国民公会が、間接選挙ではあるが男性普通選挙の手続を経て、招集された。招集当日、国民公会は、「人民の承認によらない憲法は存在しえない」と宣言して、「人民主権」を新たに制定される憲法の原理とするかのような姿勢を示した。「命令的委任案」は、その九月末に、「人民主権」の立場から、主権者・「人民」(その単位としてのセクシオン) と国民公会 (その議員) のあるべき関係を明らかにしようとするものであった。(77)

「厳粛宣言」は、翌年五月に発表され、六月七日に国民公会で読みあげられたが、それは、「サン・キュロット民衆」に学び、その考え方を体系化しようとしたものである。民衆層解放のための、民衆層の求める新しい社会・政治の構想であり、憲法構想である。この宣言は、初刷で五〇〇〇部も発行されている。初等教育も整備されていなかった当時の識字状況から見て、異常な数字というべきものであろう。

2 「厳粛宣言」における憲法構想[78]

(1) その人権保障[79]

その要点は、以下のようであった。

(i) 人権保障の目的性。「社会の組織は、社会状態における人間の権利の維持を唯一の目的としている。これらの権利は、主権〔統治権〕の行使〔への参加〕、思想の自由、行動の自由、個人の自由・安全・保存、財産の享有および圧制に対する抵抗を意味する」〔第七条〕。人間の権利の保障を社会〔政治社会＝国家〕の目的としていることにおいては、近代立憲主義型資本主義憲法の場合と同様である。しかし、人間の権利の概念やその保障の内容・方法は、近代立憲主義型資本主義憲法の場合と相当に大きく異なっている。

①「主権の行使〔への参加〕」を人間の権利としているところからもわかるように、一七八九年人権宣言等が「市民の権利」と「人間の権利」区別しているのと異なって、人間としての生存に不可欠なものをすべて「人間の権利」として保障している。②他の諸規定から明らかなように、自由の保障に力点をおきつつも、そのために「社会権」的諸権利の充実した保障を求め、それと矛盾する経済的自由権の積極的制限を求めている。③「人間の権利」の保障において、「主権の行使〔への参加〕」をとくに重視する。引用しておいた第七条では保障すべき「人間の権利」の冒頭にこの権利をおいている。統治権を「人民」のものとすることなく、「人民」の多数を占める民衆層に必要な「人間の権利」の保障を確保することができないことに気づいていたためであろう。

(ii)　民衆層解放のための、充実した自由権の保障。自由こそが「人間の間におけるすべての善、すべての才能、すべての繁栄の源である」（第一条第二文）として、信仰の自由・表現の自由を含む「思想の自由」の絶対的保障（第一一条）、往来の自由・集会の自由・公的機関の活動を批判監視する自由・その他社会と同胞に迷惑をかけないすべてをおこなうことができる自由を意味する「行動の自由」（第一二条）、主権の行使に参加する権利や条件つき契約の自由（人身の売買にまでは及ばない）を含む「個人の自由」（第一三条）、憲法による刑事手続の保障（憲法の定める場合と手続によらなければ逮捕・訴追・勾留されない）・正当防衛権・無罪推定原則・被疑者や被告人に対する不必要苛酷な強制処分の禁止・罪刑法定主義を含む「個人の安全」（第一五条）、自由からの直接の帰結としての「平等原則」などが求められていた。

また、財産権も一応保障されており、「公正に確認され、緊急を要する公共の必要から要求され、かつつねに正当な事前の補償の条件のもとにおいてでなければ、何人もその財産を奪われない」とされていた（第一九条、第二一条）。だが、すぐあとでふれるように、その保障には、実質的平等・民衆層解放の観点から、厳しい制限も定められていた。

一七八九年人権宣言等と比較すると、精神的自由権と身体的自由権の保障は、明文としての保障の範囲や量においても、また保障の内容や質においても、充実したものになっている。不自由にもっとも苦しんだ民衆層においてこそ、それらの保障がとくに強く求められていたことがうかがえる。

(iii)　実質的平等と社会経済的弱者に対する配慮。形式的な自由・平等だけでなく、実質的な平等・社会経済的弱者に対する人間らしい生活の保障が明文化されていた。

財産の享有は、占有の権利の問題であるとして、市民の自己保存の必要性に従属させられていた（第一六条）。

土地の占有権は商業・農業にいささかの障害をもたらさない範囲で認められ、いかなる国においても多数を占めている赤貧者の「個人の自由・安全・保存」があらゆる善にまさる善であるとして、赤貧者に財産についてのはなはだしい不平等を阻止しかつ正当な手段によって破壊し、富める者の圧迫から自己を保存する権利を認めていた（第一七条）。

盗み・投機・独占・買占めなど公共の幸福を犠牲にすることによって蓄積された財産は国有化されるとしていた（第二〇条）。契約の自由も、人身の売買にまでは及ばず、時間と労働を拘束することに限定されていた（第一三条二項）。平等は、「自由からの直接の帰結である」としたうえで、公務就任の機会の平等、累進税制、扶養労働の成果に対する非課税の保障にまで及んでいた（第六条）。

さらに、第一八条では、保障されるべき財産権として、生存権・休息権・労働権などが指摘されていた。実質的平等や生活についての保障を欠く場合には、自由も権利も、その享有のために必要不可欠な物質的基礎を欠くものとして、幻想（絵に描いた餅）となってしまうことを、ヴァルレは見抜いていた。*現代市民憲法における「社会国家」（「福祉国家」）の理念に類似し、さらにはそれを超える視座がとられていた。

＊　ヴァルレがパリで活躍していた頃、農村で注目すべき理論活動をしていた司祭がいた。P・ドリヴィエである。彼は、①生存権を根拠として穀物取引の自由を批判し、②労働生産物に対する排他的所有権を認め（自己労働による所有の正当性の主張）、③土地および土地生産物については国民が上級所有権をもち、各個人は生存のために土地の一定部分についてその上級所有権に従属する部分的所有権をもっているとしていた（部分的所有権の内実は用益権に近づき、農地均分法の正当化論ともなる）。(80)

このような考え方は、ドリヴィエに特有のものではなく、農民を中心とする民衆層に相当に広く支持されていたようである。「テルミドールの反動」（一七九四年七月から始まる、フランスの内外における反革命の危機が若干弱まった時期における、保守的ブルジョアジーの指導によるその階級的利害をむき出しにした政治）を象徴する一七九六年四月一六日法律は、その第一条で、「言論により、または配布もしくは掲示された印刷物によって、国民代表府の解体、総裁府の解体、それらの全部または一部の成員の殺害、王制の再建、一七九三年憲法の再建、一七九一年憲法の再建、フランス人民によって承認された共和暦三年（一七九五年）憲法の定める政治以外の政治の再建、または農地均分法の名によるもしくは他の一切の方法による個人財産の略奪または分割を挑発する者は、すべて共和国の内的安全および市民の個人的安全に対する罪を犯すもので、刑法典第六一二条により死刑に処す」と定めていた（傍点は引用者）。

(iv)　教育の重視。全人格教育（全資質の発達教育、l'éducation）、知育（l'instruction）、公共倫理の流布を含めて、教育は「市民に対する国家の神聖な債務」とされ、教育によって市民は市民のもつ諸権利を享有できるようになるとしていた（第五条）。教育と人権享有・統治権担当者との関係は、明瞭である。しかし、教育の自由（教育の内容・方法を誰が決定するか）および全人格教育・公共倫理の流布における公教育の限界の視点は弱い。

(v)　圧制に対する抵抗。圧制が存在する場合には、それへの抵抗を「蜂起の権利」として認めていた。圧制は、権力が濫用される場合――たとえば、「人民」の主権が簒奪される場合、軍隊や武力が国内で優越的である場合、憲法（社会契約）によって設けられた諸機関が憲法に反して行動する場合、公金が横領されたり、予算を使いつくして公的窮乏が極限まで押し進められた場合など――に存在する。蜂起権の行使にあたっては、「必要」以外の法はない。圧制が存在する場合には、「万民蜂起」（insurrection universelle）は、「権利のうちでもっとも正当なものであり、義務のうちでもっと神聖なものである」としていた（第二二条）。

民衆層を解放するためには、ブルジョアジーが掲げる「国民主権」とは異質の構造をもつ「人民主権」の原理が不可欠だとしていた。

⑵　その「人民主権」の原理

（ⅰ）「人民主権」についての一般的な理解。ヴァルレは、これまで見てきたような広範な人権保障を実現し、

「人民主権」は、ルソー（Jean-Jacques Rousseau, 1712-78）を理論上の父とするもので、ヴァルレも、「神のようなルソー」とあがめ、その「人民主権」論を継承し発展させようとしていた。[81]それは、「人民の、人民による、人民のための政治」を徹底して求める原理で、「国民」（nation）と異なる「人民」（peuple）を主権（統治権）の所有者とする原理で、統治権の所有者を国家というならば、「人民」即国家の原理である。「人民」は、社会契約参加者の総体・政治に参加できる年齢に達した者の総体、つまり市民の総体を意味する（当時においては、一般に、市民・「人民」のうちに女性を含めていなかった）。

このような「人民」は、その構成から明らかなように、「国民」とは異なって、みずから主権（統治権）を行使して、国家（「人民」）意思を決定し、それを執行することができる。しかも、「人民主権」の下においては、「人民」の意思や利益は、その構成員（市民）の意思や利益の集積と考えられている。したがって、そこでは、「人民」を構成する各市民が主権の行使に参加する固有の権利をもち（「参政権権利説」）、直接民主制が政治の理念となる。全体としての「人民」が統治権の権利主体（国家）であり、その成員としての市民がその行使に参加する総有団体的国家である。

なんらかの理由で代議制をとる場合にも、それは直接民主制の代替物でなければならず、その代議員は直接普

通選挙で選ばれ、それらは、それぞれ「人民」またはその単位の意思に拘束され、政治責任を負う。「人民代表」は、「国民代表」と異なって、「人民」の意思を法律として自由に形成表示することができず、実在する「人民」の意思を確認して法律としなければならない立場にある。「国民代表」と異なる「人民の受任者」「人民の代理人」である。なお、「人民」の意思を法律とするにあたっては、法律は、市民を対象とする場合、原則として一般的抽象的法規範（特定または一部の市民のみを対象としてはならない）の形式をとらなければならない。市民は、すべて不可侵の人権をもち、法的に平等の価値だからである。しかし、その「人民主権」の憲法においては、実質的平等も認められているから、市民の一部のとくに経済的自由権を積極的に制限し、かつ貧しい市民の生活を保護する法律の制定も認められている。

決定された「人民」の意思の執行を担当する者も、「人民」の統治権を担当する者として「人民」によって選任され、「人民」に対して政治責任を負う。

このような「人民主権」は、これまで見てきたところから明らかなように、統治権の所有と行使の仕方を定める統治機構の原理であるが、それは、さらに二重の意味で人権保障の手段としての役割を果す。

それは、まず、「人民」を構成する全市民に、政治に参加する固有の権利を認め、議員その他の公務員についての選挙権、それらに対する統制権と政治責任の追及権、そのために必要な知る権利、法律などの最終決定などに参加する権利を認めることによって、統治権の濫用とそれによる市民の権利・利益の侵害を最小限にすることができることを保障する。

それは、また、「人民」を構成する市民の多数の意思と利益を法律等の内容とすることによって、「人民」の多数者・社会の多数者の権利・利益の実現手段となる。多数者の人権が憲法で保障されていても、それが実現されないのは、多くの場合その実現手段としての民主主義（「人民」の多数の意思と利益を法律等の内容としうる政治）を欠いていることによる。その民主政治の下では、これまでの政治の根本特色であった社会の少数者による多数者の支配が消滅することになる。この意味で、この原理は、伝統的な多数者の権利・利益を抑圧する少数者支配の国家の消滅をもたらすことになる。

ルソーは、法律内容の一般的抽象的法規範性と法律制定への全市民の参加を理由として、「人民主権」の下では、「〔法律を適用される市民に対して〕どのような保障も必要としない」（『社会契約論』第一編第七章）とまで述べていた。しかし、それは、いいすぎであろう。全市民が参加して政治の基準を制定しても、多数決によってそれが制定される限り、「少数」者が非人間的な状態に陥ることがないように、多数決の限界となる人権の保障はなお必要である。法律案を用意したり、法律等を執行する権力担当者が市民の多数を欺くことさえもありえないわけではない。ヴァルレは、すでに見ておいたその人権保障のあり方から明らかなように、この観点から必要な補完をしていた。

しかし、「人民主権」が社会の多数者に対する人権保障の手段としての機能をもっていることをけっして忘れてはならない。これまでの政治は、この原理を欠くことによって、社会の少数者による支配とそれのみの実質的な人権の享有を可能としてきた。ルソー等は、「人民主権」の原理によって、政治を社会の多数者のためのものとし、伝統的国家の質的な転換をはかろうとした。

(ii)　ヴァルレによる「人民主権」の具体化。[82] ヴァルレは、「厳粛宣言」では、「人民主権」の政治を以下のように具体化しようとした。

①主権（統治権）は、「人民」のものであるから、「人民」の意思力・執行力としてしか現れることができない。

具体的には、「人民」が国政の基準となる法律等の制定権をもち、その執行についても統制権をもっていることを意味する。

②「人民」による法律の制定の典型的な方法は、議会が法律案（décrets）を作成し、これについて「人民」の単位としての各セクシオンの主権者集会が検討のうえ賛否を決定し、その結果を議員が訓令としてもち寄り、集計して全体としての「人民」の一般意思つまり法律としての成否を決定するという方法である（「厳粛宣言」第一〇条二・三・七号、第二四条）。

③法律案の作成を担当する議員は、「人民」の単位からの受任者として、「人民」の単位によって直接選ばれ、そこから与えられた代理権の範囲内で行動し、それに報告し、その訓令に服する（同第一〇条一・三号）。

④「人民」の単位は、その選任した議員について責任追及権をもっている。責任の内容は召還と刑罰である。召還の原因は、広く「委任者の利益を裏切る」ことであり、認められている代利権の範囲を逸脱して行動した場合だけでなく、広く不適当な行為や態度などによって「人民」の単位に不利益を与えた場合にも及ぶ（同第一〇条四号）。委任者が受任者を任意に解任できることは、もともと委任関係においては当然のことである。議員を受任者とする「人民主権」の下では、議員は、この意味で、つねに「人民」の単位による政治責任の追及を免れない立場にある。この点と関連して、市民の知る権利が問題となる。ヴァルレは、対議員関係ではこの権利を明示していないが、議員を受任者と位置づけかつ市民が法律の制定に参加する権利をもっていることから見て、また次の⑤から見て、市民の側が議員に対して「報告を求める権利」――ロベスピエールは、当時「知る権利」（droit de connaître）といっていた――を認めていることも間違いあるまい。この権利なしには、市民は立法において主権者の成員としての役割を果せなくなる。

⑤法律の執行を担当する公務員も、「人民」の所有する統治権の一部を権限として担当する者として、「人民」によって選任され、「人民」から責任を追及される。「人民」はあらゆる公務員に対して「報告を求める権利」をもち（同第一〇条六号）、公務員はその義務に反した場合刑罰を受ける（第二九条）。

(3)「人民」への権力の集中

ヴァルレは、フランス革命の開始後においても、代議士たちが、「愛国者、過激派であることから始まって、人民の利益に対する裏切り者、反抗者となることによって終った」経験をふまえて、以下のように述べていた。「われわれにとって一つの明証された真理がある。人間は、本来傲慢に創られており、高位に就くと必然的に専制に向っていくということである。われわれは、今では、創設された諸機関を抑制拘束することが必要であり、そうしなければ、諸機関はすべて圧制的になるということを感得している。諸機関の間で抑制均衡させようと努めたりはしないようにしよう。人民以外の抑制力は、すべて誤りである。主権者は、たえず〔政治〕社会を統制すべきである。主権者は、代表されることを決して望まない」（「厳粛宣言」に付けられた「主権者人民たる、八五県のフランス人民へ」と題する訴えの第三段）。

「人民」が、統治権の所有者となってそれを行使し、公務の担当者を統制するようにしなければ、統治権の濫用を阻止することも、民衆層に対する人権保障を確保することもできないとする。モンテスキュー的な権力分立や「国民代表制」によって、この目的を達成することはできないと断定する。「人民」に全統治権を集中する「民主集中制」の要求である。

しかし、そのうえで、なお、現実に公務を担当する者について公務の兼任（統治権限の担当の集中）を禁止し、「創設される全機関の間に明確な分離を設けるべきである」としている（「厳粛宣言」第二七条）。「人民主権」の原理に従属する権力分立制（公務分担制）である。

(4)「充実した地方自治」体制の要求

「厳粛宣言」は地方制度にまでは言及していないが、ヴァルレを主要なリーダーの一人とするサン・キュロット運動は、「人民主権」原理に内在するものとして、「充実した地方自治」体制を要求していた。[83] とりわけ、「人民」の単位としての「セクシオン（総会）の年中会期制と自治」（permanence et autonomie des sections）を求めていた。「年中会期制」とは、セクシオンがその問題処理のためにいつでも自主的に会合できることを意味していた。「サン・キュロットたちは、セクシオン――そこで人民の代表が選任されかつその人民代表を統制する――を全体政治（国政）の調整機関としていただけでなく、自己管理する自治組織とも考えていたので、それだけいっそう強く年中会期制の維持を頑固に要求した。セクシオンは主権的であり、その内部的事項はその総会のみの権能である」。[84]「人民」の単位としてのセクシオンは、警察権を含めてその内部的な事項をセクシオン総会で自主的に処理する、地方自治の単位であった。当時、民衆層、少くともそのリーダー達は、このようなあり方の自治体の存在が「市民の公民化」（la formation civique des citoyens）つまり主権者・「人民」の成員としての意識と知識をもった真の市民を創出するために不可欠だと考えていたようである。

「人民主権」の原理から、中央政府と地方自治体の間でどのような事務配分の原則が導かれるかは、立ち入って明らかにされていない。しかし、「人民主権」が「人民の、人民による、人民のための政治」を徹底して求める原理であるところからすれば、セクシオンの内部的地域的事務、セクシオンで適当に処理できる事務を可能な限り自治事務とすることが求められていたことは間違いあるまい。それらの事務を中央政府の事務とすることは、「人民による、人民のための政治」の度合を弱め、「人民主権」の原理と矛盾することにならざるをえないからである。その意味で、「充実した地方自治」体制の要求は、「人民主権」原理に内在するものということができる。

(5) 戦争と軍備に対する厳しい態度

世界のすべての「人民」は、本来一つの家族をなしており、相互通商・相互援助を必要としている(第二条)。同時に各「人民」は、「社会状態における人間の権利」を維持するために、独立も必要としている。それ故、それらを妨げる戦争を企てる者に対して、厳しい態度をとっている。「諸国民の間の戦争は、君主、専制君主、野心家、支配者の地位にある隠謀家によっておこなわれる人類に対する犯罪である。人類に対するこれらの抑圧者は人類の法の保護外にあり、彼らを地上から一掃する者は全人類の功労者である」(第三条)。反人類的な戦争の手段となる軍隊についても、「軍隊や武力が国内で優越的である場合には、圧制が存在する」として、それに対する「人民」の「万民蜂起」を「権利のうちでもっとも正当なもの、義務のうちでもっとも神聖なもの」と認めていた(第二二条)。

三　「バブーフの陰謀」における憲法構想

フランス革命の後期、民衆層の一部は、農地均分法の要求レベルを超えて、民衆層の解放のためには、土地その他の生産手段の私有を否定し、社会主義を認めることが不可欠だと考えるにまで至っていた。「バブーフの陰謀」は、その代表例であった。「バブーフの陰謀」は、内部通報の故もあって、実行に移されることなく挫折したが(一七九六年六月五日)、一九世紀の社会主義運動・民衆運動に大きな影響を及ぼした。

1　「テルミドールの反動」(85)

フランス革命におけるサン・キュロット運動は、一七九二年から一七九三年にかけて最高潮に達したが、とくに革命政府のあり方をめぐって、ロベスピエールを中心とする公安委員会と激しく対立した。内外の反革命が小康状態に入ると、その対立の間隙をついて、「テルミドールの九日と一〇日」（一七九四年七月二七日と二八日）、国民公会におけるロベスピエール派に対する非難決議とその逮捕・処刑が強行され、続いて「テルミドールの反動」と呼ばれる政治がおこなわれた。

「テルミドールの反動」とは、フランスの内外における反革命の危機が若干弱められた時期における、ブルジョアジーのイニシアチブによるその階級的利害をむき出しにした政治・経済ということができる。フランス革命の利益をブルジョアジーに独占集中しようとする政治的、経済的試みである。それは、一七九三年から一七九四年にかけての経験をふまえて、自由な経済体制に批判的でしかも法生活の安定性や予測可能性を保障しない「ジャコバン独裁」「公安委員会の独裁」「ロベスピエール体制」を解消し、また、一七九二年から一七九三年にかけての経験——民衆層の政治参加はかならず経済の民主化、とくに経済活動の自由の制限を伴う——をふまえて、民衆層の政治参加を拒否し、経済活動の自由を強化しようとするものであった。そのために、たとえば、以下のような措置がとられた。

(i)　選挙制度の改悪。国民公会は、一七九二年に間接選挙ではあれ、男性普通選挙で選ばれ、一七九三年六月二四日には「人民主権」の原理を明示する一七九三年憲法を可決した（七月には人民投票で承認された）。しかし、国民公会は、戦時を理由に同憲法を施行せず、しかも共和暦三年フリュクチドール五日（一七九五年八月二二日）には、新しい共和暦三年憲法を可決した。この憲法は、国会議員の選挙について、一七九一年憲法の場合より制限の度合を強化した間接制限選挙制度を導入し、民衆層の政治参加を厳しく排除しようとした(86)。

(ii)　政治的・経済的民主化要求の厳罰。たとえば、共和暦四年ジェルミナール二七日（一七九六年四月一六日）法は、すでに紹介しておいたように、「言論により、または配布もしくは掲示された印刷物によって、国民代表府の解体、総裁府〔行政府〕の解体、それらの全部また一部の成員の殺害、王制の再建、一七九三年憲法の再建、一七九一年憲法の再建、フランス人民によって承認された共和暦三年憲法の定める政治以外の政治の再建、または農地均分法の名によるもしくは他の一切の方法による個人財産の略奪または分割、を挑発する者は、すべて共和国の内的安全および市民の個人的安全に対する罪を犯す者で、刑法典第六一二条により死刑に処す」（第一条一項）として、反革命運動だけでなく、サン・キュロット運動、農民運動、ジャコバン主義などに対しても極刑をもって臨むことを明示していた。

(iii)　「自由放任」の経済政策。ぼう大な戦時支出と革命的動揺の最中で国家財政と国民の経済生活が破局状況にあったにもかかわらず、政府は自由放任の政策を基本とした。共和暦三年ニヴォーズ四日（一七九四年一二月二四日）および同一一月の二つの法律によって、一七九三年九月二九日の総最高価格法をはじめとして、あらゆる経済統制法が廃止された。物価と賃金の統制、物資の徴発、商品の市場搬入の強制、買占人の厳罰などが廃止されて、買占めや投機までが混乱の最中で自由化されたのである。

この対応は、一七九四年と一七九五年の不作と相まって、激しいインフレと民衆生活の破壊をもたらした。アシニア（一七八九年一二月に始まる国家公認の革命紙幣、assignats）の価値が暴落した。額面一〇〇リーヴルのアシニアは、ロベスピエールが処刑された一七九四年七月には平均三四リーヴル、一七九四年末には一八リーヴル、一七九五年七月には三リーヴル、一七九六年春には零の価値しかなかったという。物価の上昇は著しく、一七九〇年を一〇〇とすると、生活必需品の物価指数は、一七九五年四月には八一九、同年末には一二〇〇を超えていたといわれる。

パリでは、「共和暦三年ジェルミナール二三日（一七九五年四月一二日）五ないし六人の市民がパンも金もなく、セーヌ河に身投げしている。大飢餓時のフロレアル二二日（五月一一日）、警察は数人の者がパンをえることができず自殺した旨を記している。フロレアル二三日には、女性一人がその子と一緒に井戸に身投げしている。自殺は日毎に数を増し、一七九六年にも減少していない。人々は衰弱して街路で行きだおれとなり、埋葬が間にあわない状態であった。……共和暦四年には、パリでは例年より一万人多い死者がでていた……」という。貧しい者が犠牲になるなかで、富める者は、激しいインフレを利用して資本の蓄積をはかり、「言語に絶するぜいたく」をしていた。このような事態は、パリだけでなく、全国に及んでいた[87]。

2　「バブーフの陰謀」における政治と社会の構想[88]

このような状況のなかで、それぞれの基本理念を実現できなかった、サン・キュロット運動のリーダーたちと旧ロベスピエール派とが「公安秘密総裁府」という秘密の革命組織に結集した。「バブーフの陰謀」である。バブーフ（François Noël Babeuf, 1760-97. サン・キュロット運動のリーダーの一人であった）とともに、この革命運動のリーダーであったブオナロッティ（Filippo Giuseppe Maria Ludovico Buonarroti, 1761-1837）は、のちに『いわゆるバブーフの平等のための陰謀』（Conspiration pour l'égalité dite de Babeuf, 1828）という書物を公刊した。それは、旧ロベスピエール派としてのブオナロッティの偏りを示しながらも、この革命運動の社会理念、主権原理、革命政府の諸点において、注目に値する問題提起をしていた。社会理念の問題においては、農地均分法を含めて、財産権・私有財産制を否定し、主権原理の問題においては、「人民主権」の構造を入念に検討し、かつ過渡的な革命政府および私有財産の否定との関係を歴史上はじめて検討している。

ここでは、この革命運動が構想していたその人権保障と民主主義のあり方の二点を紹介しておきたい（以下の引用部分のうち、とくに指摘のないものは、ブオナロッティの上記の書物による）。

(1)　その人権保障の特色

(i)　私有財産制の否定。[89] そこでは、民衆層の解放のために私有財産制が否定され、社会主義の立場がとられていた。フランス革命前半の民衆運動は、私有財産制を前提としたうえで、大きなまたは公共性の強い財産・経済活動を積極的に制限することにより、実質的な平等をも実現しようとしていた。「陰謀」は、それを超えていたのであるが、私有財産否定の理由を次のように説明していた。

「〔富める者が、あらゆる富を吸収し、専断的に支配しているのに、貧しい者は奴隷のようになって働き、赤貧に悩み、国家において無価値の存在となっていることを指摘しつつ〕不幸と奴隷状態は、不平等に由来し、不平等は財産権に由来する。したがって、財産権は、最大の災禍である。それは、まさしく公的犯罪である。

財産権は社会に先行する権利であり、社会はそれを保障するために設けられたのだ、といわれるであろう。しかし、合意によって所有者にその労働の成果を保障する前にどうしてそのような権利の観念を形成することができたのであろうか」[90]＊。

「バブーフの陰謀」は、財産の所有権を以下のように考えていた。「国土内の全財産についての所有権は、ひとつであり、不可譲のものとして人民に属し、人民のみがその使用と収益を配分する権利をもっている」[91]。「農地均分法つまり田野の分割は、原則をもたない若干の兵士、理性よりはむしろ本能に駆られた若干の土民の一時的な願望であった。われわれはより公平なものつまり共有財産または財産の共有（le bien commun ou la communauté des biens）を目的としている……」[92]。

＊　近代立憲主義型資本主義憲法やその理論的支柱となったJ・ロックに代表されるヨーロッパ一七、一八世紀自然法思想は、財産権を、人間が社会状態（政治社会）に入る前に（自然状態で）、生れながらにしてもっている人権・自然権だと説明していた。しかし、権利は、他のすべての者がそれを権利と認めて、それを尊重すべき義務をもっていることを承認し、その義務に違反して他人の権利を侵害した者に効果的な制裁が加えられる場合に、はじめて権利として成立することができる。この点からすれば、自然状態における人権・自然権は権利と呼びうるものではなく、権利は共通の権力が存在する社会状態（政治社会）においてはじめて成立できるということになる。このような人権・自然権に対する批判は、W・ブラックストーン（William Blackstone, 1723-80）や、I・カント（Immanuel Kant, 1724-1804）によって体系的に展開されていたが、「バブーフの陰謀」もその批判を共有していた。

(ii)　各人の労働の義務[93]。そこでは、各人は労働の義務をもつものとされている。人民全体の必要と各人の職能に応じて、労働可能者に平等に労働が義務づけられていた。『バブーフの教義の概要』は、以下のように説明していた。

「第三条　自然は、各人に労働の義務を課している。何人も、犯罪者となることなしに労働を免れることはできない。

1　労働は、各人にとって自然の掟である。(1)人間は、広野に孤立して、なんらの労働もせずに生存を確保することができないからであり、(2)適度な労働は、人間にとって健康の源だからである。

2　この義務は、全体においてもまた各成員においても緩和できないものであった。(1)その保存がこの義務にかかっているのであり、(2)全員がそれに参加する場合にはじめて各人の負担が最少のものとなるからである」。

「第五条　ある者が労働に精根を尽しながら、あらゆる物に不足しているのに、他の者が無為に過しながら豪奢に暮している場合には、圧制が存在する」。

(iii)　労働の成果の享有の平等。[94] そこでは、労働だけでなく、労働の成果の享有も平等に保障されなければならない、とされていた。「バブーフの陰謀」は、工場制大工業や資本制大農場が出現する前の段階における社会主義の構想として、生産力自体の増大を視野に入れていなかった。したがって、そこでは、民衆層の幸福は、物質的には、生産物の共有とその配分の厳格な平等によってしか実現されない。豊富な生活よりも健康で簡素な生活が理想とされ、いわゆる社会主義――「能力に応じて動き、労働に応じてとる」ことを基準とする生産手段の共有段階――を超えて、一種の配分的共産主義が構想されていた。そこでは、「労働に応じてとる」という配分に差異を設ける考え方はなかった。この観点から、相当に充実した生存権の保障が考えられていた。

新社会の成員には、以下のようなものが保障されるとしていた。「健康で、便利で、適切に家具の備わっている住居」「民族衣しょうとしてふさわしい、麻か毛でつくられた労働用と休息の衣服」「洗濯〔用具〕、照明、暖房用品」「十分な量のパン、肉、鳥肉、卵、バターまたは油」「ぶどう酒および各地域で使用されているその他の飲みもの」「野菜、果物、調味料、その他それが兼ね備えられることによって中位のつつましやかな安楽がつくり出されることになる物」「医療扶助」[95]。

(2)「人民主権」の政治(96)

「自由と平等は、全市民が法律の制定に参加し、公行政を担い、領土と法律を守るためにたえず武器をとる用意をしているかぎりにおいて、存在しうる」。立法も、その執行も、そして軍事も、「人民」が担い手でなければならないとしていた。「人民主権」の体制である。

(i)「人民」による立法の方法。「人民」による立法は、次の二つの方法でおこなわれる。①「人民」によって直接選任される議員からなる「中央立法院」が法律案を作成し、「人民」の単位である各地の「主権会議」がそれを採決し、直接民選の第二院（「国民意思擁護院」）が各主権会議の採決の結果とともに、「人民」の意思を表示する。②地域の主権会議が法律の制定改廃を提案する場合である。この提案が「人民」の多数によって支持された場合には、「国民意思擁護院」はその結果を「中央立法院」に伝え、後者がそれを法律案として整備し、「人民」の承認に付するという方法である。*

＊　一七九三年憲法――フランス革命のなかで制定された諸憲法のうち、「人民主権」を一応とりこんでいると見られる唯一の憲法であるが、施行されなかった――の場合には、ⓐ議会が可決した「法律案」は、全国の第一次集会（「人民」の単位）に送付され、ⓑその送付後四〇日以内に、過半数の県において、その各県の一〇分の一以上の第一次集会が異議を申し立てない場合には、法律案につき「人民」の黙示の承認があったものとされていた。そして、ⓒ右のⓑ要件をみたした異議の申し立てがあった場合には、その法律案はすべての第一次集会の承認に付するものとされていた。

「バブーフの陰謀」の提起する「人民主権」下においては、この推定承認の制度はとられていない。一七九三年憲法の制度は、過度に頻繁な会合によって「人民」を疲労させてしまうことがないようにという配慮によるものであったが、バブーフたちは、新社会においてはそのような配慮を不用と考えていた。一七九三年憲法においては私有財産制がとられていたので、市民は公務のほかに家族の生存の確保にも努めなければならない立場にあった。しかし、「新社会」においては、私有財産制の廃止が前提とされ、公務への参加と私生活の維持との矛盾が大きく改善され、立法の内容も単純化・少数化するから、「人民」の承認につき当然により厳しい方法が求められると考えられていた。

(ii)　中央立法院議員の責任。その議員は、「受任者」として「人民」に責任を負うものとされていた。責任の内容は、罷免と刑罰である。

(iii)　執行官の統制。執行を担当する公務員を一般意思に従属させるために、「中央立法院」による執行命令の制定や指揮監督のほかに、「人民」が執行官の創設者・監視者・維持者となる。「人民」は、とくに最高位の執行官を人民投票で選び、審査院を設けて執行官の行為を審査させる。

(iv)　「人民軍」と戦争。[97]武器を一部の市民に託すことは、軍隊を野心と専制と自由否定の手段とすることになるから、武器を全市民に与えて全市民で祖国を守るようにすべきである。隊長は期間を限って「人民」が任命し、軍隊内における永続的な階級を廃止し、シビリアン・コントロール（文官統制）の原則をとるようにすべきである。

「武力に訴えることは、自由が脅かされた場合にのみ有益でありかつ正当である。この場合を除けば、もっともうまくいった戦争でも、人類に対する犯罪であり、勝者自身にとって諸悪の根源である[98]」。「略奪心は、征服欲と同様、〔新しい〕人民には無縁のものであり、その商業制度は、人民に商人の喧嘩をかってでるようなことをけっしてさせない」[99]。

ナポレオン（Napoléon Bonaparte, 1769-1821）の登場を予見し、職業的常備軍の危険性を理解し、戦争の根本的要因を見抜いているようであった。

(3)「人民主権」と革命政府[100]

「バブーフの陰謀」においては、革命による既存の権力の打倒と「人民主権」の原理を全面的に実施する新しい立憲体制の間に、「人民主権」の原理の全面実施に必要な条件の整備を主要な任務とする過渡的な革命政府が構想されていた。旧体制の打倒の直後に新原理に立脚する立憲政治を完全に実施することが時間的物理的に不可能であるだけでなく、反革命に対して革命を効果的に擁護するためには、憲法に厳格に拘束されない柔軟な権力構造が要求されるからである。反革命に的確に対処しつつ、反革命の根源となる旧体制を改革し、反革命が生れてくる余地のない暫定的な新制度を用意しておかなければならない。「バブーフの陰謀」は、暫定憲法を設け、期間を限って（一年間）、状況との関係で可能な限り「人民主権」の原理を尊重することを条件とした、革命政府の制度を認めていた。

その後の諸革命においては、革命政府の意義が的確に理解されなかったこともあって、革命政府的な役割をもった組織が、期間もよるべき原理も不明確なままに立憲体制のうちにもちこまれ、革命後の政治が反人民的・反憲法的になることが少なくなかった。「バブーフの陰謀」における革命政府の構想を立ち入って紹介する余裕はないが、それは、「人民主権」と立憲主義にこだわる興味深い試みであった。

四　民衆の憲法構想（近代化構想）のまとめ

近代の初頭における民衆層の憲法構想・近代化構想はフランスの場合、以下のような特色をもっていたようである。

①形式的な自由・平等だけでなく、実質的な自由・平等（物質的な裏付けをもった自由・平等、民衆層に人間らしい生活を保障する人権保障）を求め、「人民の、人民による、人民のための政治」を徹底して求める「人民主権」をそのための不可欠な手段的原理としていた。

②フランス革命の初期の段階においては、実質的な自由・平等の保障は、生産手段の私有を前提としていたので、大きなまたは公益性の強い財産・経済活動の積極的制限と社会権的諸権制の保障が主張されていた。農地均分法、物価統制法、累進税制、生存権、労働権などの保障は、その代表例であった。「人民主権」はその実現・維持の手段であった。

③フランス革命の後期の段階になると、生産手段の私有制こそ、民衆層の不幸の根本因であるとして、社会主義の問題が本格的に提起されていた。「バブーフの陰謀」はその先駆となるものであったが、ブオナロッティ（その『いわゆるバブーフの平等のための陰謀』は一八二八年にブリュセルで公刊されている）を通じて、一九世紀の社会主義思想・社会主義運動に相当に大きな影響を及ぼしていたようである。ここでも、「人民主権」が社会主義体制を実現し維持する原理とされていた。

④一九世紀に入って、賃労働者が、輩出され、その苛酷な生活経験を通じて対自的労働者階級として形成され

るようになると、社会主義と「人民主権」は、本格的な歴史的社会的担い手をえることになる。この点はあとでふれる。

V　近代における三つの憲法構想（近代化構想）の関係

近代以降においては、社会と政治の根本的なあり方を憲法に定め、その憲法に従って政治をおこなう立憲主義体制がとられている。近代の初頭には、これまで見てきたように三つの注目すべき憲法の類型（構想）があったが、その三類型は社会と政治の近代化の構想の差異を示す三つの類型でもあった。

その第一は、近代市民革命を経た国に登場する「近代立憲主義型資本主義憲法」体制（A）である。その典型は、フランスに登場する。それは、人権の保障においても、統治権の根本的なあり方を定める「国民主権」＝「国民代表制」においても、また地方自治に消極的な中央集権体制の点においても、ブルジョアジーのイニシアチブによる市場原理主義的な「自由放任」の資本主義体制の創出を意図する近代化構想であったということができる。それは、「ヨーロッパの他のどこの国にも見られないほど典型的なかたちで、ブルジョアジーの純粋な支配を打ちたて〔るもの〕」[101]であった。

その第二は、近代市民革命によらないで、「上からの近代」をした国に出現する「外見的立憲主義型資本主義憲法」体制（B）である。それは、Aと同様に資本主義体制の創出を求めつつも、Aと異なって、不可侵の人権の観念も、「国民主権」（その変形としての議会主権）・「国民代表制」も、権力分立制も欠いていた。法律の留保を伴った国民（臣民）の権利、君主主権、権力の集中（統治権の総攬）、中央集権体制を特色としていた。まさに権力の濫用の抑止力に欠ける「外見的立憲主義型資本主義憲法」体制であった。それは、「上からの近代化」をした後発資本主義国において、統治権と国庫によって資本主義的大企業を保護育成し、先発の資本主義国に追いつき追い越すことを目指すものであった。

その第三は、近代の段階においては、原則として憲法典になりえない、ブルジョアジーにも従属する「民衆の憲法構想・近代化構想」（C）であった。それは、民衆層の生活利害に規定されて、人権の保障においても（形式的な自由・平等だけでなく、実質的な自由・平等を求める）、民主主義の面においても（「人民の、人民による、人民のための政治」を徹底して求める「人民主権」やその具体化としての「充実した地方自治」の体制を求める）、Bとはもちろんのこと、Aとも大きく異なっていた。

ドイツや日本のように、いったんはBを導入した諸国も、その後にAまたはその現代的発展形態である「現代資本主義憲法」体制に移行している。「現代資本主義憲法」体制は、あとで見るように、A・Bの場合とは異なった現代資本主義の体制を求めている。一九一九年の「ドイツ国憲法」（「ワイマール憲法」）・一九四九年のドイツ連邦共和国基本法（「ボン基本法」）や、一九四六年の日本国憲法は、そのことを示す代表的事例である。憲法の歴史は、世紀単位の尺度で見るならば、紆余曲折をしながらも、「神の見えざる手」に導かれるかのようにして、人権と民主主義と平和への指向を強化し、それらの保障をより広範な人間に押し及ぼそうとしている。この点からすれば、Aこそが「近代資本主義憲法の本命」ということができるし、Cは、Aをも批判する内容のものとして、A・Bに一貫して伴走し、それらの運用および「現代資本主義憲法」体制の登場に大きな影響を与えるとともに、社会主義憲法体制の母胎としての役割を果すはずのものであった。

そのAつまり近代立憲主義型資本主義憲法体制は、現実にどのように運用され、どのような歴史的、社会的、政治的意義をもったであろうか。それを、とくに近代資本主義体制との関係において検討するのが次の課題である。

第二章　近代立憲主義型資本主義憲法体制の「光」と「陰」

Ⅰ　その「光」

近代市民革命を経て出現する近代立憲主義型資本主義憲法の体制は、フランスの場合、以下のような輝かしい歴史的意義をもっていた。

一　封建体制からの解放

この点については、すでに若干ふれておいたので、ここでは、以下の指摘をしておくにとどめたい。封建体制、とくに資本主義の展開が見られる末期封建体制は、特権身分（第一、第二身分）と非特権身分（第三身分）からなる身分体制であり[1]、封建的所有制度と君主主権をその支柱としていた。特権身分の正確な数字は不可知といわれるが、多くても二〜三％ともいわれている。近代市民革命は、すべての国民を人権の所有者としかつ法的に平等な価値とすることによって、特権と身分の体制を否定した。そして、人権としての財産権の保障と「国民主権」

等の異質の主権原理の導入により、封建的所有制度と君主主権を否定した。そこでは、特権身分の存在も否定されているが、非特権身分の存在も否定されている。

人間解放の新時代の到来である。

二　国民と権力の新しい関係の創出

国民と権力（政治）の新しい関係の出現である。旧体制下においては、国民は、人権の主体でもなく、また主権者の成員でもなかった。原則として支配の対象としての「臣民」であった。E・シエイエス（Sieyès）の『第三身分とはなにか』における表現によれば、これまでは、政治的には「零」の存在であった。[2] しかし、近代立憲主義型資本主義憲法は、国民を人権の主体としかつ権力の目的に転化した。国民の人権を保障することこそが、権力・政治・権力担当者の目的であり、そのためにのみ権力等の存在が認められるとした（一七八九年人権宣言第二条参照）。このことは、新たに導入された「国民主権」の原理からも確認される。主権（統治権）は、「国民」の所有物であるから、その行使の担当者は、それを「国民」のためにのみ行使すべきであり、自己の利益のために行使してはならない。*

＊　すでに第1章IIニの1の(2)「立憲主義の概念」でふれておいたように、近代立憲主義型資本主義憲法が、「国民」にかわって統治権の行使を現実に担当する者につき、以下の諸原則をうち出していたことを忘れてはならない。①統治権の権利主体（所有者）は「国民」であるから、国会・内閣等が担当する立法権・行政権等は、権利としての

統治権（統治の権利）ではなく、担当者の利益のために行使できない権限としての統治権（統治の権限）にすぎない。すべての統治権は、その権利主体としての「国民」のものである。②国会・内閣等は、権利として統治権の所有者である「国民」から憲法を通じて授権された権限のみを、憲法の定める方法（手続・条件）に従ってのみ行使できるにすぎない。授権規範としての憲法、制限規範としての憲法である。③権限の担当者には、権限の推定が禁止され（権限の存在については授権規範からの合理的な論証が必要とされ）、かつ再授権（再委任）が禁止される。

三　近代資本主義体制の本格的な整備展開の保障

この憲法は、旧体制下で力を強化していたブルジョアジーを主要な担い手として、近代資本主義体制の本格的な整備・展開をはかろうとするものであった。そのためには、土地や機械などの生産手段の私有、労働力を含む商品の自由な売買と流通などの保障が不可欠となる。それらの保障は、財産権、労働の自由、営業の自由、居住・移転の自由、契約の自由などの保障によって確保される。近代立憲主義型資本主義憲法は、これらの自由を不可侵の人権として保障していた。そして、このような経済的自由権の保障をより確実なものとするために、そのほかに、もろもろの身体的自由権と精神的自由権をも、相当に広範囲にわたって、人権として入念に保障していた。

さらに、フランス革命を経て出現する近代立憲主義型資本主義憲法は、近代資本主義体制の本格的な展開をより確かなものとするために、さらに二つの注目すべき対応もしていた。

一つは、すでに見ておいたように、「人民主権」と異なる「国民主権」の原理を導入していたことである。それは、市民の総体としての「人民」と異なる、国籍保持者の総体としての「国民」を統治権の所有者とすることによって、「人民の、人民による、人民のための政治」を排除し、民意によらない政治を可能としていた。「国民主権」下では、「人民」は主権者でないから、男性制限選挙制度による（ブルジョアジーの代表のみからなる）「国民代表制」が可能とされ、「国民代表」とその成員は、「全国民の代表」として、「人民」や選挙人団の統制外におかれていた（たとえば、「命令的委任の禁止」や「発言・表決の自由＝免責特権」の保障）。このような「国民主権」とそれに立脚する「国民代表制」によって、近代資本主義体制の本格的展開のために必要不可欠な、契約の自由を具体的に保障する民法典や団結・争議行為の禁止等を定める刑法典などの諸法律を次々と整備することができた。

もう一つは、封建的割拠体制を一掃して、すべての地方公共団体を国民代表府としての国会を中心とした中央政府の全面的な統制下におき、かつ貨幣・度量衡・言語等を統一したことである。近代資本主義体制の本格的な展開のために不可欠な統一国内市場を創出するためであった。*

＊　A・スミス（Smith）は、その著書『国富論』（An inquiry into the nature and causes of the wealth of nations, 1776）において、①生産力の増大が分業（社会的および工場内的分業）に基づくこと、②分業が市場の大きさに従って拡大・縮小すること、③市場が自由商業によって最大級に拡大すること、④したがって自由商業こそが生産力の増大をもたらすことを強調していた。「優先の体系であれ、抑制の体系であれ、すべての体系がこうして完全に除去されれば、明白かつ単純な自然的自由の体系が自然に確立される。だれでも、正義の法を犯さないかぎり、自分自身のやり方で自らの利益を追求し、自分の勤労と資本を他のどの人またはどの階層の人びとの勤労および資本

と競争させようと、完全な自由にゆだねられる」[3]（第四編第九章）。『国富論』は、近代の初頭、ブルジョアジーにとっては、経済的バイブルの役割を果すものであった。

四　文学・芸術・教育・科学の発展と産業革命

「光」の第四は、文学・芸術・教育・科学の飛躍的発展である。近代市民革命後、精神活動の自由（精神的自由権）の保障をえて、文学・芸術・教育・科学が爆発的にそして飛躍的に発展した。

1　文学・芸術の発展

フランスの場合、文学の分野では、F・R・ド・シャトーブリアン、A・ド・ミュッセ、H・ド・バルザック、V・ユゴー、T・ゴーチェ、H・B・スタンダール、A・ド・ラマルチーヌ、A・ド・ヴィニー、A・デュマ（父）などが、また絵画では、L・ダヴィド、T・ジェリコ、A・グロ、E・ドラクロワ、G・クールベなどが出現した。感情・空想・主観・個性・形式の自由を重んずるロマン主義（ロマンチシスム）の風潮である。この風潮は、フランス革命後一九世紀前半にかけて、ヨーロッパ世界を風靡した。

精神活動の自由の保障をえて精神が高揚し、文学・芸術人口の裾野が拡がれば、それらが発展するのは当然のことでさえある（この自由の保障が物質的な裏付けを欠いていた点ではなお大きな問題をもっていた）。これらの分野での発展は、国境を越えていた。F・リスト、F・ショパン、H・ハイネなどが、自由を求めてフランスへやってきた。L・ベートーヴェンは、外からフランス革命の動向を注視し、作曲活動に反映させていた（たとえば、フランス革命の継承者としてのナポレオンに、いったんは交響曲第三番「英雄」を捧げていたという)。

2　教育・科学の発達と産業革命

(1)　教育・研究の制度・施設の整備

教育と研究の分野でも、めざましい発展があった。フランスの旧体制下では、公教育は、さして発達していなかった。フランス革命当時のフランス人の多くは、読み書きができなかった。各地区、各家庭に掲示された一七八九年人権宣言がその能力を身につける一助になったともいわれている。フランス革命当時、民衆層は、彼らを対象としたクラブや集会、街頭演説会等で、政治的社会的な知識や情報を耳からえていたようである。そのような場所では、民衆向けの新聞、パンフレット、ビラ等が朗読されたり、政治と社会の動向についての演説がおこなわれていた(4)。

「新しい国家の到来は、政治権力の専断と偏見および無知のくびきという二重の抑圧から人間を解放するという約束をともなっている。……革命がフランス人に教育を施す義務を負っているとすれば、同様に新しく設立された諸制度のほうも教育された市民を必要としているのである(5)」。人格の全面的な発達のための教育と社会・政治の担い手の養成としての教育である。フランス革命の最初の三つの憲法は、公教育の整備の重要性を明示する以下のような規定を設けていた。

一七九一年憲法第一編第九段「すべての市民に共通で、かつ教育のうちすべての者に不可欠な部分については無償の、公教育（instruction publique）が創設組織される。その設置は、王国の区分とともに漸次おこなわれる」。

一七九三年（共和暦一年）憲法（人権宣言第二二条）「教育（instruction）は、万人の必要物である。社会は、全力をあげて公的理性の発展を助成し、教育を全市民の手の届くところにおかなければならない」。

一七九五年（共和暦三年）憲法「第一〇編　公教育（Instruction publique）」。第二九六条「共和国に小学校を設ける。児童は、そこで、読み、書き、算数の初歩と倫理の初歩を学習する。共和国は、小学校に勤務する教員に住宅費を支給する」。第二九七条「共和国の各地域に小学校の上級学校（中学校）を設ける。その数は、少なくとも二県に一校とする」。第二九八条「共和国全体のために、新発見情報を収集し、技術と科学を発展させることを任務とする国立研究所を一つ設置する」。第二九九条「各種の公教育施設は、その相互間でいかなる従属関係もまた行政上の連絡関係ももたない」。第三〇〇条「市民は、科学、文学、技芸の発展に協力すべく、全人格教育（éducation）と知育（instruction）の私的な施設および自由な団体を組織する権利をもつ」。

フランス革命とともに公教育の整備が始まるが、公教育が知育（instruction）に力点をおく姿勢を示していたことは、注目に値する。すべての者に内心の自由を保障する憲法体制の下で、公教育が思想・信条・信教等の価値の選択の問題に入りにくくなるのは、憲法政治の現実がどうであれ、憲法論理的に当然のことであった。

このようにして、フランス革命とともに初等中等教育（とくに知育）が公教育として整備されただけでなく、選抜試験による高等教育機関——総合技術学校（あらゆる種類の技術者の養成を目的とする）、パリ、モンペリエ、ストラスブールの医学校、理工科学校《エコール・ポリテクニーク》の前身となる土木事業学校、鉱山学校、東洋語学校、高等師範学校《エコール・ノルマール・シュペリウール》——も設けられた。また、国立学士院や国立博物館をはじめとして、研究の組織や施設も設けられた。

このようにして、教育・研究のための制度・施設が整備されたことと関係して、イギリスがフランス革命期にはすでに第一次産業革命期に入っており、資本主義の発展にとって教育と研究の重要性が自明の状況にあったことにとくに注目すべきであろう。数学者L・カルノー、数学者・物理学者G・モンジュ、化学者A・L・ド・ラヴォアジェなどの著名な科学者が政府に迎えられ、重要な役割を果していたことも、無関係ではあるまい。

(2) 産業革命をもたらす成果

教育と研究のための制度や施設の整備によってもたらされた成果は、めざましいものであった。一九世紀前半のほぼ全期間、フランスの科学は「世界の覇権」を握り、化学・物理学は「圧倒的にフランスの科学であった」といわれる。その故もあって、フランスにおける教育・研究についての制度改革は、ヨーロッパの他の諸国に大きな影響を与えた。多くの国がフランスの改革を模倣し、たとえば、「プロイセンはその教育的昏睡状態からゆりおこされた」という(6)。

このような科学の発展は、フランスに産業革命をもたらす動因となり、展開しつつあったフランス資本主義に飛躍をもたらすことになる。工業においては、一八三〇年以降、産業革命の様相がはっきりとし、工業生産の機械化、集中化、大規模化つまり機械制大工場が本格的に出現し始めていた。たとえば、金属工業においては、高炉、巨大動力ハンマー、圧延機が用いられるようになり、コークス精錬が木炭精錬にとってかわる傾向にあった。コークス高炉は、一八四〇年には四一であったが、一八四七年には一〇七となり、コークス精錬は一八四七年には精錬物全体の四五％に達していた。

また、一八三二年に始まる鉄道の発達によって、市場が飛躍的に拡大した。

II　近代立憲主義型資本主義憲法（近代資本主義）体制の「陰」

近代立憲主義型資本主義憲法とその下で本格的に展開する近代資本主義の体制は、人間解放の新時代をもたらすものであった。しかし、それは、「光」の側面だけでなく、解放されたばかりの人間たちを非人間状態に陥れる「陰」の側面ももっていた。

一　性による差別

近代においては、近代立憲主義型資本主義憲法下においても、女性は、民法・刑法など全国民に適用される一般法の分野においても、また選挙や雇用関係などの法分野においても差別されていた。人間の半分は、「法の下の平等」下で法的に差別されていた。

1　民法や刑法における差別

一八〇四年のナポレオン民法典は、原則として、妻は無能力者（自分だけでは、売買や貸借などの法律行為をすることができない者）として、夫に従属する者とされていた（第五編第六章）。その第二一三条は、「夫は妻を保護しなければならず、妻は夫に服従しなければならない」とし、妻の法律行為には原則として夫の同意が必要とされていた。

また、一八一〇年のナポレオン刑法典は、たとえば姦通罪について、女性を差別していた。妻の姦通については、三ヵ月から二年の禁錮を定めていたが、夫の姦通については、夫婦の家にその相手を引き入れた場合だけ一〇〇フランから二〇〇〇フランの罰金を科すものとしていた（第三三七条、第三三九条）。男性については、姦通自体は刑罰の対象とされていなかった。

このような差別の法技術的要因の一つは、近代立憲主義型資本主義憲法が、法の下の平等を定めつつも、性による差別の禁止を明示していなかったことにある。もう一つの法技術的要因は、性による差別が、法の下の平等の保障にもかかわらず、「合理的な差別」とされていたことである。性による差別を容認する「合理的差別論」は、女性は本来男性と異なる特性をもっているとする「自然的男女不平等論」（妊娠、出産、体力差など）と、そのような考え方をふまえて男女では分担する役割が本来異なるとする「性役割分担論」（育児・家事など家庭内の仕事は女性固有の分担事項であり、家庭外での仕事は男性固有の分担事項だとする考え方）などによって支えられていた。このような、性による差別の正当化論は、世界における地域・文化類型のいかんにかかわらず、近代においては普遍的ともいいうるほどの通用力をもっていたようである。(7)

2　その他の法分野における差別

たとえば、選挙法の分野においては、近代の段階では、どの国においても男性制限選挙制度または男性普通選挙制度がとられていた。フランスで女性に選挙権が認められたのは、第二次世界大戦後のことであった。家庭外の仕事は男性固有の分野という性差別論の一般論の故でもあったが、より直接的には、「人民」・市民による統治権の行使を不可欠としない「国民主権」原理の故でもあった（この点については、第一章Ⅱ二の3の⑸⑹と4の⑵

を参照）。

また、たとえば、雇用関係においても、近代の段階においては、女性は基本的な労働力として扱われていなかった。とくに産業革命の成果が生産の場に全面的に導入されて、近代的な動力と機械が一般化する前の段階においては、必要な体力と技術を欠く女性が第二の労働力となるのは不可避的なことであった。野放しの「契約の自由」の保障は、雇用関係における性差別を法的に正当化するものであった。

二　「自由放任」の近代資本主義体制とその現実

1　「自由放任」の近代資本主義体制

すでに見ておいたように、近代立憲主義型資本主義憲法は、経済的自由権を中核とする自由権中心の人権保障を特色としていた。それは、他人の人権を侵害しない限り、各人は自由にその人権を行使することができ、しかも契約によれば、他人の人権を原則としていかようにでも制限できる体制であった。「自由とは、他人を害さないすべてをなしうることにある」（一七八九年人権宣言第四条、一七九三年人権宣言第六条、共和暦三年＝一七九五年人権宣言第二条）や「人は、すべて、その労働と時間を契約することができる。しかし、人はその人身を売買することはできない。人身は、譲渡できる財産ではない」（一七九三年人権宣言第一八条、共和暦三年＝一七九五年人権宣言第一五条）等は、このことを明示している。

政府は、このような人権保障の体制とそれに立脚する市場原理主義的な資本主義体制を確保するために、「夜警」の役割（治安と国防の任務）に徹することを求められていた。「自由放任」(laissez-faire, laissez-passer) の政治経済体制であり、「最小の政府は最良の政府である」(The least government is the best government) とする体制である。この体制は、「神の見えざる手」に導かれて、自分が考えてもいなかった社会全体の利益の達成つまり「予定調和」に至るものと信じられていた。

すでに紹介しておいたような構造をもつ「国民主権」は、このような人権保障体制に支えられた資本主義体制に適合的な政治のあり方をもたらしうる統治権についての原理であった。

2　その資本主義体制の現実

この「自由放任」の体制は、経済学・社会政策学の表現を用いれば、「原生的労働関係」を創出し、賃労働者を中心とする民衆層に非人間的な生活状態をもたらした。「原生的労働関係」とは、工場法や労働基準法などによって労働条件が規制されるまでの時期におけるむき出しの搾取関係としての労資関係を意味する。それは、徹底した「低賃金長時間労働」と賃労働者の生命の短縮をもたらすような肉体的磨滅および政治によるそのような事態の放任と法認を特色としている。具体的には、以下のようであった。

(1)　低賃金長時間労働(8)

(i)　貧しい労働条件。一九世紀中頃のフランスにおける賃労働者の平均拘束時間は、一日一五時間程度——実働時間一三～一四時間程度、食事などの休憩時間一～二時間——に達していたといわれる。労働時間が長かったにもかかわらず、賃金は低かった。一八三五年、賃銀が極度に低かった織工と単純日雇労働者を除いた労働者の平均賃金は、一日あたり、男性二フラン、女性一フラン、八歳から一二歳までの子ども四五サンチーム(一〇〇サンチームが一フラン)、一三歳から一六歳までの子ども七五サンチームであった。除外した織工と単純日雇労働者を加えたり、当時の給与支払いの実態を考慮すれば、平均賃金はずっと低くなるはずであった。* また、労働の現場では、賃金に見られるように、性差別はあたり前のことであった。

＊　当時は、日雇契約・日給制であったが、労働者は蓄えがなく、賃金の前借（avance）はあたり前であった。雇用者は、厳しい条件をつけてそれを認めていた。それは、低賃金をさらに切り下げる機能を果していた。また、当時の賃労働者は、労働者手帳の制度により、雇用者が要求する場合には、前借を清算しかつ契約を履行したあとでなければ新しい職につけないことになっていたので、前借は意に反する苛酷な労働を賃労働者に強制する手段にもなっていた。さらに賃金をめぐる労資間の紛争について、雇用者に有利な立証制度が導入されていた。「給与額、過年度の賃金の支払い、および当年度に支払われた前借については、雇い主の主張を信頼する」と定められていた（ナポレオン民法典第一七八一条）。当時は雇用契約は口頭で締結されることが多かったので、この立証制度も雇用者のために威力を発揮するはずであった。

(ii)　賃労働者の家計。ド・モログという男爵の調査によると、当時、工業都市においては、両親と子ども二人の労働者家庭の場合、年間必要経費は八六〇フラン——食費五七〇フラン、住居費一三〇フラン、衣服費一四〇フラン、諸雑費一九フラン——であったといわれる。節減に努めても、七六〇フランが限度であったという。

この七六〇フランは、父親労働者が日給一・五フランで年間三〇〇日働いて四五〇フラン、母親が日給九〇サンチームで二〇〇日働いて一八〇フラン、子どもたちが五〇サンチームで延二六〇日働いて一三〇フラン、をえれば、充足されるはずであった。しかし、父親労働者が年間三〇〇日働くことは困難であった。当時の男性賃労働者の年間平均労働日数は、工業・農業を平均して、二六〇日であった。日雇契約であったから、休日には収入がなく、また病気と不景気は失業を意味していた。周知のように、資本主義の展開とともに経済恐慌がほぼ一〇年に一度と周期化し、一八二五年、一八三六年、一八四七年、一八五七年、一八六六年にそれが発生していた。

このような状況下においては、母親と子どもは、家計維持のための不可欠の労働力であった。しかし、母親と子どもが働いても、労働者家庭では家族の労働力の再生産だけでなく、生命の維持が脅かされる状況にあった。

(iii)　悲惨な労働条件等の要因。その要因の一つは、労働力の買い叩きを可能とするほぼ野放しの「契約の自由」の保障であった。「産業予備軍」（失業労働者群）が存在する限り、契約の自由は、労働者間の競争によって労働条件を悪化させる。この自由の保障を確保するために、法律は、「適法になされた契約は、締結当事者に対して法律の効力をもつ」とし、「契約は、当事者双方の合意によるかまたは法律の認める事由によるのでなければ、これを取り消すことができない」「契約は誠実に履行されなければならない」としていた（一八〇四年ナポレオン民法典第一一三四条）。

ガス照明、スチーム・エンジン、機械などを生産現場に導入する産業革命は、悲惨な労働条件をもたらすもう一つの要因であった。これらの導入は、長時間労働を可能にしただけでなく、未熟練労働者、十分な体力をもたない女性や子どもを労働力市場に、熟練労働者＝父親労働者の競争相手として取りこむことを可能とし、父親労働者の労働条件を悪化させる役割を果すものであった。そして、その産業革命は、教育や科学の発達とそれを可能にした学問の自由・研究教育制度の整備という人権の保障に支えられていた。

「進歩」が同時に「退歩」を創り出していたのであり、「人間解放」の新時代が同時に賃労働者に「人間疎外」の状態をもたらしていたのである。*

＊　あとでもふれるが、これに類似するような状態は、当時のイギリスにもあった。F・エンゲルス（Friedrich Engels, 1820-95）の『イギリスにおける労働者階級の状態』（一八四五年）やR・オウエン（Robert Owen, 1771-1858）の『オウエン自伝』（一八五七年）などが参考になる。たとえば、エンゲルスは、「ブルジョアジー自身も認めた証言である一八三三年の工場委員会の報告」によって、以下のような指摘をもしていた。「工場主は、子供をまれには五歳から、しばしば六歳から、かなり頻繁となる七歳から、たいては八歳ないし九歳から、つかいはじめること、また毎日の労働時間はしばしば一四時間ないし一六時間（食事のための休み時間を除く）に及んでいること、また工場主は、監督が子供をなぐったり、虐待したりすることを許していたどころか、しばしば自分でも実際に手をくだしていたことが語られている」(9)。また、オウエンは、北から南へとイギリス工場の大部分を見て、こう述べていた。「これら新機械力の奴隷と化しつつあるいとけない小児その他の人びとの悪化した状態をも如実に知ってきた。どんなに反対があろうとも、アメリカの奴隷制度は悪しく愚であり将来もそうであろうが、英国の白人奴隷制度は、……私が後に西印度諸島および合衆国で見た家庭奴隷よりはるかに悪いものであった。多くの点において、殊に健康・食物・衣類に関しては、後者はこれら大英帝国の国内工場のしいたげられ堕落させられた小児や労働者より遥によい待遇をうけていた」(10)。

明治憲法下における日本の原生的労働関係にもふれておこう。隅谷三喜男（1916-2003）の以下の指摘が注目される。「日本の原生的労働関係をもっとも生き生きとえがいたのは、農商務省《職工事情》〈全五巻、一九〇三年〉である。それによれば、労働時間は、織物業では〈午前五時ヨリ午後一〇時マデ一七時間ヲ普通トシ〉、紡績業では〈幼少者ト云ハズ悉ク徹夜業〉であった。

だが、もっとも注目されるのは強制的・身分的な労働関係の再編である。なしくずしの農民層分解にともなう労働市場の未形成に対応して、それはまず募集においても欺瞞と争奪という形をとり、女工については拘置制として寄宿舎制度が一般化した。この身分的労働関係の再編は鉱山労働者における飯場制度・納屋制度において典型的であって、労働者は飯場頭・納屋頭のもとに隷属し、労働および生活の管理をうけ肉体消磨的労働に従事した。その集中的表現が監獄部屋（たこ部屋）であった」[11]。

明治憲法には「人権」の観念がなく、また契約の自由が「人身の売買」に及びえないとする規定もなかった。雇用契約は、人身売買的になりがちであった。

日本の場合には、そのような原生的労働関係とは別に、農業においては、半封建的な寄生地主・小作関係が存在した。小作料は、現物で収穫の五〇％、凶作時には六〇〜七〇％に達していたという。封建的農奴の負担にも匹敵するものであった。

このような日本近代の事情については、たとえば、横山源之助（1871-1915）『日本の下層社会』（一八九九年＝明治三二年）、農商務省商工局『職工事情』（一九〇三年＝明治三六年）、細井和喜蔵（1897-1925）『女工哀史』（一九二五年＝大正一四年）などが実証的に検討している。

(2) 平均寿命の低下

(i) 二八歳から二〇歳へ。ナポレオンが戦争していた一八〇六年でも、フランス人の平均寿命は二八歳であったといわれる。この時期のフランスは、産業革命前の農業中心の社会であり、革命は一応は終息したものの、ヨーロッパ諸国と多様な戦争をしていた。しかし、一八三〇年頃から始まった第一次産業革命が峠にさしかかろうとする（したがって産業資本主義が本格化する）一八四〇年には、フランス人の平均寿命は二〇歳に下落していたという。その下落は、「労働者階級における〔劣悪な労働・生活条件による〕死亡に起因する」[12]*ものであった。

＊　イギリスも、同様の状況にあったようである。この点については、一四一頁の注＊＊を参照されたい。

(ii)　その要因。低賃金長時間労働に加えて、職場は非衛生的で、換気・防塵・防災等の設備を欠いていた。しかも、賃労働者たちは、人口が急増する都市の非衛生的なスラムでの生活を余儀なくされていた。非人間的で劣悪な労働条件と生活条件が重なって、伝染病を含む病気と労働事故が続発した。

当時の識者V・コンシデラン（Prosper Victor Considérant, 1808-93）は、当時の平均的労働者像を以下のように描き出していた。男性労働者は、「目は落ちくぼんで黄色くにごり、ほほはこけて血の気なく、顔はやつれ、四肢はひょろながい」というものであった。＊女性労働者も、病気は「あたり前の状態」で婚期を迎える前にやつれて貧血病にとりつかれ、老人のような皮膚になって生殖能力も失っていた。[13]

蓄えもなく、生存権の保障もなかったので、病気と失業は命とりになるはずであった。

＊　イギリスの賃労働者も同様な状況にあった。「労働者のあいだには、たくましくて、体格よく健康な人たちはほとんど見あたらない――すくなくとも、たいていしめきったところで働く工業労働者のあいだではそうである。……彼らのほとんどすべてが虚弱で、骨格はごつごつしているが頑丈ではなく、やせて、顔は青白く、働くときに緊張する以外の筋肉は、熱病のためにたるんでいる。ほとんどすべてが消化不良になやみ……。彼らの衰弱した身体は病気に抵抗することができない。そこで機会さえあればいつでも病気にかかる。だから、彼らははやくふけてしまい、若死する。死亡率表が、これについて反対のできない証拠を提供している」。[14]

(iii)　子どもたちの死。とくに注目すべきことは、「労働者階級における死亡」が男女の成年労働者だけでなく、労働する子どもたちの死亡と労働者家庭における乳幼児の死亡をも意味していたことである。

働く子どもたちが虐待されることは珍しいことではなく、ノルマンディーの若干の工場では、むちが労働用具のうちに入っていたという。子どもたちは、長時間にわたって不自然な労働をさせられていたため、身体が虚弱でいびつになっていたという。医師のL・R・ヴィレルメ（Louis Rene Villermé, 1782-1863）は、子どもたちの労働について以下のような指摘をしていた。

「それ〔場所や姿勢を変えることもできずに締めきった部屋で毎日一六〜一七時間立ったままでしなければならない子どもの労働〕は、賃労働ではなく、拷問である。栄養不良で、ろくにまとっていない六歳から八歳の子どもたち、朝五時には家と仕事場の長い距離を歩き、晩に仕事場から戻らなければならない子どもたちに、その拷問が加えられているのである。子どもの死亡率が極度に高いのはそのためである」[(15)]*。

また、A・ペノー（Pénot）は、ミュルーズ市についての統計調査から、工場経営者と大商人の子どもがその誕生時に平均二八歳の余命をもっているのに、織工と製糸工の子どもが一歳半の平均余命しかもっていないこと、および「大部分の労働者は自分の子どもが死んでいくのを無表情で、ときには喜んで見つめる」ほどひどい貧困の状況を指摘していた[(16)]**。

＊　イギリスも同様であった。オウエンは、「この時代の小児は六歳で綿糸・羊毛・亜麻・絹紡績工場に入るのを許されたが、ときどき五歳で入るものすらあった。労働時間は夏でも冬でも、法律によって制限されず、普通一日一四時間であった。——所によっては一五時間、さらに最も残忍強欲なものは一六時間のさえあった。——しかも大

抵の場合工場は健康に悪い烈しい状態にまで人為的に加熱されていた」(17)。この点は、すでに紹介しておいたエンゲルスの指摘とほぼ全面的に一致している。

＊＊　エンゲルスは、イギリスの場合について、他の資料によりつつ、以下の指摘をしていた。「リヴァプールでは、一八四〇年に上流階級……の平均命数は三五歳で、商人および比較的恵まれた地位にある手工業者の平均命数は二二歳、労働者、日雇人夫および被雇用階級一般の平均命数はわずか一五歳であった」。「マンチェスターにおいては、……労働者の子供の五七％以上が五歳にならないうちに死亡するのに、上流階級の子供のうち五歳前に死亡するのはわずかに二〇％しかなく、また農村地方におけるあらゆる階級を平均すると、すべての子供のうち五歳以下で死亡するのは三二％にも満たない(18)……」。

(iv)　非人間的な賃労働者。当時の証言者たちは、フランスの賃労働者たちの当時の状態を、口ぐちに、「現代の奴隷制」（F・ド・ラムネ〔Félicité-Robert de Lamennais, 1782-1854〕）、「この世の地獄」（V・コンシデラン）、「白いニグロ」（L・R・ヴィレルメ）と述べていた。

なかでも、展開しつつあった当時のフランス資本主義の構造と労働者階級の状態を科学的に析出しようと努めたのは、C・フーリエ（Francois Marie Charles Fourier, 1772-1837）の弟子のV・コンシデランであった。彼は、その研究成果をふまえて、以下のような趣旨の厳しい指摘をしていた。《この世界では、貧乏人はその才能を伸すことができない。その子どもは、教育を受ける機会をえることができないから、人間になるべくして畜生となる。人は、餓死を恐れて働く。労働は苦役でしかない。このようにして、労働者階級は、『病気で身体がいびつになってしまったり、ごろごろ死んでゆき、しかも上流階級の凝った食事やぜいたくな享楽を用意するために、大工場で、田畑であるいは仕事台で牛馬同様に酷使される身体の曲ってしまった一大集団」と規定されることになる。そして、しいたげられている者の自由を回復しようとする者は、ここでは自由の敵として非難される[19]》。

この種の現状の認識と批判は、やがて、労働者階級を主たる担い手として、時代を動かす思想となっていく。

(3) 政府による事態の放任と法認

政府は、このような労働者の状態を放任しかつ法認していた。憲法で保障されている「契約の自由」を含む経済活動の自由の保障を確保するためである。政府は、具体的には、以下のような対応をしていた。

(i) 民法典の対応。当時は、労資関係は、他の私人相互関係と同様、民法典で定められていた。すでに見ておいたように、ナポレオン民法典は、契約の自由の保障を確保するために、締結された契約に法規範性（法的拘束力）を認めていただけでなく、賃金等をめぐる労使間の紛争について、雇用者に有利な立証制度まで設けていた。

(ii) 団結と争議行為の規制[20]。同様にして、労働者の団結や争議行為も禁止または規制されていた。労働者は、それらによって、労働条件を維持・改善することもできなかった。

一七九一年六月一四日法（ル・シャプリエ法、La loi Le Chapelier）は、労働者にも使用者にも、永続的団結および争議のための一時的団結（coalition）を禁止し、違反者に刑罰を用意していた。一八〇三年四月二二日法は、ル・シャプリエ法の趣旨を確認しつつも、争議のための一時的団結の禁止については、労使間に差別を設け、労働者による違反につき刑罰を強化していた。一八一〇年ナポレオン刑法典は、争議のための一時的団結について労使間の差別をさらに強化し、永結的団結（職業的結社）についての規制をあらゆる種類の結社に拡張していた。*

＊　ナポレオン刑法典は、争議のための一時的団結につき、使用者に対しても、「賃金の引き下げを不正かつみだり

に強制しようとして、労働者を雇用する者の間でする一時的団結は、その遂行を企てまたは着手を伴っている場合には六日から一ヵ月の禁錮および二〇〇フランから三〇〇フランの罰金に処する」（第四一四条）としていた。これに対して、労働者に対しては、「ある作業所において、同時に労働を中断し、労働を禁止し、一定時刻以前または以後にそこに行きかつ留ることを妨害するための、一般的にいって労働を禁止し、妨害し、その賃金をひき上げるための、労働者側の一切の一時的団結は、その遂行の企てまたは着手を伴っている場合には最低一ヵ月最高三ヵ月の禁錮に処する」「首謀者と推進者は二年から五年の禁錮に処する」（第四一五条）、としていた。

永続的団結（職業的結社）の規制は、あらゆる種類の結社に拡張された。「宗教、文学、政治その他の問題に取り組むために、毎日または特定日に会合することを目的とする二一名以上からなる結社は、いかなるものも、政府の許可および公権力が当該結社に任意に課す条件のもとでのみ、組織することができる」（第二九一条）とされていた。同刑法典第二九二条一項は、違法に創立された結社の解散を定め、その二項は違法結社の創立者、指導者、管理者に一六フランから二〇〇フランの罰金を科すとしていた。同法第二九四条は、さらに、適法な結社であっても、市町村当局の許可をえずにその会合のために家屋を提供した者に対して、同額の罰金を規定していた。あらゆる種類の結社に規制を及ぼしたのは、職業的結社が文学・科学等を目的とする非職業的結社の外見をもって創立されるのを防ぐためであったといわれる。

このような刑法典による規制の体制は、一八六四年五月二五日法および一八八四年三月二一日法で、それぞれ争議のための一時的団結権および永続的団結権が認められるまで続いた。なお、イギリスでもこのような規制の体制がとられていたが、フランスに先行して、一八二四—二五年法律で、一七九九—一八〇〇年の「団結禁止法」が廃止されている。また、アメリカでも、連邦最高裁判所の判決（一八四二年の Hunt 事件）でストライキ権が認められている。

別表1　有権者数の変化

選挙の年月	有権者数
1830年6-7月（復古王制下の最後の選挙）	94,600
1831年7月（1831年4月19日法の適用）	167,000
1834年6月	171,000
1837年11月	199,000
1839年3月	201,000
1842年7月	220,000
1846年8月	248,000
1848年4月（普通選挙制度の下における制憲議会の選挙）	9,600,000

（出典）Jean Lhomme, *La grande bourgeoisie au pouvoir*（*1830-1880*）, 1960, p. 73 による.

(iii)　制限選挙制度。フランスでは、女性には第二次世界大戦後にならなければ、選挙権が認められなかったが、男性についても、賃労働者をはじめとする民衆層には一九世紀の前半を通じて選挙権が認められていなかった。制限選挙制度がとられていたので、賃労働者は、選挙権の行使によって、その劣悪な労働条件や生活条件を改善する政治のあり方を創り出すことができなかった。

たとえば、賃労働者を含む民衆層が大きな役割を果した一八三〇年の「七月革命」後の「七月王制」下においても、選挙制度は、以下のような状況にあった。

「七月革命」の結果成立する一八三〇年八月一四日「憲章」（憲法）は、代議院議員の被選挙権と選挙権の年齢を、それぞれ三〇歳と二五歳と定め、その他の条件は法律で定めるとしていた（第三二条、第三四条）。一八三一年四月一九日選挙法は、被選挙権については直接税五〇〇フラン、選挙権については直接税二〇〇フラン、の納入者でなければならないとしていた。

「七月王制」（一八三〇年七月―一八四八年二月）下においては、産業革命による産業資本主義の本格的な展開、それに伴うブルジョアジーをはじめとする中間層の増大および二〇〇フラン以上の直接税納入者の増加という事情もあって、「七月王制」下の六回の総選挙においては、**別表1**のように有権者数が増加し続けた。

しかし、一八四六年の総選挙においても、一〇〇〇人以上の有権者をもつ選挙区（小選挙区）は全国で四五九選挙区のうちでごくわずかであり、ほとんどの選挙区で有権者数は数百人、有権者数二〇〇人以下の選挙区が三〇近くあったといわれる。

代議院議員の選挙は、賃労働者等の民衆層にとっては別世界のことであった。それに、「七月王制」の議会は、代議院と公選によらない貴族院からなり、法律の制定には貴族院の賛成と国王の裁可も必要とされていた。これらの諸点からすれば、賃労働者等の求める法律が成立する可能性は皆無に近かったというべきかもしれない。

3　A・ド・トクヴィルの予言

賃労働者を中心とする民衆層を「人間疎外」の状態に陥れる政治経済体制が本格的に展開していた。その危険性を予言的に指摘する警告も表明されていた。たとえば、旧貴族出身のA・ド・トクヴィル（Alexis de Tocqueville）である。彼は、一八三〇年の七月革命で、ブルジョア革命としてのフランス革命が完結し、ブルジョアジーの勝利が決定的になったとして、その勝利の様相をこう指摘していた。「中産階級の勝利はかくも完全なものであったので、全政治権力、全自由権、全統治権、全政治が、法的には中産階級の下位にあるすべての者をまた事実上はその上にあったすべての者を排除して、この唯一の階級の枠内に閉じこめられ詰めこまれたかのようであった[21]」。彼らは、自己の利益のために政治を利用することだけを考え、民衆層のことを忘れていた。トクヴィルは、一八四八年の「二月革命」（勃発二月二二日）の直前の一月二九日、代議院で有名な演説をしていた。「たしかに、混乱は、まだ現実になっていませんが、人びとの精神のなかに深く入りこんでいます。労働者階級のなかでおこっていることにご注目下さい。……彼らの情熱は、政治的なものから社会的なものになっていることにお気づきでしょうか。……いまから一年後、一ヵ月後、一日後におこりうることをご存知でしょうか[22]」。トクヴィルは、政治的な変革にはとどまりえない社会的な変革が起ろうとしていることを指摘し、かつ支配階級が統治権を喪失する要因につき、「支配階級がその無関心、そのエゴイズム、その悪徳の故に、統治する能力も資格も失ってしまったためである[23]」としていた。しかし、この予言的演説は、議場の多数派からは、冷笑されたとのことである。その演説から一ヵ月もたたないうちに「二月革命」がおこった。「二月革命」は一八七一年のパリ・コミューンに至る厳しい階級闘争の時代の始まりを告知するものであった。

三　近代立憲主義型資本主義憲法（近代資本主義）体制を賭ける階級闘争の時代へ

1　多種多様の社会主義思想の登場

このような労働者階級を中心とする民衆層の人間疎外的状況は、フランス革命によってもたらされた政治経済体制について批判的な省察とともに深刻な体制批判の動行をもたらした。「なんのためのフランス革命であったのか」「第二のフランス革命が必要ではないか」である。

フランスで一九世紀前半に、多種多様な社会主義思想がほうはいとして起ってきたのは、その具体的な現れの一つである。F・ブオナロッティ、L・ブラン（Louis Blanc, 1811-82）、L・A・ブランキ（Louis Auguste Blanqui, 1805-81）、C・フーリエ、C・H・ド・サン・シモン（Claude Henri de Rouvroy Saint-Simon, 1760-1825）、V・コンシデラン、P・J・プルードン（Pierre Joseph Proudon, 1809-65）、P・ビュシェ（Philippe Joseph Benjamin Buchez, 1796-1865）、P・ルルー（Pierre Leroux, 1797-1871）、C・ペクール（Constantin Pecqueur, 1801-1887）、E・カベ（Etienne Cabet, 1788-1856）などは、その代表的唱導者であった。一八四八年二月には、「共産

党宣言」も公刊されていた。それらの多くは、資本主義体制の批判的分析と社会主義体制によるその克服を論じていた。フランス一九世紀の前半は、多種多様な社会主義思想の時代であった(24)。

このような社会主義思想が、その目的とする社会主義を実現し、維持するために、どのような統治権のあり方を、つまり国家論・主権原理論を、もっていたかが問題となる。しかし、ここでは、その問題を立ち入って検討する余裕がないので、以下の諸点を指摘するにとどめたい。

第一に、プルードンやフーリエのように、その一部に、社会主義体制を実現し維持するにあたって、統治権の役割を重視しないアナーキズム（無政府主義）的な傾向があったことである。彼らにおいては、国家論・主権原理論は、積極的に扱われていない。理性の力の最終的な勝利を信じ、理性的に導かれる理想的な社会を描き出せば足りる、と考えられていた。

第二は、社会主義体制を実現し維持する手段として統治権の役割を重視する立場においても、統治権の民主化を重視しない、したがって統治権のあり方を規律する主権原理や「人民」の政治参加を重視しないものがあったことである。たとえば、サン・シモンである。彼は、エリートの徳性を信頼して、上からの改革による社会主義を目指していたという。

第三は、社会主義体制を実現し維持する手段として、統治権を「人民」の所有物とする「人民主権」原理を掲げ、民衆層の政治参加を重視するものである。ブオナロッティ、ブランキ、コンシデランなどである。なかでも、ブオナロッティが『いわゆるバブーフの平等のための陰謀』（一八二八年）と題する書物を著して、「バブーフの陰謀」（一七九六年）における社会主義と「人民主権」の構想を、ロベスピエリスト的な偏りを伴いながらも、入念に紹介し、一九世紀の社会主義思想・社会主義運動に伝達しようとしていたこと、および当時の革命運動家に対する彼の影響がきわめて大きかったことは、とくに注目に値する。

いずれにしても、この段階においては、資本主義的生産も未熟であったし、基本的にはそれに規定される資本主義的階級関係も同様であった。賃労働者が輩出されても、自己の利害を認識した対自的階級としての労働者階級は形成されていない。それらを歴史的社会的担い手とした社会主義論も「人民主権」論も、十分には提示されていない。それが本格的に提示されてくるのは、フランスの場合、一九世紀後半に入ってからのことである。

2　一九世紀後半の階級闘争

労働者階級は、すでに見ておいたような非人間的な諸経験をふまえ、かつ多種多様な社会主義思想を媒介として、ブルジョアジーと異なる自己の利害を自覚した階級に転化する。フランスでそのような労働者階級が現れてくる転期となったのは、一八四八年の「二月革命」後の「六月事件」であったといわれる。

「二月革命」は、男性普通選挙制度と共和制等を目指して、共和派ブルジョアジー、小ブルジョアジー、労働者階級の参加をえて遂行された。革命後の臨時政府にはL・ブランなどの社会主義者も参加していた。そのような事情もあって、臨時政府は、失業救済のための国営作業場も設けた。しかし、六月に入ると、臨時政府にとってかわっていた執行委員会は、財政負担が大きすぎるとして、国営作業場を廃止した。一〇万人程の国営作業場労働者が失業した、といわれる。労働者たちは、「飢えて死ぬより銃弾で死ぬことを求める」というスローガンを掲げて、パリの東部地区にバリケードをつくり、国営作業場の廃止に抵抗した。六月二三日から同二六日にかけての「六月事件」の発端である。執行委員会は、パリに戒厳を宣言し、カヴェニャック（Louis Eugène Cavaignac, 1802-57）将軍に事態処理の権限を授権した。カヴェニャックは、バリケードの構築を意図的に放置し、暴動を拡大させた後、二三日から軍隊による鎮圧に着手したという。小ブルジョワジーをも含めて、他の全階級がこの労働者階級の弾圧に参加したともいわれている。

多く労働者がバリケードのなかで死傷し（一説によれば、死者三〇〇〇人、負傷者五〇〇〇人）、逮捕された者二万五〇〇〇人、流刑に処された者四〇〇〇人（一説によれば、一万五〇〇〇人以上）、処刑された者一五〇〇人（一説によれば三〇〇〇人以上）に及んだという。この「六月事件」の経験のなかで、対自的階級としての労働者階級が出現したといわれている。

「〔六月には〕他のすべての階級がかれらに抗して同盟していた。この状況はわが国の歴史においてはそれ以前にはけっして現れなかったようにみえる。……一階級の孤立がその特殊性の必然的要素であり、またその特殊性が階級意識の誕生に必要な一要素を構成するならば、われわれは、一八四六年六月、はじめて、労働者階級のなかに、階級意識――それはプロレタリアートの名をはじめてかれらに与えることを可能ならしめる――が確立された、とのべる権利を有している(25)」。

新しい事態の出現に直面して、この時期以降、フランスのブルジョアジーは、共和派ブルジョアジーを含めて、自由・平等・民主主義の歴史的・社会的担い手としての役割を大きく放棄するようになる。そして、あらたな階級意識を身につけた労働者階級は、それと対照的に自由・平等・民主主義の歴史的・社会的担い手としての役割を強化していく。彼らは、職場で労働条件を改善するための闘争を展開しただけでなく、一九世紀後半に入るとその全面的な解放を求めて、政治の場でも闘争を展開した。たとえば、①「国民主権」に依拠する「全国民の代表」の制度（議会・議員は選挙人団・選挙区の代表ではなく、全国民の代表であるとする「国民代表制」のこと）を批判し、政治の場における労働者代表の自律的行動の必要性を訴え、労働者代表の問題を提起した一八六四年の

「六〇人宣言」、②「人民主権」と「人民代表制」を、限られた一地域においてではあるが、積極的に実行しようとした一八六九年総選挙の際の「ベルヴィル綱領[26]」、③普通選挙制度の完全実施、団結権・争議権の保障の要求の一般化などは、それを具体的に示すものである。

そして、その闘争の到達点は、一八七一年のパリ・コミューンであった。それは、歴史上はじめての社会主義革命の試みであり、歴史上はじめて出現した労働者階級を中心とする民衆（生産諸階級）の権力であり、民衆の憲法構想の具体化の試みであった。それは、民衆層を人間として、市民として、労働者・生産者として解放しようとする試みであった。この点については、「第三章」で検討する。

3　存続能力を失う「自由放任」の近代資本主義体制

近代立憲主義型資本主義憲法は、「自由放任」の資本主義体制を創出した。産業革命を経て産業資本主義・独占資本主義として展開するなかで、その近代資本主義体制は、労働者階級を中心とする民衆層を人間疎外の状況に陥れ、一八四八年には新しい非和解的な階級闘争の時代の幕もあけた。「自由放任」の近代資本主義体制は、その社会統合能力の喪失を明らかにした。その状況をどのように克服するかが問われることになる。それだけではない。その体制に内在するものとして問われざるをえないもう一つの大きな問題があった。低賃金長時間労働、平均寿命の低下、労働者階級を中心とする広範な民衆層に人間疎外状況をもたらし続ける近代資本主義体制の存続能力の問題である。

資本主義体制は、その社会的総生産に見合う有効需要がなければ、存続できない。低賃金長時間労働は、健全な労働力の再生産を不可能として、労資の階級闘争をもたらし社会統合を困難とするだけではなく、社会的総生産に見合う有効需要の創出を不可能とする。産業資本主義の展開とともに約一〇年に一度の周期をもって起る恐慌とそれに続く産業の停退は、そのことを示している。「自由放任」の近代資本主義体制がこの問題にも対処できないことは、自明のことのようであった。*

＊「一九世紀のはじめ、機械制大工場が出現していらい、資本主義的生産の発展は、数年おきに襲来する恐慌によって、はげしく中断されてきた。恐慌がおこると、資本主義の経済体制が一時的に麻痺状態におちいり生産力のおびただしい破壊が生じた。恐慌のもっとも一般的な基礎は、生産過剰、すなわち購買力を上回った余分な生産物で市場がみちあふれることである。投げ売りがおこなわれ、物価が下がり、失業者が増大する。こうして人々の貧困と生活苦がつよまる……」(27)。このような恐慌（近代的恐慌）は、一八二五年をはじめとして、一八三六年、一八四八年、一八五七年、一八六六年、一八七三年、一八八二年、一八九〇年、一九〇〇年、一九〇七年、一九一三年、一九二〇年、一九二九年、一九三七年、一九四八年、一九五八年と、ほぼ一〇年前後の周期で発生した。恐慌の究極の原因については、見解の対立もあるようであるが、もっとも有力な観方の一つは、生産と消費の矛盾だとされているようである(28)。

一九二〇年代以降の段階になると、経済成長率が鈍化して、慢性的な資本と労働の不完全利用状態が支配的になるとする議論も提起されるようになる。一九三〇年代の大不況はその現れと見るものである(29)。しかし、この議論については、現代資本主義憲法下におけるその後の資本主義体制の動向もあり、別の見方もある。

四　帝国主義的進出と帝国主義戦争の構造化

近代資本主義憲法下における近代資本主義体制は、自由競争を通じて（外見的立憲主義型市民憲法下においては、権力の介入も用いて）、産業資本主義段階から独占資本主義段階に到達する。「その主要な特徴は、(1)主要産業部門で生産の集積・集中が高度に進んで独占体が成立するようになったこと、(2)銀行業にも独占が成立し、産業独占体と融合して金融資本が成立すること、(3)国際的にも資本の独占団体が形成され、主要な先進諸国の間で世界が経済的に分割支配されること、(4)資本の輸出が、列強による世界の経済的分割の手段としてとくに重要な意味をもってくること、(5)この段階では列強による領土的分割がひとまず完了し、再分割のための闘争が激化すること、である。一九世紀末から二〇世紀初頭にかけて、イギリス、ドイツ、アメリカ、フランスが、ややおくれて日本やロシなどが独占資本主義国となった。独占資本主義は帝国主義の経済的本質である」[30]。このような独占資本主義体制は、国内において社会的統合能力と存続能力を弱めるだけでなく、国際社会において帝国主義的進出と帝国主義戦争を構造化するようになる。

1　帝国主義的進出

近代の資本主義体制は、その出現の当初から帝国主義的進出・侵略的植民地政策をとっていたわけではない。そのような対応を明確化するのは、一九世紀最後の四半世紀のことである。P・M・スウィージー（Paul Marlor Sweezy, 1910-2004）によって、この対応の特色を見ておこう。

(1) 一九世紀最後の四半世紀前の状況

侵略的植民地政策は、近代前の重商主義段階では、植民地貿易に従事する商人（とくに独占貿易会社）の安全と財産の保護、外国商人の競争排除、本国に有利な交易条件の確保を目的として、とられていた。

しかし、自由競争の資本主義が出現する一九世紀に入ると、侵略的植民地政策は、一変する。イギリス資本主義の力が突出し、他の資本主義国がそれに対抗しうる競争力をもっていなかった段階においては、そのような植民地政策自体が不要とされていた。「この時期の特徴をなした急速な人口増加と工業化の進展は、安定した資本主義的諸関係が確立されていた諸国の大部分において、資本蓄積のための非常に大きな機会をつくり出した。このような事情の下では……資本家たちは一般に、彼ら自身の国の国境のそとに有利な投資の機会を求めるという気にはならなかった」[31]。イギリスは、例外であったが、このような状況下では、そのイギリスも、権力の力を借りた植民地まで必要としていなかった。「この時期におけるイギリス資本輸出の非常に多くの部分がアメリカ両大陸、わけても合衆国」向けであった[32]。

(2) 一九世紀最後の四半世紀における根本的転換

最後の四半世紀における転換の要因として、スウィージーは、次の三点を指摘している。

(i) 独占資本主義の出現。「独占の目的は、価格を引き上げ、供給を制限することによって超過利潤を獲得することにある。しかし、もしも外国の生産者が独占者の市場に入りこみうるならば、この目的の達成は出来なくなるかもしれない。したがって独占資本は〔外国生産者を市場から閉め出すに足るほど高い〕関税を要求する」[33]。供給制限は、独占資本がもつ大規模生産能力の利用を妨げ、利益の十全な享受を妨げる。それ故、独占資本は、世界市場に進出してその製品を販売し、供給制限の不利益を克服しようとする。また、外国に資本輸出（たとえば外国における工場設置）もする。「最後に、独占資本の最大の要求は常に、一方では独占生産物の範囲拡大、他方では保護された市場の拡張でなければならぬ。これらの目的は共に独占者自身の国の政治的支配下の領土拡張を要求する」[34]。

(ii)　国際市場における競争相手の出現。独占資本主義段階になると、国際市場に、イギリス資本に対抗して、アメリカ、ドイツ、フランスなどの資本が挑戦者として登場する。イギリス資本は、新地域においてこれら諸国との競争に直面するだけでなく、従来イギリスが支配していた地域においても支配的地位をはく奪される危険にさらされることになる。「その直接の結果は、帝国の紐帯を堅めることであり、あらゆる面で攻勢的植民政策を復活することであった」[35]。たとえば、アフリカは、一八七五年にはその一〇％以下が外国の支配下におかれているにすぎなかったが、一九世紀の残りの二五年間でヨーロッパ諸国によりほぼ完全に分割されてしまった。

(iii)　先進資本主義諸国における諸矛盾の成熟。独占資本主義段階になると、先進資本主義諸国においては、利潤率の低下傾向も、過少消費傾向も、資本蓄積の進路にますます大きく立ちはだかる。「先進諸国における蓄積はますます、賃金が低く利潤は高い後進地域への資本輸出の形態をとる」[36]。このような資本輸出の段階になると、有利な投資分野を狙う競争は激烈となり、各国の資本家たちは政府の援助を求めるようになる。「このような援助のいちばんやさしい方法は、後進地域を植民地とする――すなわち、そこから他国民の全部もしくは一部を排除しうる植民地とする――ことである」[37]。

(3)　民族の独立に向う植民地・半植民地等の状況

植民地等の状況は悲惨であった。①国家主権を全面的にまたは大幅に制限されていたので、民族の運命を自主的に決定することができなかった。言語、宗教、研究・教育その他の文化活動も制限されることが少なくなかった。経済活動についても、その分野を限定される（生産活動については、第一次産業または特定の第一次産業に限定され、場合によってはそれに加えて第二次産業の特定の分野に限定される）ことなどが少なくなかった。* ②不可侵の人権等を保障する植民地母国等の憲法は、その保障を本国に限定し、植民地等に及ぼさないのが通例であった。

＊　植民地等に資本輸出等がおこなわれても、それはその地域の工業化や近代化に直接には寄与しない。資本が流入する分野は、「先進工業国からの商品輸出と競合しない活動分野である。したがって資本輸出は、後進地域の経済の非常に一面的な発展へと導く。土着ブルジョアジーが出現し、土着産業の発達を育成助長しようとはするが、障害は圧倒的に大きく、その進歩はせいぜい緩慢である。しかもその間廉価な輸入工業製品による手工業の破壊は、土着民の多くを農業に追いこむ。このようにして、……後進地域の基本的な経済矛盾であるところのますます激化する農業危機の発生をみる……。土着ブルジョアジーと土着民大衆との利益はともに、先進諸国の資本の要求の犠牲に供される。その結果、両階級は、外国支配からの自由のための真に民族的な運動において結束する[38]」。

一九四五年の「ヴェトナム民主共和国独立宣言」は、「植民地人民の人権宣言であると同時に帝国主義国家に対する告発状である[39]」といわれるが、植民地人民のおかれていた状況、その独立への闘いの一部を知るうえで参考になる。やや長くなるが、引用しておきたい。

「『すべての人間は平等に造られ、造物主によって一定の奪いがたい権利を付与され、そのなかに生命、自由および幸福の追求が含まれる。』

この不滅の言葉は、一七七六年のアメリカ合衆国独立宣言からの引用である。この意味をひろくとると、この文章はつぎのような意味になる。『地上のすべての民族（peuple）は平等に生れている。各民族は生きる権利、幸福の権利、自由の権利を享受すべきである。』

フランス革命の人および市民の権利の宣言は、一七八一《ママ》年にやはりつぎのように宣言している。『人は自由かつ権利において平等なものとして出生し、かつ生存する。』

これらのことはまさに否定できない真理である。

しかしながら八〇年以上のあいだフランスの植民主義者たちは、自由、平等、博愛の旗を濫用し、われわれの国土を占領し、われわれの同胞を圧迫してきた。かれらのすることは人道と正義の理想とは正反対であった。

政治の分野では、かれらはすべての民主的自由をわれわれから奪い去った。

かれらは非人道的な法律をわれわれにおしつけてきた。かれらは、われわれの国家的な統一を破壊し、われわれ人民の団結をさまたげるために、ヴェトナムの北部、中部、南部にそれぞれちがった政治制度を制定した。

かれらは学校よりも多くの牢獄をたてた。かれらは容赦なくわれわれの愛国者を斬罪〔首切りの刑〕に処し、銃殺した。かれらはわれわれの革命を血の河におぼれさせた。かれらは世論ののど首をしめあげ、われわれ人民に対し愚民政策を実行してきた。かれらはわれわれの人種を衰頽させるため阿片とアルコールの使用を強制した。

経済の分野では、かれらは、われわれを骨の髄までしぼりあげてきた。かれらは、われわれ人民を貧困におとしいれ、わが国を荒廃にみちびいた。

かれらはわれわれの水田、鉱山、山林、その他の資源をうばいとった。かれらは通貨発券銀行と外国貿易を独占した。

かれらは何百という不正な租税を発明し、われわれ同胞、とくに農民と商人を貧困の極におとしいれた。

かれらはわれわれの民族資本家の繁栄をさまたげた。かれらはもっとも残酷なやり方でわれわれの労働者を搾取してきた。

一九四〇年の秋、日本のファシストたちが連合国に対する戦闘の目的で、新しい軍事基地をつくるためインドシナに侵略してきたとき、フランスの植民主義者たちはかれらの前に膝を屈し、われわれの国土をかれらに引き渡した。

この日からわれわれ人民は日本とフランスの二重の支配をうけてきた。そのためわれわれは今までよりも一そうくるしくなり、一そうみじめになった。そしてその結果、去年のおわりから今年のはじめにかけて、カング・トゥリ（Quang-Tri）から北ヴェトナムにかけて、二〇〇万をこえるわれわれ同胞が餓え死にした。

今年三月九日、日本人はフランス軍を武装解除した。フランスの植民主義者たちは逃げ去るか降伏した。このようにかれらは少しもわれわれを『保護する』能力がなかった。かえって逆に、かれらは五年間のあいだ二度にわたってわれわれの国土を日本人に売ったのである。

三月九日以前、くりかえし、ヴェトミン同盟（La Ligue Viet-Minh）はフランス人に対し、日本人に対する抵抗に加わるようよびかけた。フランスの植民主義者はこの呼びかけにこたえるかわりに、ヴェトミンのパルチザンに対し、さらに一そうひどい態度をとった。かれらは潰滅のそのときに、イエン・ベイ（Yên-Bay）とカオ・バング（Cao-Bang）に投獄していたたくさんの政治犯をふたたびころすにいたった。

これらすべてのことにかかわらず、われわれ同胞はフランスに対し、おだやかで人道的な態度をとりつづけた。三月九日事件ののちヴェトミン同盟は、多くのフランス人が国境をこえるのをたすけ、かれらが日本人の捕虜とならないよう救い、そしてすべてのフランス人の生命と財産を保護した。

事実上一九四〇年の秋以来、われわれの国土はフランスの植民地でなくなり、日本の領土となった。日本人の降伏ののち、われわれ人民は国家の主権を回復し、ヴェトナム民主共和国を樹立するためにこぞって立ちあがった。

真実は、われわれ人民はその独立をフランスの手からではなく、日本人の手から奪いかえしたということである。

フランス人は逃げ去り、日本人は降伏し、バオダイ皇帝は退位した。われわれ人民は、わがヴェトナムを独立国とするために、ほとんど一世紀にわたってわれわれにのしかかっていたすべての鎖をうちくだいたのだ。われわれ人民は民主共和国をうちたてるため、一〇世紀以来存在しつづけてきた君主制を一挙にくつがえしたのだ。

……

ひとつの共通の意思によって鼓舞されたヴェトナム全人民は、フランス植民主義者のいっさいの侵略的企図に対して最後までたたかいぬくことを決意している。

……

八〇年以上にわたるフランスの支配に対して、ねばりづよく抵抗してきた民族、そして、最後の数年間をファシズムに抵抗するため、決然として連合国とともにたたかった民族、この民族は自由の権利をもったのだ。以上の理由によって、われわれヴェトナム民主共和国臨時政府構成員は、全世界にむかっておごそかに宣言する。

ヴェトナムは自由と独立の権利をもっている、そしてヴェトナムは自由、独立の国家である。ヴェトナム全人民は、この自由と独立の権利をまもるため、あらゆる精神的、物質的な力を動員し、生命と財産をささげることを決意している」[40]。

2　帝国主義戦争の構造化

このような列強の帝国主義的進出は、民族の自決を求める植民地等の独立戦争をもたらすだけでなく、帝国主義戦争を構造化するものでもあった。帝国主義諸国の経済的、政治的、軍事的発展が、一様ではなく、不均等を特色としているところからすれば、帝国主義的な領土分割が一九世紀最後の四半世紀に一旦は完了しても、その再分割・再々分割を求める帝国主義戦争が避けがたくなる。第一次世界大戦と第二次世界大戦は、その証としての性格ももっていた。

近代資本主義憲法は、近代立憲主義型資本主義憲法の場合も含めて、帝国主義戦争を禁止する規定や制度をもっていなかった。侵略戦争を禁止する規定をもつ憲法さえもきわめて例外的であったし、国際紛争の平和的解決を国是とする近代資本主義憲法は見あたらない状況にあった。また、男女平等の直接普通選挙制度はもちろんのこと、男性直接普通選挙制度自体が例外的であった(戦争に消極的になりがちな民衆層の意思が、帝国主義戦争を抑止する国家意思になりにくい国家意思の決定構造がとられていた)。このような近代資本主義憲法の状況に対応するかのようにして、この段階の国際法・国際社会は、「無差別戦争観」に支配されていたという。「無差別戦争観」とは、交戦当事国のそれぞれについて正・不正を問題とせずに、「戦争は、国家が一定のルールにしたがって行なうかぎり、その理由のいかんにかかわりなく、すべて合法性が認められるかのように主張する考え方」[41]をいう。「このような無差別戦争観が一般にとられたのは、いずれの当事国が正しいかを判定する超越的な権威が国際社会に存在しないことにもよるが、それと同時に、自助としての戦争、したがって、紛争を解決する手段としての戦争が一般に合法的なものとされていたことにも、原因があった(42)」という。

「自由放任」の近代資本主義体制は、帝国主義的進出や帝国主義戦争を構造化するものとして、国内で多数の国民を人間疎外の状況に陥れただけでなく、国際関係においても、植民地・半植民地の住民・国民を同様の状況に陥れ、さらに第一次および第二次の世界大戦に見られるように、世界の諸国民・住民の生活を同時に大きく破壊するものであった。

五　小括——新しい「人間疎外」の体制としての近代立憲主義型資本主義憲法（近代資本主義）体制

近代立憲主義型資本主義憲法とその下における近代資本主義の体制は、「人間解放」の新時代をもたらすものであったが、同時に新しい形態の「人間疎外」の時代を創り出すものでもあった。人間の半数（女性）の差別の放置（女性の半人間化）、児童等年少労働者・女性労働者を含む労働者階級・それを中心とする民衆層の低賃金長時間労働・貧困・平均寿命の低下、帝国主義的進出と帝国主義戦争の構造化等は、その「人間疎外」の具体的要因となるものであった。それらは、人間の生活を、民族的および人類的規模で破壊するものとして、「自由放任」の近代資本主義体制とそれを認める近代立憲主義型資本主義憲法体制の社会統合能力と存続能力を根底から問いかけるものであった。

社会経済的強者の自由が圧倒的多数の社会経済的弱者の不自由と犠牲のうえに築かれ、帝国主義諸国の自由が植民地・半植民地等の住民・国民の不自由と犠牲および民族・人類の生活を犠牲にする世界戦争のうえに築かれる事態である。これらの事態は、それ故に、近代立憲主義型資本主義憲法・近代資本主義の体制の社会的統合能力と存続能力を問いかけてやまないものであった。また、すべての人間の尊厳と自由・平等を理念として掲げる近代立憲主義型市民憲法・近代資本主義体制は、その理念の故にも、その体制の存在理由を問いかけるものとならざるをえない。それらの理念を掲げつつ、それを国内・国際社会の多数者に永続的に否定し続けることはできない。それらを憲法理念としえないでいる外見的市民憲法・その下での資本主義の体制が、より大きな内部矛盾をもつに至るのは、当然のことである。

第三章　閃光的な「先駆者」
――一八七一年のパリ・コミューン――

I　はじめに

一八七一年のパリ・コミューン(1)は、歴史上はじめて出現した労働者階級を中心とする民衆層（生産諸階級）の革命政権である。それは、近代立憲主義型資本主義憲法体制がもたらした「陰」を克服し、人権の保障、民主主義および軍縮・平和の問題において、近代立憲主義型資本主義憲法体制を質的に超えようとする注目に値する試みであった。それは、「独仏戦争」（プロイセンとフランスの間の戦争・「普仏戦争」として始まる）でフランスが敗れ、ドイツに占領されるという状況下でおこった社会主義革命の試みであった。

一　その簡単な経過

パリ・コミューンは、一八七一年三月一八日まで、同日から三月二八日まで、および三月二八日から五月二八日までの三段階に分けられる。三月一八日は、政府がヴェルサイユに逃亡し、国民衛兵中央委員会がパリの支配権を掌握した「コミューン革命」「パリ蜂起」の日である。三月二八日は、二日前のコミューン議会議員*の選挙をふまえて、「パリ・コミューン」が宣言された日である。五月二八日は、パリ・コミューンが政府軍によって制圧された日である。三月一八日までは、パリ・コミューンの準備段階として位置づけられる。三月一八日前においても、混乱の支配するパリにおいては、各区の国民衛兵軍団（民兵組織）の代議員よりなる国民衛兵中央委員会がパリで支配権を事実上掌握しつつあった。同中央委員会は、三月三日、「政府の所在地がパリ以外のところに移された場合には、パリ市はただちに独立の共和国として組織されるべきである」と決議していた。三月一八日以降は、事実上のパリ・コミューン、三月二八日以降は正規のパリ・コミューンということができる。

＊「コミューン議会」と訳出したが、それは立法と執行を同時に担当する革命的政権であった。当時、「コミューン議会すなわちコミューン」(l'assemblée communale ou la commune) という表現もされていた。

二　パリ・コミューンの憲法構想を示す代表的文書

パリ・コミューンが新しい憲法的構想（社会と政治の根本的なあり方についての構想）を示すのは、三月一八日以降のことである。新しい革命政府（コミューン）が成立すれば、それは、その目指す社会と政治の根本的なあり方を人権保障・民主主義等の問題として、明らかにしなければならない。いかなる目的の革命政権であるか、そのために所有制度を含む人権保障や主権原理を柱とする統治権のあり方をどのように変えるかを、民衆層のための革命であれば、民衆層の利害と要求をふまえて、民衆層に提示しなければならない。

パリ・コミューンは、三月一八日以降、その目的のために多様な文書を発表している。(2) なかでも、その代表的なものとしては、三月二七日の二〇区共和主義中央委員会の宣言と「フランス人民に対する宣言」と題した四月一九日のコミューン議会の宣言をあげることができると思う。

二〇区共和主義中央委員会は、パリの各区の公共集会で選出された監視委員の代表の集まりで、その三月二七日の宣言は、成立する正規コミューンにそれぞれの思惑をもって方向づけをしようとする多様な思想的立場を超えて、コミューンについての共通の理念と政策をうち出そうとするものであった。また、四月一九日の宣言は、コミューン議会がほぼ全員の賛成で可決したものであるが〔反対は一名のみ〕、パリ・コミューンの本質・理由・目的などを全フランス人民に伝えようとするものであった。

1　三月二七日の二〇区共和主義中央委員会の宣言(3)（Manifeste du Comité de 20 Arrondissements）

「……

われわれが平和的に達成しようとし続けている革命的コミューンの理念の勝利を確保するためには、その一般原則を確定し、かつ諸君の受任者が実現し擁護しなければならないそのための綱領を定めておくことが重要である。

家族が社会の萌芽であるように、コミューン〔市民の集りとしての自治体〕は、あらゆる国家の基礎である。

コミューンは、自治的でなければならない。つまり、その固有の能力・伝統・必要に応じて自治・自己管理し、政治的・国民的・特殊的な集団〔国家のこと〕のなかで、都市のなかにおける個人のように、完全な自由・個性・完全な主権を保持する法人格として存在しなければならない。

最大限の経済的発展、独立および国民と領土の安全を確保するために、コミューンは結合することができるしまた結合しなければならない。つまり国民を構成している他のすべてのコミューンまたはコミューン連合と連合することができるしまた連合しなければならない。コミューンは、その決定をするために、人種のつながり、言語、地理的位置、記憶・関係・利害の共通性をもっている。

コミューンの自治は、市民に自由を、都市に秩序を保障する。全コミューン連合は、すべてのコミューンの努力を各コミューンに利用させることによって、相互的に連合の各コミューンの力・富・販路・資源を増加する。

一八七一年三月一八日に勝利をえたのは……このようなコミューンの理念である。

コミューンの理念は、政治形態としては、自由および人民主権（la souveraineté populaire）と両立しうる唯一のものである共和制を条件とする。

話し、書き、集会しかつ結合するもっとも完全な自由。

個人の尊重とその思想の不可侵。

つねに自己自身の主人であり、かつたえまなく自己招集し自己の意思を表明しうる普通選挙〔権者の総体〕の主権。

すべての公務員または司法官に適用される選挙の原則。

受任者の有責性、したがって恒常的な罷免可能性。

命令的委任、つまり受任者の権限と任務を明確にしかつ限定する委任。

パリについては、この委任は、おそらく以下のように定められるであろう。

各地区の産業と商業の状況に応じた市のディストリクトの再編成。

全選挙人からなり、その指揮官と参謀本部を任命し、市民的・連合的組織を維持し、中央委員会によって代表され、三月一八日の革命の勝利をもたらした、国民衛兵の自治。

警視庁の廃止。コミューン〔議会〕の直接の命令下におかれる国民衛兵による市の監視。

パリについては、市民の自由にとって危険であり、市の経済財政にとって負担の大きい（onéreux）常備軍の廃止。

〔中央政府による〕一般支出および公役務に対するパリの分担金を留保して、パリ市にその予算をその内部で自由に支出することを認めかつ法と衡平に従い受けたサーヴィスに応じて納税者の負担を分配する、財政の組織。

宗教、演劇または出版に対するあらゆる補助金の廃止。

子どもの良心の自由・利害・諸権利と家父の諸権利・自由とを調和させる、非宗教的、全面的（intégral）[4]、職業的な教育（enseignement）の普及。

フランスを疲弊させるに至った荒廃について公人に帰せられる責任を明らかにし、市の財政・商業・産業・社会の状態、市が自由にしうる資金と武力、市がもっている物資をはっきりとさせ、かつ未払いの債務の履行と信用の再建に必要な全面的で有益な清算のための諸要素を提供する、広範な調査の即時開始。

失業や破産を含むあらゆる社会的危険に対するコミューン的保険制度の組織。

賃金制度や悲惨な貧困と永遠に決別し、そこ〔賃金制度や悲惨な貧困〕からの宿命的な帰結である血なまぐさい要求と内乱の再現を未来永劫に避けるために、生産者に資本、労働手段、販路および信用を提供するのにもっとも適当な方法についての不断でたゆみのない検討。

以上のようなものが、われわれが市民諸君に対し諸君の選良に与えるよう求めている委任である。彼らが知性と誠実さをもって義務づけられているようにそれらを遂行するならば、パリは、三月一八日の輝かしい友愛にみちた革命によって、全都市のうちでもっとも自由でもっとも幸福な都市となり、フランスの首都であるだけではなく、世界の首都となるであろう」。

ここでは、豊な人権の保障と社会主義への展望をもって、その手段としての「人民主権」「充実した自治コミューン」の体制が提示されている。この宣言を掲載した新聞『人民の叫び』(Le cri du peuple) が推薦した候補者のうちから五〇人の当選者（総定数九〇人、二六日の当選者総数は、重複当選者もあり、八五人）が出ていたことを考慮するならば、この宣言がコミューンの基本政策を予告する政府綱領としての性格をもつものであったことは、ほぼ間違いあるまい。

2　四月一九日のコミューン議会の宣言

(1)　コミューン議会の選挙

三月一九日、国民衛兵中央委員会は、パリ市民からの選挙による委任なしに権力を担当し続けることがない旨を宣言していた。三月二六日、コミューン議会の選挙がおこなわれた。敗戦下の革命状況においてのことである。議員の総定数は九〇、各区の定員は人口数に応じて二人から七人、登録有権者総数は、一八七〇年五月の国民投票時には、四八万五五六九人であった。コミューン議会議員選挙への参加者は、二二万九一六七人であった。一八七一年二月八日の国民議会議員の総選挙にパリで三〇万人ほどの有権者が参加していたところからすれば、棄権の多さが目立つ選挙であったようにも見える。しかし、①二月八日以降においても、パリが戦場となるおそれは消えず、人口流出が続いていたこと、②三月一八日にティエール（Louis Adolphe Thiers, 1797-1877）――二月一二日にボルドーに会合した国民議会によって「行政権の首長」（Chef du pouvoir exécutif）に任命されていたが、三月一八日パリの国民衛兵から大砲を奪取することに失敗してパリを放棄し、ヴェルサイユに逃亡した――とともにパリを逃げ出した市民が八万人以上に達していたといわれていること、および、③選出されるコミューンが新しい主権原理（「人民主権」）に基づきかつ大幅な社会変革を目指すものであったこと、などを考慮するならば、二三万に近い有権者の投票は、けっして少ないものではなかった。

三月二七日のコミューン官報等によると、重複当選者を除く当選者総数は八五人であった。東部・北部・南部の地区では、コミューン派が圧倒的多数を占めた。コミューン派は、第二〇区で一〇〇%、四つの区で九〇%以上、一〇の区で七五%以上を得票した。区長系の反コミューン派が過半数を得票したのは、中央と西部の四つの区にとどまった。

四月一六日に、当選辞退者等の部分も含めて補欠選挙がおこなわれた。

コミューン議会においては、社会主義の形態は多様であったが、それを求める議員が多数を占めていた。

(2) 四月一九日の議会の宣言(5)

四月一九日、コミューン議会は、反対一人、残り全員賛成で「フランス人民に対する宣言」（Déclaration au Peuple français）を可決した。それは、パリ・コミューンの本質、理由、目的等を「フランス人民」に伝えようとするものであるが、そこには、以下のような指摘が含まれていた。

「パリと全国の人々は、遂行されている革命の本質、理由、目的がどのようなものであるかを知る必要がある。コミューン〔議会〕は、パリの住民の願望を明確化し、ヴェルサイユに所在する政治家たちによって誤解され、無視され、中傷されている三月一八日の運動の特質をはっきりさせる義務をもっている。

……

パリは、なにを要求しているか。

人民の権利と社会の規則的で自由な発展、と両立しうる唯一の政治形態である共和制の承認と強化。

フランスの全地区に及ぼされ、そのおのおのにその完全な権利を保障しかつあらゆるフランス人に人間・市民・労働者としてのその能力の完全な行使を保障する、コミューンの絶対的自治。

コミューンの自治に対する限界は、〔結合のための〕契約に参加する他の全コミューンの平等な自治権だけであろう。契約に基づく結合によって、フランスの一体性は確保されるはずである。

コミューンに固有の権利は、以下のようである。

コミューンの収支予算の議決。租税の確定と割り当て。地方的事務の管理。その司法部、内部警察および教育の組織。コミューンに属する財産の管理。

あらゆる段階のコミューン司法官または公務員の、選挙または競争試験による責任をもっての選任およびその恒常的な統制権と罷免権。

個人的自由（liberté individuelle，とくに身体の自由を意味するものと解される）、思想・信仰（conscience）の自由(6)および労働の自由の絶対的保障。

自己の意見を自由に表現し、その利益を自由に擁護することによって、コミューンの公務への市民の恒常的な参加。集会と表現の権利の自由で正当な行使を見守りかつ保障すべき唯一の責任者であるコミューンからこれらの表現に対して与えられる保障。

市の防衛と国民衛兵とを組織すること。国民衛兵は、その指揮官を選出し、かつそれのみが市の秩序維持の任にあたる。

パリは地域についての保障（garanties locales）としては、これ以上のものはなにも望んでいない。もちろん、加盟コミューンの代表部である中央政府においても、同じ諸原理の実現と実行が条件となっている。

しかし、パリは、その自治権のおかげでまたその活動の自由を利用することによって、パリで、その住民が要求する政治的および経済的改革を意のままにおこなう権利をもっているし、教育、生産、交換および信用を発展・普及させ、当面の必要、関係者の希望および経験からえられたデータに従って権力と財産を万人のもとする（universaliser）に適した制度を創設する権利をもっている。

われわれの敵が、パリを非難して、パリは国の他の部分にその優越性を押しつけようとしかつ他のコミューンの独立と主権をまさしく害するような独裁を主張しているというのは、彼らが誤解をしているためかまたは国民を誤解させようとしているためかのいずれかである。

彼らが、パリを非難して、パリは、旧いフランスの津々浦々から〔一七九〇年七月一四日の〕連盟祭(7)（la fête de la Fédération）に馳せ参じたわれわれの父祖の喝采のうちに大革命によって建設されたフランスの統一を、なんとかして破壊しようとしているというのは、彼らが誤解をしているためかまたは国民を誤解させようとしているためかのいずれかである。

帝制、君主制および議会制によって今日までわれわれに押しつけられてきたような統一は、専制的、無知的、恣意的または高出費的な中央集権にすぎない。

パリが望んでいるような統一は、あらゆる地方的な創意の結合であり、万人の福祉、自由および安全という共通の目的にむけてのあらゆる個人的エネルギーの自発的で自由な結集である。

三月一八日の民衆のイニシアティブによって始まったコミューン革命は、経験的、実証的、科学的な政治という新時代を開くものである。

それは、プロレタリアートに隷属を、祖国にその不幸と災禍をもたらしている旧い政界と宗教界、軍国主義、官僚主義、搾取、投機、独占、特権を終らせるものである。

……

われわれは、全フランスに訴える。

……

全フランスこそが、その逆らいえない意思を厳粛に表明することによって、ヴェルサイユを武装解除すべきである。

われわれが勝利をえることによって受益者となるはずの全フランスが、われわれの努力について連帯責任を負うていることを宣言するように。コミューンの理念の勝利かパリの壊滅かのいずれかによってしか終ることのできないこの闘争において、全フランスがわれわれの同盟軍となるように。

われわれパリ市民はといえば、われわれは、歴史に輝きを与えたあらゆる革命のうちでもっとも大きくてもっとも実りの多い現代の革命をなし遂げる使命をもっている。

われわれは、闘って敵をうち破る義務がある」。

この宣言は、「人民主権」という表現を用いていないが、その原理を前提としていることは間違いない。「権力を万人のもの」としかつ全公務員が原則として「人民」によって選任され、その恒常的な統制権と罷免権に服するとしていることは、それを端的に表明している。その「人民主権」が、ここでは、精神的および身体的自由権の保障の強化し、財産を万人のものとし、フランス人を人間・市民・労働者として全側面において解放するための権力的手段的原理として確認されているようである。その「人民主権」が、コミューンの原理とされているだけでなく、中央政府の原理としても確認されていることは、注目に値する。コミューンの自治が強調されているのは、それこそが市民の日常生活が営まれる場所であり、そこにおいてこそ「人民による、人民のための政治」をおこないやすいからである。

(3) 共通の政治理念・原理を欠く「二つのパリ・コミューン」？

一八七一年のコミューン議会は、中央政府の存在に否定的な、したがってすべての公的事務をコミューンの事務とすることを求めるプルードン派等と、単一・不可分の共和国を主張して中央集権体制を不可欠としていたジャコバン派・ブランキ派に大きく分裂していたといわれることが少なくない。たしかに、コミューン議会は、その後半においては、その機能を麻痺させるような分裂状態に陥っていた。しかし、その分裂の要因は、その問題をめぐる対立にあったわけではない。コミューンについても中央政府についても「人民主権」を原理とすることを確認していた「フランス人民に対する宣言」が、一人だけの反対で可決されていたところからすれば、この宣言の可決によって、中央政府を欠いたコミューン連合か自律的コミューンを欠いた単一・不可分の共和国かをめぐる対立は克服されていたと見るべきであろう。プルードン派、ジャコバン派、ブランキ派についての固定観念から一八七一年のコミューン議会を理解すべきではない。コミューン議会の基本文書や行動から理解すべきである。厳しい状況のなかで、革命的変革を進めることによって、彼らもその考え方を変化させていた。

「当時、〔コミューン議会の議員の〕すべてがパリの自治と自由の必要性、それをフランスの全コミューンに及ぼすことが善であるということ、については意見が一致していた。すべての者が（考えを徐々に変えていたジャコバン派やブランキ派さえも）、第二帝制下で耐え難いものになっていた過度の中央集権を破壊すべき必要性については意見が一致していた。また、同時に……一七九〇年の『連盟』祭の際に達成された国民的統一を維持する必要性と例によって全フランスのために息をきらせて働くパリに優位を認めることの不可避性についても意見が一致していた」(8)。J・ルージュリー（Jacques Rougerie）のこの指摘を無視するわけにはいかない。

一八七一年のコミューン議会を機能麻痺に陥れたのは、あとでふれる「革命政府」のあり方の問題であった。

II　パリ・コミューンの憲法的構想の特色

一　保障しようとする人権(9)

1　その内容

三月二七日の二〇区共和主義中央委員会の宣言は、人権につき以下のような保障をすべきだとしていた。

①言論、出版、集会、結社の「もっとも完全な自由」。

個人の尊重。

思想の不可侵。

宗教、演劇、出版に対するいっさいの補助金の禁止。

②非宗教的な、全面的および職業的教育の普及。

失業や破産を含むあらゆる危険に対するコミューン的保険制度の組織。

「賃金制度や悲惨な貧困と永遠に決別し、そこからの宿命的な帰結である血なまぐさい要求と内乱の再現を未来永劫に避けるために、生産者に資本、労働手段、販路および信用を提供するのにもっとも適当な方法についての不断のたゆみない検討」。

③「人民主権」の原理による広範な参政権の保障。具体的には以下のようである。

すべての公務員または司法官に適用される選挙の原則（選挙による全公務員・司法官の任命）。受任者の有責性したがって恒常的な罷免可能性（受任者＝議員についての政治責任の追及・リコール権）。

また、四月一九日の「フランス人民に対する宣言」は、人権を以下のように保障しようとしていた。

①個人の自由、思想・信仰の自由、労働の自由の「絶対的保障」。

表現の自由（政府批判、政治宣伝の自由を含む）。

集会の自由。

②「教育、生産、支援および信用を発展普及させ、当面の必要、関係者の希望および経験からえられたデータに従って権力と財産を万人のものとするに適した諸制度」の創設。

③「人民主権」の原理による広範な参政権の保障。具体的には、以下のようである。

「あらゆる段階のコミューンの司法官または公務員の選挙または競争試験による責任ある選任およびその恒常的な統制権と罷免権」。

「自己の意見を自由に表現し、その利益を自由に擁護することによって、コミューンの公務への市民の恒常的な参加」。これらの表現活動は、コミューンによって保障される。

2　新しい人権保障の追求

三月二七日と四月一九日の宣言は、パリ・コミューンの代表的文書であったが、正規の「憲法」や「人権宣言」ではない。したがって、それらは、すでに指摘しておいたように、新しい人権保障のあり方を体系的に表明するものでもなかった。

しかしなお、それらが、四月一九日の宣言がいうように、「あらゆるフランス人に、人間、市民および労働者としてその能力の完全な行使」の保障を意図していたことは、間違いあるまい。労働者を中心とする民衆層の解放が課題として登場するときに、はじめて、「人間」および「市民」としての生活に不可欠な権利だけでなく、「労働者」としての生活に不可欠な権利の保障も課題となる。しかも、労働者を中心とする民衆層における人間疎外状況が生産手段の私有（私有財産制）・野放しの契約の自由とそれに仕える「国民主権」（や議会主権）の原理によってもたらされているところからすれば、「人間」および「市民」についての人権保障のあり方も変らざるをえなくなるはずである。

このような要求に応えようとする、人類の歴史上かつてなかった人権保障の体系を求める姿勢を、これら二つの宣言のうちに読みとることができる。

この二つの宣言を通じて、1の①の部分が、主として伝統的な「人間の権利」に相当するものとして、とくに精神的自由権（精神活動の自由）、身体的自由権（身体の自由）を念頭においていることは間違いあるまい。これらについて「もっとも完全な自由」とか「絶対的な保障」を強調していたことは、注目に値する。現実の生活のなかで、それらの自由からもっとも大きく切り離され、その不自由にもっとも苦しんでいた者たちこそが、それらの自由の価値を自覚し、そのより完全な保障を求めていたことをしりうる。[*] また、新たに樹立しようとする憲法体制が「人民主権」を原理としていたことも、大きく関係していると考えられる。市民を政治の主役とする体制においては、政府批判の自由を含む表現の自由をはじめとして、精神的自由権と身体的自由権の保障が、とくに重要な意味をもつことになるからである。これらの点は、フランス革命時の民衆層の要求とも大きく共通する。

＊　たとえば、一八七一年四月六日、パリで、死刑執行の手段である新旧二つのギロチンが、国民衛兵の手により、ヴォルテール（Voltaire, 1694-1778）の銅像の下で焼却された（ヴォルテールが旧体制下で、それと闘っただけでなく、「カラス事件」や「シルヴァン事件」などを通じて宗教的不寛容や司法権の濫用と闘っていたことによる）。[(10)] コミューン議会の決定によるものではないが、生命や身体の自由を重視するパリの民衆層の考え方を示すものであった。コミューン議会は、ヴェルサイユ政府による処刑に対抗するために、四月五日デクレで、「パリ・コミューン正統政府の戦闘員捕虜またはその支持者が処刑される度ごとに、即日第四条によって拘禁されている人質のなかから抽選によって指名された三倍の数の者が処刑される」（第五条）と定めていたが、この規定は一度も施行されなかったという。

「国民〔衛〕兵に変装してパリでつかまった彼ら〔ヴェルサイユ政府側の〕憲兵スパイでさえ、また焼夷弾をもったままつかまった巡査でさえ、命をたすけられた」[(11)] という指摘もある。生命についてのコミューン側の姿勢を示すものであろう。

1の②の部分は、現代資本主義憲法の「社会権」に相当するものであるが、従属労働者を中心とする民衆層の全面的な解放を目指すものとして、「社会権」の保障の域を超える内容をもっている。資本主義憲法においては、「社会権」は、資本主義体制を前提としたうえで、賃労働者を中心とする民衆層にも人間らしい生活を保障しようとして、現代資本主義憲法の段階になって、はじめて登場する。しかし、パリ・コミューンにおいては、資本主義体制自体を否定することによって、民衆層の生活を質的に改善しようとしていたので、「社会権」の保障も、精神的自由権・身体的自由権の保障とともに、人間の生活に不可欠なものとして位置づけられることになる。パリ・コミューンと社会主義体制の問題については、あとでまたふれる。

ここでは、②の部分に関連して、とくに次の二点を指摘しておきたい。

第一に、この部分の保障とも対応して、近代立憲主義型資本主義憲法の場合と異なり、財産権をはじめとする伝統的な経済的自由権についての積極的な保障が欠落していることである。近代立憲主義型資本主義憲法は、財産権を第一の人権として神聖不可侵とまで規定していた。ここにも、資本主義体制を超えて進もうとする姿勢が見られる、といっても誤りではあるまい。

第二に、パリ・コミューンが教育を重視して、公教育につき、非宗教性・科学性・無償性の原則をうち出し、全面的教育（知的精神的および肉体的な能力を全面的に発展させる教育、enseignement intégral）・職業教育を保障しようとしていたことである。パリ・コミューンの動向を熟視していたマルクスは、パリ・コミューンの意図する公教育のあり方を以下のように解説していた。

「すべての教育施設は人民に無料で公開され、同時に、それへの教会や国家の干渉がいっさい排除された。こうして、教育が、だれでもうけられるものにされただけでなく、学問そのものが、階級的偏見と政府権力によって負わされていた束縛から解放された(12)」。

教育や学問が、その内容と方法につき科学性を不可欠としているところからすれば、信仰の世界である宗教からの独立を求められるだけでなく、多数決の世界である政治・行政からも独立を求められるのは、当然のことである。

1の③の部分は、①と②の部分を実現し維持するための手段的権利として、「人民主権」の原理から体系的に説明されるべきものである。この点については、三で検討する。

二　社会主義体制への意図(13)

一八七一年のパリ・コミューンは、資本主義的な私有財産制度を否定し、社会主義体制の実現を意図しているようであった。

それは、その目的が労働者階級を中心とする民衆層の解放にあることを繰り返し表明していた。

たとえば、四月一九日の宣言は、「あらゆるフランス人に、人間、市民および労働者としての能力の全面的な行使を保障する」ことが、コミューンの自治の目的だとしたうえで、パリは「権力と財産を万人のものとするに適した諸制度を創設する権利をもっている」とし、さらに、パリ・コミューンは「プロレタリアートに隷属を、祖国に不幸と災禍をもたらしている旧い政界と宗教界、軍国主義、官僚主義、搾取、投機、独占、特権を終らせるものである」と述べていた。

また、三月二七日の宣言も、すでに紹介しておいたように、「賃金制度や悲惨な貧困と永遠に決別し、そこからの宿命的な帰結である血なまぐさい要求と内乱の再現を未来永劫に避けるために、生産者に資本、労働手段、販路および信用を提供するにもっとも適当な方法についての不断のたゆみない検討」をパリ・コミューンの課題としていた。

民衆層のうちの賃労働者以外の要素に配慮してか、またパリ外の各地域にも配慮したためか、二つの宣言を含めて、パリ・コミューンは、「社会主義体制の樹立」や「資本主義体制の否定」という類の表現を用いることには禁欲的な態度をとっていた。しかし、つつましやかな表現にもかかわらず、その論理的な帰結が「社会主義体制の樹立」や「資本主義体制の否定」でしかありえない表現をしていたことも事実である。

たとえば、「賃金制度……と永遠に決別」することは、賃金制度の基礎となる資本賃労働関係を否定しないことには不可能であり、また「そこからの宿命的な帰結である血なまぐさい要求と内乱の再現を未来永劫に避ける」ことも、その原因となる資本賃労働関係の清算なしには困難なことである（とくに当時の資本賃労働関係についてはそうであった）。

また、「権力と財産を万人のものとする」ことも、それらを全体としての「人民」の所有物とし、かつ「人民」の所有物であるから、その全構成員（市民）がそれらの管理運営に参加する体制を意味すると解するのが自然であろう。

「権力を万人のものとする」ことについては、次の**三**で見るように、パリ・コミューンは、上述のように理解して、実践しようとしていた。その際、事項の地域性と「人民による、人民のための政治」の観点から、「充実した地方自治」の体制を「人民主権」の原理に内在するものまたはそれから当然に要求されるものとして重視していたことにも注目すべきであろう。生産手段の私有の否定との関係でも、その帰結が、「国有化」ではなく「人民化」であり、「人民化」であるから「人民による管理運営」のあり方が、権力の「人民化」の場合と同様に問題とならざるをえないはずである。

三　「人民主権」の原理と「充実した地方自治」の体制(14)

1　「人民主権」の原理

一八七一年のパリ・コミューンは、新しい人権保障制度、社会主義体制の樹立、軍事小国主義体制等の実現を目指し、「人民主権」をそれらの実現・維持のために不可欠な手段的原理と考え、この原理を以下のように具体化しようとしていたようである。

(1)　従来の統治体制の否定

まず、従来の主権原理とそれに適合的な統治体制が否定される。「人民主権」という新しい主権原理の導入によって、従来の主権原理とそれに立脚する統治体制の清算が求められるのは論理的に当然のことであるが、現実もほぼそのように動いていた。新しい主権原理は、従来と異なる主権（統治権）の所有者（権利主体）・目的（誰の利益のために）・行使の方法（誰の意思によって）を要求することによって、論理的に従来の主権原理およびそれに適合的な統治体制と両立できなくなるからである。とくに革命的転換の場合には、従来の主権原理の担い手および伝統的統治機構との間で、平和的に処理しがたい緊張と対立をひき起しがちとなる。

一八七一年のパリ・コミューンにおいては、占領と内戦の状況下で、軍隊・警察の解体・再編をはじめとして、全統治機構の解体・再編が企図されかつ進められた。

ならない。

(2) コミューンの解体・再編

国家の基礎単位となる各コミューンの統治機構は、「人民主権」の原理に基づいて組織・運営されなければならない。

コミューンにおいては、市民は、政治について表現、集会、宣伝の自由をもつ。その保障を欠く場合には、コミューンの「人民」（住民）による政治の恒常的統制をも含めて、「人民による政治」も「人民のための政治」も不可能となる。そこでは、「人民」は、さらに原則としてすべての公務員を選任し、受任者（議員）に命令的委任を与え、原則としてすべての公務員を恒常的に統制しかつ罷免することができる、とされていた。

「人民」（の単位）と議員は、委任者と受任者の関係にあるから、議員は「人民」（の単位）の委任に拘束されるだけでなく、「人民」（の単位）によって任意に罷免される。委任者の判断で委任関係を解消できるのは、委任関係においては当然のことである。議員は、「人民」（の単位）に対して、その違法行為についてだけでなく、その不当な行為や無能性その他の不適格性についても、罷免を責任の内容とする政治責任を負っている。議員の地位にない公務員も、「人民」の統治権を「人民」の意思に従いかつ「人民」の利益のために行使すべき者として、恒常的な統制と罷免を受けるべきものとされている。二つの宣言では、罷免の原因は、違法行為に限定されていない。

普通選挙制度（それによる公務員の任命制度）、議員についての命令的委任と罷免の制度、公務員についての恒常的な統制権と罷免権、および政治についての表現・集会・宣伝の自由の保障などによって、人民はコミューン内の全権力を自己に集中している。

(3)「人民主権」に立脚する中央政府

中央政府も「人民主権」を原理とすべきだとしていた。パリ・コミューンは、中央政府のあり方については、立ち入った検討をする余裕もなかったし、また立ち入って検討していなかった。しかし、中央政府も「人民主権」の原理に立つことを当然のこととしていたようである。たとえば、四月一九日の宣言は、コミューンの固有の権利、コミューンで保障されるべき人権と「人民主権」の原理にふれたうえで、以下のように述べていた。「パリは、地域についての保障として、これ以上のものはなにも望んでいない。もちろん、加盟コミューンの代表部である中央政府においても、同じ原理の実現と実行が条件となっている」。

2　「人民主権」と「充実した地方自治」の体制

「人民主権」の原理と密接に関係することであるが、パリ・コミューンは、地方自治を重視していた。パリ・コミューンの考える国家は、コミューン（市町村）で効果的に処理できない、全国民的・全国土的な性質・性格の事務をコミューンの場合と同一の「人民主権」の原理によって中央政府が処理すべきものとしつつも、コミューンで処理できる地方的事務を、そのために必要な自主財源とともに、コミューンの自治にゆだねる統一国家であった。

このような地方自治を重視する態度は、市民の生活実体から見て、また「人民主権」の原理から見て、当然に導かれることであった。

市民の大部分は、生産と消費をはじめとして日常生活の大部分を特定のコミューンでおこなっている。コミューンは、中央政府の場合と異なって、その対象地域が狭く、「人民（住民）自身による政治」も、「人民（住民）

の具体必要・要求にきめこまかに対応する政治」も、おこなうことができる。さらに、公務のなかには、全国民共通のものだけでなく、各地域の自然的、社会的、文化的条件等の相違によって異なる地方的性質・性格のものが少なくない。「人民による、人民のための政治」を求める「人民主権」の原理が、コミューンの自治を重視するのは当然のことである。中央政府の担当者が各地域の生活実態を熟知していないこと、およびコミューンの政治に恒常的に参加することを通じて主権者の成員としての意識と知識をもった真の市民が形成されること、をも考慮すれば、なおさらのことである。

「人民主権」の原理からすれば、「住民自治」（市町村等地方公共団体の事務は、住民の意思に基づいて住民のためにおこなわれなければならない）、「団体自治」（地方公共団体の事務は、地方公共団体が中央政府の干渉から独立して自主的に地方公共団体のために処理する）の保障だけでなく、中央政府と地方公共団体の担当する事務配分において、「地方公共団体優先の事務配分の原則」——地方公共団体で効果的に処理できる事務は地方公共団体に優先的に配分し、地方公共団体では効果的に処理できない全国民的・全国土的な事務のみを中央政府に配分するという原則——が導かれることになるはずである。市町村と都道府県という二段階の地方公共団が存在する場合には、小さな地域ほど「人民による、人民のための政治」をおこないやすい点から見て、「市町村最優先」「都道府県優先」の事務配分の原則が導かれることになるはずである。

この点については、パリ・コミューンは、立ち入って検討する時間的余裕もまた政治的状況ももっていなかった。しかし、右の事務配分は、当然の共通の了解となっているようであった。たとえば、三月二五日の国民衛兵中央委員会内務担当委員の宣言は「国の場合と同じく、いかなる都市も自治をおこない、その内部的なコミューン生活にかんする問題を管理し、国の全般的な管理、国の政治的方向づけのみを中央政府にゆだねるという時効によって消滅することのない権利」[15]があること確認的に指摘し、四月一九日のコミューン議会の宣言は「地方的事務の管理」をコミューン（市町村）に「固有の権利」（droits inherents）としていた。

「地方的事務の管理」は、自治体の権利の問題であるから、自治行政権のみの問題ではなく、自治立法権・司法権をも当然に含む。自治行政権のみでは、自治体のための政治を確保できないからである。中央政府の立法権・司法権の担当者が各地域の実情を熟知していないことをも考慮すれば、なおさらのことでもあろう。そこでは、条例は、中央政府の法律に従属する命令の地位にはありえなくなる。それは、憲法の制約の下で、地方自治体の始原的法律となる。

四　軍事小国主義

パリ・コミューンは、常備軍が新しい国家にとって二重の意味で危険だとしていた。一つは人権保障にとって危険だということであり、もう一つは経済財政的に見て危険だというのである。三月二七日の宣言は「パリについては」と断りながら、「市民の自由にとって危険であり、市の経済財政にとって負担の大きい常備軍の廃止」を明言していた。

このような立場に立って、コミューン議会は、三月二九日、つまり正規コミューンの成立の翌日、次の法律を議決していた。[16]

「第一条　徴兵は、廃止される。

第二条　国民衛兵〔民兵〕以外のいかなる兵力も、パリ内に創設されまたは導入されてはならない。

第三条　すべての健康な市民は、国民衛兵を構成する」。

パリ・コミューンの想定する国家は、常備軍をもたない、健康な市民からなる民兵のみの小軍事国家であった。軍が人権の保障と経済財政にとって危険だとする認識には、とくに注目すべきであろう。軍事支出の再生産外消耗性をはじめとして、常備軍・職業軍人とパリ・コミューンの考える社会主義体制との非両立性に気づいていたようである。常備軍が、とくに経済財政の破綻要因となることは、あとで見るように二〇世紀・二一世紀においてとくに米ソ両国により実証されることになる。

五　安価な政府

パリ・コミューンの考える国家は、労働者階級を中心とする民衆層（生産諸階級）の国家であった。その公務員は、民衆層の生活のための手段であった。しかも、新しい国家における人権の保障や経済発展のためには多く資金が必要となるはずであった。そこでは、軍事小国主義が徹底して求められるだけでなく、公務員の賃金を労働者なみとし、政府の人件費を削減することが不可欠となるはずであった。

コミューン議会は、四月二日、以下のような法律を制定した。

「これまで、公務員の上級官職が、それらに与えられる高額の給与の故に、猟官運動の的とされ、また恩恵的な地位として与えられてきたことを考慮し、

真に民主的な共和国には、閑職も法外な給与もありえないことを考慮して、以下のように定める。

単一箇条　コミューンの諸役務に従事する職員の給与の最高額は、年額六〇〇〇フランとする」。(17)

また、五月一九日法は、給与の二重取りを禁止して、本務以外の職務に選任されても、新給与を受けることができないとしていた。(18)

六　一八七一年の憲法構想の歴史的意義

以上のような特色をもつ一八七一年パリ・コミューンの憲法構想は、近代立憲主義型資本主義憲法体制の下における民衆層の悲惨な生活経験をふまえて、「あらゆるフランス人に、人間、市民および労働者としての能力の完全な行使を保障す」べく、近代の社会と政治のあり方を全面的に再検討・再編成しようとする歴史上はじめての本格的な試みであった。それは、人権の保障、民主主義、軍縮・平和の問題において、近代立憲主義型資本主義憲法体制を量的にも質的にも超えようとするものであり、近代立憲主義型資本主義憲法体制のもたらした「陰」を本格的に克服しようとする注目すべき試みであった。

とくにフランスでこの試みが顕在化したのは、フランス革命を通じて創出された典型的な近代立憲主義型資本主義憲法とそれによって創出された近代資本主義体制の下で、①労働者階級を中心とする民衆層が人間疎外の状況に追いこまれ、②その状況を克服するために、「民衆の憲法思想」が、思想界だけでなく、労働運動・民衆運動・社会主義運動のなかで鍛えられ発展させられてきた、からであった。それは、鍛え続けられた民衆の憲法思想の本格的な自己実現の試みであり、その意味でフランスの民衆層による民衆層のための社会と政治の創出の試みであった。

パリ・コミューンを熟視していたマルクスは、「それは、本質上労働者階級の政府であり、横領者の階級にたいする生産者の階級闘争の所産であり、労働の経済的解放をなしとげるための、ついに発見された政治形態であった」と評価していた。レーニンも、基本的にはこの評価を継承していた。(19)

一八七一年パリ・コミューンの憲法構想は、マルクスやレーニンを媒介としてではあるが、その後の「社会主義国」に継受され、そこで実現されるべきモデルとなるはずであった。しかし、スターリン（Iosif Stalin, 1879-1953）の下で確立された「ソ連＝東欧型社会主義憲法体制」は、この「モデル」の諸原理とは異質のものというほかはない諸原理に依拠しているようであった。それは、現実には、非民主的で、官僚的な軍拡国家の体制として、二一世紀を目前にして内部崩壊した。この点についてはあとで若干の検討をする。

いずれにしても、一八七一年パリ・コミューンが、近代立憲主義型資本主義憲法とその下における近代資本主義体制の破綻を証明するものであったことは、間違いない。

七　パリ・コミューンと「革命政府」の問題

一八七一年パリ・コミューンについては、もう一つ指摘しておかなければならないことがある。それは、パリ・コミューンが、「ついに発見された政治の形態」と評されるほどに注目に値する人権保障、民主主義、軍縮・平和についての原理を提示していたにもかかわらず、「革命政府」の問題で深刻な内部分裂に陥り、みずからの墓穴を掘っていたことである。ここでは、この問題を立ち入って検討する余裕がないので、次の二点を指摘しておくにとどめたい。

1　「革命政府」をめぐる事態の経過

(1)　当初における問題意識の欠落

パリ・コミューンにおいては、そのほぼ全期間が革命的動乱の状況にあり、その全期間が「革命政府」の段階と位置づけられる。この段階では、標榜する新しい原理の、とくにその権力原理である「人民主権」の原理の、全面的な実施が不可能となることもありうる。旧体制からの転換が非平和的になされた場合には、ほぼ確実に不可能となる。しかし、一八七一年のパリ・コミューンは、当初「革命政府」の問題をさして意識していなかったようである。民衆層の解放を目指すものとして、「人民主権」の全面的な実施を当然のこととしていたようである。その旨を示すパリ・コミューン成立前後の宣言その他の文書、および三月二六日のコミューン議会議員の選挙の実施と議員に対する多様な命令的委任の具体化は、このことを示している。

(2)　「公安委員会」の創設とコミューン議会の内部分裂[20]

ヴェルサイユ政府との戦闘が再開されてそれが激化し、事態が重大化すると、コミューン議会の多数派は、事態の重大性と徹底した措置をとることの必要性を理由として、五月一日、五人の委員会からなる「公安委員会」(Comité de Salut Public) を設け、これに「あらゆる代表機関と委員会についてのもっとも広範な権限」[21]を与えた。これに対して、少数派は、五月一五日、「明確な特別の投票によって、パリ・コミューン〔議会〕は、一つの独裁機関の手中にその権力を譲り渡し、その独裁機関に公安委員会という名称を与えた」「コミューン〔議会〕の多数派は、その投票を通じて、無責任な正体をあらわし、われわれをとりまく状況について全責任を委員会に一任してしまった」とする「少数派宣言」を発表して、多数派の反「人民主権」的な対応を非難した。[22] 少数派は、コミューン議会からひきあげて、有権者のもとに戻った。

(3)「革命政府」の原理と形態

多数派は「革命政府」の原理と形態につき、「人民主権」と「民衆独裁」を排除し、「少数独裁」の立場をとった。フランス革命期の「公安委員会」の名称と組織の復活は、そのことを端的に示している。少数派は「人民主権」を維持・貫徹する「民衆独裁」を主張した。革命状況の相違はあるにしても、基本的には、フランス革命前期における「革命政府」のあり方をめぐる対立――ロベスピエール派的な「人民」と切断された「少数独裁」か、サン・キュロット的な「民衆独裁」か――の再現である。[23]

革命的動乱の最中に「人民主権」を貫徹することが不可能であるということ、および「人民主権」の実現と民衆層の解放を掲げる革命政府が、「人民」と切断された「少数独裁」に走れば、その機能を十全に果せなくなるということは、フランス革命期の経験からも明らかであった。サン・キュロット運動の失敗とロベスピエール（公安委員会）の独裁の失敗は、そのことを示していた。

このような失敗の経験をふまえて、フランス革命後期の「バブーフの陰謀」は、革命期に「人民主権」を全面的に実施することはできないとしつつも、「人民」と一緒にならなければ大事はなに一つなしえないとして、状況との関係において可能な限り「人民」の意思に従って革命期の諸課題を処理する革命政府を構想していた。[24]

一八七一年のパリ・コミューンは、「バブーフの陰謀」のレベルにも到達できないままに、「革命政府」のあり方をめぐって内部崩壊した。

2　内部崩壊の要因

その要因としては、以下のようなものが考えられる。

第一は、「バブーフの陰謀」における「革命政府」の構想が、ロベスピエール派のリーダーの一人であったブオナロッティ〔『いわゆるバブーフの平等のための陰謀』(Buonarroti, Conspiration pour l'égalité dite de Babeuf, 1828)〕を通じて、ロベスピエリスト的な偏りをもって、一九世紀の革命運動に伝えられ、L・A・ブランキをはじめとする革命運動家に大きな影響を与えていたことである。(25) ロベスピエリスト的な少数独裁の革命政府こそが「革命政府の原型」であるとする考え方の継承である。一八七一年のパリ・コミューンも、その人的構成から見て、その影響から免れていなかったようである。

第二は、パリ・コミューンの成立前におけるこの問題についての検討不足である。「バブーフの陰謀」の際には、革命運動の中枢であった「公安秘密総裁府」で、それ以前の諸経験をふまえ、「人民と一緒にならなければ大事はなに一つなしえない」という観点から、状況との関係における例外を留保しつつ、可能な限り「人民」の参加を求めて、革命の蜂起から革命政府の樹立とその運用に至る過程の諸段階を入念に検討していた。しかし、一八七一年のパリ・コミューンは、民衆層の蜂起の結果というよりは、政府による「パリの放棄」によって、他律的に成立したという事情もあり、「革命政府」のあり方と任務について必要不可欠な事前の検討、調整、用意などを欠いていた。

第三は、コミューンの成立後における、この問題を検討する時間の不足と状況の厳しさである。この点については、正規コミューンが三月二八日に宣言され、五月二八日にパリ全市が政府軍によって制圧されていることおよびその二ヵ月間の大部分が政府軍との戦闘期間であったこと(四月二日には政府軍との戦闘再開)を指摘しておけば足りるであろう。

3　パリ・コミューン後における「革命政府」の問題

「革命政府」の問題に関連しては、もう一つ指摘しておかなければならない問題がある。それは、一八七一年のパリ・コミューンを「ついに発見された政治の形態」として継受するかに見えたソ連＝東欧型社会主義諸国で、労働者党が、「革命政府」の段階を越えて、立憲主義の段階でも、「人民による具体的な選任・授権・統制・罷免の手続」もなしに、憲法上「すべての社会的および国家的組織の指導的中核」としての地位を与えられていたこと、および「人民」からその官僚性・非民主制を糾弾されて、ソ連＝東欧型社会主義体制崩壊の一要因となっていたこと、である。立憲主義段階における「人民」と切断された革命政府の部分的承認とそれに対する「人民」の批判である。立憲主義段階におけるこのような労働者党の存在は、「人民主権」および立憲主義の原理と抵触するものとならざるをえない。

A・ソブール（Albert Soboul）は、パリ・コミューン一〇〇周年の一九七一年、一八七一年に「ついに発見された政治形態」と評されたパリ・コミューンにつき、「革命政府」の問題を解決していなかった旨を指摘していた。「人民独裁か少数の前衛への権力の集中か。フランス革命は、一九世紀に革命国家の問題を残していた。……パリ・コミューンは、それをはっきりと解決しているとは思われない」(26)。この問題の処理の仕方のいかんが社会主義体制の成立と存続を左右するに至ることは、否定できないであろう。「社会主義」諸国は、現在もこの問題をもっている。

第四章　二つの現代憲法の登場

——近代資本主義憲法体制下の「陰」を克服しようとする二つの試み——

Ⅰ　はじめに

一八七一年のパリ・コミューンは、近代立憲主義型資本主義憲法体制がもたらした「陰」を克服しようとする、「閃光的」ではあったが、注目すべき、民衆の憲法構想の具体化の試みであった。それは、一九一七年のロシア革命を予告するものでもあった。一八七一年と一九一七年の衝撃は、強烈であった。資本の側は、資本主義体制を賭ける階級闘争をいかにして体制内化するか、また資本主義体制の経済的安定（必要な有効需要の確保による安定）をいかにしてはかるか、新しい憲法的対応をせまられるはずであった。この歴史的課題にこたえる目的をもって、二種類の現代憲法体制が第一次世界大戦期以降に登場することになる。

その一つは、近代立憲主義型資本主義憲法体制の人権保障・国民代表制・戦争観等を大きく修正して、資本主義体制を維持しつつ、①性差別の禁止を明示し、②労働者階級を含めてすべての国民に「人間らしい生活」を保障することを宣言し、③国民代表制を民主化し、④侵略戦争の放棄や国際紛争の平和的解決などの方法によって戦争違法化の方向に踏み出そうとする、「現代資本主義憲法」体制である。もう一つは、資本主義体制下においてはそのような現代の基本的諸課題の処理はできないとして、生産手段の私有を否定し、かつ統治権を「人民」のものとすることによってそれらの諸課題の処理を宣言する、「ソ連＝東欧型社会主義憲法」体制である。

女性と民衆層により厳しい人間疎外状況をもたらした外見的立憲主義型資本主義憲法体制が、現代において右のいずれかの憲法体制への転換を求められるのはむしろ自然のことであった。大部分の外見的立憲主義型資本主義憲法体制は、君主主権の原理を放棄し、人権の保障を認めて、その近代化をはかるだけでなく、現代資本主義憲法体制への転換をはかることにより、その体制がもっていた近代の「陰」を克服しようとした。社会も政治も、第一次世界大戦期以降、世界的な規模で「現代」の段階に進んでいく。

II　現代資本主義憲法（現代資本主義）体制――その基本特色

資本主義体制を維持しつつ、近代資本主義憲法（近代資本主義）体制の「陰」を克服しようとする現代資本主義憲法（現代資本主義）体制は、第一次世界大戦後に登場を始める。ドイツの「ワイマール憲法」（一九一九年）は、その先駆となるものであった。

一　性差別の禁止の明示

ワイマール憲法は、その第一〇九条で、「すべてのドイツ人は、法律の前に平等である」（一項）、「男性と女性は、原則として公民としての同一の権利および義務をもつ」（二項）と定め、また第一一九条一項の第二文で「婚姻は、両性の同権を基礎とする」と規定していた。性差別の禁止・男女の同権は、その後の現代資本主義憲法には、ほぼ例外なく規定されている。たとえば、フランスの一九四六年憲法と一九五八年憲法は、前文で「法律は、女性に対して、すべての分野で、男性と平等の権利を保障する」とし、ドイツの一九四九年「ボン基本法」は、第三条二項で「男性と女性は同権である」としている。一九四六年の日本国憲法第一四条一項や一九四八年イタリア共和国憲法第三条一項も、性による差別を禁止している。

二　社会国家（福祉国家）理念の導入

近代資本主義憲法体制は、すでに見ておいたように、国民をすべて法的に平等な価値とし、その相互関係を平等な当事者による関係として合意によって規律しうる民法的事項としていた。雇用関係を含めて経済生活にかんする事項もそうであった。しかし、現代資本主義憲法は、一般に、資本主義体制を維持しつつ、労働者階級を含むすべての国民に「人間らしい生活」を保障することを求める社会国家（福祉国家）の理念を導入して、そのような契約の自由の体制、大多数の国民の非人間的な生活実態を無視した野放しの自己責任体制を修正しようとしている。この理念は、とくに次の三点の具体化を求めている。第一は、そのような社会国家理念の具体化と矛盾する関係にある経済活動の自由（とくに経済的強者の経済的自由権と公共性の強い経済的自由権）についての積極的制限の導入である。第二は、社会経済的弱者を含めて、すべての国民に「人間らしい生活」を保障することである。第三は、社会経済的弱者を含めてすべての国民に知的精神的諸活動の自由を物質的な裏付けをもって実質的に保障することを求める文化国家の理念および文化的諸権利の導入である。

社会国家理念の導入とその具体化の度合は、けっして一様ではなく、憲法によって異なる。しかし、この理念が現代資本主義憲法にほぼ共通して見られる特色であり、近代資本主義憲法（近代資本主義）体制と異なる現代資本主義憲法（現代資本主義）体制の一要素であることは、ほぼ間違いない。(1)

1　経済的自由権の積極的制限

(1)　その具体例

たとえば、一九一九年の「ワイマール憲法」は、この点につき、以下のような規定を設けていた。「経済生活の秩序は、各人に人間に値する生活を確保することを目的とし、正義の原則に適合しなければならない。各人の経済上の自由は、この限界内で保障される」（第一五一条一項）。「所有権は、憲法によって保障される。その内容および限界は、法律によって明らかにされる」（第一五三条一項）。「所有権は、義務を伴う。その行使は、同時に公共の福祉に役立つべきである」（同条三項）。「土地の分配および利用は、国のためになんらかの方法でこれを監督し、もってその濫用を防止し、かつ、各ドイツ人に健康な住居を確保し、すべてのドイツの家族、とくに子どもの多い家族に対して、その必要に応じた宅地および家産地を確保するという目的を達成するように努力すべきである」（第一五五条一項第一文）。「土地は、住居の需要をみたし、入植および開墾を促進し、または、農業を向上させるために、これを確保することが必要なときは、これを収用することができる。世襲財産は、これを廃止するものとする」（同条二項）。「土地を耕作し、これを十分に利用することは共同体に対する土地所有者の義務である。労働または資本を投下せずに土地の上に価値増加が生じた場合には、その増加価値は、これを全体のために役立てるものとする」（同条三項）。「すべての土地埋蔵物および経済上有用な自然力は、国の監督に服する。私的収益権は、立法の方法により、これを国に移すものとする」（同条四項）。

「ライヒは、法律により、補償を与えたうえで、公用収用に関する規定を準用して、補償を付与し、社会化に適する私的経済企業を公有に移すことができる」（第一五六条一項前段）。

その後の現代資本主義憲法は、とくに第二次世界大戦後の現代資本主義憲法は、規制の程度を強化しつつこの種の規定を設ける傾向にあった（しかし、とくに一九八〇年代以降、この傾向に対して異議が提起され、再度「あるべき資本主義体制」像が問われているが、この点については、あとで若干ふれる）。

たとえば、フランスの第四共和国憲法（一九四六年憲法）は、「財産、企業で、その運用が国民的公役務（service public national）としての性格または事実上の独占としての性格をもちもしくは取得するものは、すべて公共団体の所有としなければならない」（前文第九段）とする厳しい規定を設けるにまで至っている。* フランスの現行憲法（一九五八年の第五共和国憲法）も、この規定を継承している。

＊　フランスでは、第五共和制の初期の段階でも、エネルギー部門、銀行部門、保険部門、航空・鉄道・道路運送部門、通信部門等を含めて四〇％もの企業が国有化されていた。その要因としては、憲法上の義務づけもあるが、その義務づけをもたらした諸要因——たとえば、ドイツ占領下における主要企業の対独協力、第二次世界大戦後のフランスの経済状況（たとえば、工業生産は、一九四五年には一九三八年の三八％にまで下落し、また大戦中に一二〇万近くの建造物が全半壊され、国民財産の四分の一強が破壊されていた）や「ケインズ革命」の影響など——も、

無視できないようである。(2)

また、イタリアの一九四八年憲法も、「私有財産は、法律によって承認され、保障される。法律は、私有財産の社会的機能を確保し、それがすべての者に享受されうるようにするため、その取得、享有の方法および制限を定める」(第四二条二項)、「法律は、一般の福利のために重要な公益事業、動力源または独占の事態に関連し、かつ高度の一般的利益の性格をもつ特定の企業または特定の種類の企業を、国、公共団体または労働者もしくは利用者の団体に、始原的に留保し、または収用により、補償を条件として、これに移譲することができる」(第四三条)、「土地の合理的利用を確立するために、法律は、私的土地所有権に義務および統制を課し、地域および農業地帯に応じて面積の制限を定め、土地の開発、大所有の改革および生産単位の再構成を促進し、義務づけ、中小の土地所有を助成する」(第四四条一項)などの注目すべき規定を設けている。

(2) 新しい制限の特色

(1)の紹介から明らかなように、現代資本主義憲法は、経済的自由権につき、他人の人権侵害を禁止する「内在的制約」とは別に、社会経済的弱者を含むすべての国民に「人間らしい生活」を保障するために必要な積極的な制限を認めている。近代立憲主義型資本主義憲法下の近代資本主義体制を積極的に修正しようとする社会国家(福祉国家)的な制約である。その国家理念に基づく積極的な制限を条件とする「修正資本主義」の体制である。その観点からの介入は、当初の立法裁量に白紙委任するようなものから立法義務を強化するものへ、また積極的規制の対象・基準を明示しない抽象的な憲法規定からそれらを明示する具体的な憲法規定に展開している。たとえば、(1)で見ておいた一九一九年の「ワイマール憲法」の場合と第二次世界大戦後のフランスやイタリアの憲法の場合は、そのことを示しているようである。

積極的な規制の対象となるものは、経済的自由権一般ではない。「人間らしい生活」を営むために必要不可欠な各人の財産や経済活動までがその規制の対象になるとすると、「人間らしい生活」を営むことは近代の段階よりも困難になってしまう。積極的な規制の対象となるものは、社会経済的弱者に「人間らしい生活」を保障することと矛盾する関係にあるような「大きな財産や経済活動」「他人の支配を伴う財産や経済活動」「独占的な財産や経済活動」および私的な利潤の追求の手段とするわけにはいかない「公共性の強い財産や経済活動」（国民一般の日常生活に必要不可欠な財産や経済活動）である。(1)で見ておいた現代資本主義憲法の諸規定も、そのことを示している。独占禁止法、公共性の強いまたは独占的な財産・企業の社会化法、大規模小売店舗規制法、公共性の強い交通の運賃や電気・ガス料金の許認可制、累進税制（高額所得者に対する高税率制）などは、そのような制限を具体化する代表的な事例である。

現代資本主義憲法においては、このような財産や経済活動の自由は、法律で積極的に制限できるもの、さらには法律で積極的に制限すべきものとされており、不可侵性を特色とする人権の地位を奪われている。近代立憲主義型資本主義憲法（近代資本主義）体制の段階においては、経済的自由権は、人権中の人権として、原則として「内在的制約」以外の制約には服さないものとされていた。野放しの契約の自由の保障によって、事実上その「内在的制約」をも反故にすることができた。現代資本主義憲法は、経済的自由権の保障については、その姿勢を大きく変えている。*

この点と関連しては、とくに近時（一九八〇年代以降）、かつての「自由放任」を思わせる「例外なき自由化」「民間でできることは民間で」等をスローガンとした、「市場原理主義」「新自由主義」の世界化が問題となる。

レーガン（Ronald Wilson Reagan, 1911-2004）、サッチャー（Margaret Hilda Thatcher）・中曽根（康弘）によって提唱され、ブッシュ（George Walker Bush Jr.）、ブレアー（Tony Blair）、小泉（純一郎）に継承されてきた「グローバリゼーション」の動きである。「社会国家」（福祉国家）理念を憲法に導入している日本でも、道路（公団）・国鉄（公社）・郵政（公社）という国民の日常生活に不可欠な部門が利潤追求の場に戻され、「社会的格差」も自己責任の問題に戻されようとしている。「社会国家」の理念とそれを具体化する憲法の諸規定から見て違憲の疑いを禁じえないだけでなく、この理念の登場の経緯から見て反歴史的との思いも禁じえない。資本主義体制下における社会的統合を不可能としかつ有効需要の確保を困難とすることによって資本主義体制の存続を困難とすることになるのではないかとの思いでもある。この点については、第八章でさらにふれる。

＊　アメリカ合衆国の現代が問題となる。アメリカは、他の資本主義国の場合と異なって、現代になっても、社会国家理念をふまえた、経済的自由権の積極的制限規定や社会権の保障規定をその憲法典に導入していない。その意味で、アメリカでは、憲法典の明文規定は、現代になっても現代化していない。

たしかに、アメリカは、連邦最高裁判所による憲法解釈の変更を通じて、現代への対応をしようとしてきたようである。社会国家（福祉国家）の理念は、社会立法や労働立法として具体化され、それらの合憲性は合衆国憲法修正第五条および第一四条（いずれも、人の生命、自由、財産は、「適正な法律の手続」〔due process of law〕によらなければ奪われないとする）との関係で問題とされてきた。とくに注目すべきは、次の諸点である。

①連邦最高裁判所は、一九世紀末までに、ⓐ「手続」は狭義の手続だけでなく「実体」も含む、ⓑ人は「自然人」だけでなく「法人」も含む、ⓒ「自由」は身体の自由だけでなく、各人の能力を活用する自由したがって契約の自由も含む、と解していた。

②一九三六年までは、これらの条項は、労働時間の制限や最低賃金を定める法律を違憲とする根拠とされていたが、その翌年以降においてはそれらを違憲とするものではないとされるに至っている。「一九三七年の憲法革命」である。

③連邦最高裁判所の憲法解釈の変更による対応は、憲法の規定自体を変えるものではないから、さらにその解釈を変更することによって、いったんは築かれたかに見える社会国家的な対応を逆転させることもできる。現にそのような動きが見られる。一九三七年以降、「ウォーレン・コート」の時代（一九五三―六九年）までは、連邦最高裁判所は、原則として社会国家的対応を続けてきたようである。しかし、一九六九年に始まる「バーガー・コート」（一九六九―八六年）以降においては、それまでの社会国家的な対応を大きく逆転させているようである。連邦最高裁判所裁判官の任命権（上院の承認をえて大統領が行使する）を操作し、連邦最高裁判所の構成を変えることによって、このような事態が創り出されているのである。アメリカの連邦最高裁判所の二〇〇年の歩みを検討したR・W・ギャロウェイは、一九九一年に「現在の連邦最高裁判所は非常に保守的である」「連邦最高裁における経済的弱者にとっての見込みは明るいものではない。〔したがって〕経済的弱者とその擁護は、経済的不平等に対する彼らの闘争に連邦政府の支援を得ようと欲するならば、他の活動の場、とりわけ連邦議会にその場を求めなければならなくなるであろう(3)」と述べている。

2　社会権の保障

(1)　その具体例

ここでは、一九一九年の「ワイマール憲法」と一九四八年のイタリア憲法の場合を紹介しておこう。両者は、それぞれ第一次世界大戦後と第二次世界大戦後に社会国家理念にこだわった現代資本主義憲法であるが、「社会権」の保障の仕方には、かなり大きな違いも見られる。

①「ワイマール憲法」における、「社会権」についての代表的な規定は、以下のようである。

土地の分配と利用を「社会国家」理念をふまえておこなうことを求める一五五条は、財産権の積極的制限の規定としてすでに(1)(i)に引用しておいた。

「労働力は、ライヒの特別の保護を受ける」(第一五七条一項)。「ライヒは、統一的な労働法を制定する」(同条二項)。

「労働条件および経済的条件を維持し促進するための団結の自由は、何人に対しても、そしてすべての職業に対して、保障される。この自由を制限し、または妨害することを企図するすべての合意および措置は、違法である」(第一五九条)。

「健康な労働能力を維持するため、母性を保護するため、ならびに老齢、病弱および生活の移り変りのもたらす経済的帰結に備えるために、ライヒは、被保険者の決定的な協力の下に、包括的な保険制度を創設する」(第一六一条)。

各ドイツ人に対して労働の機会が保障されるべきであり、その機会をえられなかった者に対しては、ライヒ法律によって、生計のための配慮をする(第一六三条二項)。

農業・工業・商業に従事する独立の中産階級に対しては、立法・行政によってこれを保護奨励する(第一六四条)。

第一六五条は、次のような長文の規定で、労働評議会および経営評議会の制度を設けていた。「労働者および被用者は、企業者と共同して、対等に、賃金および労働条件の規律、ならびに生産力の全体的・経済的発展に参与する資格を有する。双方の組織およびその協定を承認する」（第一項）。「労働者および被用者は、その社会的および経済的利益を守るために、産業労働者評議会、ならびに、経済区域によって分けられる地方労働者評議会およびライヒ労働者評議会における代表者を、法律上の代表者とする」（二項）。「地方労働者評議会およびライヒ労働者評議会は、全経済的任務を遂行するため、および社会化法律を実施するに際して協力するために、企業者の代表者および関与したその他の国民の階層の代表者と共同して、地方経営評議会およびライヒ経営評議会を組織する。地方経営評議会およびライヒ経営評議会は、すべての重要な職業集団がその経済的および社会的重要性に応じて代表されるように、これを構成するものとする」（三項）。「社会政策および経済政策に関わる法律案で、基本的な重要性を有するものについては、ライヒ政府は、これを提案する前に、ライヒ経営評議会に提出してその意見を聴かなければならない。ライヒ経営評議会は、自らこの種の法律案を提案する権利を有する。ライヒ政府は、これらの法律案に同意しない場合であっても、自己の立場を説明してこれをライヒ議会に提出しなければならない。ライヒ経営評議会は、その構成員の一人をライヒ議会に派遣して、この法律案を弁護させることができる」（四項）。「労働者評議会および経営評議会に対しては、それらに委託された範囲において監督権限および行政権限を委任することができる」（五項）。両評議会の構成任務等についての規律は、ライヒの専属事項である（六項）。

②一九四八年のイタリア憲法は、「社会権」の保障につき、たとえば以下のような規定を設けている。
「共和国は、母性、児童、青年を保護し、この目的に必要な施設を助成する」（第三一条二項）。

「共和国は、健康を個人の基本的権利として、また社会全体の利益として保護し、貧困者には無償の治療を保障する」（第三二条一項）。

「共和国は、あらゆる形態でおこなわれる労働を保護する」（第三五条一項）。「共和国は、労働者の育成と職業能力の向上に配慮する」（同条二項）。

「労働者は、自らの労働の量と質に比例した報酬を受ける権利を有する。この報酬は、いかなる場合にも、労働者とその家族に自由で品位ある生存を保障するに足るものでなければならない」（第三六条一項）。「労働日の最高限は、法律でこれを定める」（同条二項）。「労働者は、毎週の休日および有給の年次休暇に対する権利を有し、これを放棄することができない」（同条三項）。

「女性労働者は、男性労働者と同じ権利を有し、同一労働につき同一の賃金を受ける。その労働条件は、女性に重要な家政の遂行を可能とし、母親と幼児に特別の適切な保護を保障するものでなければならない」（第三七条一項）。「賃金を得る労働の認められる最低年齢は、法律で定める」（同条二項）。「共和国は、未成年者の労働を特別の規定で保護し、彼らに対し労働が同一のときは同一の報酬を受ける権利を保障する」（同条三項）。

「労働能力をもたず、生活に必要な資力に欠けるすべての市民は、社会的な扶養と援助を受ける権利を有する」（第三八条一項）。「労働者は、事故、病気、障害および老齢、その他その意に反する失業の場合に、その生活に必要な手段を与えられ、保障されることを求める権利を有する」（同条二項）。「労働能力のない者および身体障害者は、職業教育および職業訓練を受ける権利を有する」（同条三項）。

「組合を組織することは、自由である」（第三九条一項）。「組合に対しては、法律の定めるところにより地方または中央の官庁への登録以外の義務を課すことはできない」（同条二項）。「組合規約で民主的な基礎に立脚する内部的組織が定められることが、登録の条件である」（同条三項）。「登録された組合は、法人格を有する。組合は、組合員の数に応じて統一的代表として、労働協約を締結することができる。この労働協約は、該当する職種に属するすべての者に拘束力をもつ」（同条四項）。

「ストライキ権は、これを規制する法律の範囲内で行使される」（第四〇条）。

私的投機を目的としない、相互扶助的な協同組合の社会的機能の承認、法律によるその増加の推進・助成等、および法律による手工業の保護・発展なども定められている（第四五条）。中小の土地所有に対する助成も規定されている（第四四条）。

(2) 新しい権利保障の特色

現代資本主義憲法は、「社会国家」理念の具体化として、(1)で見ておいたようなもろもろの「社会権」を保障する傾向にあり、その保障の度合を強めてもいる。

生存権、労働権、労働三権（団結権、団体交渉権、争議権）、女性労働者に対する平等の保障、母親・子ども・老人・病弱者・心身障害者等に対する特別の権利保障、中小企業・中小農などに対する特別の権利保障等である。その権利主体は、「人間らしい生活」を妨げられがちなという意味で社会経済的に弱い立場にある者である。

このような「社会権」の保障と同一の趣旨・目的をもって、財産権の絶対性や野放しの契約の自由を制限して、労働者保護の立場から労働条件の大枠や基準を法律で定めることを求める労働条件法定主義（たとえば、労働基準法や最低賃金法など）、社会経済的弱者を保護する社会保障制度（事前の金銭きょ出を条件としない救貧政策としての公的扶助制度とそれを条件とする防貧政策としての社会保険制度）の整備、中小企業や中小農に対する特別の保護の制度の整備等も、求められる傾向にある。

この「社会権」の保障の分野でも、(1)の「経済的自由権の積極的制限の導入」の場合と同様に、この権利保障の政治的責務性や立法裁量を強調する現代資本主義憲法から、その法的権利性さらには具体的権利性を明示して立法義務を強調する現代資本主義憲法への展開が見られるようである。また、とくに近時においては、市場原理主義的な「新自由主義」の動向もあって、「社会権」の保障についても否定的な対応も目立つが、この点については、あとでさらに検討する。

3　「文化国家」の理念と文化的諸権利の保障

(1)　「社会国家」（福祉国家）と「文化国家」

「文化国家」の理念は、すべての国民に「人間らしい生活」――一九一九年の「ワイマール憲法」によるならば「人たるに値する生存」（第一五一条一項）、日本国憲法によるならば「健康で文化的な最低限度の生活」（第二五条一項）――を保障することを求める「社会国家」（福祉国家）の理念に本来含まれているものである。「文化」は、本来多義的であるが、「人間らしい生活」に不可欠なものとしては、研究・教育・学習・技術・文学・芸術等の知的精神的諸活動とその成果を意味する。肉体的に健康であっても、知的精神的諸活動をしその成果を享有する余裕がなく、各人がもっている知的精神的能力・可能性・意欲を発展させることができない生活は、「人間らしい生活」とはいえないからである。そのような生活条件の欠落については、親が貧しい、本人が失業・低賃金・長時間労働・疾病・身体障害の状況にある等、本人の責に帰するわけにはいかない場合が少なくない。しかも、社会全体の知的精神的な水準やその発展は、各人に対する文化的な生活の保障に大きくかかわっている（富有な者にだけ文化的な創造能力が偏在しているわけではない）。現代資本主義憲法は、各人に「人間らしい生活」の保障を求めることによって、このような事態にも対応しようとする。

たとえば、日本国憲法は、「健康で文化的な最低限度の生活を営む権利」（第二五条一項）をすべての国民に保障するとして、社会国家理念のうちに文化国家理念が含まれていることを明示し、第二六条一項は、すべての国民に、教育の種類・水準を限定することなく、「その能力に応じて、ひとしく教育を受ける権利」を保障し、その二項で義務教育の無償を例示的に保障している。

外国の現代資本主義憲法も、近代の段階と異なって、もろもろの「文化的権利」を「人間らしい生活」に不可欠なものとして保障している。

①たとえば、一九一九年の「ワイマール憲法」は、以下のような規定を設けている。

「芸術、学問および教育は、自由である。国は、これに保護を与え、かつその発展を助成する」（第一四二条）。「就学は、一般的義務である。その義務の履行のために、原則として、少なくとも八学年を有する小学校と、それに続く満一八歳までの職業学校を設ける。小学校および職業学校における授業および教材は、無償である」（第一四五条）。

「資力の乏しい者が中等学校および高等学校に進学するために、ライヒ、ラント（州）および市町村によって、公的資金が準備されるものとし、とくに、中等学校および高等学校における教育を受けるに適すると認められる子どもの両親に、その教育を終了するまでの間学費を補助する」（第一四六条三項）。

②イタリアの一九四八年憲法は、その「基本原理」の一つとして、第九条で、「共和国は、文化の発展と科学的技術的研究を奨励する」（一項）、「共和国は、国の景観および歴史的芸術的遺産を保護する」（二項）としたうえで、以下のような諸規定を設けている。

「芸術および学問は自由であり、その教授も自由である」（第三三条一項）。「共和国は、教育に関する一般的規定を定め、すべての種類と段階の国立学校を設置する」（同条二項）。「法人および私人は、国の負担を伴うことなしに、学校および教育施設を設立する権利を有する」（同条三項）。「国立学校との均等を求める私立学校の権利と義務を法律で定めるにあたり、私立学校には完全な自由を保障し、その生徒に対しては国立学校の生徒と等しい修学上の取り扱い保障しなければならない」（同条四項）。「高等文化施設、大学および学術団体は、国の法律の定める限界内で、自主的組織を定める権利を有する」（同条六項）。

「学校は、すべての人に開かれる」（第三四条一項）。「初等教育は、期間を少なくとも八年とし無償かつ義務とする」（同条二項）。「能力があり成績の優れた者は、資力がなくても進級し、上位の学校に進学する権利を有する」（同条三項）。「共和国は、奨学金、家族手当および他の措置により前項の権利を実効的なものとする。ただし、これらの助成措置は、試験により付与されなければならない」（同条四項）。

③フランスの一九四六年憲法は、「国は、子どもと成人の、教育、職業養成および教養について機会均等を保障する。すべての段階での無償で非宗教的な公教育の組織化は、国の義務である」（前文第一三段）とする注目すべき規定を設けていた。現行の一九五八年憲法も、この規定を継承している。

(2) 文化活動等の自由とその積極的な援助助成・条件整備

文化国家は、たんに文化的諸活動とその成果の享有の自由を国民に保障するだけでなく、それらに対する積極的な援助助成や条件整備を公権力に義務づけることによって、知的精神的に充実した生活を各人に保障しようとするものである。文化活動とその成果の享有は、真善美にかんするものであるから、それが公教育としておこなわれる場合であっても、その内容と方法については、多数決の世界である政治・行政の介入の排除を条件とする。政治・行政は、内容・方法に介入しない、外的な援助助成と条件整備にのみかかわるものでなければならない。(4)

文化活動等の独立性・権利性の保障と積極的な外的条件の整備等についての保障は、現代資本主義憲法下で次第に強化される傾向にある。*

＊「文化国家」への動向は、国際社会においても強化される傾向にある。すでに、一九四八年には、世界人権宣言が第二六条・第二七条で文化的諸権利の必要性を訴えていた。一九六六年に国連総会で採択された国際人権規約（日本は一九七九年に批准した）は、世界人権宣言よりも内容を発展させかつ法的な権利として保障した。「市民的及び政治的権利に関する国際規約」（B規約）で文化的諸活動とその成果の保護のためにもろもろの自由権を保障したうえで、「経済的、社会的及び文化的権利に関する国際規約」（A規約）で、以下のような文化的諸権利を保障している。

「この規約の締約国は、教育についてすべての者の権利を認める」（第一三条一項第一文）。この権利の完全な実現のために、締約国は、義務的で無償の初等教育、種々の形態の中等教育の適当な方法による導入とその無償化の漸進的な導入およびすべての者に対する機会均等の保障、高等教育の適当な方法による導入とその無償化の漸進的な導入およびすべての者に対する能力に応じた機会均等の保障、すべての段階における学校制度の発展の積極的な追求・適当な奨学制度の設立・教職員の物質的条件の不断の改善等を認めている（同条二項）。

締約国は、父母等が子どものために公立学校以外の学校を選択する自由および子どもの宗教的・道徳的教育を確保する自由をもっていることを尊重する（同条三項）。

また、この条約のいかなる規定も、原則として、個人および団体が教育機関を設置・管理する自由を妨げるものと解してはならない（同条四項）。

第一五条は、締約国がすべての者に以下の諸権利を認めなければならないとする。「文化的な生活に参加する権利」「科学の進歩及びその利用による利益を享受する権利」「自己の科学的、文学的又は芸術的作品により生ずる精神的及び物質的利益が保護されることを享受する権利」である（同条一項）。締約国が右の諸権利の完全な実現のためにとる措置には、科学・文化の保有・発展・普及のために必要な措置も含まれる（同条二項）。締約国は「科学研究及び創作活動に不可欠な自由を尊重することを約束する」（同条三項）。締約国は、「科学及び文化の分野における国際的な連絡及び協力を奨励し及び発展させることによって得られる利益を認める」（同条四項）。

とくにA規約には、第二次世界大戦後における「文化国家」理念への世界の大勢が集約的に示されているといっても誤りではあるまい。とりわけ、その理念が多様な権利保障の形態をとって具体化されていることには注目したい。

(3)「文化国家」理念の抽象性の問題

「社会国家」理念についてもいえることであるが、「文化国家」の理念は、それが憲法（や条約）で立法（予算も含む）・行政・司法のあり方を規律しうるほどに具体的な規定として、とくに具体的な権利・義務規定として、定められていることがいまなお少ないことも事実である。その故もあって、「文化国家」理念の問題は、立法裁量、政治的政策の問題として扱われがちである。憲法に具体的な規定があるにもかかわらず、それを無視することは論外なことであるが、憲法が理念を表明するにとどまっている場合であっても、それは法的に無意味であるわけではない。それは、憲法上の理念（原理）として、憲法の解釈運用を含めて立法・行政・司法のあり方を方向づける。「この部分〔憲法の基本原則を定める部分〕に属する条項は他の条項の内容を限定し、他の条項はそれを具体化するという意味においてそこから派生すると考えられ」るとする思考回路を忘れてはならない(5)。原理の原理たるゆえんは、本来多義的な法律用語の概念や選択の余地のある条文の意味についての選択の仕方、さらには関連する諸規定の関係などを整序し、そうすることによって法典の統一性、諸法典間の体系性を確保することにある。憲法の下位にある立法・行政・司法等のあり方も、その制約を免れることはできない。たとえば、文化国家の理念の保護の下にある事項（研究、教育、学習・技術・文学、芸術等）が、憲法上の原理の保護の下にあることは考えられない事項より、予算においても優遇されるのは当然のことであろう。

4　なぜ「社会国家」「文化国家」か

(1)　その理由

このような社会国家（福祉国家）・文化国家的対応の基礎には、「食えない人間は自由ではない」とする近代立憲主義型資本主義憲法体制下における経験についての厳しい認識がある（外見的立憲主義型資本主義憲法体制下においては、さらに厳しい状況があった）。事実、その体制下における自由権中心の人権保障は、民衆層にとっては、失業の自由、餓死の自由、平均寿命の低下の保障さえも意味していた。食えない人間は、現実には、人権を享有できない。「人間の尊重」を基礎にもつ人権保障体制下でこのような事態を放置し続けることは、自己矛盾ともいうべきことであった。

しかし、同時に、現代資本主義憲法における新しい対応が、資本主義体制の相対的な安定と存続の条件となっているとする、一九世紀後半から二〇世紀前半にかけての厳しい経験をふまえた認識に支えられていることも事実である。とくに、①民衆層における劣悪な労働条件・生活条件による健全な労働力の再生産の困難性→単位労働時間当りの労働の生産性の低下・利潤率の低下や平均寿命の低下→非和解的な階級闘争の激化→劣悪な労働条件・生活条件の不毛性、および②そのような劣悪な労働条件・生活条件→社会的総生産に見あう有効需要の欠乏→周期的経済恐慌や慢性的デフレによる資本主義体制の存続困難性→そのような劣悪な労働条件・生活条件の不毛性、を論証する社会諸科学の成果が、これらの理念の登場・導入・強化と大きくかかわっていることである。この点については、あとでさらに立ち入って検討することにしたい（とくに第六章、第七章）。

(2) 現代資本主義憲法の運用における消極性とその正当化論

「社会国家」理念・「文化国家」理念の現実の運用が、憲法におけるそれらの具体化の度合のいかんによって大きく異なることは、いうまでもない。憲法でその理念を示していても、その具体化の規定を欠いていれば、それは政治の大まかな方向性を示すだけのものとして、ほぼ全面的に立法裁量にまかされがちとなる。憲法に社会権の保障や経済的自由権の積極的制限として具体化されている場合であっても、その現実の運用においては、立法府はその執行のために必要な実体的・手続的法律の整備を怠り、裁判所は基本的には立法や行政に対する法的義務ではなく、政治的責務を定めるものとして、大幅な立法裁量を認めがちとなる。現に、現代資本主義憲法下においても、日本を含めて一部の国では、「例外なき自由化」「市場原理主義」を内容とする「新自由主義」の政治姿勢がとられ、近代資本主義憲法体制に逆行するかのような政治がおこなわれている。ここでは、「第七章」で紹介・検討する諸対応（現代資本主義憲法的な対応の推進強化を求めるもの）とは異なって、その逆行的な政治に積極的または消極的に寄与する結果となった二つの理論的対応に簡単にふれておきたい。

第一は、F・A・フォン・ハイエク（Friedrich August von Hayek, 1899–1992）やM・フリードマン（Milton Friedman, 1912–2006）（ともにノーベル経済学賞受賞者）等を主たる唱導者とする「新自由主義論」である。論者によって若干の相違があるようであるが、以下のような特色をもっているという(6)。①古典的自由主義の説く市場経済論は個人的自由を最高の価値とし、両者を不可分の関係にあるとしていたが、新自由主義論もこの点を評価し、市場経済の放棄は個人的自由の破壊につながるとする。市場経済を否定する計画経済は全体主義を導き、それを制限するケインズ主義は一方で法の支配と対立する官僚主義をもたらし、他方で政治による社会の全面的管理をもたらすとする。②計画経済は、効率性の面でも市場経済に劣る。分業が高度に発達した現代社会においては、経済活動に必要な知識は情報システムとしての市場経済をとおしてより効率的に利用されうるからである。③新自由主義は、個人的自由を最高の価値としそれを保障する制度として市場経済を擁護する点で古典的自由主義と同一であるが、古典的自由主義が明瞭にしていなかった自由主義社会における法と経済の関係・政府の役割を明らかにしている点でそれと異なる。「自由主義は本来、〈法の支配〉と市場経済の二つの原則からなっている。それゆえ、経済的自由というばあいの自由も法のもとでの自由ということであり、また、政府の経済政策も、法の支配と整合的であるかぎり認められる」。

新自由主義は、〈法の支配〉を認める点において、古典的自由主義と異なっているにすぎない、ということになりそうである。しかし、すでに見ておいたように、古典的自由主義に立脚する近代資本主義体制（市場経済体制）も、経済的自由権を完全に野放しにしていたわけではなく、その行使につき、「内在的制約」や、契約の自由が人身の譲渡には及びえないこと等を主内容とする〈法の支配〉を認めていた。しかし、近代資本主義体制は、平均寿命の低下をきたすような人間疎外状況をもたらした。新自由主義のいう〈法の支配〉がかつてとどのように異なる理念と内容をもつものであるかを明らかにしかつその正当性を明確に論証しないと、新自由主義もかつての「不自由」（人間疎外）をより大きく再現するイデオロギーとしての役割を果しかねない。あとで見るように、その「不自由」の再現が顕在化しつつあるようである。

第二は、社会主義（ソ連＝東欧型社会主義）憲法体制と現代資本主義憲法体制との質的・原理的相違を強調して、現代資本主義憲法体制の「社会国家」理念につき、国家独占資本主義段階の国家の本質を隠蔽しかつ実在しえない「仮象の理論」だと批判する考え方である。「福祉国家は、貧困と不平等をなくさない」「完全雇用による失業の解決も、『所得革命』も過当な幻想である」「資本主義の基本的部分は決して変っていない」「国家の階級的中立性は幻想である」を主要な柱とする批判論である。(7) ①それは、社会主義憲法体制においてこそ実現可能なものとすることによって、実在する社会主義憲法体制の現実について科学的な認識を欠いた「仮象の理論」「虚偽表象としてのイデオロギー」を展開することになるはずのものであった。軍縮・平和的共存の堅持、歴史の批判に耐えてきたもろもろの人権の保障、「人民の、人民による、人民のための政治」を徹底して求める「人民主権」の制度化等を欠けば、社会主義憲法体制下でも「人間らしい生活」の保障が実現しえないことは、ソ連＝東欧型社会主義体制自体が実証していた。②それは、また、一方では、憲法の法規範性を否定しかつ現代資本主義憲法下で現代・現在の基本的諸課題を解決しようとする主権者・市民（その解決を必要とする民衆層はその多数を構成する）の努力に水をさし、他方では反憲法的で反歴史的でもある新自由主義的対応に塩を送る効果をもつことになるはずであった。現代・現在においては、市民の多数が時代の基本的諸課題の意義を理解し、主権者の意識をもつことによってしか、基本的諸課題を解決することはできない。それは、社会経済体制のいかんを問わない。

二つの消極的対応論は、現代・現在の客観状況の認識において問題をもっているだけでなく、問題解決の担い手の点においても問題がある、との思いを禁じえない。

三　「戦争の違法化」原則へ

1　現代資本主義憲法における「戦争の違法化」原則への動向

現代資本主義憲法は、近代資本主義憲法の場合と異なって、侵略戦争の放棄、国際紛争の平和的解決および国際法の遵守（その国内法化）などを宣言することによって、戦争・武力の行使につき多様な制限を設け、「戦争の違法化」原則の方向に大きく踏み出している。

その要因の一つとして、現代における戦争・武力の行使の変質をあげることができるであろう。第一次世界大戦と第二次世界大戦が具体的に示しているように、現代においては、戦争が伝統的に標榜してきた役割——国家の独立と国民の人権を外国の武力攻撃から護るための最後手段としての役割——を果すことができなくなっているだけでなく、それらの否定の手段に転化したまたは転化しつつあることである。

第一次世界大戦では、①相つぐ産業革命による資本主義体制下における科学技術の質的発展、それに対応する軍事科学技術の同様な発展による、兵器の破壊力の質的な転換（たとえば、毒ガス、戦車、爆撃機、無制限潜水艦等の出現）、②戦闘区域（戦場）と非戦闘区域（銃後）の区別の消滅、③人的および物的資源を徴兵・徴用・徴発等の方法で強制的に総動員する総力戦化等により、ぼう大な人的および物的損害がもたらされた。ある書物は、たとえば人的損害につき、「もっとも信頼できる数字」として、以下のような推計値をあげている。（軍人の）死者八五二万八八三一人、負傷者二一一八万九一五人、捕虜・行方不明者七七五万九一九人、民間人死者一三〇〇万人、軍人と民間人の死者（合計）二二〇〇万人である。(8)

おける人的損害

国　別	軍　人			一般人	死者総計（推　定）
	戦死，傷病死および収容所での死亡[1]	負　傷	捕虜および行方不明[2]	戦争に起因する死亡	
連合国					
ノルウェー	3,000			7,000	10,000
フィリピン	27,000			91,000	118,000
ブラジル	943	4,222			1,000
フランス[11]	213,324	400,000		350,000	563,000
ベルギー	12,000			76,000	88,000
ポーランド[12]	123,178	236,606	420,760	5,675,000	5,800,000
ユーゴスラビア	305,000	425,000		1,200,000	1,505,000
枢軸国					
イタリア[13]	242,232	66,000	350,000	152,941	395,000
ドイツ[14]	3,500,000	5,000,000	3,400,000	780,000	4,300,000
日　本	1,300,000[15]	4,000,000	810,000	672,000	1,972,000
ハンガリー[16]	200,000		170,000	290,000	490,000
フィンランド	82,000	50,000		2,000	84,000
ブルガリア[16]	10,000			10,000	20,000
ルーマニア[16]	300,000		100,000	200,000	500,000

いるが信憑性に乏しい．

10)　連合国側に立って勤務した商船乗組員を含む．

11)　1939～40 年の戦いにおける戦死者，「自由フランス」のドゴール派の戦死者．1941～42 年にシリア，北アフリカで枢軸軍と戦ったフランス人部隊の戦死者 1,200，1942～45 年にドイツ軍に降伏，再武装して連合軍と戦ったフランス軍の戦死者を含む．

12)　死亡軍人に関する数字は 1946 年発表のポーランド政府声明から引用したもので，1939 年の戦闘，地下抵抗活動，イギリス軍およびソ連軍に参加したポーランド人部隊およびワルシャワ反乱の際の損害を含む．ユダヤ人 320 万を含む一般人死者数も前述声明を基礎とし，これに人口問題専門家による若干の修正を加えた．

13)　死者数にはイタリア政府が 1952 年に発表した行方不明者数（軍人 131,419，一般人 3,651）を含むが，普通の死ないし自殺による死亡軍人 49,144 を含まない．戦闘行為による戦死者は 110,823 と判明しており，行方不明者を除外した死亡軍人数は，総計 159,957 である．そのうち 92,767 は 1943 年の休戦協定締結前の数字で，67,190 はそれ以後のものである．

14)　軍人部内に関する推定数は，ドイツ国外から入ってきてドイツ軍に勤務した者を含み，1955 年現在ソ連領内で行方不明とされている 125 万のうち約 100 万はすでに死亡したとの仮定に立つものである．その他ドイツ軍人で普通の死をとげた者，自殺した者，ないし処刑された者は 25 万に達すると思われる．民間人に関する数字はドイツとオーストリアのみに限定し，反撃に転じたソ連軍の進攻，および戦後ポーランドに復帰した東部諸州への強制移住に伴う 1944～46 年のドイツ人死者推定 2,384,000 は含まれない．

15)　1949 年現在ソ連領内で行方不明になっている者の約半数は死亡したと推定され，これを加えると全死者数は 160 万となる．この推定死亡者のうち，約 30 万は直接戦闘と関係のない死因と思われるので除いてある．

16)　断片的な資料に基づく推定．

（出典）『ブリタニカ国際大百科事典 II 巻』第 3 版 6 刷・1998 年・351 頁による．

別表2　第2次世界大戦に

国別	軍人			一般人	死者総計（推定）
	戦死，傷病死および収容所での死亡[1]	負傷	捕虜および行方不明[2]	戦争に起因する死亡	
連合国					
アメリカ合衆国[3]	292,131	671,801	139,709	6,000	298,000
イギリス連邦	373,372	475,047	251,724[4]	92,673	466,000
イギリス	264,443	277,077	213,919	92,673[5]	357,000
インド	24,338	64,354	91,243		
オーストラリア	23,365	39,803	32,393		24,000
カナダ	37,476	53,174	10,888		38,000
ニュージーランド	10,033	19,314	10,582		10,000
南アフリカ	6,840	14,363	16,430		7,000
諸植民地	6,877	6,972	22,323		7,000
オランダ	7,900	2,860		200,000	208,000
ギリシア[6]	88,300			325,000	413,000
ソ連[7]	11,000,000			7,000,000	18,000,000
チェコスロバキア[8]	10,000			215,000	225,000
中国[9]	1,310,224	1,752,951	115,248		
デンマーク	1,800			2,000[10]	4,000

（注）1)　普通の死，あるいは自殺者数はできるかぎり除いた．

2)　抑留中の死亡者数はできるかぎり除いた．

3)　軍人死傷者数には陸軍地上部隊，同航空隊，海軍，海兵隊および沿岸警備隊のそれを含む．その他戦闘によらないアメリカ軍人の死者は総数115,187である．1946年現在死亡または行方不明の一般人の数には商船乗組員5,638が含まれる．

4)　1946年現在行方不明者（一部は死亡と推定される）を含む．

5)　この内訳は空襲による死亡60,595，商船乗組員関係30,248，婦人補助部隊624，市民防護団1,206である．

6)　1946年に発表されたこの数字は過大とみられる．軍人戦死者数に商船乗組員のそれが含まれる．

7)　ソ連軍の損害について入手しうるいくつかの統計数字はそれぞれの間に大きな開きがある．ベルリンの最高司令部に勤務し，1949年に退役したソ連軍の一将校によれば，ソ連軍の損害総数は1,360万，うち850万が戦死ないし行方不明，260万が捕虜収容所で死亡，および傷病死者250万で，一般人死者は推定700万という．ドイツではこの数字が広く信じられているが，ソ連政府発表を基礎にしたアメリカ側の推定は，ソ連軍戦死者を600万から750万としているものが多い．1959年に実施されたソ連の国勢調査に基づく年齢別・性別人口分布を基礎にして算定すると，戦死者数はこのソ連軍将校の数字のほうが信憑性があると思われる．同調査は第2次世界大戦中に兵役適格年齢の男子1,500～2,000万が死亡したことを示唆しているからである．表中の数字は中間をとった妥協の数字であって，実際の損害は明らかでない．

8)　軍人欄は連合国側に立って戦った者のみを示し，ズデーテンのドイツ人その他ドイツ軍の兵役についた者は含まれない．

9)　中国関係の数字は1946年発表による1937～45年の国民党政府軍死傷者数を示し，地方軍および共産軍のそれを含まない．一部の統計は戦死220万，一般人死者2,300万と推定してまた、その書物は、第二次世界大戦においては、最大の人的損害をこうむったソ連と中国について、「信頼できる数字は何一つない」としつつ、死者総数が三五〇〇万人から六〇〇〇万人と推計されることを紹介したうえで、**別表2**のような犠牲者数を「現在のところ入手しうる最も正確な数字」[9]として紹介している。第一次世界大戦後における、科学技術一般の飛躍的発展に加えて、軍事科学技術における同様の発展、たとえば核兵器、生物化学兵器、弾道弾ロケットV-2を含むロケット・ミサイルの登場、空戦の中心化と強化（ジェット・エンジン使用の大型爆撃機・大量の焼夷弾による都市攻撃を含む）、航空母艦と空母機動部隊、レーダー、磁気機雷などの使用が、ぼう大な人的犠牲をもたらす直接の要因となっている。ぼう大な数の強制的被収容者・難民・ホームレス等と無数ともいうべき一般人負傷者および家屋・施設・諸産業の破壊・荒廃をはじめとする甚大な物的損害をも考慮するならば、第二次世界大戦のもたらした損害は、はかりしれないというほかはない。

戦争・武力の行使が、とくに第二次世界大戦当時で伝統的な手段性を失いつつあったことは間違いない。そして、第二次世界大戦後の総力戦的な「東西冷戦」「米ソ軍拡競争」のなかでその伝統的な手段性を全面的に失ってしまったというべきであろう。

現代資本主義憲法が「戦争の違法化」原則に向わざるをえなくなっているもう一つの要因は、現代における国際法の転換である。この点は、次の2で検討する。

2　国際法の転換

第一次世界大戦後、国際法が、憲法の場合以上に、戦争・武力の行使の問題につき注目すべき転換の動向を示している。現代資本主義憲法における「国際法の国内法化」の一般的傾向からすれば、国際法が国内において

「第二憲法」の役割を果し、国家による戦争・武力の行使につき規律を強化していることは間違いない。「戦争の違法化」原則についてもそうである。

(1)　転換の契機となる第一次世界大戦

すでに簡単に見ておいたように、第一次世界大戦は、戦争の質を変え空前の人的および物的損害をもたらした。それは、戦争の手段性自体を疑わせる契機となった。第一次世界大戦後、この事態に対処すべく、「戦争の違法化」原則に向う二つの国際法的対応が提起された。(a)国際連盟規約（一九二〇年発効）と(b)「不戦条約」（戦争抛棄ニ関スル条約、一九二九年発効）である。

(i)　国際連盟規約。それは、「戦争の違法化」原則と関係して、以下のような規定を設けていた。

①連盟規約を協定する目的につき、前文でこう述べていた。

「締約国ハ、
戦争ニ訴ヘサル義務ヲ受諾シ、
各国政府間ニ於ケル公明正大ナル関係ヲ規律シ、
各国政府間ノ行為ヲ律スル現実ノ規準トシテ国際法ノ原則ヲ確立シ、
組織アル人民相互ノ交渉ニ於テ正義ヲ保持シ且厳ニ一切ノ条約上ノ義務ヲ尊重シ、
以テ国際協力ヲ促進シ、且各国間ノ平和安寧ヲ完成セムカ為」（傍点は引用者、以下同じ）

「戦争ニ訴ヘサル義務」を締約国の義務としていたことは、とくに注目に値する。

②軍備縮小につき、第八条で、「一　連盟国ハ、平和維持ノ為ニハ其ノ軍備ヲ国ノ安全及国際義務ヲ協同動作ヲ以テスル強制ニ支障ナキ最低限度迄縮少スルノ必要アルコトヲ承認ス」「二　連盟理事会ハ、各国政府ノ審議

及決定ニ資スル為、各国ノ地理的地位及諸般ノ事情ヲ参酌シテ、軍備縮少ニ関スル案ヲ作成スヘシ」等々の規定を設けていた。

「国ノ安全……ニ支障ナキ最低限度」の軍備は認められており、自衛戦争は当然の前提とされていた。

③集団的安全保障の立場をうち出していた。「連盟国ハ、連盟各国ノ領土保全及現在ノ政治的独立ヲ尊重シ、且外部ノ侵略ニ対シ之ヲ擁護スルコトヲ約ス。右侵略ノ場合又ハ其ノ脅威若ハ危険アル場合ニ於テハ、連盟理事会ハ、本条ノ義務ヲ履行スヘキ手段ヲ具申スヘシ」（第一〇条）。「戦争又ハ戦争ノ脅威ハ、連盟国ノ何レカニ直接ノ影響アルト、否トヲ問ハス、総テ連盟全体ノ利害関係事項タルコトヲ茲ニ声明ス。仍テ連盟ハ、国際ノ平和ヲ擁護スル為適当且有効ト認ムル措置ヲ執ルヘキモノトス。此ノ種ノ事変発生シタルトキハ、事務総長ハ、何レカノ連盟国ノ請求ニ基キ直ニ連盟理事会ノ会議ヲ招集スヘシ」（第一一条一項）。

④連盟規約は、国際紛争の平和的解決を求めて、以下のような戦争を違法としていた。ⓐ連盟国が、連盟国間で発生した国交断絶にいたるおそれのある紛争を、裁判（常設国際司法裁判所または当事国の合意によって定めもしくは当事国間に現存する条約で定める裁判所の裁判）にも国際連盟の審査に付することもなく、戦争に訴えること（第一二条、第一三条、第一五条）、ⓑ裁判の判決または国際連盟の報告が出てから三ヵ月以内に、戦争に訴えること、ⓒ右の期間経過後において、裁判の判決に服す国、および国際連盟の報告の場合その報告が紛争当事国を除き理事会で全会一致で（総会の場合は過半数で）採択されかつその報告に服す国、に対して戦争に訴えること、である。しかし、ここでは、規約第一二条の期間経過後においては、以下のような戦争は禁止されていなかった。㋑裁判の判決に服さない国に対する戦争、㋺上記ⓒの条件で採択された連盟の報告に服さない国に対する戦争、㋩連盟報告が上記ⓒの条件で採択されなかった場合における相手方当事国に対する戦争である。

このようにして、国際連盟規約は、「戦争の違法化」原則の樹立に向けて、その第一歩を踏み出したが、自衛戦争を認め、国際紛争の平和的解決についても例外を認めていた。また、連盟による集団的安全保障体制を縮小されるべき各国の軍隊に依存させるという欠陥をもち、かつ禁止の対象となる戦争が、国際法上戦争開始のために必要とされている手続をとらずにおこなわれる事実上の戦争（「事変」）を含むかどうかもあいまいであった。それに、連盟規約では、「民族自決」の原則が欠け、植民地支配の継続になりかねない「先進国」による「後見」制度（委任統治制度）も認められていた*（第二二条）。

この国際連盟は、一九二〇年一月に発足したが、そのイニシアチヴをとったアメリカ合衆国は終始未加盟であり、ソ連も短期間しか加入できず（一九三四年九月加入、一九三九年一二月除名）、中国も未加盟であった。戦争違法化のための組織としては、弱体であった。

* 連盟規約第二二条は、「一　今次ノ戦争ノ結果従前支配シタル国ノ統治ヲ離レタル植民地及領土ニシテ近代世界ノ激甚ナル生存競争状態ノ下ニ未タ自立シ得サル人民ノ居住スルモノニ対シテハ、該人民ノ福祉及発達ヲ計ルハ、文明ノ神聖ナル使命ナルコト、及其ノ使命遂行ノ保障ハ本規約中ニ之ヲ包容スルコトノ主義ヲ適用ス」「二　此ノ主義ヲ実現スル最善ノ方法ハ、該人民ニ対スル後見ノ任務ヲ先進国ニシテ資源、経験又ハ地理的位置ニ因リ最此ノ責任ヲ引受クルニ適シ且之ヲ受諾スルモノニ委任シ、之ヲシテ連盟ニ代リ受任国トシテ右後見ノ任務ヲ行ハシムルニ在リ」等としていた。委任統治の現実は、戦勝国で連盟の常任理事国でもあったイギリスやフランス等の植民地的または半植民地的支配地域を拡大するもののようであった。

(ii)「不戦条約」。それは、国際連盟体制の欠陥を補い、「戦争の違法化」原則と国際紛争の平和的解決をさらに押し進めようとするものであった。フランス、アメリカ、イギリスとその自治領、日本、ドイツ等の一五ヵ国が参加して、一九二八年八月にパリで署名され（翌年七月に発効）、ソ連もその直後に加盟した。一九三六年末には加盟国は六三に達した。

この条約は、実質、以下の二カ条である。「締約国ハ国際紛争解決ノ為戦争ニ訴フルコトヲ非トシ且其ノ相互関係ニ於テ国家ノ政策ノ手段トシテノ戦争ヲ抛棄スルコトヲ其ノ各自ノ人民ノ名ニ於テ厳粛ニ宣言ス」（第一条）と「締約国ハ相互間ニ起ルコトアルベキ一切ノ紛争又ハ紛議ハ其ノ性質又ハ起因ノ如何ヲ問ハズ平和的手段ニ依ルノ他之ガ処理又ハ解決ヲ求メザルコトヲ約ス」（第二条）、である。

①第一条は、ⓐ国際紛争解決のための戦争の禁止と、ⓑ国家の政策の手段としての戦争の放棄、を宣言していた。ⓐとⓑは、かならずしも明確に区別されていたわけではないが、ⓑの戦争が「利己的な恣意的な戦争」つまり侵略戦争を意味していたのに対し、ⓐの戦争は、それを含みつつも、それに限定されないことを特徴としていた。

②第二条は、一切の国際紛争を平和的処理方法――外交交渉、周施と仲介、国際調停、国際裁判等――で解決すべきことを定めるもので、戦争であると否とにかかわらず、国際紛争解決のために一切の武力の行使を禁止するものと解釈しうるものであった。

③第一条と第二条は、あらゆる種類の戦争等の放棄を求めるものではなく、次のような限界をもつものであった。ⓐ「不戦条約」の前文で「今後戦争ニ訴ヘテ国家ノ利益ヲ増進セントスル署名国ハ本条約ノ供与スル利益ヲ拒否セラルベキモノナルコト」としているところからもうかがえるように、「すべての締約国は、違反国に対す

る関係において条約義務から解放せられ、武力行使の自由を回復する」[10]ことである。この例外は、条約違反国に対して、その直接の攻撃対象となった国だけでなく、どの締約国も後者を助けて違反国と戦うことができるという意味で、「集団的自衛の権利」を「明文をもって認め」るものであった[11]。ⓑ自衛戦争・自衛権の承認である。この条約への署名に先立って各国政府間で交された交換公文――当時、解釈公文（notes interprétatives）と呼ばれていた――から明らかなように、これらは否定されていなかった。この解釈公文で各国に留保された自衛権は、「外国から武力による攻撃や侵入を受けた国が、これに反撃するために武力を行使する権利」[12]を意味する。これは、国際連合憲章の個別的自衛権に相当する。ⓒ国際連盟規約、ロカルノ相互保障条約、永世中立条約に基づく義務としての戦争も留保されている。このことも、解釈公文から明らかである[13]。

④「不戦条約」の規定の仕方には問題があった。その一つは、同条約で禁止されている戦争が、国際法上の正式の戦争のみを意味するか、それとも事実上の戦争つまり宣戦布告等の手続をとっていない武力の行使（事変）を含むか、かならずしも明瞭ではなかったことである。国際連盟規約および「不戦条約による戦争の禁止は、戦争の形式をとらない武力の行使をかならずしも禁止するものではないとする考え方が国際政治の現実を支配した」[14]。たしかに不戦条約の第二条については形式的な戦争にまでは至らない一切の武力の行使を含むとする解釈があったし、その方が、同条の文言・論理・趣旨に忠実であるように見えるが、国際政治の現実を規律するまでには至らなかった。

もう一つは、自衛権・自衛戦争の概念が条約自体に規定されていなかったことである。条約運用の現実から明らかなように、この事態も悪用された。

⑵　国連憲章における「戦争の違法化」原則の強化

第二次世界大戦後、「われらの一生のうちに二度まで言語に絶する悲哀を人類に与えた戦争の惨害から将来の世代を救〔う〕」ことを第一の目的として、国際連合憲章が締結された（一九四五年署名・発効）。そこでは、「戦争の違法化」に向けて、以下のような注目すべき規定・制度が設けられた。

①第二条三項で「すべての加盟国は、その国際紛争を平和的手段によって国際の平和及び安全並びに正義を危くしないように解決しなければならない」と定め、同条四項で「すべての加盟国は、その国際関係において、武力による威嚇又は武力の行使を、いかなる国の領土保全又は政治的独立に対するものも、また、国際連合の目的と両立しない他のいかなる方法によるものも慎まなければならない」としている。ここでは、次の諸点に注目すべきであろう。

ⓐ加盟国に対しては、国際紛争の平和的解決が求められ、武力の行使・武力による威嚇が原則として禁止されている。戦争に限定することなく、武力の行使・武力による威嚇が禁止されている。国際連盟規約と不戦条約の下における不幸な経験をふまえていることはいうまでもない。ⓑ他国の「領土保全又は政治的独立」に対する武力の行使等（侵略的な武力の行使等）の禁止のほかに、「国際連合の目的と両立しない他のいかなる」武力の行使等も禁止されている。「国際連合の目的」と両立する武力の行使等はなお禁止されていないが、憲章第一条一項が明らかにしているように、それは「〔国際の平和及び安全を維持するために〕平和に対する脅威の防止及び除去と侵略行為その他の平和の破壊の鎮圧とのため有効な集団的措置をとること」に限定されている。

②「有効な集団的措置」とかかわって、憲章は、次のような規定を設けている。「いかなる紛争でもその継続が国際の平和及び安全の維持を危くする虞のあるものについては、その当事者は、まず第一に、交渉、審査、仲

介、調停、仲裁裁判、司法的解決、地域的機関又は地域的取極の利用その他当事者が選ぶ平和的手段による解決を求めなければならない」（第三三条一項）。「第三十三条に掲げる性質の紛争の当事者は、同条に示す手段によってこの紛争を解決することができなかったときは、これを安全保障理事会に付託しなければならない」（第三七条一項）。「安全保障理事会は、平和に対する脅威、平和の破壊又は侵略行為の存在を決定し、並びに、国際の平和及び安全を維持し又は回復するために、勧告をし、又は第四十一条及び第四十二条に従っていかなる措置をとるかを決定する」（第三九条）。「安全保障理事会は、第四十一条に定める措置〔兵力の使用を伴わないいかなる措置〕では不充分であろうと認め、又は不充分なことが判明したと認めるときは、国際の平和及び安全の維持又は回復に必要な空軍、海軍又は陸軍の行動をとることができる。この行動は、国際連合加盟国の空軍、海軍又は陸軍による示威、封鎖その他の行動を含むことができる」（第四二条）。

③加盟国による武力の行使等は禁止されているが、憲章第五一条は、その例外を認めている。「この憲章のいかなる規定も、国際連合加盟国に対して武力攻撃が発生した場合には、安全保障理事会が国際の平和及び安全の維持に必要な措置をとるまでの間、個別的又は集団的自衛の固有の権利を害するものではない。この自衛権の行使に当って加盟国がとった措置は、直ちに安全保障理事会に報告しなければならない。また、この措置は、安全保障理事会が国際の平和及び安全の維持又は回復のために必要と認める行動をいつでもとるこの憲章に基く権能及び責任に対しては、いかなる影響も及ぼすものではない」。ここでは、ⓐ自衛権の発動の認められる場合が「国際連合加盟国に対して武力攻撃が発生した場合」に限られている。ⓑ「自衛権の行使に当って加盟国がとった措置は、直ちに安全保障理事会に報告しなければならない」とされ、かつその措置は「安全保障理事会が国際の平和及び安全の維持に必要な措置をとるまでの間」認められるにすぎないとされている。自衛権の行使は緊急

の臨時の措置として認められているにすぎない。③その自衛権については、攻撃を受けた国が反撃する個別的自衛権のほか、自国が直接攻撃を受けていなくても、同盟関係にある他国が攻撃を受けた場合には自国が攻撃されたものとして反撃することを認める集団的自衛権も含まれるとしている。

④国連憲章における「戦争の違法化」原則の具体化にも問題がある。たとえば、「大小各国の同権」（前文第三段）・「人民の同権」（第一条二項）を掲げつつも、「〔手続事項を除く〕その他のすべての事項」において安全保障理事会の常任理事国に絶対的拒否権を認めていることや（第二七条三項）、自衛権のうちに集団的自衛権を含めていること（第五一条）などは、その最たるものといえるであろう。国連による国際の平和と安全の確保を麻ひさせかねない大国の横暴をもたらす危険性をもっている。しかし、国連憲章が、多くの改革課題をもちながらも、なお、「戦争の違法化」原則の具体化において、国際連盟規約や「不戦条約」の段階を大きく超える規定や制度をもっていることは否定できないであろう。

(3)　「東西冷戦」「米ソ軍拡競争」とその後

国連憲章登場後の現在、国際法と現代憲法は、「第三次世界大戦」に匹敵するような軍事的経験をしている。総力戦的な実体をもつ「東西冷戦」「米ソ軍拡競争」である。冷戦体制の終了後においても、「抑止力論」の名において軍拡政治は継続している。そのなかで、人類や民族を滅亡させうる大量破壊兵器が蓄積・拡散されただけでなく、そのために各国の経済・財政が破綻しまたはそれに近い状況に追いつめられ、現代憲法や国際法が共通の課題として掲げている目的の実現が脅かされるまでに至っている。この点については、あとでふれる（第五章Ⅱと第七章Ⅲ）。

四　民主主義の強化の動向――「人民主権」への傾斜

現代資本主義憲法体制が新しい諸原理（性差別の禁止、すべての国民に対し「人間らしい生活の保障」を求める「社会国家」（「福祉国家」）・「文化国家」の理念、「戦争の違法化」の原則など）を導入しても、政治がそれらを具体化しうる主権原理と民主主義を欠いていれば、近代資本主義憲法体制の段階で際立っていた多数の国民の「人間疎外」状況や資本主義体制の社会的経済的不安定化を解決することはできない。近代の段階における「人間疎外」等の状況は、それを克服する諸原理の欠落とともに、非民主的な主権原理とそれに立脚する統治機構によって、もたらされていた。非民主的な主権原理と統治機構は、多くの国民を「人間疎外」状況等から救出する諸原理が憲法に導入されても、その具体化を阻止する要因となる。非民主的な主権原理と統治機構は、新しい諸原理が救出の対象としている階層の国民の政治参加を形式的にまたは実質的に排除しているからである。この意味で、現代資本主義憲法が新しい諸原理を具体化しうる主権原理と民主主義をもっているか否かが問題となる。

現代資本主義憲法の多くは、「人民の、人民による、人民のための政治」を徹底して求める「人民主権」の導入については、なお積極的ではない。西欧の諸国では、フランスの一九四六年憲法と一九五八年憲法が、それぞれ、「国民の主権（la souveraineté nationale）は、フランス人民（peuple français）に属する」（第三条一項）、「国民の主権は人民に属する」（第三条一項）という、「人民主権」を意識したあいまいな規定を設けているが、「人民主権」を明示しかつ的確に具体化している憲法はなおきわめて例外的な状況にある。その故もあってか、たとえばフランスを含めてほとんどすべての国の憲法で、「命令的委任の禁止」や「自由委任」が明示され、「人民」に対する議員の従属性が求められていないし、また「人民による、人民のための政治」を困難にする中央集権体制がとられている。

しかし、それにもかかわらず、すぐに見るように、現代においては、「人民主権」を求める国民の憲法意識のたえ間なき強化もあって、憲法の規定においても、その運用においても、「人民主権」の方向への動きが強化され続けていることは事実である。以下の諸点は、その代表的事例である。

別表３　各国で普通選挙が認められた年

	男　性	女　性
イギリス	1918	1928
アメリカ	1870	1920
フランス	1848	1944
ド イ ツ	1871	1918
日　本	1925	1945

1　参政権の保障の強化

現代資本主義憲法は、近代資本主義憲法の段階と異なって、参政権の保障を強化している。これも、直接的には、「人民主権」を求める民衆層の運動に押されてのことであるが、同時にその闘争の体制内化をはかり、資本主義体制の維持存続をはかろうとする観点からの対応でもあった。具体的には、とくに以下の諸点が注目に値する。

⑴　男女平等の直接普通選挙制度の導入

少くとも、議会の第一院については、この制度が一般的に導入されている。その導入の状況は、別表３の通りである。この制度の導入によって、野党勢力とくに労働者党は、やがて、資本主義体制自体の転換を課題として掲げる共産党と資本主義体制内の改革を重視する社会民主党に分裂していく。しかし、ソ連＝東欧型社会主義諸国の崩壊後においては、目指す社会主義体制の諸原理が混迷の度合を深めたことにより、労働者党の動向も多様化している。しかし、なお、近時におけるこのような事態が政治的平等の原理である「人民主権」とそれに立脚する民主的統治機構の意義・機能を弱めるものでないことは、いうまでもない。

(2)　例外的な直接民主制の導入

「人民の、人民による、人民のための政治」を求める「人民主権」の強化の動向からすれば、直接民主制が重視されるのは当然のことである。憲法改正などの重要問題については、現代資本主義憲法は、もろもろの形態の直接民主制——たとえば、人民投票（referendum）、人民拒否（popular veto）、人民発案（popular initiative）、リコール＝人民解職（recall）など——を導入する傾向にある。重要問題について、人民の直接の意思による決定が制度化される傾向にあるということは、「人民こそが主権者」という憲法意識が一般化しつつあることを示すものにほかならない。男女平等の直接普通選挙制度下においては、このような憲法意識は不可避的であるかのようにして一般化する。この傾向は、議会制度の運用にも現れている。

(3)　議員の選挙の意義の変化と議会解散制度の導入の傾向

この変化と傾向も、現代市民憲法下においては、一般的に見られる。

制限選挙制度、それも男性のみの制限選挙制度がとられていた近代の段階においては、議員の選挙は、文字通り議員を選挙することに限定されていた。しかし、普通選挙制度が導入されて、民衆層が有権者集団（選挙人団）の多数を占め、有権者集団としての「人民」こそが主権者だとする意識が一般化するようになると、議員の選挙は、議員を選挙すること以外の意義・機能を事実上——そして、やがては憲法慣習法的に、ついには憲法上——もつようになる。「人民」が主権者であるから、議会で決定しようとする重要問題は、総選挙の際にあらかじめ有権者集団・「人民」に提示して、その承認を得ておくべきだとする考え方の登場と実行である。重要政策についての基本方針の決定または承認の手段としての総選挙である。

議会の解散も、同様な意義をもつ傾向にある。「人民」が主権者であり、それ故に議会で決定しようとする重要問題はあらかじめ総選挙の際にその基本方針を「人民」に提示して、その承認をえておくべきだとする考え方からすれば、前回の総選挙の際に「人民」に提示してその承認をえておかなかった重要問題を議会で処理しようとする場合には、議会を解散してその重要問題処理の基本方針につき「人民」の判断を問うことが求められるのは、当然のことである。

このような選挙の意義の変化は、「国民代表」の概念の動揺・変化と不可分に結びついている。イギリスの「議会主権」下で時間をかけて形成され、フランス革命の中で「国民主権」原理と結びついて論理的にかつ一気に形成された「国民代表」(「全国民の代表」)概念の下では、市民の総体としての「人民」や有権者の総体としての「人民」は、主権者ではなかった。したがって、そこでは、「国民代表」は、有権者集団からも独立して、政治の基準を法律等として形成表示しうる地位にあった。しかし、男女平等の直接普通選挙制度が導入されつつある現代においては、「国民代表」たる議会は、有権者集団としての「人民」からそのような独立性を徐々にそして確実に失いつつある。すでに一九世紀末に、イギリスの著名な憲法学者A・V・ダイシー(Dicey)は、男性直接普通選挙に近い選挙制度が導入された一九世紀末のイギリスの場合につき、「人民」が「政治的主権者」(political sovereign)として登場してきたとして、国民代表の概念が「民意の表明・反映」を意味するようになり、下院の総選挙と解散ついて新しい「憲法習律」[15](convention of the constitution)の出現を説いていた。この憲法習律の究極の目的は、「立法府が……選挙人団つまり人民の多数の意思を表明しまたは実行しなければならないことである」[16]として、新しい国民代表概念の確保を求めるものであるとし、また「近時においては、議会の解散にかんする諸ルールは、他の憲法習律と同様に、国の真の政治的主権者としての選挙人団の最終的優位の確保を狙いとしている」としていた。[17] 解散は、それ故に議会意思と人民の意思が異なる場合または公正にそうと推定される場合には、つねに解散が許されるし、また必要だとしていた。

このような「国民代表」概念の動揺や変化は、基本的には「人民主権」原理の担い手の政治の場における登場に伴う、従来の主権原理（「国民主権」や「議会主権」）の動揺に由来するものとして、イギリス・フランスをはじめとするヨーロッパの他の諸国にも見られる。この点については、現代憲法学の動向の問題として、あとでさらに検討する（第八章II）。

現代資本主義憲法下においては、選挙や解散の制度も、直接民主制に準ずる機能を果す傾向にある。また、主として法律段階のことであるが、市民の知る権利や情報公開の制度も、具体化する傾向にある。

2　「議会主義」から「議会制民主主義」へ

すでに(1)で若干見ておいたように、現代資本主義憲法下においては、国民代表としての議会のあり方も大きく変化する傾向にある。その変化は、「議会主義」「古典的代表制」「純粋代表制」から「議会制民主主義」「現代代表制」「半代表制」、という文言で示されることが多い。現代における国民代表制の実態にかかわる問題であるから、若干立ち入って見ておこう。

(1)　「議会主義」「古典的代表制」「純粋代表制」とは[18]

これらの表現は、近代立憲主義型資本主義憲法における「国民代表」としての議会のあり方を示そうとするものである。その基礎には、たとえばフランスの場合は「国民主権」の原理がある。その基本特色は、以下のようであった。

①原則として、民選の議会のみが、「国民代表」として、具体的な政治の基準を法律等として決定する。

②議会と議員は、名実ともに、市民の総体としての「人民」とその単位からはもちろんのこと、有権者集団としての「人民」とその単位（選挙区）の意思からも独立して、法律等を決定する。「人民」は主権者ではないからである。憲法は、命令的委任の禁止（自由委任）と免責特権（議会における議員の発言・表決の自由）を保障することによって、議会・議員に「人民」とその単位からの独立を保障するだけでなく、さらに普通選挙制度・比例代表制・解散制度・直接民主制などを排除し、（間接）制限選挙・多選禁止などの選挙制度を導入することによって、事実上も議会・議員に民意からの独立を保障しようとしていた。それに制限選挙制度の下では、有権者が少数で、しかも有権者と議員は同一の社会経済的基盤をもっている（一定額以上の財産の所有者または直接税の納入者、つまり政治に参加するだけの教育と余暇をもつ男性の有産者である）。その結果、両者の間では、少数の社会的同質者間に特有の信頼関係が容易に成立する。有権者は、議員に注文をつける必要がなく、それに白紙委任する。命令的委任の禁止と免責特権の保障は、そのような事態に対応する。

「議会主義」「古典的代表制」「純粋代表制」は、このような国民代表としての議会・議員のあり方を表現するものであった。

③このような「国民代表」としての議会のあり方は、ブルジョアジーの意思をもっとも容易に国家意思（国政の基準）としうるものであった。男性制限選挙制度によって、一方で市民の大多数を占める女性と民衆層を有権者集団から除外し、他方で選挙という多人数行為を用いることによってごく少数の旧特権階級を議会から排除することもできた。このような議会制は、「自由放任」の資本主義体制の本格的な整備・展開期としての近代、「人民主権」の主要な歴史的社会的担い手としての労働者階級を中心とする民衆層が自己解放の原理を十分に自覚し

えないでいた近代、において見られるものであった。

(2)　「議会制民主主義」「現代代表制」「半代表制」

これらの表現は、主としては、現代資本主義憲法下における国民代表としての議会・議員のあり方を示すものである。男女平等の直接普通選挙制度の導入による、「人民主権」の歴史的社会的担い手たる民衆層の政治の世界への登場等によって、近代の「国民代表」制が動揺し、その結果として現れてくるものである。その基本的な特色は、以下のようである。

①ここでも、原則として、憲法における命令的委任の禁止（自由委任）と免責特権の保障によって「人民」とその単位からの独立を保障された民選の議会・議員が国民代表として政治の基準を法律等として決定する立場にある点では、「議会主義」の段階と異ならない。しかし、とくに次の二点においては、「議会主義」の段階と明らかに異なっている。

その第一点は、議会・議員が、その法的建前にもかかわらず、事実上「人民」とその単位からの独立性を失いつつあることである。「人民主権」の主たる担い手の政治的社会的立場の強化とそれに伴う「人民主権」論の影響の強化、男女平等の直接普通選挙制度の導入とそれに伴う近代的政党の出現などがその要因となっている。

ⓐ「人民主権」の担い手と「人民主権」論の影響の強化については、あらためて指摘するまでもあるまい。近代資本主義体制の展開は「人民主権」の歴史的社会的担い手を量的にも質的にも強化するものであり、選挙制度の民主化はその担い手を政治の場に登場させることを意味する。人権の平等の享有を確保するために（とくにすべての国民に「人間らしい生活」を保障するために）民主主義の強化が不可欠なものであるとすれば、それを徹底して求める「人民主権」への期待も不可避的となる。有権者の憲法意識が転換を始める。統治権を「人民」の所

有物とし、「人民による、人民のための政治」を求める「人民主権」の原理の下では、議会と議員は、「人民による、人民のための政治」の手段として、「人民」とその単位の意思と利益に従属するのが当然のこととなる。

ⓑ直接普通選挙制度においては、民衆層も有権者となっており、彼らこそが選挙の結果を左右する力をもっている。しかも、この選挙制度の下においては、民衆層が有権者となることによって、有権者間においてもまた候補者議員の間においても社会的経済的な同質性が失われている。このような状況の下では、候補者・議員は、有権者集団・「人民」の主権者意識を尊重しつつその多数の支持をえるために、有権者集団の要求に多少ともこたえる公約を提示せざるをえなくなる。選挙は、かつてのような信頼関係の承認ではなく、公約の承認という一種の契約関係的な性格をもたざるをえなくなる。憲法で命令的委任が禁止され免責特権を保障されていても、議員は、再選を望む限り、その公約を全面的には無視できなくなる。

ⓒ直接普通選挙制下では、厳格な規律と多数の党員をもつ現代的政党も、発生する。「議会主義」「純粋代表制」の段階では、政党は、議会・議員の独立性の維持に危険なものとして、議会の内外を通じて禁止されていた。[19] 憲法における「政党敵視」の段階である。それに、制限選挙制度下では、有権者が社会経済的に同質で、有権者の数も少なく、政党の必要性自体がほとんどなかった。存在したのは、せいぜい、院内サロン的な「名望家政党」のみであり、フランスの議会では、一九世紀を通じて、「一人称複数」(Nous) で発言することが禁止されていた。[20]「全国民の代表」であるから、党派的な「われわれ」ではなく、「一人称単数」(Je＝わたくし) で発言することが求められていた。

しかし、直接普通選挙制度によって、有権者数が激増すると、有権者も議員も、孤立した個人としては存在できなくなる。一票の価値が重みを失うから、有権者は、現実に政治を動かそうとすると、結合せざるをえなくなる。また、議員も候補者も、ぼう大な有権者に働きかけうる組織をもつかそれに所属するかせざるをえなくなる。

しかも、有権者と議会のなかにもろもろの利害の質的な対立がもちこまれるようになると、厳格な規律をもった政党の必要性は一段と強まる。とくに労働者階級を中心とする民衆層の場合、直接普通選挙制度を通じてその権利・自由を維持し、かつ近代資本主義憲法体制下でもたらされた悲惨な「陰」を克服しようとするならば、資金力その他の既存の制度や利便の利用力においてブルジョアジーに劣るから、その階級・階層のすべてを民衆の政党に結集して、その規律を強化せざるをえなくなる。彼らにとっては、つねに、「自由は、団結の結果であった」[21]。民衆党員によって構成される支部を単位とし、そこから選出される代議員がその上の段階の組織を構成し、さらにそこから党の指導部が選出されるような多数の党員をもつ現代的な政党の出現である。数十万、数百万の党員を擁する政党である。そこでは、政策についても下からの決定の原則が維持されており、議員がその政策（党議）に拘束されて行動するような党内民主主義を貫く政党である。党員の納入する党費、党の新聞・雑誌の販売収入、支持者の献金等によってその財政を維持する自主的な規律政党である。

資金力その他の既存の制度や利便（とくにマスメディア）の利用力においてまさるブルジョアジーにとっては、このような現代的政党の必要性は相対的に小さい。しかし、彼らが有権者集団の社会的構成において少数者となる直接普通選挙制度の下においては、彼らも、現代的な政党の組織にむかわざるをえなくなる。

このような政党状況下においては、公約は政党の名においておこなわれ、議会と議員は、政党の公約を通じて「人民」とその単位に従属するようになる。公約は、「主権者」「人民」に対するものとして、有権者集団を欺くような無内容なものであってはならず、議会で制定しようとする法律等についてその基本方針を示すことを求められることになる。

その第二点は、第一点と密接に関係することであるが、選挙と国民代表が、近代の段階と比較して、その意味を変える傾向にあるということである。

すでに見ておいたように、近代の「議会主義」「純粋代表制」の下では、選挙は法律制定等にたずさわる議員を指名することだけを意味していた。また、「国民代表」たる議会は政治の基準となる法律等を形成表示することを意味していた。法律等は、名実ともに「国民代表」の作品であった。

しかし、現代資本主義憲法下においては、「人民」こそが主権者であるとする憲法意識の強化・一般化に対応して、議会で法律等として定めようとする重要問題については、あらかじめ総選挙の際にその基本方針を有権者・「人民」に提示してその承認を得るようにすべきだとする考え方が実行に移される傾向にある。重要政策の承認手段としての総選挙である。この動向と連動して、すでにふれておいたように、議会解散の制度も、その機能を変える傾向にある。議会で決定しようとする重要問題の基本方針をあらかじめ「人民」に提示してその承認をえておくべきだとする考え方からすれば、前回の総選挙の際に「人民」に提示しておかなかった重大問題を処理しようとする場合に、議会を解散して「人民」の判断を問うことが求められるのは、当然のことである。

このような現代資本主義憲法下における動向は、総選挙の意味を変えるだけでなく、「国民代表」の概念の転換をもたらす効果をもとうとしている。国政の基準となる法律等を形成表示するものから、有権者集団・「人民」の意思を法律等として確認表示すべきものへの概念の転換の動向である。「人民」が、事実上または憲法慣習法上、国政の基準となる国家意思の決定において主役として登場し始めている状況である。「議会制民主主義」「現代代表制」「半代表制」への転換の状況である。その根底に「国民主権」・議会主権の動揺と「人民主権」の登場の問題があることは間違いない。

②しかし、現代資本主義憲法下における「議会制民主主義」「現代代表制」「半代表制」の動向を、「国民主権から人民主権への転換」「国民代表から人民代表への転換」といい切るには、なお問題がある。「人民主権」の原理からすれば、なお解決を要する諸問題が残っているからである。

その第一は、選挙によらない第二院や間接選挙（複選制を含む）*による第二院等が、なお存続して、法律の制定など重要な国政において、民意による政治を阻止する役割を果しているからである。たとえば、イギリスでは、「人民」の選挙によらない貴族院が、フランスでは民意を議院の構成にゆがんで表現しがちな複選制による元老院が、いぜんとして存在し、無視できない役割を果している。

＊　第一次選挙人（有権者）が第二次選挙人を選び、第二次選挙人が議員またはその他の公務員を選挙する制度を間接選挙制度という。議員（公務員）を、別の選挙で選挙された議員（公務員）が選挙する制度を複選制という（たとえば、市町村議会議員が都道府県議会議を選挙するの類である）。いずれも、広義の間接選挙であり、民意を大きくゆがんで表現しがちであることを特色とする。フランスの現行憲法（一九五八年憲法）では、「国会は、国民議会と元老院からなる」（第二四条一項）、「国民議会議員は、直接選挙によって選出される」（同条二項）、「元老院は、間接選挙で選出される。元老院は地方公共団体の代表を確保する。……」（同条三項）としている。

その第二は、直接普通選挙による第一院についても、小選挙区制や小選挙区比例代表並立制などがとられたり、*または一選挙区から二人以上の議員を選出する大選挙区制がとられていても、各選挙区への議席配分が不平等であったりして、民意が第一院の構成にも公平に反映されていないことが少なくないことである。

＊ 小選挙区制とは一つの選挙区から一人の議員だけを選挙する制度をいう。いろいろな種類のものがあるが、その代表的なものは、現在イギリスとアメリカでとられている小選挙区一回投票制である（一回の投票で一番多数の票を得た候補者を当選者とする）。この小選挙区制では、ⓐ第三党以下の候補者は事実上当選可能性をもたず、したがって棄権が多くなる、ⓑ死票も多くなる（たとえば、第一党の候補者の得票率が有効投票の三五％の場合、残りの六五％の票は死票として議会構成に反映されない）、ⓒこのⓑと関係して、多くの場合、多数党は、議会で有権集団の少数の意思・利益しか表明できないことになりがちである、ⓓ二大政党制の場合、「三乗比の法則」（Cube law）によって、第一党と第二党が獲得する議席の比率は、両党の得票比の三乗に比例するものとなりがちであり、効果的な野党が議会内に存在しにくくなる、などを特色とする。

右のⓓは、第一党と第二党の得票比がX対Yだとすると、両党の議席比はX^3対Y^3になるということである。この「三乗比の法則」は、二大政党下のイギリスにおける経験則だといわれている。三党制以上の多党制になると、この選挙制度は、「とてつもない結果をもたらしうる」[22]ものといわれている。

その第三は、現代資本主義憲法では、原則として、命令的委任の禁止（自由委任）の制度がとられ、これに対応して、権力担当者とりわけ議会と議員に対して、「人民」とその単位による政治責任の追及が認められていないことである。[＊]議会・議員が公約に反しても、また議会・議員が議会・議員にあるまじき行動をしても、なお、「人民」の側は、議会の解散を請求することもまた議員をリコールすることも認められていない。たしかに、議会解散制度の運用の仕方のいかんによっては、この点をある程度補うこともできる。たとえば、前回の総選挙で「人民」にその基本方針を提示してその支持を得ておかなかった重大問題を議会で処理しようとする場合には、議会を解散することによってそれについての「人民」の判断を問うという運用の仕方である。このような議会解散制度の運用が、重大問題処理の基本方針を総選挙の際に有権者集団に提示する公約選挙とともに、憲法慣習法として確立されていれば、事態は相当程度に改善される。**

＊　日本国憲法は、他の現代市民憲法の場合と異なって、「命令的委任の禁止」規定を欠き、しかも、公務員の選定のみならず、それを罷免することも、「国民固有の権利」（第一五条一項）と明記している（第一五条一項）。日本国憲法は、これらの点においては、フランスやドイツなど他の現代資本主義憲法と明確に異なっており、「人民主権」の体制に入りこんでいる。このような日本国憲法の特色を無視または軽視して、日本国憲法の議会制をフランスやドイツの場合と同視して解釈運用することには疑問がある。日本国憲法下においては、その地方公共団体の場合と同様に、中央政府の場合についても、第一五条一項を具体化する諸制度を設けること（たとえば、国会議員や国務大臣など主要な公務員についてリコール制を設けること）が、憲法によって義務づけられているというべきであろう。

＊＊　日本国憲法は、第七条三号で「国民のために」衆議院の解散制度を設けている。この規定からしても、この解散制度は、重大問題について主権者の意思を確認するための手段として解釈運用すべきはずのものである。しかし、現実の経験からも明らかなように、それはそのようなものとして解釈運用されていない。

(3)　比例代表制への傾向

(2)の②にもかかわらず近時ヨーロッパ諸国に際立った現象として、比例代表制を典型とする「社会学的代表制」(la représentation sociologique) の一般化の傾向を指摘しておくべきであろう。この傾向は、とくに現在における「議会制民主主義」の具体的なあり様を示すものとして注目に値する。

ⓐ「半代表」の制度は、議会・議員と「人民」・その単位との間における意思の拘束関係を事実上、さらには慣習法的に確保しようとするものである。その事実に着目すれば、半代表制を補完するものとして社会学的代表制もほぼ不可避的に求められる政党である。その両者間にあって仲介者の役割を果しているのは政党である。現代において、半代表の課題を議会構成のあり方の問題として確保しようとするものであることになる。社会学的代表の制度は、半代表制の概念は、代表の概念は、半代表の概念を意味するだけでなく、政党が選挙と政治の主役となっている現代においては、民意の分布状態の縮図となることをも求める傾向にもある、ということである。政党を媒介として構成される議会が民意の分布状態の縮図となることをも求める傾向にもある、ということである。社会学的代表制の典型は比例代表制であるが、「現代代表制」「議会制民主主義」はそれを求めているとする。

ⓑ実在する有権者集団・「人民」の意思は、一枚岩的ではなく、多様に分れている。現代の「半代表制」的議会はその「人民」の意思を法律等として確認表明することを求めているが、そのためには、すでに見ておいた半代表制のみでは不十分で、選挙人団に結集した「人民」の多様な意思を議会構成に正確に転写できる選挙制度を必要とする。正確に転写できない選挙制度の下では、議会は「壊れた鏡み」となり、民意を確認表明しがたくなる。

たしかに、現代の議会制は「人民による、人民のための政治」を求める傾向を強めているが、それ故に社会学的代表制をも導入すべきだとすることについては、有力な反対意見もある。「人民」の多数の意思が議会を通じて法律等として表明されることの保障があれば、社会学的代表制と両立しない多数代表制（有権者のなかの多数派のみが議会に議員を送る代表制）、その典型である小選挙区一回投票制（一つの選挙区から一人の議員のみを一回の投票により比較多数で選出する制度、第一党のみが議会に議員を送る制度）で議員を選挙しても、すでに見ておいた

「半代表制」の条件（とくに公約に拘束されること）が充足されていれば、「人民による、人民のための政治」は保障されており、問題はないとするものである。それに、小選挙区一回投票制は、比例代表制を典型とする社会学的代表制と異なって、小党分立をもたらさず、政治を安定させる長所もあり、政権交替にも役立つとする。

しかし、小選挙区一回投票制のような多数代表制の下で、「人民による、人民のための政治」を実現し、法律等を民意の確認表明とすることは、不可能なほどに困難である。この小選挙区制の下でも、当選者が有効投票の過半数で選ばれていれば、半代表制と相まって、民意による政治が一応は維持される。しかし、この小選挙区制で当選者が有効投票の過半数で選ばれることは、原則として、主要な政治的社会的対立軸が一つしかなく、「人民」の意思・利益が截然と二つに分れかつ二大政党しか存在しない国や地域に限られる。しかし、そのような国や地域は、ほとんど存在しない。そのほとんどすべてが、複数のそれも三つも四つも主要な対立軸をもち、本来多党制になりがちである。

そのような複数の主要な対立軸をもつところでは、小選挙区一回投票制の場合、第一党は、得票率において有権者の過半数の支持をえることができず、その結果、過半数の議席をえても、「人民」の少数による支配の実態を免れないことになりがちである。「人民による、人民のための政治」「民意の確認表明として法律」の内実を欠く。たとえば、労働党が記録的な勝利を収めた一九九七年のイギリス総選挙でも、同党の得票率は四三・二％にとどまり、野党の得票率の合計に達していない。二〇〇一年のイギリス総選挙でも労働党は大勝したが、このような事態は変らなかった。すでにふれておいたように、イギリスでは、第二次世界大戦後のすべての総選挙で、五〇％を超える得票率をえた第一党は、存在しないという[23]（別表4、別表5を参照）。

ⓒ小選挙区一回投票制は、このようにして、得票率五〇％未満の第一党による支配を常態化しがちとなる。そ

別表4　戦後イギリスの総選挙における政党得票率

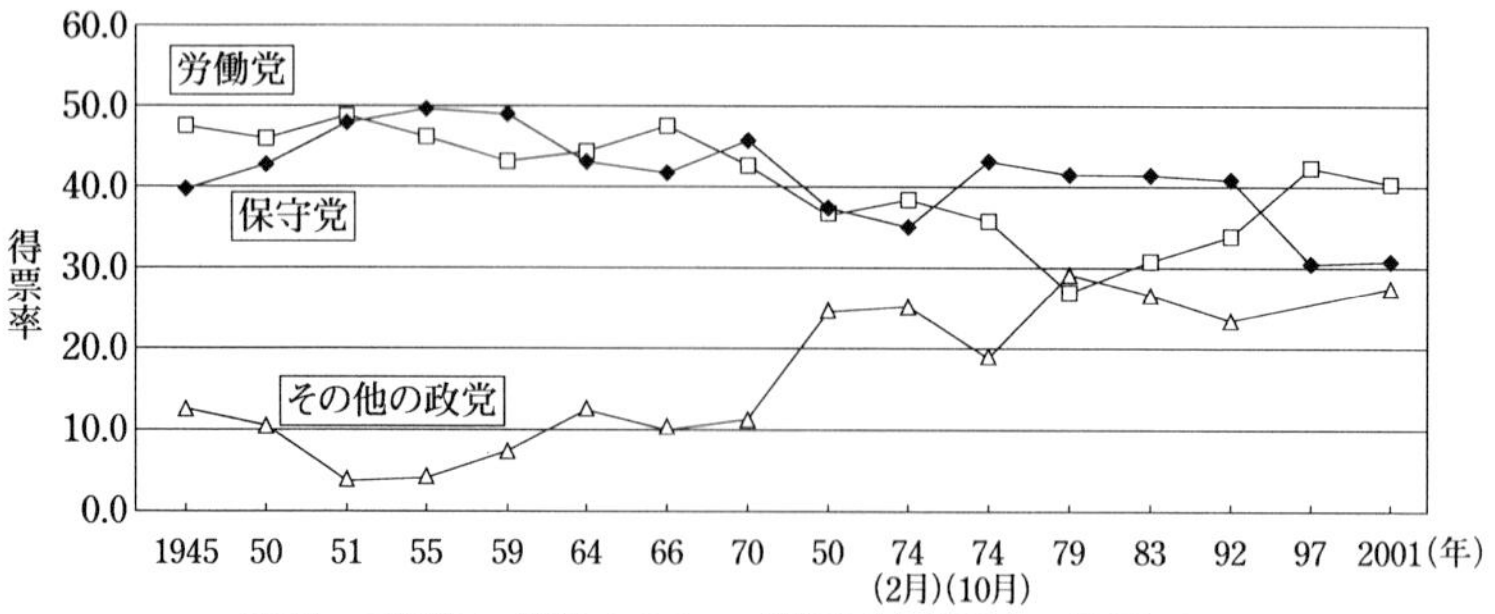

（出典）　西川敏之『現代イギリスの選挙政治』2005年・31頁による.

別表5　戦後イギリスの総選挙における各党の議席数

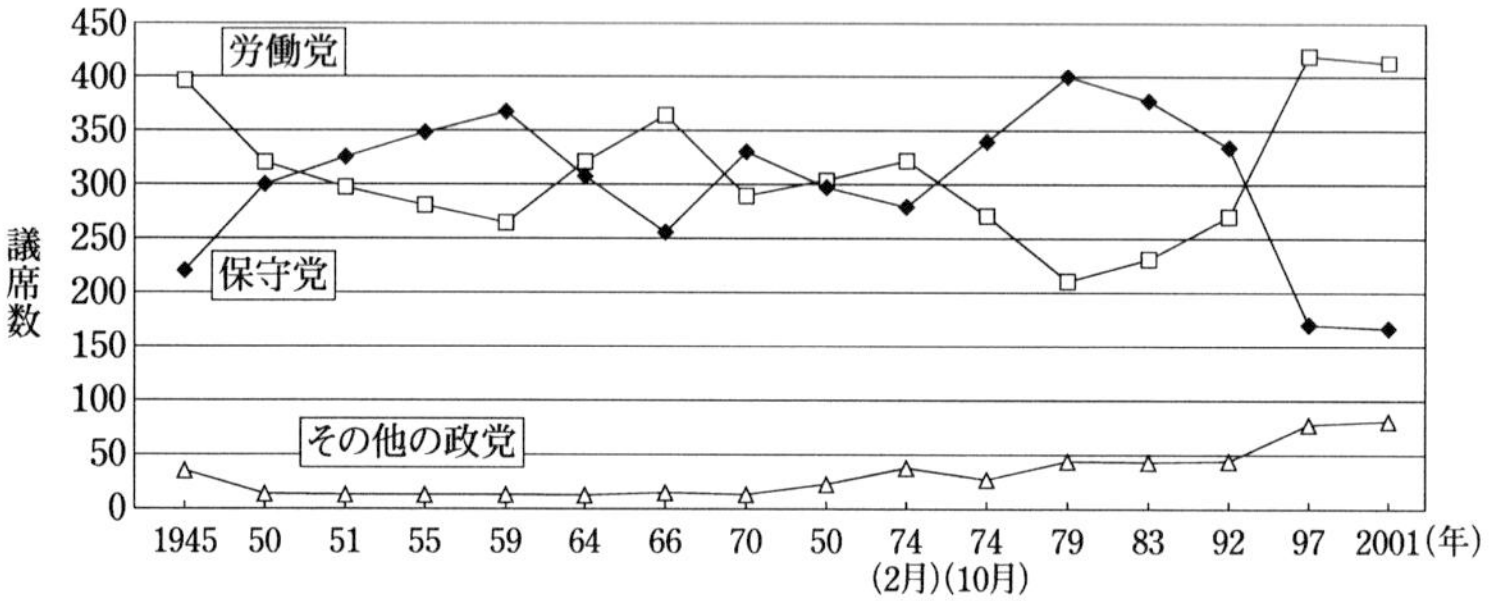

（出典）　西川敏之『現代イギリスの選挙政治』2005年・31頁による.

れは、現実には「民意による政治」を保障できない非民主的な装置となっている。それは、無視できな比率の棄権を常態化しかつ有効投票の過半数を死票とする「現代の制限選挙制度」ともいいうる機能を果す。それ故、「民意による政治」を求める現代議会制下においては、多くの国が小選挙区一回投票制を放棄またはそれを大きく制限するにいたっている。西ヨーロッパにおいては、とくに近時ほとんどすべての国が国政選挙について比例代表制を導入している。フランスも小選挙区制をとっているが、それは、有効投票の過半数を得たものだけが当選者となるよう、小選挙区二回投票制として具体化されている。* 現代議会制下においては、選挙制度の問題は、たんなる立法政策・立法裁量の問題ではなくなっているようである。

＊　フランスの小選挙区二回投票制も、画一的ではなく、時代・選挙法とともに変化しているが、現行の一九五八年憲法下では、以下のようになっている。㋑一回目の投票では、有効投票の過半数および登録有権者数の四分の一を得票した者のみが当選者となる。㋺一回目に当選者が出ない場合には、一週間後に二回目の投票がおこなわれるが、当選は、比較多数で決定される。㋩二回目に立候補できる者は、一回目に一定割合の得票をした者（一九五八年当時は有効投票の五％、一九六七年には登録有権者の一〇％、一九七八年以降においては登録有権者の一二・五％。ただし一二・五％の条件をみたす者が零または一名の場合は上位二名）に限定される。㋥法的な強制ではないが、通常、二回目の投票で当選をえようとして、左右いずれの側でも政策協定をおこない、候補者を一人にしぼっている。[24] ㋭フランス的な選挙制度にも、有権者内に存在する多様な利害が議会構成に反映されにくくなり、効果的な野党が議会内に存在しにくくなる（したがって議会による行政の監視統制もむずかしくなりがちとなる）などの問題が残りがちとなる。

ⓓたしかに、比例代表制を典型とする社会学的代表制下では、小党が分立し、政権が不安定になるとか、小選挙区一回投票制の方が政権交替を容易にする、ということがいわれている。

小選挙一回投票制下では、第三党以下は現実には当選可能性をもたず、二大政党制がもたらされやすい。しかし、政党の数は、有権者のなかにおける意見・利害のあり方のいかんつまり主要な政治的社会的対立軸のいかんによるものであるから、結社の自由・「民意による政治」の原則の下では、選挙制度はその状況に適合的なものでなければならないはずである。[25] 有権者内に多様で重大な意見・利害の相違が存在するにもかかわらず、小選挙一回投票制で二大政党制を創出しようとすることは、それらの自由・原則に反し、本末転倒の批判を免れないことになる。

ⓔ小選挙区一回投票制は、第三党以下の当選可能性を事実上否定し、かつ「三乗比の法則」によって第一党に過大代表率をもたらすことによって、その第一党による安定した政治をもたらすかのように見える。しかし、第三党以下の当選可能性を事実上否定することは、多くの場合、社会に実在する有力な意見や利益を封殺し、議会に現れてこないようにすることである。また、すでに見ておいたように、二大政党下でも、「三乗比の法則」によって、第二党は大きな過小代表となり、効果的な野党の役割を果しにくくなる。三党以上の多党状況においては、第一党の過大代表率は、デュヴェルジェ（Maurice Duverger）がいうように、「とてつもないもの」となる。このようにして、そこでは、過大代表の第一党が、得票率五〇％未満にもかかわらず、議席の多数をえて、政権を担当しがちとなる。議会を通じて公の意思となりえなかった有権者内の多数の意見は、第一党が積極的に妥協しようとする場合を別として、議会外で多数党の政治を批判するほかはなくなりがちとなる。とくに深刻な生活問題については、そうなる。このようにして、小選挙区一回投票制は、ときには、政治の不安定をもたらすことにもなりかねない。「民意による政治」を重視する体制の下では、社会内の主要な意見・利益にその規模にみあった代表の派遣を保障し、憲法と各部分意思をふまえて妥協をはかることが政治的安定のために求められることになる。現在における比例代表制の一般化の傾向は、そのことの現れということもできるであろう。

ⓕ小選挙区一回投票制と政権交替とは、直接の関係はほとんどない。この小選挙区制下では、二大政党間で票が移動すれば、「三乗比の法則」等によって、両党間の議席率と関係が激変する。しかし、政権交替は、この小選挙区制下でも、原則として、二大政党間で得票率が逆転しなければ、おこらない。それどころか、この小選挙区制においては、第一党が、第一党の地位を維持しているかぎり、得票率で過半数を失っても、議会内多数党と

しての地位をもっとも効果的に維持できる制度であることを忘れてはなるまい。

ⓖ政治的不平等は、社会的不平等を維持する手段として機能する。政治的平等は、社会的平等を推し進め、社会的格差を克服するために不可欠の原理である。比例代表制は、政治的平等の原理である「人民主権」の国民代表制の分野における重要な具体化の一つである。「直接投票の枠組みをもっておこなわれ、議席を全国的規模で配分する完全な比例代表制のみが、代表不平等の大部分を除去する」(26)。現在の国民代表制論においては、原則としてこの視点を失うわけにはいかない。ヨーロッパにおいて、大部分の国が比例代表制を導入するに至っている事実は、現在における比例代表制の意義を具体的に示すものである。

3 なお逡巡する地方自治

(1) 若干の確認

現代資本主義憲法は、「人民主権への傾斜の傾向」と密接に関連して、地方自治の面でもとくに近時注目に値する転換の動向を示している。まず、次の二点を確認しておきたい。

①近代立憲主義型資本主義憲法は、資本主義体制の本格的展開を求めて、封建的割拠体制を一掃し、統一国内市場と統一国家を樹立しようとした。そのために、貨幣制度・租税制度・言語・度量衡をも統一し、政治の基準についても地方的事項も含めて中央政府の法律で統一的に定める中央集権体制を原則としていた。地方公共団体の存在は認められていたが、それは、原則として、中央政府の法律と指揮監督に服するその末端行政機構であった。

②この中央集権体制には、近代の初頭から、「人民による政治」も「人民のための政治」も困難とし、また各

地域の産業・文化を疲弊させ、地域で活動する中小企業・そこで働く労働者・農民等の民衆層の生活を破壊するとの厳しい批判があった。フランスの場合、フランス革命期のサン・キュロット運動、一九世紀の第二・四半世紀におけるトクヴィルの「人民主権」論とその一環としての「充実した地方自治」論、一八七一年のパリ・コミューンにおける市町村自治の重視などは、その代表的事例である。[27]

ⓐ全国民と全国土を対象とする中央政府の政治は、ことの性質上、国民代表制を原則とせざるをえず、しかも、近代においては男性制限選挙制度と命令的委任の禁止（自由委任）を前提とし、人民投票・人民発案・リコール等の直接民主制を全面的に排除していたから、「人民による政治」は、本来期待できないものであった。加えて、その政治は、「人民のための政治」をも保障しがたいものであった。国会は、国民代表府として、中央政府の政治の準則を定立する「立法」の役割を担当するが、その「立法」は、国民を直接の対象とする政治との関係では、憲法が例外を認めている場合を別として、全国民・全事件を対象とする一般的抽象的法規範の定立でなければならないとされていた。この立法の概念は、すべての国民に不可侵の人権を認め、かつ各国民を法的に平等の価値としている憲法の下では当然のことであった。フランス革命期には、「法律は、保護を与える場合にも、処罰を加える場合にも、すべての者は同一でなければならない」旨が、もろもろの人権宣言においてくり返し表明されていた。国会が定める法律は、その意味で、自然的、社会的、経済的、文化的諸条件を異にする各地域の多種多様な要求と必要に本来応えることができない性質のものであった。その中央集権体制においては、地方公共団体は、その生活・産業・文化を活性化するに必要な権限も財源も欠いていたから、地域の衰退は避けがたいことであった。日本風の表現をすれば、「白河以北一山百文」である。

ⓑまた、「充実した地方自治」体制の必要性を強調した、フランス革命期のサン・キュロット運動、一九世紀

第二・四半世紀のトクヴィル、一八七一年のパリ・コミューン等のいずれもが、市民たちが地方自治体の条例や予算の制定および首長や議員の任免等の政治に直接かつ積極的に参加することを通じて、政治の客体としての受動的市民とは別の、主権者の成員としての意識と知識をもった「真の市民」として形成されるとしていたことも注目に値する。フランス革命時、民衆層はセクシオンの自治を通じて「市民の公民化」(formation civique des citoyens) が達成されることを強調し、トクヴィルは市町村を「民主主義の小学校」(「真の市民」の形成に不可欠なもの）と位置づけていた。

「充実した地方自治」の体制は、「人民主権」の原理に内在するものであった。

(2) 現代資本主義憲法の対応

①現代資本主義憲法とその下の政治は、このような民衆層の思想や運動の影響の外にあることはできない。時の経過とともに「人民による、人民のための政治」を求める「人民主権」が影響力を強化していくことは避けがたいことであった。直接普通選挙制度が導入されて、民衆層が政治に参加するようになると、地方自治も強化されていく。すでに近代の段階で、地方公共団体のあり方を具体化する法律により、地方行政につき、住民自治・団体自治が徐々に強化されていた。

現代資本主義憲法は、一般に、その延長線上にあって、地方公共団体のあり方につき、憲法で具体的な規定を設ける傾向にある。

たとえば、フランスの一九四六年憲法は、以下のような規定を設けている。「単一にして不可分のフランス共和国は、地方公共団体の存在を認める」(第八五条一項)。「地方公共団体は、市町村、県および海外領土である」(同条二項)。「地方公共団体は、普通選挙によって選ばれた議会により、自由に自治行政をする（s'administrent)」(第八七条一項)。「この議会の決定の執行は、市町村長またはその議長が確保する」(同条二項)。「国の官吏の活動の調整、国民的利害の代表および地方公共団体の行政的統制は、県内においては、閣議で指名された代表が確保する」(第八八条)。「組織法は、県および市町村の自治を拡大する。……」(第八九条一項)。

また、一九四九年の「ボン基本法」は、地方自治につき以下のような規定を設けていた(当初の規定)。「州における憲法秩序は、この基本法の意味における共和的、民主的および社会的な法治国の原則に適合しなければならない。州、郡および市町村においては、国民は普通、直接、自由、平等、秘密の選挙に由来する代表府をもたなければならない。市町村においては、市町村集会が選挙された団体にとってかわることができる」(第二八条一項)。「市町村は、自己の責任において、法律の範囲内で地域共同体のすべての事項を規律する権利を保障されなければならない。市町村組合も、法律上の任務の範囲内で、法律の基準に従い自治行政権をもつ」(同条二項)。

原則として、「地方公共団体の組織および運営にかんする事項は、法律で定める」とするにとどまっていた近代資本主義憲法の場合と比較して、現代資本主義憲法における地方自治の保障は、大きく異なっている。地方公共団体の存在だけでなく、団体自治・住民自治についての保障も、憲法に登場し始めている。地方議会による条例制定権の行使も保障されている。

②しかし、なお、地方的事務について立法権をも含む地方自治権(権利としての地方自治権)の保障や担当する事務量に対応する自主財源の保障などは、現代資本主義憲法においても、原則としてなされていない。現代資本主義憲法においても、地方自治の強化――「充実した地方自治」体制――を妨げるいくつかの考え方が要因として作動していること忘れてはなるまい。その代表的なものは、以下のような考え方として示されがちである。

その第一は、「充実した地方自治」の体制がなくとも、一国の充実した民主主義は可能だとするジャコバン主義的な中央集権的民主主義論の影響である。「地方制度による地方自治は要するに民主主義を実行するひとつの方式にすぎない。国〔中央政府〕の政治体制が民主化の程度を高めるとともに、国による地方公共団体に対する監督もまた民主的な性格を有することになるから、地方公共団体を国に従属させること、すなわちいわゆる中央集権がかならずしも常に無条件に非民主的であるというわけではない」とか、「中央政府が民主化するに比例して、地方自治の独立の必要は減退する」という考え方は、現在でも、そして学界でも、けっして例外的ではない(28)。

その第二は、力を弱めつつも現在なお維持されている中央集権的な政治を自然のものとして受けとめる伝統的な意識である。中央政府の公務員を第一軍、都道府県の公務員第二軍、市町村公務員第三軍と見るような旧い意識は、なお強力であり、また日本だけのものではない。そのような意識の下では、地方自治の強化を求める現代資本主義憲法にもかかわらず、地方公共団体の権能と財源はなお制限されがちとなる。

その第三は、ⓐ現代における交通や通信などの発達に伴って、国民の生活圏が拡大し、各地域の相互依存関係が強化されていること、および、ⓑ現代資本主義憲法における社会国家理念の導入により、すべての国民に「人間らしい生活」を保障することが必要とされかつそのために各地域の諸資源・諸能力をその観点から調整・利用することが求められていることを主たる理由として、中央集権的広域的な政治・行政が必要とされている、とするものである。

第四は、現代資本主義が、近代資本主義の段階以上に広域の市場を必要としているとするものである。近代資本主義憲法は、資本主義体制の発展の成否が市場の大きさのいかんにかかっているとして、中央集権的単一国家体制と統一国内市場の樹立を求めていた。独占資本主義段階の現代になると生産力を強化した独占資本の立場からすれば、巨大市場の必要性はさらに強まるはずである。それは、一方で海外への資本・商品の進出（世界統一市場の強化）の要求となり、他方で国内では近代資本主義憲法下で法律により徐々に築かれ、現代資本主義憲法により憲法的保護を受け始めた地方自治の軽視の要求となって、現れてくる。近時におけるグローバリゼーションの進行は、「例外なき自由化」をスローガンとしつつ、この二つの要求を含みがちとなる。

これらの考え方が、現代資本主義憲法における、社会国家（福祉国家）理念の導入や「人民主権」への動向を忘れたもの、その意味で反歴史的なものであることは、否定しがたい。それは、資本の立場から見ても、資本主義体制の安定した存続を保障しうるものではありえない。そこでは、国内的には圧倒的多数の中小企業・その労働者や農民などの生活も、国際的には経済的植民地化する多数の発展途上国の問題も、解決の主題とはされていない。

「充実した地方自治」体制の保障との関係では、とくに一九八五年以降、最初はヨーロッパ的規模で、やがてはそれを超えた、その体制を求める動きが具体化してくる。この点については、あとで具体的に検討する（第八章Ⅳの**四**）。

五　社会経済的決定論の相対化の動向
——現代資本主義憲法におけるブルジョアジーの地位の不安定化

近代市民革命は、資本主義体制を本格的に整備展開することを課題として、ブルジョアジーの指導の下に遂行された。近代以降においては、ブルジョアジーが支配階級として、他の諸階級に対し社会的にも政治的にも継続的に優越し、それらを従属させる立場にあるといわれている。*

＊「社会を支配と服従の関係からとらえるばあい、支配する集団を支配階級とよび、これに服従する集団を被支配階級とよぶ。この階級分化の条件は通常、1)権力、政治的勢力、2)権威、声望、社会的勢力、3)所有、富、経済的勢力の諸差別あるいはこれらの結合したものの観点からとらえられる。たとえばマルクス主義的見解においては、社会的生産関係をもって階級の本質的基底的条件とする。この見解によれば生産関係において指導的支配的地位を確保している階級が必然的に社会的にも政治的にも支配階級とせられる」(29)。

近現代における経験から見ても、資本主義国においては、ブルジョアジーが支配階級の地位にあることは、不動のことのように見える。しかし、支配階級の規定要因の規定性を弱め、その地位の継続性を制約する仕組みが近代以降の資本主義憲法体制のうちに組みこまれていること、とくに現代資本主義憲法体制においてはその傾向が強化されていることも無視するわけにはいかない。

1　立憲主義体制の導入

近代以降においては、社会と政治の根本的なあり方を「国の最高法規」としての憲法に定め、その憲法に従って社会と政治の具体的なあり方を組織し運営することが、統治権の担当者に命じられている。立憲主義の体制である。たとえば近代立憲主義型資本主義体制の場合、①とくに社会のあり方と密接にかかわって、国民に不可侵の人権（とくに生命・自由・財産）が保障され、かつ②国会や内閣等の統治権の現実の担当者は、ⓐ憲法を通じて主権者から授権されている権限のみを、憲法の定める方法（手続・条件）に従って、ⓑ主権者の意思をふまえて主権者の利益のために行使する、ことを命じられている。外見的立憲主義型資本主義憲法下では、すでに見ておいたように、このような制約は、よりゆるやかなものとされていた。しかし、いずれにしても、近代以降においては、野放しの社会的および政治的な階級支配に歯止めをかける立憲主義の体制が導入されている。「野放しの階級支配のおわりのはじまり」である。

2　近代資本主義憲法におけるブルジョアジーの優越性の保障

近代立憲主義型資本主義憲法の段階では、憲法自体が近代資本主義体制の本格的整備展開を目指し、ブルジョアジーに社会的にも政治的にも支配階級として機能しうる条件を保障していた。

社会関係においては、財産権・契約の自由・職業選択の自由・営業の自由・居住移転の自由などの経済的自由権を中核とする自由権中心の人権保障体制をとり、他人の人権を侵害しない限りいかなる経済活動の自由をも認め、さらに相手方が同意すれば、人身の譲渡を別として、相手方の時間と労働をいかように制限することも認めていた。賃金奴隷的な従属労働も可能とされていた。また、賃労働者には、団結権・団体交渉権・争議権・労働条件法定主義（労働基準法や最低賃金法など）・労働権の保障もなく、また賃労働者を中心とする民衆層には生存権をはじめとする「社会権」の保障もなかった。社会経済的弱者が「人間疎外」状況に陥らざるをえない「自己責任」の社会の承認であった。

政治関係においては、たとえばフランスの場合、すでに見ておいたように、「人民の、人民による、人民のための政治」を保障しない構造をもつ「国民主権」（イギリスの場合は「議会主権」）を原理とし、民衆層の政治参加を全面的に排除しうる「国民代表制」を導入していた。一定額以上の不動産の所有者または直接税の納入者等の男性のみに選挙権・被選挙権を制限し（男性制限選挙制度）、かつ命令的委任の禁止（自由委任）や免責特権の保障などによって、その限られた有権者からの独立をも有産者の代表である議会・議員に確保していた。「自由放任」の近代資本主義体制の展開に必要な法律等を自由に次々と創出するためである。この段階では、民衆層の政治的影響を抑えるために、その参政権を制限するだけでなく、すでに見ておいたように団結権・争議権のみならず、結社の自由も厳しく制限されていた。(30) このような事態は、近代においては、フランスに限られず、他の諸国においても、ほぼ同様であった。

近代の段階においては、ブルジョアジーは、憲法上のもろもろの保障や制度を媒介として、社会的にも、そして政治的にも、支配階級としての立場を維持することができた。トクヴィルが、たとえばフランス「七月王制」（一八三〇—一八四八）の段階について、「全統治権、全自由権、全特権、全政治が、このただ一つの階級〔ブルジョアジー〕の狭い枠内に閉じこめられかつ詰めこまれたかのようであった」「彼らは、自己の権力にそしてすぐにそのエゴイズムにふけり、その各人は、公務よりも自己の私的事業のことにまた国民の威信よりも自己の享楽のことにはるか思いをめぐらしていた」(31) と評する状況であった。それは、近代立憲主義型資本主義憲法下における支配階級としてのブルジョアジーの経済的、政治的および精神的状況を示すものであったが、その状況が近代立憲主義型資本主義憲法を媒介として法的に保障されていたことを忘れてはなるまい。階級間における社会的および政治的利害をめぐる争いは、ブルジョアジーの利益のために憲法以下の法秩序により刑罰をもって規制されていた。外見的立憲主義資本主義憲法下においては、その状況は、すでに見ておいたように、もっと粗野で露骨であった。

3　現代資本主義憲法下の状況

しかし、現代資本主義憲法下においては、近代資本主義憲法下でブルジョアジーにつき、一般的に見られたような状況は、大きく動揺し、変化をし始めている。現代資本主義憲法が、近代の段階でブルジョアジーに保障していたような社会的および政治的地位に諸々の修正を加え、その修正を時とともに強化しているからである。すでに見ておいたように、現代資本主義憲法は、労働者階級を含めてすべての国民に、「人間らしい生活」の保障を求めて、社会的には実質的平等に向う「社会国家」(福祉国家)・「文化国家」の理念を掲げ、政治的にも、選挙権を含む参政権について権利性を認め、すべての男女市民に平等の保障を求めるにいたっている。

(1)　現代資本主義憲法下の社会関係

現代資本主義憲法は、社会関係においては、「社会国家」理念に規定されて、大きな財産・企業や公共性の強い財産・企業について、積極的な制限をうち出している。独占禁止法だけではない。多数の国民の生活に必要不可欠で、利潤の追求になじまない企業等の社会化さえも求めている。フランスの場合には社会化を求める厳しい憲法規定もあり、第五共和制の初期でも企業の四〇%までが国有化されていた。現代資本主義憲法は、すべての国民に「人間らしい生活」を保障すべく、契約の自由を制限して、労働時間や賃金などの労働条件につき労働条件法定主義を一般的に導入している。雇用や解雇の自由も、その観点から制限されている。このような諸制限の度合は、憲法によって異なり、立法裁量の余地を大きく残しているものもあれば、具体的な立法の義務づけをしているものもある。しかし、現代資本主義憲法が、近代資本主義憲法体制下における悲惨な経験をふまえて、野放しの資本の優越を否認し、すべての国民に「人間らしい生活」を保障すべく、資本の積極的規制を求めていることは間違いない。「(財産権の絶対性と野放しの契約の自由を前提とする) 市民法の社会法化」は、それを示すスローガンである。

同様の観点から、現代資本主義憲法は、賃労働についてその従属性を弱める多様な措置を導入している。労働条件法定主義はその一つの現れであるが、そのほかに、団結権・団体交渉権・争議権・経営参加権、さらには労働権などの保障もしている。「契約から協約へ」は、この側面における変化を表象するスローガンである。

労資関係外の社会関係においても、すべての国民に「人間らしい生活」の保障を求める社会国家理念をふまえて、現代資本主義憲法は、中小企業・中小農・老人・子ども・母性・疾病者・心身障害者等の社会経済的弱者に特別の保護（生存権の保障を中核としたもろもろの社会福祉・社会保障の制度）の整備を求め、またそれに対応して社会経済的強者に累進税制その他による特別の負担を求めている。「所得の再配分」の体制である。

さらに、「社会国家」の理念は、すべての国民に「知的精神的諸活動」をおこなう自由を保障するだけでなく、そのために必要な制度的および物質的な条件を積極的に整備することを国に求める「文化国家」の理念や「文化的諸権利」を保障するに至っている。「人間らしい生活」の保障は、肉体的に健康であることだけでなく、知的精神的諸活動を現実におこないうることの保障をも不可欠としている。

以上からも明らかなように、現代資本主義憲法は、社会関係において、ブルジョアジーの優越性を制限し、民衆層に「人間らしい生活」を保障することを求める「社会国家」の理念とそれを具体化する権利・義務・制度を相当程度にまでわたって導入している。

(2)　現代資本主義憲法下の政治関係

現代資本主義憲法下においては、統治権の行使にかんする政治関係においても、ブルジョアジーは、その支配的地位の保障を失い始めている。政治の側面においてこそ、すくなくとも憲法規定においては、その傾向が際立っているといっても誤りではあるまい。現代資本主義憲法においては、近代資本主義憲法の段階と異なって、参政権も憲法上の権利として保障され、男女平等の直接普通選挙制度が一般的に導入されている。そして、すでに見ておいたように、国民代表制は、かつての「純粋代表制」（議会主義・古典的代表制）としてではなく、「半代表制」（議会制民主主義・現代代表制）として解釈運用され、議員の選挙は、公約選挙・議会解散制度などを媒介として、重要政策についての基本方針の決定手段としての意味を事実上、憲法慣習法上または憲法の規定上もつにいたっている。西ヨーロッパ諸国の現在においては、比例代表制の導入が一般化する傾向にある。このような憲法政治の動向のうちに、政治的平等の原理である「人民主権」の役割の強化と現在におけるその必然性を認めないわけにはいかない。

現代資本主義憲法下においては、ブルジョアジーは、任意に社会と政治のあり方をきめうる法的地位にはない。賃労働者を含む民衆層は、近代の段階と異なって、社会と政治のあり方を動かしうる手段を憲法上またはその運用上手に入れつつある。

現代資本主義憲法の諸理念を押しつぶすようなブルジョアジーの目先の利害をむき出しにした行動は、徐々にしかし確実に力を弱めていくはずである。次の二例は、あとでやや立ち入って紹介することであるが、その格好の事例ともいうべきであろう。①市場原理主義を掲げて社会国家理念を軽視しかつ総力戦的な対ソ軍拡競争にふけったアメリカのレーガン政権の政治である。それは、「パックス・アメリカーナ」とも呼ばれるアメリカの圧倒的優位の経済政治体制を崩壊させ、その経済・財政を破綻に導いた。②右の①の政策を継承しつつイラク戦争にまで走ったブッシュ（Jr）政権の政治である。そのイラク戦争は、世界の市民運動から前例のない程厳しい批判を受け、その経済政策はアメリカのみならず世界の資本主義体制に混乱と破綻をもたらしかねない状況を創り出しているようである。

III ソ連＝東欧型社会主義憲法体制

一 はじめに

この問題については、私は専門の研究者ではないが、他の専門研究者が立入った調査研究をしているので、ここでは、その要点のみを紹介するにとどめたい。より詳しくは、私の別の書物をも参照願いたい(32)。

1 一九三六年のソビエト社会主義共和国連邦憲法の体制に焦点を合せて

第一次世界大戦の最中の一九一七年一〇月、資本主義体制の下では、近代立憲主義型資本主義憲法（近代資本主義）体制がもたらした「陰」――性差別、労働者階級を中心とする民衆層の人間疎外状況、帝国主義的な進出と戦争など――を克服することはできないとして、社会主義体制を目指す「ロシア革命」が遂行された。ソ連＝東欧型社会主義憲法体制の始まりである。第二次世界大戦後、東欧・中欧の諸国、中国をはじめとするアジアの若干の諸国がこれに続いた。

ここでは、ソ連の場合に焦点を合せて、とくにその一九三六年憲法（「スターリン憲法」）に焦点を合せて、ソ連＝東欧型社会主義憲法体制の特色を検討することにしたい。ソ連は、ペレストロイカ前に四つの憲法をもっていた。一九一八年のロシア社会主義連邦ソビエト共和国憲法、一九二四年のソビエト社会主義共和国連邦基本法、一九三六年のソビエト社会主義共和国連邦憲法、一九七七年のソビエト社会主義共和国連邦憲法である。そのうちはじめの二つは資本主義体制から社会主義体制への移行期の憲法である。

一九一八年憲法は、ロシア共和国についてのものである。それは、①人間による人間に対するあらゆる搾取の廃止、階級分裂社会の完全廃止、世界のすべての国における社会主義の勝利の実現を宣言し、②その統治形態として、労働者・農民・兵士の代議員ソビエト制度（パリ・コミューン型の制度）を採用し、その積み重ねの頂点に全ロシア・ソビエト大会を置き、代議制ソビエトによる立法・執行・統制の体制をとり、③土地その他の生産手段の国有化と労働者による統制の制度を導入する、という注目に値する方針を示していた。

一九二四年憲法は、旧ロシア帝国領土内に形成された社会主義共和諸国による連邦結成の宣言および連邦結成の条約からなっていた。①連邦は平等の権利をもつ諸民族の自由意思による結合で、各構成国は脱退の自由をもつものと定め、②連邦とその構成国の最高機関やその他の機関の権限・構成手続および連邦と構成国の相互関係等を定めていた。

一九三六年憲法と一九七七年憲法は、社会主義段階の憲法だといわれていた（一九七七年憲法は、社会主義段階から共産主義段階へ移行期の憲法だともいわれていた）。後発の社会主義諸国にとって、社会主義憲法の唯一の先例は、スターリンの段階で制定された一九三六年憲法であった。

「一九三六年に制定された憲法（いわゆる『スターリン憲法』）は、その基本的枠組においてこの国におけるその後の憲法史の軌道をふかく規定したばかりでなく、第二次大戦後に社会主義へと移行した諸国において社会主義憲法唯一の実在的範型として影響を及ぼし、その意味においてある種の『普遍性』を獲得することになった[33]」という。「一九三六年の第二次ソ連憲法は、社会主義憲法にとって歴史的意義をもち、基本範型としてそれらの形成にほとんど絶対的な影響をおよぼした」[34]とさえもいわれている。

一九七七年憲法（「ブレジネフ憲法」）は、スターリン批判開始後の憲法として、一九三六年憲法と異なる新しい規定と可能性を含んでいるといわれる。しかし、なお、「その大枠において一応、質的な転換ではなく、連続性の契機が優位を占めている」[35]という。

一九三六年憲法に焦点を合せて、ソ連＝東欧型社会主義憲法体制の特色を把握することは、まったくの誤りということにはなるまい。ここでは、一九七七憲法には補足的にふれるにとどめたい。

2　一八七一年パリ・コミューンの憲法構想との比較において

ソ連＝東欧型社会主義の諸憲法の多くにおいては、マルクス・レーニン主義の堅持が明示されている。マルクス、エンゲルス、レーニンは、一致して、一八七一年のパリ・コミューンを、「労働の経済的解放をなしとげるための、ついに発見された政治形態」と積極に評価していた。とくに、ロシア革命を指導したレーニンは、一九一七年、パリ・コミューン型権力の基本標識として、次の三点——「(一) 権力の源泉は、あらかじめ議会によって審議され承認された法律ではなく、下からの、各地における人民大衆の直接の発意であり……(二)、人民からはなれ、人民に対立する機関としての警察と軍隊が、全人民の直接の武装に代えられる……(三)、官吏・官僚も、これまた人民自身の直接の権力に代えられるか、すくなくとも特別の監督のもとにおかれ、人民に選出されるばかりか、人民が要求すればいつでも代えることができるものとなり、たんなる代理人の地位にひきおろされる……熟練労働者の普通の賃金をこえない奉給をもらう特別の『兵種』の労働者となる」——をあげ、労働者・兵士・農民代表ソビエトにつき、「この権力は一八七一年のパリ・コミューンと同じ型の権力である[36]」と規定していた。そして、翌一九一八年、レーニンは、「一九世紀のフランスのコミューンがつくりはじめはしたが、コミューンがブルジョアジーに粉砕されたために、わずかに短期間にだけつくりだしたものを、永続的につくりだすであろう[37]」と述べていた。

一八七一年のパリ・コミューンの憲法構想の基本原理部分は、マルクス、エンゲルス、レーニンを媒介としてではあるが、その後の社会主義国に不可欠なものとして継受されるべきはずのものであった。それは、「労働の経済的解放」「生産者諸階級の経済的解放」をなしとげるために必要な基本原理として、とくにソ連、東欧の社会主義諸国に導入されるべきはずのものであった。

二　一九三六年憲法体制の基本特色——一八七一年の憲法構想との異質性

以下においては、ソ連＝東欧型社会主義憲法のモデルとしての一九三六年憲法の基本特色（とくにその諸原理）を、一八七一年のパリ・コミューンとの比較のなかで、簡単に検討する。

一八七一年のパリ・コミューンは、すでに見ておいたように、あらゆるフランス人を人間、市民、労働者の三側面で解放すべく、人権の保障、民主主義（「人民主権」）・地方自治、軍事問題（常備軍の廃止を含む軍事小国主義）の諸問題において、近代立憲主義型資本主義憲法を質的に超えようとしていた。しかし、マルクスやレーニンの指摘とは裏腹に、一九三六年憲法等とその下での政治・経済は、パリ・コミューンが提示していた憲法的諸原理を大きく欠いていた。その故もあって、ソ連と東欧の社会主義諸国は二一世紀を前にして崩壊してしまった。

その崩壊は、「ついに発見された政治形態」としての社会主義体制の崩壊であったかを問いかけざるをえないはずのものであった。

ソ連の憲法体制を、一八七一年の憲法構想との比較のなかで検討しようとする場合、とくに次の二点に留意すべきであろう。

第一は、パリ・コミューンで表明された憲法構想の諸原理、『フランスにおける内乱』で「ついに発見された政治形態」と評価されたものの諸原理との比較において一九三六年憲法の諸原理を検討することである。両者がその諸原理を異にしていれば、後者の存在理由とその歴史的社会的政治的意義があらためて問われざるをえなくなる。

第二は、革命による旧憲法体制の崩壊とその後に樹立される憲法体制との間には、新しい原理を全面的には貫けない過渡期（革命政府）があるが、それにかんする問題である。ソ連等の社会主義諸国が、この問題を、その後の立憲体制のあり方ともかかわって、どう処理してきたかを検討することである。その処理の仕方は、過渡期の政治のあり方だけでなく、その後の立憲主義段階の政治のあり方に大きく影響する。

この二点をふまえて、以下に、一九三六年憲法の原理的諸特色を検討する。

1　「人民主権」への対応

パリ・コミューンもソ連憲法も統治権（国家権力）を「人民」のものとしていた。一方は、それ故に、「人民による、人民のための政治」を徹底して求めた。しかし、他方は、それにもかかわらず、「その政治」を憲法の規定上も貫徹していなかった。

(1)　パリ・コミューンの場合

すでに見ておいたように、一八七一年のパリ・コミューンは、「人民主権」の政治を以下のように具体化しようとしていた。

①「人民」による立法を求めて、代議員につき直接普通選挙制度とリコール制を当然のこととしていただけでなく、議員の議会活動の統制（「命令的委任」の制度）をも承認していた。議員を「人民」（の単位）の代理人とすることである。

②「人民」は、統治権の所有者として、議員以外の公務員についても、任命権・統制権・罷免権をもつものとされていた。四月一九日の「フランス人民に対する宣言」は、「あらゆる段階のコミューンの司法官または公務員の選挙または競争試験による責任ある選任およびその恒常的な統制権と罷免権」を明示していた。

③パリ・コミューンは、「人民主権」原理をふまえて、地方自治を重視していた。全国民を対象とする中央政府の政治は、「人民」の手の届きにくい政治になりがちで、一歩誤ると「人民」不在の党派政治・官僚政治、画一的で各地域の具体的な必要・要求を軽視・無視する政治になりがちである。これに対して、地方公共団体においては、地域が狭く、住民自身による政治も、住民の具体的な必要・要求にこたえる政治も可能である。パリ・コミューンは、団体自治、住民自治、公的事務の配分におけるコミューン（市町村）優先の原則、そのような事務配分の原則に見合った財源配分の原則などを求めていた。

④パリ・コミューンは、「人民による、人民のための政治」を徹底して求める「人民主権」をコミューンの原理としてのみ提起していたわけではなく、中央政府の政治についてもそれを原理としていた。四月一九日の「フランス人民に対する宣言」は、「パリは、地方的保障としては、これ以上のものはなにも望んでいない。もちろ

ん、加盟コミューンの代表部である中央政府においても、同じ諸原理の実現と実行（la réalisation et la pratique des mêmes principes）が条件となっている」[38]と述べていた。

(2)　一九三六年憲法の場合

①そこでは、「ソ連邦における全権力は、勤労者代議員ソビエトによって代表される、都市および農村の勤労者に属する」（第三条）とされていた。勤労者が全権力の所有者とされ、その権力は勤労者代議員ソビエトを通じて行使されるとしていた。「勤労者」の意味での「人民」を全権力の所有者とすることによって、パリ・コミューンと同様に「人民主権」を原理としているようであった。

②ソ連邦最高ソビエトから市・村勤労者代議員ソビエトに至るまで、勤労者の代議員は、普通、平等、直接、秘密の選挙によって選ばれることになっていた（第一三四条）。第一三五条で普通選挙、第一三六条で平等選挙、第一三七条で男女平等選挙、第一三九条で直接選挙、第一四〇条で秘密選挙につき、具体的な保障をしていた。第一三五条が「代議員の選挙は、普通選挙である。すなわち年齢一八歳に達したすべてのソ連邦の市民は、精神病者および裁判所によって選挙権剥奪を宣告されたものを除いて、人種的および民族的所属、性別、信教、教育資格、定住、社会的出身、資産状態および過去の活動のいかんを問わず、代議員の選挙において、投票する権利を有する」（一項）、「年齢二三歳に達したソ連邦の各市民は、人種的および民族的所属、性別、信教、教育資格、定住、社会的出身、資産状態および過去の活動のいかんを問わず、ソ連邦最高会議代議員に選挙されることができる」（二項）としていたことが注目される（傍点引用者）。選挙制度の面から見れば、総体としての勤労者は、一八歳と二三歳以上の市民の総体としての「人民」であった。

第一三五条、第一三七条、第一三八条は、選挙権のみならず、被選挙権をも保障していた。しかし、第一四一条は、「選挙における候補者は選挙区ごとに立てられる」(一項) としたうえで、「候補者を立てる権利は、勤労者の社会組織および団体、すなわち、共産党組織、労働組合、協同組合、青年組織、文化団体に保障される」(二項) としていた。この第一四一条からすれば、第一三五条等による被選挙権の保障は、立候補の自由の保障を含んでいないことになる。「人民主権」の原理からすれば、それだけでも「人民による、人民のための政治」を阻止するものとの疑問が残る。その現実の運用においては、候補者は慣習法的に一選挙区一名であり、選挙はその候補者についての信任投票であったという。有権者は、積極的な選択の自由をもっていなかった。[39]

③「各代議員は、選挙人に対して、自己の活動および勤労者代議員ソビエトの活動について報告する義務を負い、かつ選挙人の多数の決議にもとづいて、法律の規定する手続により、いつでもリコールされうる」(第一四二条) とされていた。憲法に明記されていたわけではないが、「社会主義憲法は……選挙人の議員に対する委任ないし指示を憲法上の『政治的伝統』『成熟した憲法慣行』として承認し、個別法規により細目を定めており、『命令的委任』は社会主義諸国における選挙人と議員の相互関係を基礎づけるものであり、一般的承認をえている」[40]ともいわれていた。「人民」の意思を国家の一般意思とすることを求める「人民主権」の下においては、他の方法によってそれを確保していない場合には、代議員を「人民」の単位の代理人とする「命令的委任」の制度が不可欠となる。憲法における明文規定のいかんにかかわらず、それは「人民主権」原理に内在する要求である。

しかし、一九三六年憲法下においては、命令的委任の制度を具体化する法令の整備が遅れたこともあって、それは長期間 (約二〇年間) にわたって実施されなかったという。[41]そうだとすれば、その間は、「人民」による一般意思の決定が確実には保障されなかったことになる。

④勤労者（「人民」）の権力は、もろもろのソビエトを通じて行使される。「ソ連邦の最高権力機関は、ソ連邦最高ソビエトである」（第三〇条）。「ソ連邦最高ソビエトは、憲法、第一四条によってソビエト社会主義共和国連邦に与えられたすべての権利を行使する。ただし、それらが、憲法によってソ連邦最高ソビエトに対して責任を負うソ連邦の諸機関、すなわちソ連邦最高会議幹部、ソ連邦閣僚会議およびソ連邦各省の権限に属さない場合に限る」（第三一条）、「ソ連邦の立法権は、ソ連邦最高ソビエトによってのみ行使される」（第三二条）。連邦構成共和国においては、最高権力機関は連邦構成共和国最高ソビエトであり（第五七条）、それは構成共和国の唯一の立法機関である（第五九条）。

「地方、州、自治州、管区、地区、市、町、村における国家権力機関は、勤労者代議員ソビエトであ〔り〕」（第九四条）、地方レベルではそれらを通じて権力が行使される。「勤労者代議員ソビエトは、これに従属する行政機関の活動を指導し、国家的秩序の保護、法律の遵守および市民の権利の保護を確保し、地方的な経済的および文化的建設を指導し、地方的予算を制定する」（第九七条）。「勤労者代議員ソビエトは、ソ連邦および連邦構成共和国の法律によって与えられた権限の範囲で、決議をしかつ命令を発する」（第九八条）。

②、③から窺われるように、ソビエト体制は、一八七一年のパリ・コミューンの憲法的構想と異なって、「人民代表」の実体を具備していたとはいいがたいものであったが、その運用の現実においては、憲法に明示している機能さえも果せないものであった。たとえば、ソ連邦最高ソビエトは、原則として年二回しか招集されず（第四六条一項）、その招集はソ連邦最高ソビエト幹部会により（自己招集権・自己集会権はない、第四六条）しかも、その会期は慣行上五日から七日に限られていた。それは、憲法上ソ連邦の唯一の立法機関とされていたが、その役割を果しうる状況にはなかった。「人民」の単位の意思を集約し調整して立法する機関であるべきところから

すればなおさらのことであろう。ソ連邦の立法は、現実には、ソ連邦最高ソビエト幹部会（第四八条、第四九条）やソ連邦人民委員会議（一九四六年にソ連邦閣僚会議と改称、第五章）によって担われており、ソ連邦最高ソビエトは多くの場合それを追認するにすぎなかったといわれている。このような事態は、一九七七年憲法下で変らなかったという。[42]

⑤すでに引用しておいた第九八条からすれば、地方ソビエトは、憲法上地方優先の事務配分の原則や配分された事務の自律的処理の保障を欠いていたが、その運用の現実はさらに貧しいものであったという。「〔地方ソビエトの活動は年とともに低調となり〕憲法規定どおり会期が招集されないソビエトの数が多くなった。ソビエトの会期にたいし活動報告をしない執行委員会もたくさんうまれた。議長、書記をふくめて執行委員会のメンバーは、ソビエトの代議員のなかから選出されなければならないはずなのに、代議員以外の者を執行委員会の議長、書記に選挙するところまであらわれた。議長、書記など専従者の占める率がたかく、したがって非専従の勤務員の率のひくい執行委員会が、地方の重要問題を決めてしまうという事態があらわれていた[43]」。

2　市民の権利保障の問題

権利保障においても、パリ・コミューンの場合との相違が際立っている。

(1)　パリ・コミューンの場合

すでに見ておいたところであるから、ここでは、その要点を簡単に紹介するにとどめたい。パリ・コミューンは、あらゆるフランス人を、人間、市民、労働者の三側面において解放することを目指し、注目に値する人権保障を構想していた。

①とくに精神的自由権と身体的自由権については、「もっとも完全な自由」「絶対的な保障」を強調していた。

②パリ・コミューンは、労働者階級を中心とする生産者諸階級の解放を目指すものとして、「社会国家」理念や「社会権」の保障を超える構想をもっていた。具体的には以下のようである。第一に、財産権をはじめとする経済的自由権（労働の自由を除く）について積極的な保障が欠落しているようであった。

第二に、「賃金制度や悲惨な貧困と永遠に決別し、そこからの宿命的な帰結である血なまぐさい要求と内乱の再現を未来永劫に避け」ようとし、「権力と財産を万人のものとするに適した諸制度を創設する」ことを目指していた。そこからの論理的帰結は、生産手段の私有を否定し、それを「人民」のものとする社会主義ということになる。権力を万人のものとする体制が「人民主権」の体制であることは、あらためて指摘するまでもないが、財産を万人のものとする体制がその管理運営を「人民」がおこなう社会主義体制であることは、ほぼ間違いあるまい。

第三に、それは、教育を重視し、教育につき非宗教性、科学性、無償性の原則をうち出し、かつ全面的教育（知的精神的および肉体的な能力を全面的に発展させる教育）と職業教育を市民に保障しようとしていた。非宗教性と科学性の要求は、教育の内容・方法について教会と国家の干渉を排除しようとするものであった。

③パリ・コミューンは、全統治権を「人民」のものとする「人民主権」を原理とすることによって、「人民による、人民のための政治」を徹底して保障すべく、参政権の保障に力をいれていた。それは、具体的には、「あらゆる段階のコミューンの司法官または公務員の、選挙または競争試験による責任ある選任およびその恒常的な統制権」「自己の意見を自由に表明し、その利益を自由に擁護することによって、コミューンの公務への恒常的な参加。これらの表明は、コミューンによって保障されるが、コミューンのみが集会および宣伝の権利の自由か

つ正当な行使を見守り、保障する」というものであった。

⑵　一九三六年憲法の場合

①一九三六年憲法は、「第一〇章　市民の基本的権利および義務」で市民にもろもろの権利を保障していた。自由権としては、第一二四条で信教の自由、政教分離、学校と教会の分離が、第一二五条で言論の自由、出版の自由、集会・大衆集会の自由、街頭行進・示威運動の自由およびそのために必要な物質的諸手段が、第一二六条では結社の自由と共産党の指導性が、第一二七条では身体の不可侵が、そして第一二八条では住居の不可侵と信書の秘密が、保障されていた。

社会権としては、第一一八条で労働の権利が、第一一九条で休息の権利が、第一二〇条で老齢者、疾病者、労働能力喪失者に物質的保障を受ける権利が、第一二一条で教育を受ける権利が、そして第一二六条で団結権が、具体的な内容をもって保障されていた。

さらに、第一二二条で女性に経済的、国家的、文化的、社会的、政治的生活のすべての分野において市民の権利の平等が保障されていた。

参政権の保障については、すでに見ておいた。

②このような権利保障のうちで、民主的な政治の確保の観点から見てとくに重要なものは、参政権の保障を別とすると、第一二五条の表現の自由である。「人民による、人民のための政治」を求める「人民主権」下においては、「人民」の求めるものを国家の意思とし、「人民」の求めないものを国家の意思としないためにも、政治に対する要求と権力担当者に対する批判を含めて自由な表現活動を権利として保障することが不可欠である。一八七一年のパリ・コミューンは、この保障をとくに重視していた。

一九三六年憲法第一二五条の規定は、以下のようであった。

「勤労者の利益に適合し、かつ社会主義制度を堅固にする目的で、ソ連邦市民に、法律によりつぎのことが保障される。

(イ) 言論の自由

(ロ) 出版の自由

(ハ) 集会および大衆集会の自由

(ニ) 街頭行進および示威運動の自由

市民のこれらの権利は、勤労者およびその組織に対して、印刷、用紙、公共建造物、街路、通信手段およびその他これらの権利を行使するために必要な物質的条件を提供することによって保障される」。

第一項では、すべての市民に表現の自由が保障されているが、「勤労者の利益に適合し、かつ社会主義制度を堅固にする目的」のものでなければならないとする制約がつけられている。この制約は、表現の自由の前提となる民主主義が「プロレタリア独裁の一側面もしくはプロレタリア独裁そのものの組織形態にほかならぬことによる」(44)といわれる。しかし、同時に、その機能として、「およそ市民は、『倫理的＝政治的一体性』をそなえたソビエト人民の構成員としてはじめてかかる自由を享有しうるのであって、『人民の敵』(この概念はかつての階級敵が有していたような客観的・社会的標識を欠いており、直接に政治的標識に依拠する)はこの限りでないという、いわば政治的制約の論理を内包している……」(45)ことにも注意すべきであろう。反体制論のみならず、体制内における少数意見、権力担当者に対する批判をも政治的に排除する機能をもっていることである。

第二項では、表現の自由に対する物質的条件の保障が定められているが、その物質的条件が国有化されている社会主義段階においては、それは、「同時に『人民の敵』として政治的に識別される市民一般に対して物質的制約の規定として機能することになる(46)」という問題を含んでいる。ここでも、一項の場合と同様に、反体制論者のみならず、体制内少数意見者、権力担当者に対する批判者を政治的に排除する可能性が認められている。

③一九三六年憲法が教育と学問の自由（それらの政治からの独立性）の保障を欠いていることにも注目すべきであろう。一八七一年のパリ・コミューンおよびそれを注視していたマルクスは、これらの保障を重視していた。「人民」の意思・利益を権力担当者の意思・利益に対置することができる独立の市民・自律的な主権者を創出するためには、教育の自由の保障が不可欠である。それに、教育（知育）は、真理・真実を主内容とするものとして、政治と本来方法を異にしている（前者の方法は科学的合理的論証であり、後者のそれは多数決である）。また、教育は、学習者の発達段階に即して、教育科学的におこなわれなければならない。教育の自由の保障を欠くと、教育は学習者の人格（そのもっている潜在的な可能性）の全面的な発達というその本来の目的を外れて、容易に権力担当者の侍女にさせられる。学問も、教育の場合と同様、政治と方法を異にし、しかも、それに従事する研究者こそ政治が「人民」の意思と利益から離れることがないように科学的および専門技術的に監視すべき立場にある。その意味で学問の自由の保障も、不可欠である。しかし、一九三六年憲法は、それらを保障していなかった。*

＊　一九七七年ソ連憲法は、一九三六年憲法と較べて、市民の権利保障を拡充強化していた。しかし、それにもかかわらず、表現の自由には、なお、「人民の利益にしたがい、社会主義体制を強化し発展させるために」という制約条件が、また、結社権と学問・技術開発・芸術活動の自由については、「共産主義建設の目的にしたがって」という制約条件がつけられていた。一九三六年憲法の場合と同じく、「人民の敵」をその保障外におこうとするもので

あった。

しかも、一九七七年憲法においては、このような政治的制約が、一九三六年憲法にもなかった以下のような一般的制約規定によって全基本権に及ぼされていた。

「市民による権利および自由の行使は、社会および国家の利益ならびに他の市民の権利に損害を与えてはならない」（第三九条二項）。

「権利および自由の行使は、市民による義務〔第五九条二項以下に定める、憲法・法令の遵守、社会主義的共同生活の規則の尊重、ソ連邦市民にふさわしい行動、労働、社会主義的所有と人民の富の尊重、国家の利益・力・権威の維持強化、兵役、公共の秩序の維持などのもろもろの義務〕の履行と不可分である」（第五九条一項）。

このような事態は、とくに政治的自由との関係においては、以下のように説明されていた。

「一九七七年憲法には、国家における政治的自由はその限界を持たぬわけにはいかず、それを侵害することは許されない、という原則がみてとれる……。政治的自由の濫用は、社会主社会の本質に矛盾し、その利益に損害を及ぼす行為へと導きかねない[47]」。それ故、ロシア共和国その他の連邦構成共和国の刑法典は、「ソビエト権力の破壊もしくは弱体化を目的とする」アジテーション、プロパガンダ、ソビエト国家・社会体制を誹謗する虚偽のつくりごとを広め、同内容の文書の流布、作成または保管することを犯罪としていた。

ソ連邦においては、反体制論、体制内の少数意見や権力担当者に対する批判は、「階級敵」や「人民の敵」という階級闘争の理論や政治的基準によって抑圧されていたが、憲法典自体がその抑圧の手掛りを認めていた。政治の現実においては、党や国家機関、少くともその幹部を批判することは、タブー視されていたという。この種の制約は、学問活動にまで及んでいたという。一八七一年のパリ・コミューンやマルクスとの距離は、埋めがたいものであったようである。

3　軍事問題への対応

軍事問題においても、一九三六年憲法の対応は、一八七一年のパリ・コミューンと質的に異なっていたようである。

(1) パリ・コミューンの場合

すでに見ておいたように、パリ・コミューンは、市民の自由にとって危険であるだけでなく、経済財政的に見て負担が重すぎるとして、常備軍を廃止し、全市民からなる自治的な国民衛兵制度（民兵制度）のみを承認していた。常備軍が野心と専制の手段となり、また市民の権利・自由の抑圧に向うことを認識していただけでなく、新しい体制の経済・財政にとってマイナスとなることをも見抜いていた。一八七一年のパリ・コミューンは軍事支出の経済・財政的意義をも認識した、歴史上はじめての軍事小国を目指すものであった。それは、徴兵制の廃止も宣言していた（一八七一年三月二九日）。

(2) 一九三六年憲法と一九七七年憲法の場合

ソ連の一九三六年憲法と一九七七年憲法は、軍縮と不戦について積極的であったようには見えない。社会主義建設と常備軍・軍拡・現代戦の非両立性、軍事支出の再生産外消耗性は、少くとも憲法典および憲法政治の段階においては十分に認識されていなかったようである。

一九三六年憲法は、軍縮・不戦についてはなんら規定を設けていなかった。同憲法下で、ソ連は、ヨーロッパにおいてもアジアにおいても第二次世界大戦に入りこんでいた。

一九七七年憲法は、第二八条で、対外政策として「侵略戦争を未然に防ぎ、全面的かつ完全な軍縮を達成し、社会体制の異なる国家との平和的共存の原則を一貫して実現する」「ソ連邦においては、戦争の宣伝は禁止される」ことを謳い、第二九条で「力の行使もしくは力による威嚇の相互放棄」「国境不可侵」「紛争の平和的解決」「内政不干渉」「諸民族の同権および自己の運命を自由に決定する民族の権利」などを定めていた。しかし、たとえば、社会主義建設にとって、軍縮・不戦の経済・財政的意義をはじめとして、それらの不可欠性についての認識は希薄で、軍縮・平和的共存等の政策的優先度は不明であった。「ソ連邦軍の人民に対する責務は、社会主義祖国を確実に防衛し、いかなる侵略者に対しても瞬時に反撃できる戦闘体制を常に維持することである」（第三一条二項）や「国家は、国の安全と防衛力を保障し、ソ連邦軍に必要な一切のものを供給する」（第三二条一項）等の規定からすれば、軍拡を認める内容明確な具体的規定はあっても、軍縮・平和的共存等の政策の実現を確保することが困難な憲法の規定の仕方であった、というべきであろう。

東欧社会主義諸国の内政問題に対する幾度もの干渉（たとえば一九五六年のハンガリー事件、一九六八年のチェコ事件への干渉など）やバルト三国の独立要求などソ連邦内における民族問題への実力的介入など、軍縮・平和的共存・民族自決・内政不干渉などが、一九三六年憲法段階において法規範性をもつものであったかどうか、一九七七年憲法段階においてはどうか、を根底から疑わせるものであった。「東西冷戦」における総力戦的軍拡戦争を直接の引き金として、ソ連＝東欧型社会主義憲法体制は崩壊するが、「東西冷戦」における軍事問題についての認識と対応は、一八七一年のパリ・コミューンの場合と異質のものであることを端的に示すものであった。

4　「党の国家化」の問題(48)

「人民主権」「立憲主義」「革命政府」に関係するこの問題は、ソ連＝東欧型社会主義憲法体制に際立った現象であった。これについては、一九三六年憲法の方から検討することにしよう。

(1)　一九三六年憲法の場合

同憲法は、以下のような規定を設けて、ソ連邦共産党に、勤労者の前衛部隊にして、そのすべての社会的および国家的組織の指導的中核としての地位を認めていた。「労働者階級、勤労者農民および勤労者インテリゲンツィアのうちの最も積極的かつ意識的な市民は、自由意思にもとづいて、共産主義社会を建設するための闘争において勤労者の前衛部隊であり、かつ勤労者のすべての社会的並びに国家的組織の指導的中核をなすソ連邦共産党に団結する」(第一二六条後段)。

ソ連邦共産党は、市民の結社の一つとして、本来社会における存在であり、その一部をなすにすぎない。そうであるからこそ、それは、「第一〇章　市民の基本的権利および義務」において、結社の権利を保障する第一二六条に定められていたのであろう。* ①一九三六年憲法は、そのソ連邦共産党に、憲法によって設けられまたは認められているすべての社会的組織と国家的組織を指導する地位を認めていた。指導の内容、方法、限界などは、憲法では明示していなかった。②その指導的地位は、憲法上当然のものであって、勤労者（人民）の選挙にもよらない。その指導的権限は、「人民」からの具体的な授権の手続によるものともされていなかった。その成員は、リコール等「人民」による統制に服すべきものともされていなかった。

①は、ソ連邦共産党に「最高無謬」の指導的地位を認めるものとして、立憲主義・法治主義の体制を根底から破壊する危険性をもっていた。党の指導と憲法・法令が矛盾するときにも、社会的および国家的組織は、すべて、党の指導に従わざるをえないはずだからである。②は、とりわけ、「全権力」を勤労者（人民）のものとする憲法の原理と矛盾することにならざるをえないはずであった。すべての権力が勤労者（人民）の所有物であれば、主要な権力（権限）の担当者について、「人民」による具体的な選任、授権および統制が不可欠となるはずであ

る。しかし、勤労者のすべての社会的および国家的組織を指導するソ連邦共産党については、そのすべてが欠落している。「人民」は、憲法上は全権力の所有者の地位にありながら、事実上はその地位を否定されることになる。

立憲主義および全権力を「人民」のものとする原理との矛盾を避けるために、ソ連邦共産党の指導は、法的拘束力をもつものでなく、科学的な認識に基づく「政治的指導」「科学的な提案の勧告」と説明されてきた(49)。しかし、憲法にその旨が明示されているわけではない。また、仮にそうだとしても、あとで見るように、指導が事実上法的拘束力に似た違反を許さないものとなることは不可避的であった。また、政治的指導にとどまり、強い拘束力を伴わないものであるとしても、全権力を「人民」のものとする憲法体制下で、「人民」による具体的な選任・授権・統制の手続下にない政党が、その手続下にある諸組織をなぜ政治的指導下におくことができるのか、疑問が残らざるをえない。

ソ連邦共産党に特権的指導的地位を認めることは、「人民」の権力を「党」の権力に変質させる危険性をもっているだけでなく（「党の国家化」の危険性）、反憲法・反人民的な官僚主義を全社会的および全国家的組織のうちに持ち込むおそれをももっていた。憲法と「人民」の統制外にある支配的政党が、反憲法的・反人民的となり、その権限や権威を濫用し、その弊害をすべての組織に及ぼすに至ることは、あらためて指摘するまでもない。ソ連の場合、事実がなによりも雄弁にそのことを実証していた。**

＊　一九七七年憲法は、ソ連邦共産党の指導的地位を一段と明瞭にしていた。一九三六年憲法は、「勤労者のすべての社会的および国家的組織の指導的中核」と定めるにとどまり、指導の内容・方法・限界などを示さず、しかもそ

の指導的地位を結社の権利の条項に定めているにすぎなかった。しかし、一九七七年憲法は、「第一編　ソ連邦の社会体制および政治の基本原則」の「第一章　政治のシステム」のなかで、ソ連邦共産党の任務と地位を以下のように明示していた。

「ソ連邦共産党は、ソビエト社会を指導し、その発展の方向を指し示す勢力であり、その政治システムならびに国家組織および社会団体の中核である。ソ連邦共産党は、人民のために存在し、人民に奉仕する。

マルクス・レーニン主義の学説で武装した共産党は、社会発展の総合的長期計画およびソ連邦の内外の政策の路線を決定し、ソビエト人民の偉大な創造的活動を指導し、共産主義の勝利をめざすソビエト人民の闘争に計画的な科学的に根拠ある性格を与える。

すべての党組織は、ソ連邦憲法の枠内で活動する」（第六条）。

しかし、一九七七年憲法下においても、一九三六年憲法下の場合と同様の事態が起ってくることは避けがたいことであった。たしかに、一九七七年憲法は、「ソ連邦憲法の枠内で活動する」ことを命じているが、憲法に反した場合の実効的な手続はなんら用意されていない。「人民」による具体的な選任、授権、統制の制度は欠けており、すでに見ておいたように「人民」による批判の自由もきわめて不十分であった。

** 一九三六年憲法にも、一九七七年憲法にも、ソ連邦共産党との関係で、立憲主義を根底から脅かし、全権力を「人民」のものとする原理に反するおそれがあった。現実の憲法政治は、「党の国家化」「党の主権化」と呼ばれる状況をもたらすことによって、それを確認していた。

ソ連邦共産党が国の重要政策を決定し、その決定の履行が国家諸機関の義務となり、国家諸機関がその履行の指導監督を受ける状況である。「政策の決定（主に中央レベルで）、その履行の指導と監督、それへ向けた大衆動員（主に末端レベルで）を主たる任務とする党組織と、決定された政策の直接遂行を任務とする国家機関との間には、政治的一体性を前提としたうえで機能的分業が存在してい〔る〕[50]」状況であり、「国家の上に党が君臨し、党が治外法権下におかれ、その行為が超法規的であっても許容される状況[51]」である。

かりに、ソ連邦共産党の指導が、憲法に明示されていないが、「科学的認識に基づく政治的指導」であるとしても、あらゆる政治と生産の単位に対応する支部組織をもちかつ最高の政治的権威をもつ「前衛党」の「科学的」指導であれば、人事統制権や国家保安機関などを背後にもつものとして、その指導は、憲法に反しても貫かれるべき「無謬」のものとなるはずであった。「党の国家化」「党の主権化」は、避けがたいことであった。憲法における党の指導性の承認が、その運用において、立憲主義体制下における「人民」と切断された「革命政府」の承認としての意味を帯びることは、ほぼ不可避的であった。

(2)　パリ・コミューンの場合

他の諸問題の場合と異なって、革命政府の問題、前衛党の指導性と立憲主義・「人民主権」の関係の問題については、一八七一年のパリ・コミューン自体がソ連の場合と異なる解決策をもっていたわけではないようである。ここでは、以下の諸点を再確認しておくにとどめたい。

①パリ・コミューンは、その全期間を通じて、革命闘争の段階にあった。それは、新しい政治と社会にかんする諸原理は相当程度にわたって明らかにしていたが、とくに「人民主権」の原理を全面的に実施できる状況にはなかった。

②しかし、パリ・コミューンは、当初、その革命闘争の段階に対処する革命政府のあり方の問題をさして意識していなかったようで、民衆層（賃労働者をはじめとする生産諸階級）の解放を目指すものとして、「人民主権」の全面的な実施を当然のことと考えていたようである。しかし、四月二日以降ヴェルサイユ政府軍との戦闘の開

始、その激化、事態の緊迫化によって、はじめて革命政府のあり方の問題が具体的に提起された（四月二〇日以降）。この問題をめぐって、コミューン議会は分裂した。

多数派は、革命政府のあり方として、「人民主権」「人民独裁」を排除し、「公安委員会」による「少数独裁」の立場をとった。フランス革命期の「ロベスピエールの独裁」「公安委員会の独裁」を想起させる「公安委員会」の名称がそのことを端的に示していた。これに対して、少数派は、「人民主権」の維持・貫徹を求め、命令的委任に服するコミューン議会の決定と執行を主張した。

このような革命政府のあり方をめぐる対立は、若干の違いはあるにしても、基本的には、フランス革命前期におけるロベスピエリストとサン・キュロット・ミリタンの対立を再現するものであった。

③平和革命の場合を別として、革命闘争の最中において、「人民主権」の原理を全面的に実施することが不可能であること、および「人民主権」の原理と民衆層の解放を掲げる革命政府が「人民」と切断された少数独裁に走ればその機能を果せなくなることは、フランス革命前期のサン・キュロット運動とロベスピエール（公安委員会）の独裁の両者の失敗の経験からも、明らかなことであった。フランス革命後期の「バブーフの陰謀」は、この両者の失敗の経験をふまえて、革命時に「人民主権」の全面的な実施が不可能であることを認めつつも、「人民と一緒にならなければ大事はなにもなしえない」として、状況との関係による例外を留保しつつ、可能である限り「人民」の意思に従って革命期の諸課題を処理すべきだとする見解に至っていた。(52)

一八七一年のパリ・コミューンは、事前の準備を十分になしえなかったこともあって、「バブーフの陰謀」の水準にも到達できないままに、立憲主義体制前の革命政府のあり方をめぐって、内部崩壊してしまった。

⑶　未解決の課題としての革命政府の問題

革命政府のあり方をめぐる問題の解決は、二〇世紀にもち越された。ソ連＝東欧型社会主義憲法体制においては、おそらくは、一八七一年のパリ・コミューンにおける未処理も一因となって、すでに見ておいたように、憲法自体がソ連邦共産党に「すべての社会的および国家的組織の指導的中核」という特権的な地位を与えた。立憲主義の段階における、手続的に「人民」と切断された革命政府の地位の承認である。「人民」による具体的な選任・授権・統制の手続外にある優越的指導的組織が専制化し反人民化するのは、経験的に見てもほぼ不可避的である。ソ連＝東欧型社会主義憲法体制は、その専制性・反人民性を「人民」から批判され、二一世紀を目前にして崩壊した。

すでに見ておいたように、A・ソブールは、パリ・コミューン一〇〇周年の一九七一年に、そのパリ・コミューンにつき、「ついに発見された政治形態」の評価にもかかわらず、「革命政府」のあり方の問題は解決されていないし、発見されていない旨を指摘していた。ソ連＝東欧型憲法体制下の経験をもふまえるならば、ソブールの問題提起は重い。

5　小　括

ソ連＝東欧型社会主義憲法のモデルとなったソ連の一九三六年憲法と一八七一年のパリ・コミューンにおいて表明された民衆層の憲法構想との関係について若干のまとめをしておこう。

第一に、両者の間には、原理自体において異質性が際立ち、一九三六年憲法の「社会主義体制」は「ついに発見された政治形態」とは異質のものといわざるをえない。とくに上記2の⑴から⑶の指摘はそのことを示している。

第二に、右の第一の指摘にもかかわらず、「革命政府」の問題については、パリ・コミューン自体がこの問題を的確に処理していなかったこともあってか、一九三六年憲法におそらくは誤った継承がおこなわれていたことである。(53)「人民」の全面的な統制外にある結社に特権的な指導的地位を、しかも立憲主義の段階で承認することにより、立憲主義と「人民主権」を破壊するシステムを導入してしまった、というべきことであろう。

第三に、この第一と第二からすれば、この憲法体制の崩壊は、おそらく不可避的であった。のちに、事実がこのことを証明するが、「人民」のためと自称して登場した憲法体制が、その反人民性や反立憲性を理由として、「人民」によって崩壊させられたことの影響は、近現代史においては類例を見ないほどに大きい。

第五章　「大競争の時代」とソ連＝東欧型社会主義憲法体制の崩壊

Ⅰ　「大競争の時代」を迎える前に

ある思想家は、二つの現代憲法の登場を見て、そのいずれが近代資本主義憲法（近代資本主義）体制のもたらした「陰」をよりよく克服することができるか、それぞれが掲げている新しい憲法理念をよりよく実現することができるか、総じてどちらがすべての国民に「人間としての生存」をよりよく保障することができるか、の競争を期待して、現代を「大競争の時代」と規定していた。このような見方は、少くとも、ソ連＝東欧型社会主義憲法体制の崩壊前においては、憲法学界の内外で、また世界的な規模で当然視されていた。

その「大競争」が本格的に展開する前に、近代立憲主義型資本主義憲法体制も、二つの現代憲法体制のいずれをも、もたない諸国（イタリア、ドイツ、日本のファシズム三国を中心とした「枢軸国」）とそれらのいずれかをもつ諸国（連合国）との間で、「ファシズムか反ファシズムか」をめぐり第二次世界大戦がおこなわれた。ファシズム体制（イタリア、ドイツ、日本の戦間期・第二次世界大戦中の体制）は、近代資本主義憲法体制の課題も現代資本主義憲法体制の課題も解決する能力を欠いた反歴史的な体制だとするのが、連合国側の共通の考え方であった。

第二次世界大戦では、反ファシズム側が勝利を占めた。日本が一九四五年八月に受諾したポツダム宣言は、一九四一年八月の大西洋憲章、一九四五年四月の国連憲章などとともに、ファシズム体制とそれを支えた憲法的諸原理への決別を世界的な規模で宣言するものであった。

なお、第二次世界大戦は、資本主義諸国家間の戦争として見れば、第一次世界大戦に続く世界市場の再分割をめぐる帝国主義諸国家間の戦争としての意味ももっていた。また、帝国主義諸国と植民地・半植民地等の間の戦争として見れば、後者の独立戦争としての意味ももっていた。

II　「大競争の時代」の具体的展開――「東西冷戦」「総力戦的軍拡競争」

一　はじめに

1　「本筋をはずれた大競争」

「大競争の時代」は、第二次世界大戦後に「東西冷戦」として具体化した。チャーチル（Sir Winston Leonard Spencer-Churchill, 1874-1965）が「鉄のカーテン」（Iron curtain）の語をもって東西間における冷戦関係の存在を指摘したのは、一九四六年三月五日のことであった。この冷戦は、総力戦的とも形容すべきものであったが、ソ連＝東欧型社会主義憲法体制の崩壊をもって、二〇世紀末に終った。それは、現代資本主義憲法体制と社会主義憲法体制のいずれが現代の基本的諸課題をよりよく解決しうるかをめぐる、期待されていた「大競争」ではなかった。

①アメリカを中心とする資本主義諸国とソ連を中心とする社会主義諸国との間に、それぞれの総力をあげた、一種の「大競争」が存在したことは事実である。

②しかし、現実に存在した「大競争」の実体は、現代の基本的諸課題をいずれの体制がよりよく解決しうるかをめぐるものではなく、その解決には寄与できない総力戦的な軍拡競争（「東西冷戦」「米ソ軍拡競争」）であった。それは、それぞれの体制の経済・財政を破綻させることによってすべての国民に対する「人間らしい生活」の保障を不可能とし、軍事科学技術・軍備の驚異的な発達・強化をもたらすことによって人類の存続自体をも危くするものであった。その意味で、それは、近現代における人類の歴史的な努力を全否定する愚挙というべきことであった。

2 その要因に関連して

ソ連とアメリカは、現代の基本的諸課題の解決を犠牲にして、総力戦的な軍拡競争にふけった。あとから見るように、その結果、ソ連はその社会主義憲法体制を崩壊させ、アメリカはぼう大な「双子の赤字」を定着させ経済財政的に破綻状況に陥っている。この結果からすれば、ソ連＝東欧型社会主義憲法体制とアメリカ資本主義憲法体制はともに現代の基本的諸課題をその憲法体制の課題としていなかったのではないか、憲法課題としていたとしてもそれらを容易に無視しうる体制であったのではないか、それらこそが「本筋をはずれた大競争」の最大の要因であったのではないか、があらためて問われることになる。ソ連＝東欧型社会主義憲法体制は社会主義憲法体制であったのか、アメリカ資本主義憲法体制は現代資本主義憲法体制であるか、を再考しなければならないことになる。イラク戦争と市場原理主義の世界化を追求し続けるアメリカは、米ソ冷戦後もその疑問を提起し続けている。

二　総力戦的軍拡競争

現実の「大競争」は、二つの現代憲法の体制間における、原理・原則の優劣やいずれが解決を求められている現代の基本的諸課題をよりよく解決できるかの争を主題とした「平和的競争」ではなく、それぞれの体制の存続を賭けた不耗な総力戦的軍拡競争であった。その主役は、アメリカとソ連であった。

1　ソ連の軍拡

一八七一年のパリ・コミューンの後えいとして、社会主義国がその標榜する理念を達成しようとするならば、その軍事の基本方針は、軍縮・平和的共存でなければならないはずである。しかし、次の指摘からもうかがえるように、ソ連は、東西冷戦下で、軍拡に、それも核軍拡にふけった。

「一九五〇年代末核兵器が将来戦における決定的要因になるとして核兵器の生産・配備を急速にすすめるとともに、全軍種の増強にふみ出した。……一九五五年核弾頭数ではアメリカ二六〇〇に対しソ連二〇〇、その威力（TNT火薬に換算したトン数）ではアメリカ二八二〇メガトン〔一メガトンは一〇〇万トン〕に対しソ連は一六メガトンにすぎなかった。しかし、一九六九年には核弾頭数はアメリカ二万八二〇〇に対しソ連は一万一三〇〇、威力ではアメリカ一万九〇〇メガトンに対しソ連は一万二七〇〇メガトンになり、弾頭ではアメリカが一〇倍になったのに対しソ連は五七倍にもなっている。威力ではアメリカを超えた。一九八一年には弾頭数でもアメリカを追いこし、アメリカの二万三四〇〇に対しソ連は二万五〇〇に増大し、威力ではアメリカの二倍になった」[1]。一九五五年から一九八一年までの二六年間に、ソ連は核弾頭を一二五倍にも増加した。

そのうち、戦略核兵器――大陸間弾道ミサイル（ICBM）、潜水艦発射弾道ミサイル（SLBM）、長距離爆撃機を運搬手段とする、破壊力の大きな長距離核兵器（主として水爆）――は、一九六五年に、アメリカがICBM八五四、SLBM四九六、長距離爆撃機六三〇であったのに対し、ソ連は、それぞれ、二七〇、一二〇、一九〇であったが、一九八一年レーガン大統領の登場時には、アメリカがそれぞれ、一〇五二、五七六、三一六であったのに対し、ソ連は、それぞれ、一三九八、九八七、一五六となり、アメリカを大きく超える水爆大国になっていた、といわれる。ソ連は、一九五〇年代から六〇年代にかけて、広島型原爆の一五〇〇倍から三〇〇〇倍に相当する数十メガトン級の「スーパー水爆」の実験をしていたと報道されている[2]。第二次世界大戦で使用された火薬の総量が、広島・長崎の二つの原爆を含めてTNT火薬（トリニトロトルエンと呼ばれる通常の強力火薬）に換算して三メガトンであったことを想起したい。

狂気的ともいうべきソ連の軍拡であった。ソ連の軍事支出は、うなぎ登りになるはずであった。その実態はどうであったか。ソ連は、従来総計数字を発表するのみで、その内訳についてはなにも示していない。しかも、その総計数字は、軍事関連支出を網羅するものではないと見られてきた[3]。それ故、もろもろの機関がソ連の軍事支出の総額を解明すべく推計をしてきた。軍事支出の概念や推計の仕方の相違もあって、その数値はばらばらであった。軍事支出の総額がそうであれば、GDPやGNPに対する比率もまたそうならざるをえない。

アメリカの政府機関であるDIA（アメリカ国防総省国防情報局）やCIA（アメリカ中央情報局）は「ビルディ

ング・ブロック方式」——情報機関の収集した情報をもとに、ソ連の装備等をアメリカでつくる場合の価格で積算し、人件費についても米軍人の担当階級の給与等を推定して積算する方式——で推計し、一九八六年版の国防総省の報告書は、ソ連の軍事支出がＧＮＰの一五ないし一七％に達するとしていた。(4)『ミリタリー・バランス』の一九八八—八九年版は、一九七〇年代後半からのソ連の軍事支出につきＧＮＰの一五～一七％とか二〇～二五％の数字を紹介し、その一九九〇—九一年版は、ＧＮＰの二五～三〇％に近いと見ていた。

ＤＩＡやＣＩＡの方式による数値より客観性があるとの保障があるわけではないが、より低い推計値もある。たとえば信頼度が高いといわれる『ＳＩＰＲＩ年鑑一九八七世界の軍備と軍縮』は、ＳＩＰＲＩの研究会がソ連の軍事支出が「ＧＮＰの一〇～一五％の幅」と推計している旨を指摘している。

2　アメリカの軍拡(5)

東西冷戦期におけるソ連の軍拡は、軍事支出の再生産外消耗性を熟知するはずの社会主義体制としては、まさに常軌を逸したものであった。アメリカの軍拡は、ソ連の場合と比較すれば、より低いものであったが、すでに見ておいた諸数字からもわかるように、その軍拡も異常というほかはないものであった。一九五五年に二六〇〇であったその核弾頭数を一九八一年には九倍の二万三四〇〇にしていた。その一九八一年に、「強いアメリカ」を掲げて、核兵器中心の軍備強化を唱導するレーガンが大統領に就任した。

アメリカの軍事支出は、激増するはずであった。一九七〇年、一九八〇年、一九八七年のアメリカの国防支出は、それぞれ、七六五億ドル、一四二二億ドル、二八八四億ドルであった。(6)一九八一年に就任したレーガン大統領の施政下での軍事費の増大は戦時並であった。一九八〇年度に一四二二億ドルであったアメリカの国防支出をその在任末期の一九八七年には倍以上に増強し、その後には三〇〇〇億ドルの大台を越えた。ソ連との軍拡競争にアメリカの将来を賭けているかのようであった。

三 「大競争」の帰結

一九八九年、ソ連を含めて、ソ連=東欧型社会主義憲法体制の劇的な崩壊が始まった。それは、一九三六年憲法とその運用に象徴されるような官僚的、非民主的、専制的、軍拡的体制に対する「人民」の反撃で始まり、一九九一年に全面的に崩壊した。その直接の要因となったものは、軍拡による経済・財政の破綻であった、と見られる。

東西間(米ソ間)の対立において、軍事的にソ連がアメリカに劣っていたかは不明である。核弾頭の数やそれを運搬するミサイル等の技術においては、ソ連の方がまさっていたとする判断もありうるかもしれない。しかし、崩壊の年には、ソ連は国民に対する主食の供給能力を問われる状況にあった。その久しい以前には、ソ連は、予算の配分上とくに力を入れていた機械・プラント部門でも先進資本主義国との関係ではほとんど競争能力をもっていなかったようである(この点については本章IIの三の2の(4)で若干ふれる)。その憲法体制を賭ける軍拡競争のなかで、ソ連=東欧型社会主義憲法体制は崩壊した。

軍拡競争の他方の主役であったアメリカをはじめとする西側諸国も、その競争のなかで深手を負った。それらの憲法も、軍拡を阻止する具体的な憲法上の理念や制度規定を欠き、軍拡のためにその憲法の諸理念——すべての国民に「人間らしい生活」を保障することをはじめとする現代資本主義憲法体制の諸理念——を犠牲にする余地を残していたし、また軍拡にふける政治を続けた点では、大きな違いはなかった。

このような「大競争」のなかで、冷戦終了後の政治が無視するわけにはいかない、以下のような諸点が明らかにされた。「東西冷戦」が人類に遺した貴重な教訓ともいうべきものであろう。

1　戦争（武力の行使を含む）の手段性の喪失

軍拡競争のなかで、軍事科学技術が驚異的な発達をした。その結果、戦争は国家の独立と国民の人権を外国の武力攻撃から守る最後手段であり、それ故に国家に不可欠のものだ、とする伝統的な戦争観がなりたちえなくなってしまったことである。次の諸点は、それを示すものである。

(1)　核戦争の場合

核戦争が伝統的な戦争の意義を喪失していることは、一九七八年の第一回国連軍縮特別総会の決議とその二年後の国連事務総長報告『核兵器の包括的研究』をあげておけば足りるであろう。

一九七八年六月三〇日の決議は、満場一致で、「人類は今日、かつて生産されたなかでもっとも破壊的な武器の大量かつ競争的な蓄積のもたらす、前例のない自滅の脅威に直面している」とし、当面の最優先の課題として核戦争の防止と効果的な核軍縮を訴えていた。

二年後の国連事務総長報告[7]は、世界の核弾頭の総数を三万七〇〇〇から五万、その威力をＴＮＴ火薬に換算して一万一〇〇〇メガトンから二万メガトンに相当すると推計していた（第二次世界大戦で使用された火薬の総量はＴＮＴ火薬三メガトンに相当するという）。比較的低目に見て、一万三〇〇〇メガトンとすると、広島型原爆一〇〇万発に相当する。人類を幾度も抹殺できる核弾頭が用意されていることになる。その主要な運搬手段であるミ

別表6　主な核保有国の状況（2007年）

（単位：基／機）

	ミサイル				長距離（戦略）爆撃機	（参考）核弾頭総数（発）
	ICBM	IRBM/MRBM	SRBM	SSBN/SLBM		
アメリカ合衆国	550	—	—	432	114	5045
ロシア	506	—	—	252	80	5614
イギリス	—	—	—	58	—	160
フランス	—	—	—	64	—	348
中国[(1)]	26	55[(2)]	725	12	—	145

（注）朝雲新聞社編集局編『防衛ハンドブック』（2007年版）による．核の搭載が可能で実戦配備されているものが対象．ICBMは大陸間弾道ミサイル．IRBM/MRBMは中距離弾道ミサイル．SRBMは短距離弾道ミサイル，SSBNは弾道ミサイル搭載原子力潜水艦，SLBMは潜水艦発射弾道ミサイル．核弾頭総数には，戦術核（戦場での使用を目的とする核兵器）を含む．SSBNは，アメリカが14隻，ロシアが15隻，イギリスとフランスがそれぞれ4隻，中国が1隻．(1) 不詳が多い．データは概数．(2) 通常は非核配備とみられる．

（出典）『世界国勢図会 2007/08』489頁による．

サイルが、速度、飛距離、命中精度を高めているだけでなく、複数の目標を同一のミサイルで同時に攻撃できる複数核弾頭ミサイルが開発されていることも周知の事実である。*

最新の核兵器を使用する戦争になれば、人類の存続を確保する方法はないという。たしかに、軍事目標だけを攻撃する小型の戦術核兵器の使用は、一定の場合には許されるし、有益だともいわれる。しかし、それが軍事目標だけに使用されるという保障や、その使用が大型の戦略核兵器の使用を招かないという保障は、どこにもない。** 現に、アメリカとロシア（旧ソ連）は、なお大量の戦略核弾頭を所有しているし、イギリス、フランス、中国も三桁の核弾頭を所有している（別表6を参照）。また、インド、パキスタン、イスラエル、北朝鮮も核弾頭搭載可能な弾道ミサイルを所有しているという（別表7を参照）。

* たとえば弾道ミサイルの速度は、「発射段階で秒速二・五キロメートル、高度九五キロメートルで秒速四・五キロメートルまで加速され、高度二五〇キロメートルで秒速約六・五キロメートルに達する。ちなみに通常ライフル銃弾の速度は

別表７　インド，パキスタン，イスラエル，イランおよび北朝鮮の核搭載可能ミサイル保有状況（2007年1月現在）

名　称	区　分	射程（km）	誘導方法など
インド			
プリトビ（SS-250）	SRBM	250	慣性，液燃
アグニ2	I/MRBM	2000〜3500	慣性＋GPS，レーダー終末制御
パキスタン			
ハトフ2	SRBM	180	慣性，液燃
ハトフ3	SRBM	290	慣性，液燃
ハトフ4（シャヒーン1）	I/MRBM	750	慣性，固燃
ハトフ5（ガウリ）	I/MRBM	1300〜1800	慣性，液燃
ハトフ6（シャヒーン2）	I/MRBM	2000	慣性，2段固燃（開発中）
イスラエル			
ジェリコ2	I/MRBM	1500〜3500	慣性，2段固燃
イラン			
シャハブ3	I/MRBM	1300	慣性，液燃
北朝鮮			
ノドン	I/MRBM	1300	慣性，液燃
テポドン1	I/MRBM	1500以上	慣性（開発中）
テポドン2	I/MRBM	約6000	慣性（開発中）

（注）　朝雲新聞社編集局編『防衛ハンドブック』（2007年版）による．発射実験がおこなわれ，核の搭載が可能とみられるミサイルであるが，弾頭荷重や配備状況は未詳のものが多い．インドは2006年7月にアグニ3（射程3000 km）の発射実験をおこなった．イスラエルのジェリコ1は，実戦配備から外れていると考えられている．北朝鮮のテポドン2（射程3500〜6000 km）は開発中で，2006年7月5日に発射がおこなわれた（発射は失敗に終わったとみられている）．SRBMは短距離弾道ミサイル，I/MRBMは中距離弾道ミサイル．
（出典）『世界国勢図会 2007/08』489頁による．

毎秒約一キロメートルである[8]」といわれる。

** 戦略核兵器とは、一般に六四〇〇キロメートル（四〇〇〇マイル）以上離れた目標を直接攻撃できる運搬手段と組み合わされた水爆をいう。ＩＣＢＭ（大陸間弾道弾ミサイル）、ＳＬＢＭ（潜水艦発射弾道ミサイル）、長距離爆撃機が三大運搬手段である。長距離爆撃機は、かつては水爆を積載していたが、現在はＡＬＣＭ（空中発射巡航ミサイル、射程二五〇〇キロメートル程度）を装備しているという。

(2) 非核戦争の場合

本格的な非核戦争も、現在においては、「伝統的意義」をもてなくなっている。核兵器に劣らない破壊力をもつ非核兵器（たとえばもろもろの細菌兵器やサリン、タブンなどの化学兵器）が開発されており、それらを弾頭としたミサイルで攻撃することもできる。それらは、原材料の入手も、製造も容易で、コストも低い。

次のような指摘もされている。「金属ウランの合金などで貫徹力を強化した通常弾頭を装着した弾道ミサイルを相手国原子力発電所に命中させれば、チェルノブイリ原子炉爆発事故を上まわる放射能災害を惹起することが十分可能である[9]」。

一九九一年の「湾岸戦争」、二〇〇三年のイラク戦争は、劣化ウラン弾、クラスター爆弾、無人飛行機《プレデター》等の最新鋭の非核兵器の実験場となり、無益な大量殺人の場となったといわれている。一九九一年には、たとえば、六〇〇個の鋭利な鋼鉄片を内蔵しかつ四〇フィート以内の人間を殺すことができる子爆弾一八〇〇個を組みこんだクラスター爆弾（集束対人炸裂爆弾）を使用し[10]、二〇〇三年のイラク戦争ではその殺傷力を強化した改良型を使用したと報道されている。

第二次世界大戦以後の現在においては、非核戦争であっても、国家の独立と国民の基本的人権を守る最後手段の役割を果せなくなっている。どの戦争においても、その手段性を根底から疑わせる悲惨な災禍が起っている。太平洋戦争の末期、東京では、三月一〇日、下町に対する無差別の焼夷弾大空襲で一〇万人もの人たちが犠牲となり、戦場となった沖縄県では県民の三分の一が命を失った。犠牲者の大部分は、非戦闘員であった。すでにこの段階で、非核戦争も手段性を失っていた。その判断を決定的にしたものが、「東西冷戦」における軍事科学技術の飛躍的な発達であった。「冷戦」段階とその後における戦争、たとえば、朝鮮戦争、ヴェトナム戦争、イラク戦争は、非核のものであっても現在の戦争がなによりも生命と人権の破壊手段であることを明証するものであった。

2　軍備の存在理由の喪失──経済・財政の破綻と現代憲法理念の放棄

戦争が伝統的な意義を喪失しても、軍備は戦争を抑止する手段としてなお国家に不可欠のものといわれ続けている。軍備は、戦争のためではなく、他国が戦争に訴えるのを抑止する手段として必要不可欠だというのである。「抑止力論」(deterrence theory) である。資本主義国も、社会主義国も、それに依拠してきたし、依拠している、という。しかし、冷戦段階を含めて現時点までに至る第二次世界大戦後の世界の歴史をふまえるならば、「抑止力論」によって軍備を正当化することも、困難というよりむしろ不可能となっていることを認めないわけにはいかない。

(1)　軍拡を正当化する「抑止力論」

「抑止力論」は、相手国の先制攻撃によって壊滅することがなく、したがって相手国の先制攻撃を効果的に防御しうるだけの軍備をもち、かつその相手国に壊滅的な反撃を予測させることにより、相手国の攻撃を抑止しようとする考え方である。* それは防御においても攻撃においても、つねに相手国より正確で優れた軍事科学技術と軍備を求めるもので、絶え間なき軍拡競争の理論である。「東西冷戦」下における狂気じみた総力戦的軍拡競争は、そのことを明証していた。一方がその憲法体制（政治経済体制）を崩壊させ、他方がその経済・財政を破綻させるまでの軍拡競争をもたらす理論である。その理論は、「東西冷戦」後の現時点においても、ミサイル防衛システムの開発整備問題に象徴的に見られるように、なお維持されている。

「抑止力論」は、抑止の文言にもかかわらず、本格的な核戦争をも容認する理論であり、その意味で民族さらには人類の滅亡をも認めるものである。相手国が攻撃してきた場合には、その攻撃に耐えて、相手国に壊滅的な打撃を与えることを認めており、相手国の滅亡だけでなく、本格的な核戦争による民族・人類の滅亡をも予定するものといわなければならない。

＊「先手必勝という状態では抑止は成立しない。マクナマラ（McNamara, Robert S.）時代には、敵国が使用可能な全ミサイルで米国の戦略兵力を攻撃しても、大きい報復兵力が破壊されないままに残り、それが敵に耐えがたいほどの損害を与える能力をもっているという事実を確証することにより抑止効果をもとうとする『確証破壊兵力』という概念が作られた(11)」という。

(2) 軍備・軍拡と経済・財政の破綻

「抑止力論」の名において、「東西冷戦」下においては、他のすべての事項に優先するかのようにして軍拡が推進された。冷戦後においても、なおぼう大な軍備が維持され、ぼう大な軍事支出が続けられている。「抑止力論」が堅持され、局地的な熱い戦争が絶えないからである。しかし、ぼう大な軍事支出は、政治・経済体制や憲法体制のいかんにかかわらず、回復困難なほどに経済・財政状況を悪化する。経済学・財政学研究者の一部は、その病理の解明に努めている。

(i) その要因。以下のようなものをあげることができるであろう。

その第一は、軍事支出の再生産外消耗性である。軍人は、生産労働に従事せず、武器弾薬を消費し、人と物の破壊を職務の内容とする。軍人が良質な労働力の持ち主である青年を中心とし、軍隊がその青年たちを数十万、数百万と糾合する組織体であり、高価で生産には役立たない武器・弾薬・燃料を大量に消費していることを考えれば分りやすい。しかも、軍需品生産にぼう大な費用が注入されれば、民需品生産に必要不可欠な資本や技術者の確保が困難となる。アメリカの場合、「第二次大戦以来、研究開発要員の約半数が軍事生産に雇用されてきた」（アロー（Kenneth Joseph Arrow）・スタンフォード大学名誉教授）という。[12]

このような事態は、資本主義国に限定されない。「軍事予算は、その多少をとわず、つねに社会の物的資源および労働資源を吸いあげ、それによって諸国民の経済と文化の向上の実際の可能性を減殺し、その欲求の充足をきりつめる。その意味で、軍事支出は生産と国民の福祉をできるかぎり急速に増大させる必要がある社会主義国の基本的な経済法則に矛盾する」とするペ・ムスチラフスキーの指摘[13]や、「国の予算が、非生産的な部門に配分されれば、国民の生活水準はそれだけ押し下げられる。そして今日、最も非生産的な支出は国防費なのだ」とするフルシチョフ（Nikita Sergeevich Khrushchov, 1894-1971）の指摘[14]は、注目に値する。

その第二は、軍事支出の経済効率の悪さである。軍事支出によって、新しい技術が開発され、新しい需要が創り出されることもある。アメリカでは、政府・財界ともに、このようにして、ぼう大な軍事支出を正当化してきた。しかし、①軍事部門ではコスト意識が低く、したがって非効率的であり、②軍事部門が民間経済で必要とされる研究開発計画を的確に判断することが困難であり、③軍事技術が高度化することによって、民需品生産技術との間の互換性が大きく失われており（軍事技術についての秘密の確保の問題もある）、④しかも、優秀な研究開発技術者が軍事関連部門に集中することによって、民間の研究開発が停滞する、という。

その第三は、多額の赤字国債が経済活動にたいして及ぼす効果の問題である。ぼう大な軍事支出を赤字国債の大量発行でまかなう場合、健全財政が破壊されるだけでなく、諸生活の基礎となる経済が破壊される。ぼう大な税収不足を補うために多額の国債が発行されると、通常、政府と銀行の間で民間資金の借り入れ競争が発生し、金利が上昇する。その結果、一方では、高金利の故に企業は設備投資等を控えるようになり、他方では、外国通貨との関係で自国通貨が割高となり、商品輸出が困難となる（アメリカの場合、「ドル高現象」である）。いずれも、経済を停滞または衰退させ、その国際競争力を弱める要因となる。

その第四は、経済が停滞または衰退すれば、財源（とくに税源）が失われ、国家財政も不安定となる。赤字国債の継続的発行は、国家財政を悪化させ、ときにはそれを破綻させる。

(ii) 経済学者たちの論証。アメリカの経済学者たちの一部は、軍備・軍拡と経済・財政の矛盾の問題に、はやくから積極的に取り組んできた。たとえば、ディグラス（R. W. DeGrasse Jr.）である。彼は、レーガン大統領登場の初期の一九八三年『軍拡と経済衰退』（Military Expansion, Economic Decline）という書物を公刊して、レーガン政権の軍拡政策の誤りを本格的に批判した。彼は、同書で、一九六〇年から一九八〇年までの二〇年間、一七の主要先進資本主義国の場合について、GDPに対する軍事支出の比率の高い国ほどGDPに対する経済投資の比率が小さくなる傾向にあること、その傾向に各国の製造業における生産性の伸び率が対応していること、およびその結果として軍事大国が経済的な国際競争力を失うに至ることなどを実証性豊に論じていた。このような経済についての認識は、アメリカでは、ディグラスだけのものではないようである。

日本にも、注目に値する研究成果がある。たとえば、佐藤定幸『20世紀末のアメリカ資本主義』（一九九三年）は、「冷戦」後に、軍拡政策がアメリカ資本主義にもたらした負の効果を入念に検討している。『『冷い戦争』での勝利・敗北にこだわるならば、実はアメリカもソ連とは違った意味で敗北したといわざるをえない。『冷い戦争』の仕掛人アメリカは、まさに『冷い戦争』政策のゆえに資本主義世界におけるかつての圧倒的優位を喪失する羽目になったばかりか、アメリカ国内においてもその政治的、経済的、さらには社会的矛盾の未曾有の深刻化という『対価』――それは勝利の代償というにはあまりにも厳しいものだった――の支払いに苦しんでいるからである。アメリカが一九九三年春現在経験している深刻な経済危機もけっして循環的（その意味では一時的）なものとしてだけでなく、『冷戦政策』の五〇年がアメリカ資本主義に加えた衝撃がもたらした構造的変動と連動してとらえなければならない」[15]。第二次世界大戦後のアメリカ資本主義の「有頂天時代」から、冷戦政策・経済の軍事化を媒介として、「双子の赤字」を強化し、国際競争力の低下と空洞化を強化し続けるアメリカ資本主義の分析は、説得的である。

ディグラスと佐藤の検討については、あとでさらに立ち入って紹介する（第七章Ⅲ）。

(3) アメリカの対応

ディグラスの指摘は、アメリカの連邦議会でも問題になったが、アメリカの政治は、それを受容しなかった。たとえば、一九八一年から一九八九年まで二期八年間にわたって大統領をつとめたレーガンは、すでにふれておいたように、軍拡にふけり、その任期中に軍事支出を倍増を越えて拡大し、年間三〇〇〇億ドル台の支出体制を創出した。その故もあって、アメリカは「双子の赤字」*（国際経常収支と連邦財政の赤字）を定着させてしまっている。アメリカの（国際経常収支中の）商品貿易収支の赤字は一九八四年以降年間一〇〇〇億ドルを越えている。冷戦の終了後、クリントン（William Jefferson "Bill" Clinton）政権下では、軍事支出の大幅な削減がおこなわれ、いったんは連邦財政を黒字にもした（国際経常収支の赤字は続いていた）。しかし、ブッシュ（Jr.）政権のもとで、すぐに「双子の赤字」に戻った。アフガニスタンやイラクに対する武力攻撃などもあって、軍事支出は、冷戦時のレーガン段階をはるかに越え、「双子の赤字」は空前の状況に達している。

* 一定の期間内に国境を超えておこなわれた資本の移動を含むすべての経済活動の収支を国際収支という。国際経常収支は、そのうち、貿易収支（商品の輸出入）、貿易外収支（サービスの輸出入）、移転収支（贈与・援助など）についての収支、または国際収支から資本収支を除いた部分をいう。

(4) ソ連の軍拡と崩壊

この点についてはすでにふれておいたが、ソ連は東西冷戦時にアメリカをはるかに上まわる比率の軍事支出を続けた。アメリカよりはるかに小さいGNPまたはGDPのソ連がアメリカと総力戦的な軍拡を競えば、その軍事支出の比率がアメリカより高くなるのは当然のことである。ソ連の軍事支出の比率については、アメリカの倍またはそれを超えるような数字が推計されがちであった。しかも、社会主義国においては、土地や企業が原則として国有化されており、経済活動への支出も原則として国庫からおこなわれるから、経済・財政に対する軍拡の影響は直接的である。軍事支出が増大すれば、経済投資はほぼ機械的に縮小する。ソ連の末期には、以下のような注目すべき指摘されていた。

ソ連経済は、軍拡の大きな犠牲になった。「この国の最大の投資部門である機械工業をめぐって、商品別輸出構成に占めるこの部門の比重が非常に低く……全仕向地向けで、一三・六％、これが先進資本主義諸国向けともなると過去二〇年余りの間、一貫して、わずかに二％にとどまっている……。つまり、この国の輸出商品の大宗は、石油及び天然ガスを中心とする鉱産物であって、この鉱産物の比重が、実に全体の八五％にも達している……。鉱産物輸出が圧倒的であり、機械・設備輸出がほんの一握りしかないということは、その国の貿易構造、ひいては、その国の国民経済の国際競争力が、ひどい比較劣位にあるということと同義である。ちなみに、日本の場合、輸出に占める機械・設備の比重は、八六年の実績で、七四・六％である」[16]。

ソ連は、狂気じみた軍拡の結果として、経済・財政的に破綻しただけでなく、それを直接の引金として、その体制自体を崩壊させてしまった。軍事支出の再生産外消耗性についての認識と軍拡・軍事支出への否定的な対応は、一八七一年のパリ・コミューンの後えいであろうとする社会主義国においては、当然のことでなければならなかったはずである。ソ連には、それを自覚する研究者や政治指導者もいた。しかし、ソ連＝東欧型社会主義諸国においては、その認識は、現実の政治・経済・財政を規律する憲法原則とされていなかったし、それらのあり方を拘束する科学的命題ともされていなかった。

(5) 小結

この「大競争」は、なんとも愚かで不耗なものであった。しかし、その経験は、以下のような貴重な結果を明らかにしている。①「大競争」のなかで異常なまで発達させられた軍事科学技術とそれを推進した政治によって全人類を幾度も抹殺できる大量破壊兵器の蓄積と拡散をもたらし、戦争と軍隊がその伝統的な役割（外国の武力攻撃から国家の独立と国民の基本的人権を守るという役割）を喪失するに至っていること、および②「抑止力論」に依拠する軍隊が経済・財政を破綻させ、すべての国民に「人間らしい生活」を保障する現代国家の役割を実行不能としていること、である。現代憲法に課されている基本的諸課題が、資本主義・社会主義のいかんにかかわらず、徹底した「戦争の違法化」と軍縮を前提としてしか、達成できないものであることを明示している。

第六章 「社会主義憲法体制の崩壊」と「資本主義憲法体制の存続」の問題

一九九一年、一見「石が流れて、木の葉が沈む」かに見えるような事態が発生した。ソ連＝東欧型社会主義憲法体制の総くずれ的な崩壊である。大きな経済的・社会的・政治的・文化的諸矛盾を包みこんでいる資本主義憲法体制ではなく、そのような諸矛盾を克服していると喧伝してきた社会主義憲法体制が崩壊したのである。このような常識的な見方に問題があったことは間違いないが、憲法学もこのような常識的な見方の形成に密接にかかわっている以下のような諸問題を、遅れ馳せであっても、検討しておかなければならないであろう。それを怠れば、同種の誤解や判断の誤りをくり返すことにもなりかねない。

I ソ連＝東欧型社会主義憲法体制に内在する問題
――社会主義憲法体制であったか

一九三六年憲法体制をモデルとするソ連＝東欧型社会主義憲法体制は、すでに見ておいたように、総力戦的な東西軍拡競争における経済・財政の破綻を直接の引金として崩壊した。その軍拡と経済・財政の破綻をもたらしたのは、これもすでに見ておいたように、「人民主権」を掲げつつも「人民による、人民のための政治・経済」を貫く構造を欠いた非民主的な政治・経済制度、民主主義に不可欠な表現の自由をはじめとする市民の基本権についての政治的恣意的制限の制度、戦争の違法化原則と効果的軍縮に対する消極的な憲法構造（とくに憲法の運用においてはそうであった）、立憲主義および「人民主権」原理と真正面から抵触するソ連邦共産党に対する「指導的地位」の承認等、ソ連＝東欧型社会主義憲法体制の原理・原則であった。それは、「ついに発見された政治形態」と評された一八七一年パリ・コミューンの憲法構想とは、原理を大きく異にするものであったと判断せざるをえない。その意味で、「崩壊したものは社会主義の憲法体制ではなかった」とする判断が提示されるのは、自然のことであった。人類の憲法史的歩みから見ても、現代憲法は、近代資本主義憲法体制の「陰」の克服――性差別の禁止、すべての国民にたいする「人間らしい生活」の保障、地方自治の保障を含めて「人民の、人民による、人民のための政治」の保障の強化、戦争の違法化原則の推進等――を基本的諸課題としていた。それにもかかわらず、その基本的諸課題を的確に処理する原理を欠き、自滅したソ連＝東欧型社会主義憲法体制については、右のような判断が提示されるのは、避けがたいことであった。歴史的な諸課題を処理できない憲法体制は、その名称のいかんにかかわらず、歴史的に積極的な存在であることはできない。

いずれにしても、社会主義憲法体制については、二〇世紀末にそのモデルを失うことになるが、それは誤った社会主義モデルからの解放を意味することでもあった。(1)

II 「資本主義憲法体制の崩壊の必然性論」の問題

一 マルクスの場合

1 はじめに

マルクス（Karl Heinrich Marx）は、その生前、フランスの過去と「現在」（当時）の階級闘争の動向を入念に検討し、その将来について科学的な予測をしようと努めていた。エンゲルス（Friedrich Engels）は、こう指摘していた。「フランスは、歴史上の階級闘争がつねにほかのどこの国よりも徹底的に、決着までたたかいぬかれた国であり、したがってまた、つぎつぎと交替する政治的諸形態――階級闘争がそのなかでおこなわれ、また階級闘争の結果がそれに総括されてゆく、その政治的諸形態――が最も明確な輪郭をとってきた国である。中世には封建制度の中心であり、ルネサンスこのかた統一的な身分制君主国の模範国であったフランスは、大革命で封建制度を粉砕し、ヨーロッパの他のどの国にも見られないほど典型的なかたちで、ブルジョアジーの純粋な支配を打ちたてた。そして、支配の地位についたブルジョアジーにたいする台頭しつつあるプロレタリアートの闘争も、ここでは、ほかでみられない鋭いかたちをとって現れている。マルクスが、フランスの過去の歴史をとくにこのんで研究したばかりでなく、その今日の歴史をも詳細にわたって追究し、将来のために材料を集めたのは、この理由によるものであ〔る〕……」(2)（傍点は引用者）。

マルクスは、とくに、(A)『フランスにおける階級闘争』（一八五〇年）、(B)『ルイ・ボナパルトのブリュメール一八日』（一八五二年）、および(C)『フランスにおける内乱』（一八七一年）の三論文において、唯物史観の視座から、＊二月革命以降のフランス政治における諸階級の対抗関係の展開を入念に検討し、ブルジョアジーの支配体制が崩壊していく過程を説得的に描き出している。以下においては、その三論文のそれぞれを(A)、(B)、(C)と記号表記する。

＊　唯物史観の視座からすると、憲法も、「上部構造」の一部として、究極的には生産関係の総体としての「土台」によってそのあり方を規定されることになるはずである。しかし、憲法が「土台」となる経済関係のあり方の法的規制をその主題としてきたことも事実である。マルクス自身が憲法と「土台」との関係を具体的にどのように解説していたかが問題となる。わかりやすい公式的な解説には出会っていないが、以下のような指摘が注目される。

一八七五年四月から五月はじめにかけて執筆された「ドイツ労働者党綱領（『ゴータ綱領草案』のこと）批判」においては、次のように述べていた。「自由は、国家を社会の上位にある機関から社会に完全に従属する機関に変える点にあり、今日にあってすら、さまざまな国家形態は、それが『国家の自由』を制限する程度におうじて、より自由ないしより不自由である(3)」。「『綱領』は、普通選挙権、〔人民による〕直接立法、人民の司法、民兵制などを政治的要求としている。それらはすでに、スイスやアメリカ合衆国で導入されている。しかし、忘れられていることが一つある。〔それらの諸国では〕それらのすべての美しい装飾品は、いわゆる人民主権の承認のもとにしたものであること、したがってただ民主共和制下ではじめて適切なものであることを忘れてはならなかった(4)」。「人は、ルイ・フィリップ〔Louis Philippe, 1773-1850〕時代やナポレオン時代のフランスの労働者の諸綱領がやったように民主共和制を要求する勇気がない……のだから、また民主共和制のもとでこそ意味のある事柄を、議会的諸形態でかざられ、封建的付加物をまじえ、それと同時にすでにブルジョアジーの影響下にあり、官僚ふうに組み立てられ、警察に守られた軍事的専制でしかない国家にたいして要求〈したり、なおそのうえ、こんな要求をこの国家に『合法的手段によって』強制できると思う、とその国家に向って断言したり〉するような、〈『正直』でもなければふさわしくもない〉術策にうったえてはならなかったのだ！」(5)（傍線部分は引用者による）。

マルクスの盟友エンゲルスにも、以下のような参考になる指摘が見られる。

その第一は、マルクスの著書『ルイ・ボナパルトのブリュメール一八日』の第三版（一八八五年）に寄せた「序文」における指摘である。すでに「1　はじめに」に引用しておいた文章の、とくに傍点を施した部分（「政治的諸形態——階級闘争がそのなかでおこなわれ、また階級闘争の結果がそれに総括されてゆく、その政治的諸形態」）である。

その第二は、「エンゲルスからメーリングへ」の手紙（一八九三年）である。「われわれはみな、はじめのうち、政治的、法的その他のイデオロギー的観念や、またこれらの観念によって媒介される行為を基礎的な経済的事実からみちびきだすことに重点をおいていましたし、またおかなければなりませんでした。その場合に、われわれは、内容の面に気をとられて、形式の面——それらの観念等々が生れてくる仕方——を軽視しました」(6)。

その第三は、「エンゲルスからヨーゼフ・ブロッホ（在ケーニヒスベルク）へ」の手紙（一八九〇年）における指摘である。国家意思の発現としての手続と形式をもった法律が一般的な拘束力をもつとなると、その法律が存在する限り、上部構造としての法律〔とくに硬性憲法〕の相対的独立性を認めざるをえなくなる。「唯物史観によれば、歴史において最終的に決定的要因は、現実生活の生産と再生産です。それ以上のことをマルクスも私も、いままでに主張したことはありません。……もしだれかがそれを歪曲して経済的要因が唯一の決定的なものであるとするならば、さきの命題を中味のない、抽象的なばかげた空文句にかえることになります。経済状態は土台です。しかし上部構造のさまざまな諸要因——階級闘争の政治的諸形態と、闘争の諸結果——たたかいをかちとったのちに勝利した階級により確定される等々の諸憲法（Verfassungen）――法形態、……政治的、法律的、哲学的諸理論〔等〕……が歴史的な諸闘争の経過に作用をおよぼし、多くの場合にその形態を圧倒的に決定するのです。それらはこれらすべての要因の相互作用であり、そのすべての数かぎりない偶然事……を通じて、必然的なものとして結局は経済的運動が貫徹するのです」[7]。

これらの指摘は、いずれも、男性普通選挙制度や団結権・争議権などの保障が憲法や法律に登場し始める近代末期における指摘である。社会と政治の根本的なあり方を「国の最高法規」としての憲法に定め、その憲法に従って統治権を行使する立憲主義が国民の憲法意識に定着し、かつ普通選挙制度や社会国家理念が憲法に導入されるようになると、憲法の相対的独立性や「土台」に対する規律性が強化されるようになることは、おそらく不可避的なことであった[8]。国家（政府）は、その社会の支配階級が他の諸階級を支配抑圧する機構のみであり続けることが困難となる。

2　『ルイ・ボナパルトのブリュメール一八日』における検討

(A)と(B)は、ほぼ同時期を扱っているが、(A)は一八四八年二月二四日から男性普通選挙制度が事実上男性制限選挙制度に転換させられた一八五〇年五月三一日までに検討の時期を限り、フランスにおける新しい労資の階級闘争の展開の上で大きな意義をもつ一八五一年一二月二日のルイ・ボナパルト（Charles Louis-Napoléon Bonaparte, 1808-73）のクーデタには及んでいない。ここでは、そのクーデタにも立ち入っている(B)によって、マルクスの検討の要点を紹介することにしたい。

(1)　検討の要点の紹介

(i)　第二共和制の第一期（七月王制が崩壊した一八四八年二月二四日から憲法制定国民議会が開会する同年五月四日

まで)。一八四八年の二月革命で、労働者階級がはじめての独自の要求を掲げて登場した。そのスローガンは、「社会的共和制」であった。二月革命は、その労働者階級の協力によって遂行された。二月革命によって樹立され、ルイ・ボナパルトのクーデタによって押しつぶされた第二共和制は、三期に区分される。

第一期(七月王制が崩壊した四八年二月二四日から憲法制定国民議会が開会する同年五月四日まで)では、共和国臨時政府は、労働者階級や小ブルジョアジーにも配慮して、以下のような決定をしていた。労働権と生存権の保障、労働者対策委員会(L・ブランを委員長とするリュクサンブール委員会)の設置、失業対策としての国営作業所の設置、一〇時間労働制(地方は一二時間)や男性普通選挙制度の導入、言論・出版・集会・結社の自由の保障、国民衛兵(民兵組組)への労働者・小ブルジョアの参加などである。

(ii) その第二期(共和制の樹立と憲法制定国民議会の時期にあたる四八年五月四日から四九年五月末までの時期)。この時期には、もろもろの口実をもって、決定されたばかりの権利・自由の制限や国営作業所(六月中旬で一一万人の失業者が働いていた)の廃止などの逆行が強行される。六月二三日には、「自由に生きるか死か」を掲げるパリの労働者の抗議行動(「六月事件」)がおこる。労働者階級を除くすべての階級が「ブルジョア共和制」で結集し、労働者の抗議行動は戒厳令に基づいて出動した軍によって鎮圧された。「パリのプロレタリアートの側には、彼ら自身のほかにはだれもいなかった。勝利のあとで、三〇〇〇人以上の蜂起者が虐殺され一万五〇〇〇人が判決もなしに流刑に処せられた[9]」。「〔六月事件は、ブルジョア共和制のための地ならしをしたが〕この敗北は、同時に、ヨーロッパでいま問題になっているものが『共和制か君主制か』という問題とは別の問題であることを、明らかにした。ヨーロッパでは、ブルジョア共和制は一つの階級の他の諸階級にたいする無制限の専制を意味していることを、この敗北は明るみにだした[10]」(傍線は引用者)。

一八四八年一一月四日、新憲法が公布された。身体・出版・言論・集会・教育・宗教の自由なども「無条件の権利」と宣言されているが、「他人の同様な権利および公共の安全」による制限、つまり個人的自由相互間やそれと公共の安全との間の調整をはかる「法律による制限」が留保されていた。憲法のどの条文もそれ自身のうちに反対命題を含んでおり、本文では自由を保障し、但し書では自由の廃止を定めていた(11)。

一八四八年一一月二〇日ルイ・ナポレオンが大統領選で圧勝し、一九四九年五月一三日秩序党〔正統王朝派＝大地主とオルレアン王朝派＝大資本家の結合体〕が立法国民議会議員の総選挙で圧勝した。この段階では、資本主義の展開により、大土地所有者は完全にブルジョア化していた。

「一八四八年一二月二〇日から、一八四九年五月に憲法制定議会が解散されるまでの時期は、ブルジョア共和派の没落の歴史にあたる。彼らは、ブルジョアジーのために共和制を創設し、革命的プロレタリアートを戦場から追っぱらい、民主主義的小ブルジョアジーをしばらく黙らせたが、今度は自分がブルジョアジーの大衆によって押しのけられる。……このブルジョア大衆は王党派であった。彼らの一部をなす大地主は、王制復古時代〔一八一四年から一八三〇年まで〕に支配し、したがって正統王朝派であった。残りの部分である金融貴族と大工業家は、七月王政〔一八三〇年から一八四八年まで〕のもとで支配し、したがってオルレアン〔王朝〕派であった。……いまや彼らは、ブルボンの名も、オルレアンの名もつかずに、資本という名のついたこのブルジョア共和制に、彼らが共同で支配できる国家形態を見いだしたのであった。すでに六月蜂起が両派を合同させて『秩序党』をつくらせていた。いまさしあたって必要なことは……ブルジョア共和派〔純粋共和派〕の一党をかたづけることであった。……〔ブルジョア共和派は、執行権力と王党派から自分たちの共和主義と立法権を守る段階になると、闘う気力もなく退却してしまった。彼らの歴史は永久に終了した(12)〕」。

(iii) その第三期（一八四八年憲法下で国民議会が活動を開始する四九年五月二九日からボナパルトがクーデタをおこす五一年一二月二日までの時期）。この時期には、以下のような動きが見られる。

①ブルジョアジーの二大集団が秩序党に結集し、ブルジョア的秩序の代表者として統治する。「議会制共和制」の形態の下においてのみ、ブルジョアジーの二大部分を統一することができ、ブルジョア階級全体による支配が可能となることが理解されたのである。しかし、「共和制は……彼らの政治的支配を完成するが、同時にこの政治的支配の社会的基礎を掘りくずすということを、本能が彼らに教えた……。……いまや彼らは媒介するものもなく、王権という衝立もなく、おたがいどうしや王権との間の第二義的な闘争で国民の関心をそらすこともできずに、被抑圧階級と対立して、これと格闘しなければならないからである[13]」。彼らは、一方では、このように自分たちの純粋な階級支配の政治体制である共和制にしりごみして、立憲君主制をかくれみのにしようとする。しかし、他方では、帝位を僣望するボナパルトと衝突するたびに共和制の意義を再確認し、ときには国民議会においてこそ国民意思が統合されるともいう。

②一八四九年六月、秩序党は、小ブルジョアジーと労働者の連合体である社会民主党（新しい山岳党）をも弾圧する。「社会民主党の独特の性格は……資本と賃労働という両極端をともに廃止する手段としてではなく、それらの対立をやわらげて協調させる手段として、民主主義的＝共和制的諸制度を要求する、ということである。……その内容とは、社会を民主主義的な方法で改造すること、ただし小ブルジョアジーの限界内で改造することである。ただ、小ブルジョアジーが主義として利己的な階級的利益を押しとおそうとしているのだというふうに狭く考えてはならない。むしろ小ブルジョアジーは、彼らの解放の特殊な条件が、近代社会を救い、階級闘争を回避することのできるただ一つの一般的な条件だと信じているのだ[14]」。この観点から社会民主党は、共和制や人

権の保障をめぐってたえず秩序党と闘った。一八四九年六月には、憲法に反し、議会の同意もえずにフランス軍がローマを砲撃したことを理由として、社会民主党は、ボナパルトとその大臣たちに対する弾劾の動議を提出し、国民議会がこれを否決すると、彼らを「憲法の保護の外におく」と宣言して、社会民主党系の国民衛兵が抗議の街頭行進もしたが、シャンガルニエ将軍の指揮する軍隊に鎮圧された。六月一三日事件である。社会民主党議員の一部は外国にのがれ、他の部分はブルジュの高等法院に送られ、残りは議会規則によって国民議会議長の監督の下におかれた。「パリにはまたもや戒厳がしかれ、パリの国民軍〔国民衛兵〕の民主主義的部分は解散された。こうして、議会内での山岳党の勢力とパリにおける小ブルジョアの力は打ち砕かれた[15]」。秩序党の独裁が完成する。

③完成したばかりの秩序党の議会独裁体制に、ボナパルト大統領が対抗を開始する。一八四九年一一月一日、ボナパルトは、憲法上大臣の任免権が大統領にあることを強調して、秩序党のバロー内閣を罷免し、秩序党とほとんど無関係の内閣を組織した。議院内閣制を否定して、議会から独立したアメリカ型大統領制への転換を強行したのである。秩序党は、たんに内閣を失っただけでなく、秩序党独裁のために不可欠な五〇万人以上もの官僚についての支配権をも喪失した。共和国大統領は、かざりものの大統領ではなく、多数の官僚を支配下におく執行権の主体となった。

④秩序党の支配下で農民たちも窮乏化していった。穀物価格の低下、租税負担の増大、抵当債務の増大のためである。農民たちを含めて社会的動揺が各地で強まっていった。秩序党の対応は、弾圧の強化である。「ブルジョアジーは、彼らが封建制度とたたかうために鍛えた武器がみな彼ら自身に鉾先を向けかえたこと、彼らがつくりだした教育手段がみな、彼ら自身の文明に反逆したこと、彼らが創造した神々がみな彼らからそむきさったこ

とを、正しく見てとっていた。彼らは、いわゆるブルジョア的自由、進歩の機関のすべてが、彼らの階級支配の社会的基礎と政治的頂点とを同時に攻撃し威嚇していたこと、つまり『社会主義』となったことを、理解していた[16]」。

大統領の方は、その内閣を通じて秩序党の精神で法律案を提出したり、法律の執行をしたりしつつも、他方で国民議会との対立を印象づけたりしようとした。しかし、一つの事件がおこって、大統領は再度秩序党の力に頼ることにした。「一八五〇年三月一〇日の補欠選挙である。この選挙は、六月一三日事件のあとで投獄されたり亡命したりして空席になった代議士の議席を埋めるためにおこなわれた。パリは社会―民主党の候補者ばかりを選出した。それどころか、大部分の投票は、一八四八年六月の蜂起者であるド・フロットに集った。……ある一つの事情が、この選挙の勝利がはらむ危険をいっそう強めているように見えた。それは、軍隊が、パリではボナパルトの大臣ラ・イットに反対して六月蜂起者に投票し、地方では大部分山岳党員に投票したことであった[17]」。「ボナパルトは、突然にまたもや革命に面と向きあったことに、気がついた[18]」。

⑤一八五〇年五月三一日、秩序党は、同一市町村に三年間居住していることを選挙人となるための要件とする選挙法を制定した。居住要件の証明は、雇い主がするものとされていた。男性普通選挙制度の事実上の廃止である。労働者階級は、事実上二月革命前の政治的無権利者の地位に戻された。この法律は、ブルジョアジーのクーデタであり、階級闘争の必然的結果であった（六月一〇日の補欠選挙の結果を参照）。この法律は、別の意味ももっていた。「憲法では、共和国大統領の当選が有効であるためには、最低二〇〇万票を必要としていた。もし大統領候補者のうちだれもこの最低得票数を得たものがなければ、上位の票を得た候補者三人のうちから、国民議会が大統領を選ぶことになっていた。憲法制定議会がこの法律をつくったときには、一〇〇〇万人の選挙人が有

権者名簿に登録されていた。だから、憲法制定議会のつもりでは、大統領の当選を有効とするには選挙有権者の五分の一で足りたのである。五月三一日の法律は、すくなくとも三〇〇万人を選挙人名簿からけずって、選挙有権者の人数を七〇〇万人に減らしたが、それにもかかわらず、大統領選挙のための二〇〇万票という法定最低得票数は、そのまますえおいた。したがって、この法律は、法定最低得票数を選挙人の五分の一からほとんど三分の一に引きあげたことになる。つまり、それは、大統領選挙を人民の手から国民議会の手にこっそり移すために、あらゆることをしたのである。こうして、秩序党は、五月三一日の選挙法で、国民議会の選挙と共和国大統領の選挙とを社会の保守的部分にまかせたことによって、二重にその支配を固めたように見えた(19)」。

⑥五月三一日の普通選挙制度の廃止後に、国民議会と大統領との間で闘争が再開された。大統領は、議会に対する控え目な態度を変更して、挑戦的な態度を明確にした。秩序党の二分派はそれぞれの支持王朝〔ルイ王朝とオルレアン王朝〕の復活陰謀に没頭していたが、大統領はナポレオンの仮面をつけて、ナポレオン帝制の復活を公然化した。そのために、地方巡行で秩序〔憲法〕・宗教・家族・財産の保護を訴えるとともに、憲法上軍の統帥権や大臣・軍司令官の任免権が大統領にあることを強調して、シャンガルニエ将軍〔秩序党の大統領候補でパリの軍司令官〕を罷免した。秩序党は、軍についての支配権も失った。「シャンガルニエが解任され、軍事権力がボナパルトの手にはいったことで、われわれがいま考察している時期、秩序党と執行権力との闘争の時期の第一段階は終る。二つの権力のあいだの戦いは、いまや公然と宣言されており、公然とおこなわれるが、このときすでに秩序党は、武器も兵隊もなくしてしまったあとである。国民議会は、内閣なく、軍隊なく、人民なく、世論の支持なく、五月三一日の選挙法以後はもはや主権ある国民の代表者ではなく、目もなく、耳もなく、歯もなく……なっていた。つまり、行動することは政府にまかせて、自分はあとからぶつぶつ抗議するだけにあまんじな

ければならないのである」[20]。

商工業が失速し、失業者が増大するなかでのことである。

秩序党は、軍事権力と執行権についての支配権を取り戻そうとして、山岳党・純粋共和派と同盟を結ぶ状況にまで追いこまれていた。

⑦「議会制共和制は、フランス・ブルジョアジーの二つの分派、正統王朝派とオルレアン王朝派、大土地所有と産業が平等の権利をもって同居できる中立地帯にとどまらなかった。それは、彼らの共同支配のための欠くことのできない条件であり、またブルジョアジーの個々の分派の要求をも他のあらゆる社会階級をもブルジョアジーの一般的な階級的利害に従属させる、唯一の国家形態であった」[21]。ブルジョアジーは、その理解を共有することができなかった。議会政党は内部で二大派閥に解体し、そのおのおのが内部でさらに解体し、さらに議会内の秩序党は、議会外の秩序党とも分裂した。議会外のブルジョアジーの大衆は、強力な政府の保護の下で営業に専念できることを求めていた。「きりのない恐怖より、恐怖でけりをつけるほうがましだ」というのである。「産業ブルジョアジーは、一二月二日の〔ボナパルトの〕クーデタに、議会の破壊に、彼ら自身の支配の没落に、ボナパルト独裁に、卑屈なブラヴォーを叫んで、喝采をおくる」[22]。

(iv) 第二共和制下における諸階級の動向の総括。最後の章（第七章）で、一八四八年の二月革命によって始まり、一八五一年一二月二日のクーデタで幕をおろしたフランス第二共和制下における諸階級の動向を以下のように総括する。

①パリのプロレタリアートを担い手として掲げられた「社会的共和制」は、一八四八年の「六月事件」のなかで圧殺されるが、同事件以後においては、幽霊となってさまよう。「民主的共和制」も、小ブルジョアジーを担

い手として掲げられるが、一八四九年六月一三日に、小ブルジョアジーとともに排除される。「議会制共和制」は、ブルジョアジーとともに一旦は政治を全面的に支配するに至るが、ボナパルトのクーデタにより、五一年一二月二日、連合王党の悲鳴のうちに倒され、ボナパルトの独裁体制がとってかわった（一二月二日：主要議員の逮捕拘禁・国民議会の解散・男性普通選挙制度の復活・戒厳の布告、一二月四日：軍によるすべての抵抗運動の鎮圧、一二月二一―二二日：国民投票で任期一〇年の独裁的大統領制と新憲法制定権授権の承認、一九五二年一一月二一日：国民投票でボナパルトを皇帝とする）。「いまサーベルが彼ら〔ブルジョアジー〕を支配する。彼らは革命的な新聞をつぶした。いま彼ら自身の新聞がつぶされる。彼らは人民集会を警察の監視のもとにおいた。いま彼らのサロンが警察の監視のもとにおかれる。彼らは民主的な国民軍〔労働者や小ブルジョアジーを含む市民からなる国民衛兵〕を解散した。いま彼ら自身の〔ブルジョア市民からなる〕国民軍が解散される。彼らは戒厳をしいた。いま彼らにたいして戒厳がしかれる。……彼らは判決ぬきで流刑にした。いま彼らが判決ぬきで流刑にされる。彼らは社会のいっさいの動きを国家権力で抑えつけた。いま彼らの社会のいっさいの動きが国家権力によって押しつぶされる……。」(23)

②パリのプロレタリアートは、一二月二日になぜ立ちあがらなかったのか。「ブルジョアジーの転覆はまだやっと布告されたばかりで、その布告はまだ執行されていなかった。もしプロレタリアートが本気で蜂起したら、きっと、ブルジョアジーはすぐによみがえって、軍隊と仲直りし、労働者はまちがいなく第二の六月敗北をこうむったであろう(24)」。それに、プロレタリアートたちは、一二月一日から二日にかけてのクーデタによって、そのリーダーたちを失っていた。リーダー不在の組織は、闘えない。

③「しかし、革命は徹底的である。それはまだ煉獄を通る旅の途中にある。革命は手順を追ってその仕事をな

しとげる。一八五一年一二月二日までに、革命はその準備の半分を完了した。いまそれは、あとの半分を完了しつつある。革命は、はじめに議会権力を完成して、それを転覆できるようにした。この仕事をやりとげたいまでは、革命は、執行権力を完成し、それを最も純粋な表現につきつめ、それを孤立させ、それを唯一の標的として自分に対立させ、こうして自分の破壊力をことごとく執行権力にたいして集中できるようにする。そして、革命がその準備作業のこのあとの半分をなしとげたとき、ヨーロッパは席からとびあがって歓乎するであろう[25]」。

④五〇万の官僚と五〇万の軍隊をもち、複雑多岐の精巧な国家機構をもつ執行権力、網の目のようにフランス社会にからみつきすべての毛穴をふさぐ寄生体は、ブルジョアジーの階級支配の手段として、絶対王制以降準備されてきた。それは、ボナパルトのもとでのそのブルジョアジーから完全に自立したように見えた。しかし、「国家権力は宙に浮いているものではない。ボナパルトは、一つの階級、しかもフランス社会で最も人数の多い階級、分割地農民を代表する[26]」。ブルボン家が大土地所有の王朝であり、オルレアン家が貨幣の王朝であるように、ボナパルト家は農民の王朝である。フランス革命のなかで半隷農的な農民は自由な土地所有者となり、それを近代的な財産制度の保護の下においたのはナポレオン一世であった。しかし、いまフランス農民を没落させつつあるのはナポレオン一世が確立したその財産制度そのものである。ナポレオン的財産制度は、二世代で農民を奴隷化する法制に転化した。封建領主に代って都市の高利貸が、封建地代に代って抵当権が、貴族の土地所有に代ってブルジョア資本が現れてきた。「いまでは、農民の分割地は、資本家が耕地から利潤、利子、地代を引き出しながら、農耕者の労賃をどうやってひねりだすかは、農耕者自身のくふうにまかせることのできる口実にすぎない。フランスの土地にのしかかっている抵当債務は、イギリスの国債全部の年利子の総額に等しい利子をフランスの農民に負担させている[27]」。ナポレオン民法典は、いまでは差押と公売と強制競売の法典にすぎない。農

民は、たえず農村から都市へ逃げ出していく。いまでは、農民の利益は、ブルジョアジーの利益と調和せず、それと対立している。農民は都市のプロレタリアートを自分の同盟者・指導者と見始めている。しかし、「強力で無制限な政府」は、その財産制度を力ずくで守ることを使命としている。

その分割地農民にぼう大な租税負担が加えられている。

⑤分割地農民の破滅の進行とともに、その支持の上になりたっている「ナポレオン信仰」も「国家機構」も崩壊する。「ナポレオンの帝政復古に絶望するとき、フランス農民は自分の分割地にたいする信仰を捨てる。この分割地のうえに建てられる国家構築物全体が崩壊し、プロレタリア革命は合唱隊を受けとる。この合唱隊のいないプロレタリア革命の独唱は、すべての農民国ではとむらいの歌となるであろう」(28)。

(2) その検討の意義

やや長くなってしまったが、以上が『ルイ・ボナパルトのブリュメール一八日』における、マルクスの検討の要点である。そこでは、フランス第二共和制下における労資の階級闘争を中心として、諸階級の階級闘争が、入念にかつ鮮明に分析検討されている。おそらく第二共和制における諸階級間の闘争の分析検討としては、もっとも的確で注目に値するものといえるであろう。諸階級間の闘争を根底において規定するものは、その社会経済的利害関係であり、その維持確保または否定変革に不可欠な統治権のあり方の問題である。

しかし、近代以降においては、その階級闘争が、原則として憲法制度のなかでおこなわれていることに注目しなければならない。社会と政治の根本的なあり方を定める国の最高法規としての憲法(それも一応国民主権の憲法)が存在し、その意味で一応国民共通の社会と政治のルールが存在しているからである(憲法違反の社会・政治のあり方は反国民的で不正なものとみなされることになる)。たしかに、近代以降においても、憲法の原理・原則を転換させる革命がおこなわれている。しかし、それは、例外的であり、しかもその多くの場合、権力担当者・支配階級が反憲法的な「クーデタ」ともいうべき統治権の濫用をおこない、みずから憲法的正当性を放棄している状況下においてのことである。

マルクスが検討の対象とした一九世紀中頃のフランスにおいては、近代資本主義憲法の内実の貧しさとその憲法を運用する政治の貧しさとが、とく際立っていた。

①近代資本主義憲法・その下における近代資本主義の体制の貧しさについては、その「陰」としてすでに見ておいた通りである。たとえば、憲法上、原則として野放しの契約の自由が認められており、健全な労働力の再生産どころか、生命の維持さえも脅されるような低賃金長時間労働がおこなわれていた。その契約の自由の確保のために団結や争議は禁止または制限されていた。また、選挙権も、女性には認められず、男性についても制限選挙が常態であった。労働者・民衆層は、憲法上「人間疎外」の状況におかれていた。

②たしかに、一八四八年憲法は、第二四条・第二五条で男性直接普通選挙制度を導入していたが、一八五〇年五月三一日法律は、同一市町村における三年間の居住を要件とすることによって、男性直接普通選挙制度を事実上廃止していた。法律による憲法上の制度の廃止または変質である。マルクスは、これを「クーデタ」と評していた。また、一八四八年の「六月事件」、一八四九年の「六月一三日事件」、一八五一年一二月二日のクーデタからもうかがわれるように、労働者や小ブルジョアジーの憲法を根拠とする強い要求や抗議行動に対しては、軍による戒厳・鎮圧を常用し、何千・何万の犠牲者を出していたことである。重大な問題についての労働者・民衆層の要求や抗議行動は、「旧体制」の場合と同様に人権の行使の問題としてではなく、生命を賭けてなすべき直訴のような扱いを受けていた。憲法で保障されている表現や集会の自由などの保障は、憲法政治においては軽視さ

れがちであった。

このようなフランスの第二共和制下の憲法および憲法運用の状況からすれば、労働者階級や民衆層が、資本主義憲法体制下で「人間らしい生活」を営むことは不可能なこと、労働者階級や民衆層に「人間らしい生活」を保障する社会主義憲法体制に至る労資間の階級闘争は不可避的なこと、とする判断は、当時においては自然のことでさえあった。『ルイ・ボナパルトのブリュメール一八日』においてマルクスがふれていない「革命」の「後半」の段階（一八七一年のパリ・コミューンにいたる「第二帝制」の段階）においても、憲法と憲法を運用する政治は、その判断を裏づけるかのように展開していた。*

＊　フランスでは、一八三〇年頃に始まる第一次産業革命が一八四八年頃にピークに達し、一八六〇年代には独占資本主義に入りこんでいる。そのなかで、生産力の発展・それに伴う生産の社会性の強化と生産手段の私的所有を核とする生産関係の私的性格との矛盾が強化され、多様な形をとって顕在化する。資本蓄積のための低賃金長時間労働・賃労働者を中心とする民衆層の人間疎外状況・非和解的な階級闘争・経済恐慌の周期化等である。独占資本主義の段階に入ると、これらの諸現象はさらに強化され、帝国主義的な海外進出や戦争さえも一般化する。近代資本主義憲法の体制は、その運用も含めて、これらを平和的に処理するまともな方策を用意していなかった。

3　『フランスにおける内乱』における一八七一年パリ・コミューンの検討

(1)　一八七一年パリ・コミューンの経緯

この部分は、『フランスにおける内乱』によるものではなく、それを理解するために必要な事態の推移の紹介である。

(i) 普仏戦争へ。資本主義体制下における労資間の本格的な階級闘争は、フランスの場合、一八四八年の二月革命、とくにその「六月事件」から始まる。すでに見ておいたように、その闘争は、一八五一年一二月二日には、ブルジョアジーを労働者階級から擁護し、同時に労働者階級をブルジョアジーから保護し、かつ分割地農民を守る等の三百代言的口実を弄するボナパルトの独裁体制を創出した。一八五二年一二月二日ナポレオン三世（皇帝）となったボナパルトは、ナポレオン一世が失った失地を回復すべく排外主義的愛国心に訴えて、一八七〇年七月一九日普仏戦争をおこした。ボナパルトは、九月二日スダン（セダン）で捕虜となり、降伏した。フランス軍の指揮官たちは、ボナパルトのために戦う意欲をもっていなかった。

一八七〇年九月四日、パリの民衆が蜂起し、臨時国防政府が組織された。国防政府は、フランス人民の要求をふまえて、帝制の廃止と共和制の復活を宣言した。九月一九日、パリはプロイセン軍に包囲された。パリにはプロイセン軍に対抗できるフランス軍はいなかった（ぼう大な数のフランス軍が戦いもせずにスダンやメス等で降伏し捕虜となっていた）[29]。パリでは、国防のため、武器をとりうるすべての市民（その大部分は労働者）からなる国民衛兵が組織された。大部分がブルジョアジーの代表である臨時国防政府と武装した労働者たち（国民衛兵）との対立がすぐに顕在化したが、プロイセン軍包囲下のパリ市内で内戦を起さないよう、市民たちは、国防政府を存続させた。

一八七一年一月一八日、ヴェルサイユ宮殿でプロイセン国王ヴィルヘルム一世（Wilhelm I., 1797-1888）がドイツ皇帝に即位し、ドイツ帝国が発足した。

(ii) 休戦協定と国民議会。一八七一年一月二八日、国防政府は、ドイツに降伏し、休戦協定を締結した。しかし、パリの国民衛兵は、市民の拠出によってつくられた大量の大砲を含む武器を政府（軍）に渡さなかった。一月二九日、戦争の継続かアルザス・ロレーヌの割譲などの条件つき講和の受諾かを決定するために、一八四九年三月一五日法に従って国民議会を選挙することになった。二月八日に総選挙がおこなわれ、二月一二日に国民議会がボルドーに招集された（三月一〇日ヴェルサイユへの移転を決定）。戦争の継続を叫ぶ共和派約二五〇人、条件つき平和を強調する正統王朝派とオルレアン王朝派はそれぞれ約一八〇人と約二一〇人であった。行政府の長にはティエールが選任された。

(iii)　政府のパリ放棄とパリ・コミューン。ティエールは、パリの労働者が武器をもっている限りブルジョアジーの支配が危険にさらされるとして、その武装解除を彼の第一の課題としていた。三月一八日、彼は、国民衛兵が所有するものとしてモンマルトルの丘やベルヴィル地区に保管されていた大量の大砲を政府軍の側に奪取しようとしたが（そのために、たとえばモンマルトルにはシュビエル将軍の二個旅団、約六〇〇〇人を派遣したが）、圧倒的多数の市民の抵抗を受けて、失敗した。[30]政府軍は、支離滅裂の状況に陥った。ティエールは、政府軍が市民と和解してしまうことを避けかつ軍の態勢をたてなおすべく、ヴェルサイユに政府軍を撤退させた。パリとフランス政府の間で宣戦が布告された。国民議会の多数派とティエール政府は、ドイツ軍によるパリの占領を期待していた。

パリの国民衛兵中央委員会は、すでに三月三日、「政府の所在地がパリ以外のところに移された場合には、パリは独立の共和国として組織されるべきである」と決議していた。三月一八日、同中央委員会は、革命政府として機能せざるをえない状況におかれた。三月一九日、同中央委員会は、パリ市民に向けて、「諸君は、われわれに、パリおよび諸君の権利の防衛を組織する任務を課していた。……いまや、われわれに与えられていた委任

(mandat) の期限は切れ、それを諸君に戻す。われわれは、人民のいぶきによって吹き飛ばされた者たちにとってかわるつもりはない……諸君のコミューンの選挙を準備し、時をおかずに実施されたい。……〔真の共和制を築いて欲しい〕それまで、われわれは、人民の名において市役所を維持する[31]」と宣言した。

三月二六日、コミューン(議会)の選挙がおこなわれ、同二八日正規のパリ・コミューンが成立した。以後五月二八日まで、パリ・コミューンは、市民とともに、改革の構想とその具体化およびヴェルサイユ政府・政府軍との戦いを続ける。「三月一八日以来、それまで外国の侵入に対する闘争によって背景に押しやられていたパリの運動の階級的性質が、鋭く且つはっきりとでてきた。コミューンには、殆どただ〔の〕労働者乃至は折紙つきの労働者代表のみがでていたのであるから、その決定もまた断乎たるプロレタリア的性格をもっていた。……〔しかし〕五月初頭以来というものは、ヴェルサイユ政府のますます増大してゆく軍隊に対する闘争が、〔コミューンの〕あらゆる力を吸いとってしまったのであった[32]」。

五月一〇日、ヴェルサイユのフランス政府がフランクフルトで講和条約に調印し、五月一八日国民議会がそれを批准する。五月二一日、政府軍がパリの城壁内に侵入し、「血の週間」が始まる。五月二七日、ペール・ラ・シェーズ墓地の戦いで、大量の市民が銃殺され、五月二八日パリ市内で戦闘が終了する。

(2) パリ・コミューンについてのマルクスの検討

一八七一年のパリ・コミューンは、三月一八日に事実上成立し、三月二八日民主的な手続を経た正規のものとなり、五月二八日ドイツ軍と同盟したヴェルサイユ政府軍によって押しつぶされた。その動向を注視していたマルクスは、コミューン崩壊の半月後(六月一三日)に、インタナショナル総務委員会の名で、『フランスにおける内乱』(The civil war in France) と題する英文の小冊子をロンドンで発行した。その第三章では、パリ・コミューンの由来、構造、特色、意義などを以下のように指摘していた。

(i)　権力を掌握すべきときの到来。①「三月一八日の明けがた、パリは『コミューン万歳!』〔"Vive la Commune!"〕という鳴りとどろく叫びで目をさました。……コミューンとはなにか?

中央委員会は、三月一八日の宣言のなかでこう言っていた。

『パリのプロレタリアは、支配階級の怠慢と裏切りとのなかにあって、公務の指揮を自分たちの手ににぎることによって時局を収拾すべき時がきたことを理解した。……彼らは、政府権力を掌握することによって自分自身の運命の主人となることが、彼らのさしせまった義務であり、絶対的権利であることを理解した(33)』。

②しかし、労働者階級は、できあいの国家機構をそのまま掌握して、自分自身の目的のために使うことはできない。「常備軍、警察、官僚、聖職者、裁判官という、いたるところにゆきわたった諸機関……をもつ〔階層的〕中央集権的国家権力は、絶対君主制の時代に始まるものであって、生まれかけていた中産階級にとって、封建制度とたたかうための強力な武器として役だった。……近代工業の進歩が資本と労働の階級敵対を発展させ、拡大し、強化するのと歩調をともにして、国家権力は、労働にたいする資本の全国的権力、社会的奴隷化のために組織された公的強力、階級専制の機関〔engine〕という性格をますますおびるようになった。すべての階級闘争の一前進〔一歩進んだ〕段階を画する革命のあとでは、国家権力の純然たる抑圧的性格がますますはっきり現れてくる。一八三〇年革命は、政府を地主の手から資本の手に移すことによって、それを、労働者のより遠い敵の手からより直接の敵の手に移した。二月革命の名において国家権力をにぎったブルジョア共和派は、その国家権力を六月の虐殺のために行使したが、これは、労働者階級にたいしては、『社会的』共和制とは労働者階級の社会的隷属を確実にする共和制を意味するのだ、ということを納得させ、またブルジョア・地主階級の大多数をなす

王党派にたいしては、統治の苦労とその報酬とをブルジョア『共和派』に安心してまかせてよい、ということを納得させることを目的としていた。しかし、六月にただ一度英雄的な功業を果たしたあとでは、ブルジョア共和派は、第一線からしりぞいて『秩序党』の後尾にひきさがらなければならなかった。――この『秩序党』は、いまや生産諸階級にたいする敵対を公然と表明するにいたった横領者階級の相争う諸分派、諸徒党全部の連合体であった。彼らの株式政府の適切な形態は、ルイ・ボナパルトを大統領とする議会制共和制であった。彼らの統治は、公然たる階級的テロリズムと『下賤な群衆』にたいする故意の侮辱との統治であった。……いまや彼ら〔議会制共和制に連合したブルジョアジーの諸分派〕は、プロレタリアートの決起の脅威に直面して、この国家権力を、労働にたいする資本の全国的な戦争の機関として、容赦なく、これ見よがしに行使したのである。しかし、生産者大衆にたいするそのたえまない十字戦役のなかで、彼らは、執行府にたえず増大する抑圧権力をあたえることを余儀なくされただけでなく、同時に、彼ら自身のとりでである議会――国民議会――から、この執行府にたいするあらゆる自衛手段を、つぎつぎと剝ぎとることを余儀なくされた。〔第二帝政の出現は〕その結果であった〕……

……この帝政は、資本と労働の闘争に直接まきこまれていないぼう大な生産者大衆、すなわち農民に立脚する、と称した。それは議会制度を打破し、それとともに有産階級にたいする政府のあからさまな屈従を打破することによって、労働者階級を救う、と称した。それは労働者階級にたいする有産階級の経済的優越を維持することによって、有産階級を救う、と称した。そして最後に、それは、万人のために国民的栄光のまぼろしを復活させることによって、すべての階級を団結させる、と称した。実際には、それは、ブルジョアジーが国民を統治する能力をすでに失っており、そして労働者階級がまだそれを獲得していない時期における、ただ一つの可能な政府形態であった〔この部分の傍線は引用者〕。それは、社会の救い主として、世界中で喝采された。……国家権力は、外見上は社会のうえに高くそびえていたが、同時に、それ自体、この社会の最大の汚辱であり、社会のあらゆる腐敗の温床であった〔普仏戦争は、この国家権力自体の腐敗とこの権力によって救われた社会の腐敗を白日のもとにさらした。〕……帝政主義（imperialism, 帝制）こそは、生れでようとする中産階級社会が自分自身を封建制度から解放する手段としてつくりあげはじめ、そして成熟しきったブルジョア社会がついに資本による労働の奴隷化の手段に転化した、あの国家権力の最もけがれた、同時に終局の形態である。

帝政の正反対物がコミューンであった。パリのプロレタリアートが二月革命を開始したさいの『社会的共和制』という叫びは、階級支配の君主制形態ばかりでなく、階級支配そのものを廃止する共和制への漠然たるあこがれを言いあらわしたものにほかならなかった。コミューンこそは、そういう共和制の現実的な形態であった(34)」。

ナポレオン三世の帝制にまで至る国家権力の歩みと政治的社会的意義を要約し、帝制が労働者階級を抑圧する国家権力の最後の形態であるとし、パリ・コミューンがそれにとって代る階級支配廃止の政治形態であることを指摘していた。論文(B)においては、労働者階級を中心とする生産者諸階級の手による最後の革命の前半を実証的に検討し、その後半の動向を予測していた。論文(C)（『フランスにおける内乱』）においては、一八七一年のパリ・コミューンが最後の革命をなしとげうる具体的な政治形態であることを明らかにしようとする。

(ii)　新しい政治形態の構造。コミューンは、従来の国家機構を解体し、新しいものを組織することから始めなければならない。

①「コミューンは、市の各区での普通選挙によって選出された市議会議員で構成されていた。彼らは、責任を負い、即座に解任することができた。コミューン議員の大多数は、当然に、労働者か、労働者階級の公認の代表

者かであった。コミューンは、議会ふうの機関ではなく、同時に執行し立法する行動的機関でなければならなかった。警察は、これまでのような中央政府の手先ではなくなり、その政治的属性をただちに剝ぎとられて、責任を負う、いつでも解任できるコミューンの吏員に変えられた。行政府の他のあらゆる部門の吏員も同様であった。コミューンの議員をはじめとして、公務は労働者なみの賃金で果たされなければならなかった。……公職は、中央政府の手先たち〔tools〕の私有財産ではなくなった。市政ばかりでなく、国家が行使していた発議権〔主導権〕はことごとく、コミューンの手中におかれた[35]」。

②コミューンは、政府の物質的強力の要素である常備軍と警察を解体したうえで、教会と国家を分離し、財産所有団体としての教会の基本財産を没収することによって、精神的抑圧力としての教会を解体した。司祭は、信者の施しによって生活するようにされた。「すべての教育施設は人民に無料で公開され、同時に、それへの教会や国家の干渉がいっさい排除された。こうして、教育が、だれでも受けられるものにされただけでなく、学問そのものが、階級的偏見と政府権力とによって負わされていた束縛から解放された[36]」。

常備軍と警察の解体、伝統的議会制・官僚制の解体と人民の自己統治の手段としてのコミューン議会と新しい公務員の制度、政教分離、教会の基本財産の没収による教会権力の解体、全教育施設の無料公開、教会と国家からの教育・学問の独立がうち出された。さらに、「他の公僕と同じように、治安判事や裁判官も、選挙され、責任を負い、解任されうるものとならなければならなかった[37]」。

(iii) 全国的組織の大まかな見取図。パリ・コミューンは、当然にフランスの他の大工業中心地の手本となるべきものであった。フランスの他の中心地にコミューン型の体制が樹立されれば、旧中央集権体制は、地方でも生産者の自治の体制に席をゆずることになるはずであった。

①「コミューンが仕上げる余裕をもたなかった全国的組織の大まかな見取図には、最も小さな田舎の部落にいたるまでコミューンがその政治形態とならなければならないこと、また農村地区では常備軍を服役機関のきわめて短い民兵〔国民衛兵〕とおきかえなければならないことが、はっきり述べられている。各地区のもろもろの農村コミューンは、〔その地区の〕中心都市に設けられる代議員会議によってその共同事務を処理することになっており、そしてこれらの地区会議がついでパリの全国代議員会に代表を送ることになっていた。代議員はすべて、いつでも解任することができ、またその選挙人の命令的委任〔mandat impératif〕（正式指令）に拘束されることになっていた。そのときにもなお中央政府には少数の、だが重要な機能が残るであろうが、それらの機能は、故意に誤り伝えられたように、廃止されるのではなく、コミューンの吏員たち、したがって厳格に責任を負う吏員たちの手で果たされるはずであった。国民の統一は破壊されるのではなく、反対にコミューン制度によって組織されるはずであった[38]」。

パリ・コミューンの構想する国家が、コミューンを基礎単位としかつコミューン→県代議員会→全国代議員会と下から積みあげられていく単一国家であったこと、全国代議員会（中央政府）になお少数の重要な機能が残ること、各段階の代議員がその選挙人の命令的委任に拘束されかついつでも解任しうるものであったことが、指摘されている。ここには一部、マルクスの創造が付加されている。すでに見ておいたパリ・コミューンの諸文書からも、またマルクス自身が「コミューンには、これを展開するだけの余裕がなかった」としているところからもわかるように、パリ・コミューンは、コミューンと中央政府の関係に若干の言及はしていても、積極的、具体的、体系的には論じていなかった。

②「コミューン制度は、社会に寄食してその自由な運動を妨げている国家寄生体のためにこれまですいとられ

ていた力のすべてを、社会の身体に返還したことであろう。この行為のただ一つによって、それはフランス再生の発端となったであろう[39]」。「コミューンは、二つの最大支出源――常備軍と官吏制度――を破壊することによって、ブルジョア諸革命のあの合言葉、安あがりの政府（cheap government）を実現した。コミューンが存在することそれ自体が、君主制が存在しないことを前提としていたが、この君主制は、すくなくともヨーロッパでは、階級支配のおきまりのお荷物、なくてはならないついたてとなっているのである。コミューンは共和制に、真に民主主義的な諸制度の基礎を与えた[40]」。

(iv) コミューン体制のほんとうの秘密。コミューン体制は、公権力も公金も社会（人民）に返還した。しかし、安あがりの政府も、真正の共和制も、その最終の目標ではない。「コミューンのほんとうの秘密はこうであった。それは、本質的に労働者階級の政府であり、横領者階級にたいする生産者階級の闘争の所産であり、労働の経済的解放をなしとげるための、ついに発見された政治形態であった[41]」。「生産者の政治的支配と生産者の社会的奴隷制の永久化とは、両立することはできない。だから、コミューンは、諸階級の、したがってまた階級支配の存在を支えている経済的土台を根こそぎ取りのぞくための梃杆《てこ》とならなければならなかった[42]」。

(v) コミューンはすべての被抑圧者の代表であった。コミューンは、展開する資本主義体制の下で犠牲にされつつあった中小企業や農民層の問題をも解決しうるものであった。具体的な事例をあげつつ、「コミューンは、こうして、フランス社会のすべての健全分子の真の代表者であり、したがって真に国民的な政府であったが、それと同時に、労働者の政府として、労働の解放の大胆な戦士として、断然国際的であった[43]」としていた。

(3) マルクスの新国家構想が残しているもの

以上のようにして、マルクスは、パリ・コミューンの国家構想を創造的に補いつつも、その国家構想の必然性を入念に論証するとともに、「労働の経済的解放をなしとげるための、ついに発見された政治形態」と高く評価していた。この評価は、その後のマルクス主義国家論に、原則として継承されているようである。しかし、以下の諸点は、なお指摘しておかなければならないと思う。

その第一は、狭義の革命期（革命闘争期）における政府形態が検討されていないことである。一八七一年のコミューン議会は、すでに見ておいたように、この問題をめぐって内部分裂し、崩壊に陥った。それは、その外部にだけ問題をもっていたのではなく、その内部に革命政府のあり方の問題をもっていた。この問題には、革命勢力の主体的条件の問題、革命をめぐる客観的条件の問題等が密接に関係しているから、超歴史的、超社会的、超政治的な一義的な回答がありうるわけではない。しかし、同時に、フランスにおいては、フランス革命以降、この点についてかなりの理論と実践と失敗経験があり、それらをふまえて、民衆解放を標榜する革命が一時的にどのような政府形態をとるべきか、革命状況との関係を留保しつつ、検討すべきであったことも確かであろう。パリ・コミューンも、この点で失敗（分裂）していたことからすれば、なおさらのことであろう。

フランス革命期には、①「人民」と切断された少数独裁、②「人民主権」の樹立を理念とする以上、つねに「人民」による意思決定を求める「人民」独裁、③状況との関係を留保しつつ、可能な限り「人民主権」の原理に基いて革命政府を組織し運用することを求めるもの、の三つが提起されていた。「人民の、人民による、人民のための政治」を求める「人民主権」の樹立を掲げつつ、①によって人民と切断された革命を遂行することは本来不可能、というほかはあるまい。それに革命政府といえども公権力組織である。「人民」の統制外におかれる公権力が、容易に堕落して革命の理念を失い、「人民」の敵対物に転化しがちなことは、歴史の明証するところである。「彼ら〔フランス革命期の代議士たち〕は、愛国者、過激派（enragés）であることから始まって、人民の利益に対する裏切り者となることによって終った」[44]。しかし、革命状況のいかんにかかわらず、つねに「人民」による意思決定を求める②にも問題があることは、明らかであろう。「人民主権」の原理は、民衆層の解放に資するからこそ重視されるのであって、とくに革命期にはその目的を失ってもつねに堅持されるべき原理であるわけではない。そうだとすれば、③が具体的な検討課題として、なお残るはずである。この問題については、すでに第三章IIの七で見ておいた。

第二に、マルクスの創造が付加されていると見られる「全国的組織の大まかな見取図」として示されている国家構想が、全面的にパリ・コミューンの原理に適合しているか、気になる。コミューン代議員会—県代議員会—全国代議員会の三層の政治機構と、コミューン、ついで県に力点をおく公的事務配分の原則を読みとろうとしていることには、異論はない。しかし、全国代議員会の代議員が県代議員会から、つまり「人民」の直接選挙ではなく、その間接選挙（正確には「複選制」）によって選出されるとしていることについては、パリ・コミューンの原理である「人民主権」との関係で疑問が残る（県代議員の選出方法については明言していない）。民意を歪曲して表現しがちな間接選挙・複選制が民意による政治を求める「人民主権」に適合的とは考えにくい。「人民主権」の原理を求めるパリ・コミューンは、県政府・中央政府についても、コミューン議会（コミューン政府）の場合と同じく、「人民」の直接普通選挙と命令的委任による選任・授権・統制を求めていたと解すべきではないかと思う。たしかに思想・信条や基本的利害の一致を前提とする政党などにおいては間接選挙による代議員の選任もとられがちであるが、それらの多様性を前提とする国政等の場においては、「人民主権」の下では多様な民意が正確に表明される代議員選任の方法をとるべきであろう。

(4) 小括

フランスにおいては、労資間の非和解的な階級闘争は、とくに「二月革命」の「六月事件」以降に「労働の経済的解放」・生産諸階級の解放を求める「革命」に向けて本格的に展開する。マルクスは、『ルイ・ボナパルトのブリュメール一八日』において、一八五一年一二月二日のクーデタに至るその「革命」の前半の歩みを説得的に指摘していた。マルクスは、『フランスにおける内乱』で、その革命が「労働の経済的解放なしとげる政治形態(パリ・コミューン)」、その他の生産者諸階級をも解放しうる「真の国民的な政府」の樹立に至らざるをえないことを入念に論じていた。

人権の保障も民主主義への歩みも放棄して、クーデタにより帝制を樹立したルイ・ボナパルトは排外主義的民族主義(chauvinisme)に訴える普仏戦争に走り、自滅した。ルイ・ボナパルトのための戦争には、軍の指導者たちも消極的であった。帝制に代って登場した共和政府は、二月二六日ヴェルサイユで仮講和条約を締結して、アルザス・ロレーヌの割譲と五〇億フランの賠償金の支払いを約束した。政府と政府軍は、三月一八日、パリを放棄してヴェルサイユへ逃亡し、パリ・コミューンが登場することになった。仏独の政府と軍隊は、そのコミューンの弾圧のために協調した。「近代随一の恐るべき戦争のあとで、征服軍と被征服軍とがプロレタリアートを共同で虐殺するために提携するという、この類例のない出来事は、ビスマルクが考えているように、勃興する新社会を最後的に弾圧したことを示すものではなく、ブルジョア社会が粉みじんにくずれおちたことを示すものである。旧社会がいまなおなしうる英雄的努力の極致は、民族戦争である。ところが、これさえ、階級闘争を延期させることを目的とする政府のごまかしにすぎず、その階級闘争が内乱として爆発するやいなやたちまち放棄されてしまうということが、いまや証明された。階級支配は、もはや民族的制服で変装することはできない。もろもろの民族政府は、プロレタリアートを相手としては一、、、致結束する！」[45]。

もはや資本主義体制は、労資間の階級闘争を中心とするその基本的諸問題をその体制内で解決する能力をもっていない。労働の経済的解放をなしとげ、かつ生産活動をする全国民を代表することができる新しい政治体制にかわるほかはない、とする。シェイエスが、フランス革命の前夜（一七八九年一月）、『第三身分となにか』で、特権身分が国民の存続と繁栄に不可欠な労働と公務をほとんどなにもしていない寄生的階級であり、新たに主権者となる国民のうちに入りうる実質的な資格をもっていない旨を指摘していことを想起させる。全労働のすべて、全公務の二〇分の一九までは、第三身分が担っている。「本当に骨のおれる公務、特権身分が嫌だといってしない公務のすべてを第三身分が担い……公務のうち金と名誉を伴う地位のみが特権身分の者によって占められている」[46]。「国民の全構成部分のうちのどこにも貴族階級のための場所を見出すことはできない。……あらゆる国家のうちでもっとも秩序のない国家は、個人だけでなく、市民のうちのある階級全体が……働かないでいることを誇りとし、生産になんら協力しないにもかかわらず生産物の最良の部分を消費することができるような国であろう。そのような階級は、その怠惰の故に国民にとってまちがいなく外国人である」[47]。『フランスにおける内乱』は、第二のアンシアン・レジームを終らせようとする新しい『第三身分とはなにか』でもあった、ようである。

近代資本主義憲法下における近代資本主義体制の崩壊の必然性と労働の経済的解放等をなしとげる新しい政治体制の必然性とを析出するものとして、この文献は労働者階級をはじめとする生産者諸階級に大きな影響を与えるはずのものであった。また、歴史的にもそのような役割を果してきた。しかし、この文献は、同時に、非和解的な階級闘争をもたらす、近代資本主義憲法体制の致命的ともいうべき負の効果を誰にもわかるように摘示することによって、資本主義体制の側に従来とは異なった新しい対応の必要性を考えさせずにはおかないはずのものでもあった。あとで見るように社会科学の一部は、そのための理論活動を本格化し、第一次世界大戦後に、現代資本主義憲法・現代資本主義体制をもたらすことになる。この点については、あとでふれる（第七章を参照）。

二　レーニンの場合

レーニン（Vladimir Il'ich Lenin）は、一九一七年と一九一八年に刊行した『帝国主義論』と『国家と革命』において、先行するマルクス、エンゲルスの検討をふまえ、さらに帝国主義段階に到達した二〇世紀初頭の近代資本主義体制についての認識をふまえて、資本主義体制下では、それに内在する基本的諸矛盾として惹起している近代資本主義憲法体制の「陰」を処理できないこと、一八七一年のパリ・コミューンが提起した、すべての生産者諸階級を代表しかつ「労働の経済的解放」をなしとげることができる新体制に移行するほかはないこと、を指摘した。刊行順は逆となるが、検討内容においてマルクス、エンゲルスの検討に大きく接合する『国家と革命』の方からその要点を見ることにしたい。

1　『国家と革命』における検討

(1)　階級対立の非和解性と階級支配の手段としての国家

「階級社会と国家」と題するその第一章では、階級対立が非和解的であることおよび国家が一つの階級による他の諸階級の支配・抑圧の手段であることを指摘する。「マルクスによれば、国家は階級支配の機関であり、一階級が他の階級を抑圧する機関であり、階級の衝突を緩和させながら、この抑圧を法律化し強固なものにする

『秩序』を創出することである」[48]。「もし国家が階級対立の非和解性の産物であるなら、また国家が社会のうえに立ち、『社会にたいして**ますます外的なものになっていく**』権力であるなら、あきらかに、被抑圧階級の解放は、暴力革命なしには不可能なばかりでなく、**さらに**、支配階級によってつくりだされ、この『疎外』を体現している国家権力機関を**破壊することなしに**は不可能である……」[49]。

民主共和制は、資本主義体制がとりうる最善の政治的外被であるが、その担い手や制度がどのように交替しても、この抑圧手段としての国家の本質はけっして動揺しない。

プロレタリアートによる国家権力の掌握とそれによる国家の「死滅」をも論じている。エンゲルスにならって、「プロレタリアートは国家権力を掌握し、生産手段をまずはじめには国有財産に転化させる。だが、そうすることで、プロレタリアートは、プロレタリアートとしての自分自身を廃絶し、そうすることであらゆる階級差別と階級対立を廃絶し、そうすることでまた国家としての国家を廃絶する」[50]とする。

(2) 「国家と革命。一八四八年—一八五一年の経験」

この表題をかかげる第二章においては、マルクスの『ルイ・ボナパルトのブリュメール一八日』における経験・観察・結論を一般化することの妥当性を自問する。同論文の第三版に寄せたエンゲルスの例の有名な序文を引用したうえで、その妥当性を以下のように指摘する。

「一九世紀末と二〇世紀初頭における先進諸国の歴史を概観してみよう。そうすれば、同じ過程が、いっそう徐々に、いっそう多様な形で、またはるかに広い舞台ですすんでいることがわかるであろう。すなわち、一方では、共和国（フランス、アメリカ、スイス）でも、君主国（イギリス、ドイツ（ある程度）、イタリア、スカンディナヴィア諸国等々）でも、『議会権力』が完成され、他方では、ブルジョア体制の基礎は依然としてかわらずに、官吏の地位という『獲物』を分配し、再配分するいろいろなブルジョア政党や小ブルジョア政党が権力のための闘争を行い、最後に、『執行権力』とその官僚的および軍事的機関がいっそう完全なものになり強化したのである。

これが、資本主義国家一般の最近の進化全体の一般的な特徴であることは、まったく疑いがない。一八四八―一八五一年の三年間に、フランスは、資本主義世界全体に特有なあの発展過程を、急速な、鋭い、集中的な形でしめした。

だが、とくに帝国主義――銀行資本の時代、巨大な資本主義的独占の時代、独占資本主義が国家独占資本主義へ成長転化する時代――は、君主制の国々でも、もっとも自由な共和制の国々でも、プロレタリアートにたいする弾圧の強化と関連して、『国家機構』の異常な強化、国家機構の官僚的および軍事的機関の前代未聞の拡大をしめしている。

いまや世界史は、疑いもなく、一八五二年とは比較にならないほど大規模に、国家機構を『破壊する』ために、プロレタリア革命の『力をことごとく集中』しつつある。

プロレタリアートは、国家機構をなにに代えるか、このことについて、きわめて教訓に富む材料を提供したのは、パリ・コミューンである」(51)。

(3) パリ・コミューンにかんするマルクスの検討の紹介と補完

第三章以下では、マルクスの検討を以下のように紹介し補完する。

①マルクスが、パリ・コミューンのさなかの四月一二日、クーゲルマン宛の手紙で、「フランス革命のつぎの試みは、もはやこれまでのように官僚的＝軍事的機構を一つの手から他の手にうつすことではなくてそれらを**うちくだく**……ことである、……これは大陸におけるあらゆる真の人民革命の前提条件である。まさにこのことが

われわれの英雄的なパリの党同志たちが企てていることなのだ[52]」と述べていることを次のように解説する。「第一に、彼は、その結論を大陸にかぎっている。これは、イギリスが、まだ純資本主義的な国の手本ではあったが、軍閥がなく、また官僚制度もたいしてなかった一八七一年には、当然であった。……そこ〔イギリス〕では、革命は、人民革命でさえ、『できあいの国家機構』の破壊という前提条件がなくても当時は可能であるとおもわれたし、また実際に可能であった[53]」。しかし、一九一七年の今日、イギリス、アメリカにおいても、官僚的＝軍事的制度が整備され、「あらゆる真の人民革命の前提条件」はできあいの国家機構を「**うちくだき破壊することである**[54]」。

「第二に、とくに注意をはらう価値があるのは、官僚的＝軍事的国家機構の破壊が『あらゆる真の人民革命の前提条件』である、というマルクスの非常に深遠な意見である。……

……

一八七一年のヨーロッパ大陸では、プロレタリアートはどこの国でも人民の大多数をしめてはいなかった。現実に人民の大多数を運動にひきいれる『人民』革命は、プロレタリアートも農民もどちらもふくめたときにだけ、このようなものとなることができた。この両階級が、当時まさに『人民』を構成していたのであった。両階級は、『官僚的＝軍事的国家機構』が彼らを抑圧し、圧迫し、搾取していたために統一されていた。この機構を粉砕し、うちくだくこと——これが『人民』の、人民の大多数の、労働者と農民の大多数との真の利益であったし、これが貧農とプロレタリアとの自由な同盟の『前提条件』であった。そしてこのような同盟なしには、民主主義は不安定なものであり、社会主義的改造は不可能である[55]」。

②「粉砕された国家機構をなにに代えるか？」については、マルクスの検討を引用しつつ、コミューン体制に

代るとして、以下のように述べている。

「こうして、コミューンは、破壊された国家機構を、いっそう完全な民主主義に代えたに『すぎない』、すなわち、常備軍を廃止し、すべての公務員の完全な選挙制と解任制を採用したに『すぎない』ように見える。ところが実際には、この『すぎない』という言葉は、ある制度を、原則的に異なる他の制度に大々的に代えることを意味する。ここにほかならぬ『量から質への転化』の一事例がみとめられる。すなわち、民主主義は、それがおよそ考えられるかぎりで、もっとも完全に、もっとも徹底に遂行されると、ブルジョア民主主義からプロレタリア民主主義へ転化し、国家（＝一定の階級を抑圧する特殊な力）から、もはや厳密な意味では国家ではないあるものへ転化する。

ブルジョアジーと彼らの反抗を抑圧することは、依然として必要である。コンミューンにとっては、このことはとくに必要であった。そして、コンミューンの敗因の一つは、これを十分に断行しなかったところにある。だが、ここでは抑圧機関は、すでに住民の多数者であって、奴隷制のもとでも、農奴制のもとでも、賃金奴隷制のもとでもつねにそうであったように、住民の少数者ではない。ところで、ひとたび人民の多数者自身が、自分の抑圧者を抑圧することになると、抑圧のための『特殊な力』は、**もはや必要ではなくなる！**　この意味で、国家は死滅しはじめる。特権的少数者の特殊な制度（特権的な官吏、常備軍の指揮官）にかわって、多数者自身が、これを直接遂行することができる。そして、国家権力の諸機能そのものが全人民的なものになればなるほど、ますます国家権力の必要度はすくなくなる(56)」。

「〔パリ・コミューンがうち出したような〕例外なくすべての公務員が、完全に選挙され、いつでも解任できるものになること、彼らの俸給を『労働者なみの賃金』へひきさげること――これらの簡単で『明白な』民主主義的な方策は、労働者と農民の大多数との利害を完全に結合しながら、同時に資本主義から社会主義に達する橋となる」[57]。

やや長い引用となってしまったが、パリ・コミューンは、「粉砕された国家機構」に、およそ考えられる限りで、もっとも完全な民主主義である「プロレタリア民主主義」をおきかえようとしていたとする。そこでは、すべての公務員が、人民によって選挙され、かついつでも人民によって解任される。その給料は、「労働者なみの賃金」にひき下げられる。この「プロレタリア民主主義」においては、社会の少数者による抑圧装置としての国家は質的に転換し、国家は死滅し始める。この民主主義体制は、資本主義体制から社会主義体制に至る橋となる。

③ブルジョア的な議会制度と権力分立制は、廃棄される。「コンミューンは、ブルジョア社会の金しだいの腐敗した議会制度を、判断と審議の自由が欺瞞に堕することのないような制度に代える。なぜなら、コンミューン議員は、自分も活動し、自分で自分の法律を実施し、自分で実際上の結果を点検し、自分で自分の選挙人に直接責任を負わなければならないからである。代議制度はのこっているが、しかし、特殊な制度としての、立法活動と執行活動との分業としての、議員に特権的地位を保障するものとしての、議会制度は、ここにはない[58]」。

④マルクスが創造的に展開していた「全国組織の大まかな見取図」にかんする部分を引用しつつ、コミューン制度によって国民の統一が組織されることを強調する。マルクスの見解は、無政府主義のプルードン的「連邦主義」と異なるとする。「もしプロレタリアートと貧農が国家権力を掌握して、まったく自由にコンミューンにならってみずからを組織し、すべてのコンミューンの活動を統合して、資本に痛撃をくわえ、資本家の反抗を打破し、鉄道、工場、土地等の私有を全国民に、全社会にうつすなら、これは中央集権制ではないだろうか？ これはもっとも徹底した民主主義的中央集権制、しかもプロレタリア的な中央集権制ではないだろうか？[59]」。

レーニンは、マルクスが創造的に展開していた国家構想のうちに、「もっとも徹底した」民主主義的・プロレタリア的中央集権制を読みとろうとしていたようである。

⑤コミューン制度は、寄生体としての国家を廃絶し、労働の経済的解放をなしとげるためのついに発見された政治形態であるとする。「コミューン制度は、社会に寄食しその自由な運動をさまたげる国家寄生物がこれまですいとってきた力の全部を社会の身体にかえしたことであろう」「それ〔コミューン〕は、本質上労働者階級の政府であり、横領者の階級にたいする生産者の階級の闘争の所産であり、労働の経済的解放をなしとげるための、ついに発見された政治形態であった」等のマルクスの指摘を引用しつつ、以下のように強調する。

「コンミューンは、プロレタリア革命によって『ついに発見された』労働の経済的解放なしとげるための形態である。

コンミューンは、ブルジョア国家機構を粉砕しようとするプロレタリア革命の最初の試みであり、粉砕されたものにとってかわることができるし、またとってかわらなければならない、『ついに発見された』政治形態である。

われわれは……一九〇五年と一九一七年のロシア革命がちがった情勢とちがった条件のもとではあったが、コミューンの事業を継承して、マルクスの天才的な歴史的分析を確認したことを見るであろうとする」[60]。

⑥『国家と革命』の「第五章　国家死滅の経済的基礎」においては、資本主義社会から共産主義社会（社会主義社会のこと）への移行期の国家形態が論じられている。マルクスは、「この過渡期の国家はプロレタリアートの革命的独裁でしかありえない」（『ゴータ綱領草案批判』）としていたが、レーニンは、この点を以下のように説明する。この説明は、パリ・コミューンの国家論自体についての認識や評価を示すものではないが、それと密接に

関係しているので、ここに引用し紹介しておく。

「……共産主義〔社会主義のこと〕への発展は、プロレタリアートの独裁を通じて行われるのであって、それ以外の進み方はありえない。なぜなら、資本家的搾取者の反抗をうちくだくことは、他のだれでもできないしまた他のどんな方法によってもできないからである。

しかし、プロレタリアートの独裁、すなわち抑圧者を抑圧するために被抑圧者の前衛を支配階級に組織することは、民主主義の拡大をもたらすだけではない。プロレタリアートの独裁は、民主主義を大幅に拡大し、この民主主義は**はじめて**富者のための民主主義ではなしに、貧者のための民主主義、人民のための民主主義になるが、これと同時に、プロレタリアートの独裁は、抑圧者、搾取者、資本家にたいして、一連の自由の除外例をもうける。人類を賃金奴隷から解放するためには、われわれは彼らを抑圧しなければならないし、彼らの反抗を暴力でうちくだかなければならない。そして抑圧のあるところ、暴力のあるところに、自由がなく、民主主義がないことは、明らかである。……

……

人民の多数者のための民主主義と、搾取者、人民の抑圧者の暴力的抑圧、すなわち民主主義からの排除――これが資本主義から共産主義〔社会主義のこと〕に移行するさいに民主主義がこうむる形態変化である。

資本家の反抗がすでに最終的にうちくだかれ、資本家がいなくなり、階級がなくなった（すなわち、社会的生産手段にたいする関係について、社会の成員のあいだで差別がなくなった）共産主義〔社会主義〕社会ではじめて、そのときはじめて、『国家は消滅し自由を論じることができるようになる』。そのときはじめて、ほんとうに完全な民主主義、ほんとうになんの除外例もない民主主義が可能となり、実現されるであろう。そして、そのときはじめて民主主義は、……死滅しはじめるであろう(61)」。

資本主義社会から階級が存在しない社会主義社会への移行は、プロレタリアートの独裁を通じておこなわれる。この独裁においては、民主主義は、はじめて人民の多数者のための民主主義となり、これまでの搾取者・抑圧者である資本家は、その民主主義から排除され、自由の保障について例外的な扱いを受ける。そして、階級が存在しない社会主義社会になってはじめて、なんらの例外もない完全な民主主義と自由の保障が可能になるとする。

(4) 若干の検討

『国家と革命』におけるレーニンの認識と説明は、明確である。労資の階級対立の非和解性とブルジョアジーの階級支配の手段としての国家の抑圧性を指摘し、パリ・コミューン型の政治体制によってこれまでの国家機構を粉砕し、その質的に高められた民主主義によって資本主義体制から社会主義体制への転換が遂行されるとする状況認識は、近代資本主義憲法体制下の現実から見て、おそらくもっとも的確なものであった。すくなくとも、その崩壊論は、その必然性の認識といいうるものであった。フランスの一八四八年から一八七一年にいたる歴史は、そのことを大きく裏づけていた。また、一九世紀末から二〇世紀初頭にかけてのロシアにおいては、資本主義体制の崩壊が現実化した。

しかし、このようなレーニンの認識と対応にも、なお、以下のような問題が残る。

第一に、マルクスの『フランスにおける内乱』についても指摘しておいたことであるが、レーニンの『国家と革命』も、非和解的な階級闘争をもたらしてやまない近代資本主義的憲法体制の、資本主義体制自体に対する致命的な負の効果を誰にも分るように指摘するものであった。その意味で、『国家と革命』も、資本主義体制の側に従来とは異なった新しい対応の必要性を考えさせずにはおかないはずであった。現に一九一七年のロシア革命は、一九一九年には現代資本主義憲法（「ワイマール憲法」）体制をもたらしていた。現代資本主義憲法の体制が一般化するとき、マルクスやレーニンの認識や対応がどのような影響をこうむることになるか、あらためて問題となるはずである。

また、この点と関連しては、レーニンの指導の下で遂行された一九一七年一〇月革命後のソ連において、レーニンの「指摘」——質的に高められた民主主義体制によって資本主義体制から社会主義体制への転換が遂行されるとする「指摘」——とは裏腹に非民主的な政治が強行され、その負の効果によって、レーニンの指摘が説得力を大きく喪失する状況におかれていることにも留意すべきであろう。

第二に、レーニンにおいても、マルクスの場合と同じく、一八七一年のパリ・コミューンの内部崩壊の要因となった狭義の革命期の革命政府の具体的なあり方が検討されていないことである。国家権力の奪取と移行にかかわる革命闘争期の政府形態の問題である。資本主義社会から社会主義社会への移行が完了するまでの間の政府形態は、質的に高められた民主主義である「プロレタリアートの独裁」と理解されまた規定されているが、*それが革命的闘争期にも求められるべき政府形態であるかは、明らかにされていない。

＊　「マルクスは『ゴータ綱領批判』で、またレーニンは『国家と革命』で、プロレタリアート独裁は、『資本主義から社会主義へ』の移行期において不可避のものであるとした。……これらの著書でマルクスもレーニンも、共産主義という言葉を、その第一段階すなわち社会主義もふくめたひろい意味で、つかっていた……。この共産主義の第一段階では、生産手段はすべて社会化され、資本家もいなくなっているが、しかし個々人の具体的状況を抜きにして、『各人はその能力におうじて働き、各人はその働きにおうじて受けとる』という法則が支配している。レーニ

ンが『資本主義から共産主義への移行期』においてはプロレタリアート独裁が不可避であるとのべたとき、共産主義として念頭においたのは、上にしるしたような共産主義の第一段階すなわち社会主義であった。……のちになってレーニンは、プロレタリアート独裁は『資本主義から社会主義への移行期において必要とされるものであること』を明記した」(稲子恒夫『ソビエト国家組織の歴史〔増補版〕』一九六八年・一〇五頁)。

第三に、とくにすでに見ておいた(3)の④にかんすることであるが、パリ・コミューンの諸文書やマルクスの指摘との関係において、焦点のずれが気になる。パリ・コミューンの諸文書は、コミューンの自治を強調し、地方的(市町村的)事務の管理を「コミューンに固有の権利」と規定し、全国民的・全国土的事務については「人民主権」の原理に基づいて中央政府が管理すべきものとしていた。マルクスも、同様にして、「中央政府には少数の、だが重要な機能が残るであろうが、それらの機能は故意にあやまり伝えられてきたように、廃止されるのではなく、コミューンの吏員たち、したがって厳格に責任を負う吏員たちの手で果されるはずであった[62]」としていた。レーニンは、ロシアにおける具体的状況への対応のためか、またはその他のためか、無政府主義のプルードン的「連邦主義」を強く批判し、パリ・コミューンの国家構想について「もっとも徹底した民主主義的中央集権制」「プロレタリア的中央集権制」を見出そうとしているようであった[63][64]。

パリ・コミューンがコミューン(市町村)の自治を強調したのは、パリ・コミューンの国家構想が、統治権を「人民」の所有物とし、「人民による、人民のための政治」を徹底して求める「人民主権」を原理としていたことによるものであろう。地域が拡がり、人口が大きくなればなるほど、直接の民意による政治もまた「人民」の多様な具体的要求にこたえる政治も、困難とならざるをえない。地域によって自然的および社会的諸条件は大きく異なり（したがって各地域の具体的な必要が大きく異なり）、しかも、中央政府はその諸条件の相違を具体的に理解しているわけでもない。それ故、「人民主権」原理の下では、コミューンで処理できる地方的事務は、可能な限りコミューンに配分し、そこで処理することが求められる。公的事務の配分におけるコミューン最優先の原則である。自主財源の配分がそれに連動することはいうまでもない。一八七一年のパリ・コミューンの諸文書やマルクスが地方自治を重視したのも、同様であろう。

たしかに、土地その他の生産手段が、「社会」「人民」のものとされ、中央政府が「人民主権」の原理によってそれらを管理・運営することになれば、「もっとも徹底した民主主義的中央集権制」「プロレタリア的中央集権制」となることも考えられないわけではない。しかし、新しい体制の原理が「人民主権」であるところからすれば、土地その他の生産手段の管理運営が当然に中央政府の所管事務となるかについても、大きな疑問が残る。ソ連＝東欧型社会主義体制の崩壊の一要因が「人民による、人民のための政治」を保障できない中央集権体制にあったことは、すでに見ておいた。

2　『帝国主義論』における資本主義体制の「現状」分析

レーニンは、第一次世界大戦のさなかに書いた『資本主義の最高の段階としての帝国主義』（正式の表題）において、資本主義体制は、この段階で、その内部的諸矛盾が極限に達し、帝国主義戦争を不可避とすることを入念に検討し、他の政治経済体制に転換せざるをえなくなることを指摘していた。近代資本主義憲法体制がかかえていた基本的諸問題を資本主義体制下では処理できないとしていた。その分析の要点は、以下のようである。

(1) 帝国主義の一応の概念規定と帝国主義戦争の不可避性論

(i) 帝国主義の一応の概念。「第七章 資本主義の特殊の段階としての帝国主義」において、帝国主義につき、レーニンは一応の概念を示している。「資本主義が資本主義的帝国主義になったのは、やっとその一定の、きわめて高度の発展段階においてであって、資本主義のいくつかの基本的特質がその対立物に転化しはじめたとき、また、資本主義からより高度の社会＝経済制度への過渡期の諸特徴があらゆる方面にわたって形づくられ、あらわになったときのことである。この過程で経済的に基本的なのは、資本主義的な自由競争に資本主義的独占がとってかわったことである。自由競争は資本主義と商品生産との基本的特質であり、独占は自由競争の直接の対立物である。……独占は、自由競争から発生しながらも、自由競争を排除せず、自由競争のうえに、これとならんで存在し、そのことによって、幾多のとくに鋭くて激しい矛盾、軋轢《あつれき》、紛争をうみだす。独占は資本主義からより高度な制度への過渡である」(65)。

資本主義的帝国主義の完全な概念を示すことは不可能であると留保しつつ、「つぎの五つの基本的標識をふくむような帝国主義の定義をあたえなければならない〔とする〕。すなわち、(一)生産と資本の集積。これが高度の発展段階に達して、経済生活で決定的役割を演じている独占体をつくりだすまでになったこと。(二)銀行資本が産業資本と融合し、この『金融資本』を基礎とする金融寡頭制がつくりだされたこと。(三)商品輸出と区別される資本輸出が、とくに重要な意義を獲得していること。(四)資本家の国際的独占団体が形成されて、世界を分割していること。(五)資本主義的強国による地球の領土分割が完了していること。帝国主義とは、独占体と金融資本との支配が成立し、資本の輸出が顕著な重要性を獲得し、国際トラストによる世界分割がはじまり、最強の資本主義諸国によるいっさいの領土分割が完了した、そういう発展段階の資本主義である」(66)。

別表 8　列強の植民地領土

（面積—百万平方キロメートル，人口—百万人）

	植民地				本国		合計	
	1876 年		1914 年		1914 年		1914 年	
	面積	人口	面積	人口	面積	人口	面積	人口
イギリス	22.5	251.9	33.5	393.5	0.3	46.5	33.8	440.0
ロシア	17.0	15.9	17.4	33.2	5.4	136.2	22.8	169.4
フランス	0.9	6.0	10.6	55.5	0.5	39.6	11.1	95.1
ドイツ	—	—	2.9	12.3	0.5	64.9	3.4	77.2
合衆国	—	—	0.3	9.7	9.4	97.0	9.7	106.7
日本	—	—	0.3	19.2	0.4	53.0	0.7	72.2
6大強国総計	40.4	273.8	65.0	523.4	16.5	437.2	81.5	960.6
その他の強国（ベルギー，オランダ等）の植民地							9.9	45.3
半植民地（ペルシア，中国，トルコ）							14.5	361.2
その他の諸国							28.0	289.9
全世界							133.9	1,657.0

（出典）『レーニン全集第 22 巻』298 頁による．

(ii) 帝国主義戦争の不可避性。この段階では、帝国主義諸国による領土的分割が一応完了している（一九〇〇年には完了していたといわれる）。この段階の六大列強による植民地領有の状況は、**別表8**のようである。その状況下で、その再分割を目指して帝国主義諸国家間で戦争の危機が進行する。各国の経済的、金融的、軍事的および政治的発展の不均等の法則からすれば、市場・植民地・半植民地の再分割が不可避となり、帝国主義戦争は、国内における階級闘争とともに不可避となる。「周知のように、この期間〔一九〇〇年の前後一〇年間の計二〇年ほどの期間〕のドイツの生産力の発展、とくに石炭業と製鉄業の発展は、フランスやロシアはいうにおよばず、イギリスとくらべてさえ、比較にならないほどに急速であった。一八九二年には、イギリスの六八〇万トンにたいして、ドイツは四九〇万トンの銑鉄を生産したにすぎなかった。ところが、一九一二年には、イギリスの九〇〇万トンにたいして、ドイツは、すでに一七六〇万トンである。……イギリスよりはるかに優位にある！　そこでたずねるが、資本主義という基礎のうえでは、一方における生産力の発展および資本の蓄積と、他方における植民地および金融資本の『勢力範囲』の分割とのあいだの不均衡を除去するのに、いったい戦争以外にどのような手段があるだろうか?」[67]。

(2) 寄生的で腐朽化しつつある資本主義

(i) 寄生的資本主義。帝国主義段階の国家においては、いかなる企業にも参加しない、遊惰をもって職業とする階級が異常に増加する。「帝国主義のもっとも本質的な経済的基礎の一つである資本輸出は、金利生活者層の生産からのこの完全な遊離をますます強め、いくつかの海外の諸国や植民地の労働の搾取によって生活している国全体に、寄生性という刻印をおす」[68]。ホブソン(John Atkinson Hobson, 1858-1940)によると、一八九九年の大ブリテンが外国貿易・植民地貿易からえた年収入総額は一八〇〇万スターリングと見つもられているが、『投下された』資本からの収入、すなわち金利生活者層の収入は九〇〇〇万―一億ポンド・スターリング」[69]と見積られている。「金利生活者の収入が、世界最大の『貿易国』の外国貿易からの収入の五倍にものぼっているのだ!ここに帝国主義と帝国主義的寄生性の本質がある」[70]。それは、「金利生活者国家」「高利貸国家」である。

(ii) 腐朽化しつつある資本主義。それは、腐朽しつつある資本主義でもある。このような資本主義はブルジョア的貴族を創り出すだけでなく、プロレタリアートの上層部を買収する経済的可能性を創り出し、これによってブルジョア的プロレタリアートを形成し強固にする。二〇世紀初頭のイギリス帝国主義を検討する「ブルジョア的研究者」が指摘するように、イギリスでは、労働者の「上層」と「本来のプロレタリア的下層」とが系統的に区別され、選挙権についてはいまなお後者を排除しうるものとされている。このような状況は、イギリスに限られず、帝国主義段階に達したその他の列強にも見られるとする。

「今日の状態の特徴は、日和見主義と労働運動の一般的な根本的利益との和解できない状態を強めずにはおかないような、経済的および政治的諸条件にある。帝国主義は萌芽の状態から支配的な体制に成長した。資本主義的独占体は、国民経済でも政治でも首位を占めた。世界の分割はすっかり行われた。他方では、イギリスの全一的な独占にかわって、少数の帝国主義列強のあいだでの、独占に参加するための闘争があるが、この闘争こそ二〇世紀の初頭全体を特徴づけるものである。日和見主義は、もはや今日では、それが一九世紀後半にイギリスで勝利を得たように、数十年の長きにわたってある一国の労働運動における完全な勝利者となることはできない。日和見主義は幾多の国で最終的に成熟し、爛熟し、ついに腐敗してしまって、排外主義として、ブルジョア政治と完全に融合してしまったのである(71)」。

(3) 帝国主義の歴史的地位

帝国主義は、その経済的本質からすれば、独占資本主義である。その今日的（『帝国主義論』当時の）特徴は、独占の次の四つの姿態あるいは現象である。

「第一に、独占は、きわめて高度の発展段階にある生産の集積から生じた。それは資本家の独占団体、すなわち、カルテル、シンジケート、トラストである。……二〇世紀の初めごろ、それらは先進諸国で完全に支配的となるにいたった(72)」。

第二に、独占はもっとも重要な原料資源の奪取の強化をもたらした。もっともカルテル化された産業である石炭産業・製鉄業においてのことである。その独占的支配は「大資本の勢力をおそろしく増大させ、カルテル化された産業とカルテル化されない産業との矛盾を激化させた(73)」。

「第三に、独占は、銀行から生じた。銀行はひかえめな仲介的な企業から金融資本の独占者に転化した。……現代ブルジョア社会の、例外なしにすべての経済機関と政治機関のうえに、従属関係のこまかな網をはりめぐらしている金融寡頭制――これこそ、この独占のもっとも顕著な現われである」[74]。

第四に、独占は植民政策から生じた。「金融資本は、植民政策の多くの『古い』動機に、原料資源のための、『資本輸出』のための、『勢力範囲』のための――すなわち有利な取引、利権、独占利潤、その他のための――、さらに、経済的領土一般のための、闘争をつけくわえた。ヨーロッパ列強が、一八七六年にまだそうであったように、たとえば、アフリカの一〇分の一をその植民地として占取していたにすぎないときには、植民政策は、土地をいわば『早いもの勝ちに』占取するという形で、非独占的に発展することができた。だが、アフリカの一〇分の九が奪取されてしまい（一九〇〇年ごろ）、全世界が分割されてしまったときには、不可避的に、植民地の独占的領有の時代、したがってまた、世界の分割と再分割のための闘争のとくに尖鋭的な時代が、到来したのである」[75]。戦争は、資本主義体制の破綻から生ずる。

独占資本主義が資本主義のあらゆる矛盾を尖鋭化した。物価の高とうとカルテルの圧迫を指摘しておくだけで十分である。そこでは、帝国主義的な寄生と腐朽も際立ってくる。少数の富有・強力な民族による多数の弱小民族の搾取、「金利生活国家」「高利貸国家」も、出現する。ブルジョア的労働者を創出して、それを他の労働者と対立させる事態もおこる。帝国主義と日和見主義の結びつきが常態化する。

以上のような帝国主義の経済的本質からすると、帝国主義は過渡的な資本主義として、もっと正確には死滅しつつある資本主義として特徴づけられる。銀行は、その機能からしても純然たる私経済的な性格をもたない企業であり、純然たる私経済的な規制の範囲からますます脱しつつある。他の巨大企業も同様でその生産は社会性を強めており、私経済的および私有者的諸関係は、もはやその内容に照応しない外皮となっている。今日の生産の無政府状態は、生産の組織化に席をゆずらなければならない状況にある。

(4) 小括

『帝国主義論』におけるレーニンの分析も、明確であり、説得的である。帝国主義段階に達した資本主義体制の寄生性と腐朽性、帝国主義戦争の不可避性、極限に達する私的所有制度と生産の社会性・無政府性の弊害、それらの故にそれは「死滅しつつある資本主義」として、「プロレタリアートによる社会革命」の前夜にあることを論証していた。それは、『国家と革命』とともに、ロシア革命（一〇月革命）前夜のものであり、かつ第一次世界大戦中に執筆されたものとして、世界的に大きな影響力をもった。それは、近代資本主義憲法（近代資本主義）体制のあり方にとくに大きな影響を及ぼすはずであった。

三 「崩壊の必然性論」が前提とする近代資本主義憲法体制

1 近代資本主義憲法（近代資本主義）体制

(1) 近代資本主義憲法の基本特色

マルクスやレーニンが検討の対象としていた資本主義体制は、以下の諸点を基本特色とする近代資本主義憲法下の近代資本主義体制であった。近代資本主義憲法は、すでに見ておいたように、「近代」の段階において、資本主義体制を社会と政治の根本的なあり方として整備し、その本格的な発展をはかろうとする「国の最高法規」であった。「近代立憲主義型資本主義憲法」と「外見的立憲主義型資本主義憲法」の二つの型のものが存在したが、その後の資本主義憲法史の展開からも明らかなように、前者こそがその本命というべきものであった。ここでも、この前者によって、近代資本主義体制の憲法的枠組みを簡単に再確認しておきたい。以下においては、前者を近代資本主義憲法と略称する。

①すべての国民に、不可侵の人権を認め、かつそのような人権の主体として「法の下の平等」を認めていた。しかし、その平等の保障にもかかわらず、近代資本主義憲法の発足の当初から性差別を当然のこととしていた。民法、刑法、選挙法など主要な法分野で性差別が承認されていた。

②「自由放任」的経済活動の自由（経済的自由権）を保障していた。財産権は人権中の人権として「神聖不可侵の権利」と宣言され、それを含めて経済活動の自由は、精神活動の自由（精神的自由権）・身体の自由（身体的自由権）と同様に、原則として内在的制約のみに服するものとされ（「自由とは他人を害さないすべてをなしうることにある」、たとえば一七八九年人権宣言第四条）、しかも相手方他人が同意すれば、その他人の人権を原則としてどのように制限することもできる契約の自由を保障していた（「人は、すべて、その労働と時間を契約することができる。しかし、その人身を売ることはできない。人身は譲渡可能な財産ではない」、一七九三年人権宣言第一八条や一七九五年人権宣言第一五条）。経済活動について、「自由放任」の体制を憲法が保障していた。

③憲法上、社会国家（福祉国家）の理念は不在で、野放しに近い契約の自由の保障からわかるように、各人の経済生活はほぼ全面的に自己責任の原則下におかれていた。生存権、団結権、争議権、労働権、労働条件法定主義、教育を受ける権利など社会経済的弱者に「人間らしい生活」を保障するうえで不可欠な「社会権」の保障も、また社会経済的強者の経済活動の自由や公共性の強い経済活動の自由に対する積極的な制限の規定も、近代資本主義憲法体制は設けてはいなかった。近代資本主義憲法下においては、少くとも一九世紀の段階においては、労働者の団結・争議行為や無許可の政党の結成は、原則として刑法上の犯罪であった。

④議会に「国民代表」の地位を認めていたが、その議員の選挙については直接普通選挙制度さえも保障してい

なかった。近代資本主義憲法体制が「人民の、人民による、人民のための政治」を求める「人民主権」を憲法原理としていなかったこともあって、男女平等の直接普通選挙制度はもちろんのこと、男性直接普通選挙制度さえも憲法に原則として明示されていなかった。一定額以上の直接国税を納入する成年男性または一定額以上の不動産の所有者または用益権者である成年男性に限られていた。それも第一院だけのことで、第二院については直接の公選によらない任命制度がとられがちであった。しかも、選挙人の役割は議員を選挙するだけであって、選挙された議員はその公務の遂行において有権者からも独立して発言・表決することが保障されていた（命令的委任の禁止＝自由委任、免責特権の保障）。ルソーのいう、「イギリス人は自由だと思っているが、それは大きなまちがいである。かれらが自由なのは議員を選挙する間だけのことで、議員が選ばれるやいなやイギリス人は奴隷となり、ゼロになってしまう」状況である（『社会契約論』第三編第一五章）。成年男性の多数を占める貧しい男性および成年女性のすべては、選挙のときにも自分の運命を自分で決定できる「自由な市民」の地位になかった。「国民代表」としての議会は、その実態においては、ブルジョアジーの意思を国家意思とする組織であった。

⑤近代資本主義憲法は、ごく一部を例外として、地方自治の保障を欠き、中央集権体制を堅持していた。近代資本主義憲法は近代資本主義体制の本格的な整備展開を実質的主題としていたが、その資本主義体制の発展が市場の大きさによって規定されているからである。近代資本主義憲法は、その観点から、「地方公共団体の組織および運営にかんする事項は法律でこれを定める」としているにとどまった。地方公共団体は、中央政府の立法的、行政的指揮監督の下におかれているのが通例であった。

⑥近代資本主義憲法は、ごく一部を除いて、国際紛争の平和的解決はもちろんのこと、侵略戦争の放棄さえも明示していなかった。すでに見ておいたように、国際社会・国際法においては、「無差別戦争観」がそのような

近代資本主義憲法の状況に連動または対応していた。

(2)　近代資本主義憲法下における近代資本主義体制の具体的特色

上記(1)で見ておいたような諸特色をもつ近代資本主義憲法を法的な枠組みとして本格的な展開を始めた近代資本主義体制は、以下のような特色をもっていた。それは、すでに近代立憲主義型資本主義憲法（近代資本主義体制の「陰」として見ておいたところと大きく関係しているが、近代立憲主義型資本主義憲法を含めて近代資本主義憲法の体制から当然にまたは容易にもたらされるはずのものであった。近代資本主義憲法体制はそれを阻止する構造をもっていなかった。

(i)　性差別を当然とする資本主義体制。法の下の平等の保障にもかかわらず、性差別は、「自然的男女不平等論」「性役割分担論」などの「合理的差別論」により主要な法分野において当然のこととされ、雇用関係においても野放しの「契約の自由」の保障の故もあって賃金等を含む労働条件の差別は同様であった。

(ii)　「白いニグロ」的労働条件。近代市民憲法は、経済活動の自由（経済的自由権）についても原則として「内在的制約」しか認めず、しかも相手方他人が同意すればその他人の人権を原則としていかようにも制限できる「契約の自由」を人権として認め、かつその契約の自由の保障の故に労働条件を法的保護外においていた。その「自由放任」の体制下においては、資本の蓄積をはかる雇用者が、「産業予備軍」が存在する限り、平均寿命の低下をきたすような低賃金長時間労働等の労働条件に走るのは自然のことであった。産業革命による動力・機械・照明等の導入は、貧しい労働条件を悪化させるもう一つの条件の成就であった。イギリスやフランスの近代資本主義体制下の労働条件の貧しさはそのことを証明して余りあるものであった。R・オウエンは、イギリスの当時の賃労働者の状況を当時のアメリカの「家庭奴隷よりはるかに悪いもの」と評していた。

(iii) 賃労働者を中心とする民衆層の人間疎外状況。労働条件を法的保護外におく「原生的労働関係」下の賃労働者や高利の抵当債務下におかれていた農民などの民衆層が、極度の貧困を主内容とする人間疎外状況に追いこまれるのは避けがたいことであった。賃労働者の慢性的栄養失調状態、賃労働者家庭における子どもの成長不能・就学不能の状態、そのような諸状態の集約としての近代資本主義段階における平均寿命の低下は、その人間疎外状況の端的な具体的表明であった。

(iv) 「自由放任」の法認と非和解的階級闘争。近代資本主義憲法体制は、「人間の解放」を求めて、自由と平等を人権として保障していたにもかかわらず、(i)(ii)(iii)の事態を放任しかつ法認していた。それ故に、そこでは、たとえば労資関係が非和解的な階級対立関係となり、その間に「自由に生きるか死か」を掲げる階級闘争が起ってくるのは避けがたいことであった。フランスの一八四八年以降におけるそのスローガンを掲げた階級闘争の歴史は、そのことを象徴的に明示するものであった。それは、一九世紀のフランスに特有のものではなく、近代資本主義体制下では、どこにおいても見られるはずのことであった。

(v) 実力による弾圧。国家権力は、賃労働者等によるその生存と生活をかけた闘争を軍事力をも動員して弾圧した。フランスの一八四八年の「六月事件」から一八七一年のパリ・コミューンに至る階級闘争は、千単位・万単位の犠牲者を出す事態の連続であった。労働者を中心とする民衆層の行動は、その生存と生活をかけた抗議行動であっても、憲法によっても積極的に保護されていない刑法違反の行動であったから、民衆層の違法行為状況のいかんによっては戒厳を宣告し、軍事力を動員することは違法とはされていなかった。近代資本主義憲法下においては、政府によるそのような対応は、その正当な業務とされていた。

(vi) 帝国主義戦争をも政府の業務としうる状況。侵略戦争の放棄を宣言する近代資本主義憲法さえもきわめて例外的で、国際紛争の非平和的解決は、当時の国際社会の「常識」のようであった。そこでは、帝国主義的海外進出、帝国主義的諸戦争（帝国主義諸国家間の戦争、植民地・半植民地の独立に対する抑圧戦争等の大量の殺りくと破壊をもたらす諸戦争）、そのためのぼう大な軍事支出等によって、国の内外における戦争損害の強化、財政の不安定、帝国主義諸国の寄生性と腐朽性が不可避となり、その資本主義体制の存続が困難または不可能となるはずであった。

(vii)　ブルジョアジーの階級支配の手段としての国家。資本主義体制下においては、ブルジョアジーが支配階級であり、国家（統治権）がブルジョアジーのための階級支配の手段であるから、(i)から(v)のような事態が可能とされたといわれることがある。それは、社会と政治の根本的なあり方を憲法典に定め、それに従って統治権を行使することを国民共通のルールとしている近代以降の立憲体制下おいては、無条件で承認できる議論でもまた承認すべき議論でもない。正確には、近代の段階においては、資本主義憲法自体がそのような統治権の行使を認める構造をもっていたから(i)から(v)のようなことが可能とされたことに留意すべきであるしまたそう説明すべきであろう。近代以降の立憲主義体制下においては、統治権の担当者は、憲法の定めるところによってしか統治権を行使することができない。ブルジョアジーが社会的に支配階級になったからといって、憲法上主権者の地位を認められているわけではない。いわんや憲法超越的に統治権を自己の利益のために行使しうる地位を認められているわけでもない。近代の段階において、ブルジョアジーが、(i)から(v)のようなことをなしえたのは、近代資本主義憲法が、(1)の①②③⑤を認めたうえで、(1)の④によって、ブルジョアジーを中心とする有産者のみに選挙権を認め、その代表者に立法権・行政権を担当させていたからである。

2 マルクスとレーニンの「崩壊の必然性論」の意義

「資本主義体制の崩壊の必然性」を論証するマルクスとレーニンについては、すでに若干ふれてはおいたが、その意義について次の二点を指摘しておきたい。

第一は、その検討の正確性である。彼らの検討は、『ルイ・ボナパルトのブリュメール一八日』（一八五二年）・『フランスにおける内乱』（一八七一年）と『国家と革命』（一九一八年）・『帝国主義論』（一九一七年）の刊行年からわかるように、いずれも、近代資本主義憲法下の近代資本主義体制についての分析であった。近代資本主義体制についての検討としては、おそらくは、もっとも正確なものであり、その意味でもっとも注目に値するものと判断される。しかし、その検討の要点が、その後の現代・現在の資本主義体制につき原則としてそのまま妥当するかについては、回答を留保しておかなければならない。第一次世界大戦期を境界として始まる現代においては、資本主義体制の新しい枠組みを定める現代資本主義憲法や国際法・国際社会が登場し始めており、第二次世界大戦後においてはその傾向がさらに強化されているからである。しかし、マルクスやレーニンが検討の対象としたような資本主義体制については、現在においても、なお、崩壊の必然性論が原則として妥当するのではないか、と考えていることも留保しておきたい。その資本主義体制に内在している人間疎外的諸要因・その存続を不安定にし続ける諸矛盾が克服されていないからである。「例外なき自由化」「国際紛争の非平和的解決」に固執して、現代資本主義的対応にも背を向ける、現在における市場原理主義の世界化の動向には、その思いを強くしている。

第二は、マルクスやレーニンによる検討の衝撃性である。マルクスは、上記の諸論文において一八四八年六月以降に本格化する労資間の階級闘争が一八七一年の「労働の経済的解放をなしとげるためのついに発見された政治形態」に至ることを、その闘争を規定する諸要因をふまえて説得的に指摘していた。レーニンも、上記の諸論文において、帝国主義段階における近代資本主義体制が世界市場再分割のための第一次世界大戦と一九一七年の「一〇月革命」に至ることをマルクス同様に具体的実証的に明らかにしていた。両者は、それぞれの特色をもちながらも、近代資本主義体制の崩壊の必然性を明確に論証していた。それらは、その論証の的確性とそれに符合する現実の推移の故に、革命による社会主義体制への転換を求める立場に大きな影響を与えただけでなく、近代資本主義体制に固執する立場および体制内改革を掲げてきた立場にも衝撃を与えずにはおかなかった。

第一次世界大戦後におけるソ連＝東欧型社会主義憲法体制および現代資本主義憲法（現代資本主義）体制の登場の傾向、そして第二次世界大戦後におけるその傾向の強化は、「崩壊の必然性論」の影響と衝撃の大きさを示すものといっても誤りではあるまい。たしかにソ連＝東欧型社会主義憲法体制は二〇世紀末には姿を消しているが、その歴史的社会的政治的存在理由をみずから否定することによる崩壊であったことを忘れてはなるまい。

四　「第七章」のために

「第六章」で検討しなければならない問題が一つ残されている。「崩壊」を回避して存続を続けている現代資本主義憲法（現代資本主義）体制の問題である。近代資本主義憲法（近代資本主義）体制に対するどのような改革が崩壊の回避を可能としたか、その改革を提起した理論はどのようなものであったか、の問題である。前者（改革自体）の問題については、すでに現代資本主義憲法・現代国際法の問題として見ておいたので、とくに問題となるのは改革を提起した理論の問題である。検討を要する多くの事項があるので、章を改めて、改革を提起した、とくに重要と考えられる理論を検討することにしたい。

第七章　現代資本主義憲法的対応と
その強化の必要性を論証する社会諸科学の登場

近代資本主義体制下においては、国民の多数を占める民衆層の生活は「人間疎外的」と形容できるほどに悲惨であった。その状況下では、そのような資本主義体制のあり方を、その法的政治的枠組みとなっている近代資本主義憲法や近代国際法のあり方を変えることによって、転換すべきだとする対応論が提起されてくるのは、不可避的であった。革命による社会主義憲法体制への転換論を別とすると、それは、次の二つの形態をとりがちとなる。

一つは、資本主義体制の存続を確保するために、近代資本主義体制の危機の要因となっている近代資本主義憲法体制の「陰」の部分を、資本主義の枠組みを維持しつつ、克服すべきだとする対応論である。資本主義体制の存続を確保するための「上からの対応論」ともいうべきものである。もう一つは、性差別の禁止、労働条件の抜本的改善、男女平等の直接普通選挙制度・「充実した地方自治制度」を含めて「人民の、人民による、人民のための政治」の保障、国際紛争の平和的解決など、総じてすべての国民に対するあらゆる側面における人間としての生存の保障を資本主義体制下でも確保すべきだとする対応論である。それは、資本主義体制の下でも、民衆層の人間疎外状況を克服すべきだとするもので、社会主義体制にも接合しうるもう一つの「下からの対応論」というべきものである。

以下においては、そのような対応論のうち学問的対応論の若干を見ておきたい。

I　社会政策学等による社会国家（福祉国家）的対応の提起

資本主義社会が提起する諸々の深刻な病理現象を資本主義体制内で解決するために国家等がおこなう諸政策を社会政策と呼ぶのが通例である。その社会政策にかんする学問を社会政策学という。その本質論については、二つの対立した見方があるといわれている。「第一は総資本の立場から労働力を保全する資本制生産力の維持策とみるのに対して、第二は労働者の階級闘争を緩和する資本制生産関係の維持策と考える。前者は社会政策の経済的必然性、後者はその社会的必然性の把握であ（る）」[1]。

一　社会政策の「経済的必然性論」

1　社会政策学の展開

社会政策学の展開については、その科学としての樹立と展開に大きく寄与した大河内一男（1905-84）の以下のような整理をまずはふまえておくべきであろう[2]。

社会政策の概念には、二つの類型があった。

第一は、社会政策の道義論ともいうべきもので、以下のような要因からなりたっている。①一切の社会問題を資本制経済秩序が過度に「営利精神」「自由放任」的であった結果と考え、「資本制経済の機構と私有秩序を現在のまま肯定した上で、それらの弊害部分だけを対症療法的に〈修正〉することによって、資本主義はその本来の健康体に回復する、と考え」、そのための手段として社会政策を位置づけるものである。一種の修正資本主義政策である。②社会政策は、そのような資本主義下で呻吟する労働者、とくに児童・年少者・婦人・中小企業などを人道的観点から保護救済しようとするもので、賃金の引き上げ・労働時間の短縮・雇用の制限など、すべての労働者に対する保護である。社会政策の主体は、階級超越的な国家である、とする。

一八七三年に創立されたドイツ社会政策学会に結集した新歴史学派の経済学者、A・H・G・ワグナー（Adolf Heinrich Gotthilf Wagner, 1835-1917）、G・シュモラー（Gustav von Schmoller, 1838-1917）、L・ブレンターノ（Lujo Brentano, 1844-1931）などによって展開された。

第二は、社会政策の政治論ともいうべきものである。それは、社会政策の存立や発展を相対立する階級間の力のバランスから説明しようとするものである。主として、第一次世界大戦後における労使間の勢力均衡の変動を背景として展開されたものである。社会政策は資本に対して労働階級の闘争力が強化された結果であり、労働階級の闘争力に比例して社会政策は資本制経済のなかで発展し、やがては社会政策を媒介として資本主義経済は「社会化」され、社会主義社会に連節することになる。ここでは、社会政策と社会主義とが等置され、資本制経済の内部での社会政策の必然性は無視され、近代国家の社会政策が一面で労働運動に対する鞭として登場する理由が理解されなくなる。

2　社会政策の「経済的必然性論」（大河内一男の本質論）

社会政策の「道義論」と「政治論」においては、社会政策は、資本制経済に対して外から加えられる政策と理解され、資本制経済の存立を安定させるための条件として理解されていない。「だが社会政策は、……資本主義そのものの存立とその発展のための条件として、資本主義経済そのものが自己の胎内から生み出したものにほかならない(3)」。社会政策は、つねに一貫して総体としての資本が労働力をその手に確保し、労働力の視点からその再生産を貫徹させるための政策の体系として理解されなければならない。「社会政策の経済的必然性を理解することがその本質を把握するための基本的態度である(4)」。

資本制経済をその史的展開において見るならば、生産の要素としての「労働力」には、次の三要請が含まれる。

①自由な賃労働の一定量を創出し、これを陶冶する必要である。資本制経済の発展のためには、封建制身分の分解のなかからはじき出される過剰人口を近代的な自由な賃労働者として確保しなければならなかった。近世初期の数世紀を通じて、諸国の賃労働者創出のために強行した残虐な労働政策は、社会政策の最初の形態のものであった。

②産業革命後の自由競争下で進行した賃労働者に対する個別資本の乱雑無軌道な食いつぶしと労働力の急激な磨滅は、経済社会の再生産を「労働力」の点で不可能とする。獲得され陶冶された自由な賃労働は個別資本のくいつぶしから護られなければならない。濫伐や濫耕が合理的な山林経営や農業経営でないのと同様である。一定量の自由な賃労働を総体として保全し、その「労働力」の再生産の基本条件を整備しようとするのが第二の社会政策である。一九世紀後半以降に発展する工場法を中心とする労働者保護法がそれである。

③労働力のあり方は変化する。産業の発展に伴って社会的自覚をもち労働組合組織をもつようになり、企業に

闘争するようにもなる。資本も、そのような労働力を生産要素としてその手に把握するために、雇用の安定、団体活動の自由などを内容とする社会政策を必要とするようになる。この段階の社会政策は、資本と労働の妥協や労使協調を意味するものでなく、いっそう成熟した段階での「労働力」を総体としての資本が把握する合理的手段の体系となる。

以上が、「社会政策の経済的必然性論」と呼ばれる「大河内理論」の要旨である。そこにおいては、「『社会的総資本』の『理性』を体現した『近代国家』が労使関係に強権的に介入することなくしては、労働力の『自然的限界』を無視した個別資本の盲目的搾取によって、『総体としての資本の循環』ないしは『蓄積そのものの平準的進行』が危殆に瀕するものとして把えられているのであり、その限りで、社会政策はまさに『〈資本制〉経済社会の再生産の条件』として把握されているのである……」[5]。このような大河内理論は、「日本の社会政策の研究動向を一変させ第二次世界大戦前から学界の共通財産となり、戦後活発に展開された社会政策論争も先生のこの命題をめぐって行なわれた」[6]という。

二　社会政策の「社会的必然性論」

1　「社会的必然性論」の一般的特色

大河内は、すでに見ておいたようにこの理論を「社会政策の政治論」と呼んでいるが、その特色を以下のように指摘していた。

第二次世界大戦後の日本においては、第一次世界大戦後のドイツに相似して、労働者階級の政治的および社会的発言が急激に増大し、「社会政策の『勢力論』または社会政策の『政治論』が一つの流行となっているように思われる。労働者政党が政権に近づき、労働組合法の制定によって団結権や罷業権が保障され、官僚も議会も、労働階級の発言を無視しては何事も有効になりえないような事情の下においては、社会政策もまた、労働階級の資本に対する闘争力の大小に応じてあるいは伸長しあるいは後退するものであり、社会政策の必然性もまた相対立する両階級の力のバランスによって与えられるものであるかのごとくに解釈されることもまた、極めて自然のことであると言われよう。……筆者の社会政策論に対する最近の数多くの批判も、その焦点は資本に対する労働の闘争、または階級闘争という事実を、社会政策の理論形成についていかに位置せしめるか、という点に集中している……[7]」。

2　岸本英太郎の社会政策論

「社会的必然性論」の代表者の一人である岸本は、社会政策の本質につき以下のように論じている。

①「わたしたちは、社会政策論を資本蓄積論のなかにすえて、いわゆる窮乏化法則（賃労働の一般理論）とこれに基づく階級対立との関連において社会政策の本質論と形態論を導き出したのである[8]」。

②「わたしは、資本の論理が貫徹しているかぎり、総資本はその必要とする一定の質量の労働力を確保しうる、と考える。総資本の再生産は、それ自体その必要とする労働力の再生産を含んでおり、そのために社会政策を不可欠の条件とはしない。個別資本の労働力濫奪による労働力の磨滅によって、労働力が絶対的に不足すれば、商品労働力の価格（賃金）は上昇し、労働条件は改善される。個別資本による労働力の濫奪が可能なのは、『資本の法則貫徹』による産業予備軍の生産のためである。労働力の絶対的不足をもたらすほどの労働力の濫奪磨滅は、

それ自身の理論によって資本の労働力濫奪を抑制させる」[9]。

③「社会政策は、資本の運動法則＝労働者階級の窮乏化法則に起因する階級対立が剰余価値生産を動揺・不安定化させるのを防止する（産業平和の維持）ために国家が行う労働条件の維持・改善策（資本による労働力の価値収奪の抑制・緩和）にほかならない」[10]。

④「社会政策の主体は、経済的範疇としての総資本ではなく、政治的範疇としての国家である。総資本の共同事務の執行機関としての国家（ブルジョア国家）を通じて追求され調整される。社会政策は、労働条件の維持、改善を通じて階級対立を調整し、労使関係、ひいては剰余価値の生産を安定させようとするものであるから、しかもこれが『労働階級の労働条件に対する要求の実現』として、資本家階級とその国家の譲歩として行われるものであるから、これは本質的に政治である」[11]。

⑤岸本においても、階級闘争と社会政策との関連を歴史・具体的に解明することもなされているようであるが、「その歴史・具体的追求をとおして提示された命題は、窮乏化の進展―階級闘争の激化―譲歩としての社会政策―窮乏化の一層の進展―階級闘争の一層の激化―譲歩としての新たな社会政策、という円環的シェマにとどまって〔いる〕」[12]といわれている。*

＊　大河内からの補足。大河内は、労資間の階級闘争が激化しているときに、労働階級の主体的エネルギーが立法や行政に反映する事実を過小評価することは「重大な誤謬」としつつも、「階級闘争が現実の社会政策の成立や発展に対して重要な影響を与えるという認識と、それが、資本主義社会の発展のそれぞれの段階において社会政策を内在的に必然たらしめるということとは、一応別のことであ〔る〕」[13]として区別を求める。前者は、社会政策実現の

契機または条件であり、後者は資本制社会であるが故に社会政策が必然とされる論理についての認識の問題だとして、たとえば、以下のように述べている。

「資本制社会における人間存在が、第一義的には資本に対する『労働力』としてであるとするならば、社会政策もまた、その主体が資本制社会であるかぎり、『労働力』政策として現われるのが当然であり、その意味では、社会政策は、明らかに『経済的視点』に立つものであり、またそれが正しい……資本に対する労働の闘争、社会政策の『社会的必然性』の契機たる労働階級の社会的組織と運動とは、ただ次のような二様の意味において、社会政策の『経済的視点』につながりを持つことになるのである。

一　資本に対する労働の闘争または階級闘争の存在は、『労働力』政策としての社会政策それ自身の必然性の根拠、すなわち資本制産業の存立と発展、その順当なる再生産保持のための経済的必要として、その意味で『自然律』を貫徹せしめ具体化させるについての現実的契機であり、右の必然性の実現の条件として評価さるべきものである。……社会政策にとっての必然性の根拠とその実現の契機または条件とは全く別個の二つのものである。総体としての資本は、生産要素たる『労働力』をその手に、しかも健全な姿で、把握しなければならず、そのかぎりにおいては労働者を個別資本の濫奪と搾取とから保護する必要にせまられる。この意味での『労働力』政策の総資本にとっての内在的必要は、第一の、社会政策の必然性なのであり、これに反して、資本に対する労働階級の隠然公然の闘争は、右の必然性を実現せしめるための契機であり、この闘争によって、必然性としてのその貫徹が機構的に要求されていたものが比較的十全に、かつまた適時に、実現するに至るのである。……

二　次に、資本に対する労働の闘争が社会政策に関連をもつのは、それが資本に対して闘争する人間に対して産業社会が政治的に妥協し、そこに『産業平和』が生ずるからという意味においてではなく、かく闘う人間または労働階級が、依然として、産業社会にとっては、外ならぬ『労働力』だからである。それ故、総体としての資本がその社会政策の対象とするのは、単に闘い抗争する労働者なのではなく、むしろ闘い抗争する『労働力』なのである。

……労働階級は、それ自体における〔an sich〕存在たる状態から、次第に、資本制経済の発展に伴って、それ自体のための〔für sich〕の存在にまで成熟し、それと共に、資本に対する大衆的でかつ組織的な闘争の主体的勢力となる……この段階における『労働力』の階級としての健全な再生産を遂行し、総体としての資本がこれをその手に生産要素として確保しようとするなら、一般的な労働条件、すなわち労働時間や労働賃金について、また資本に対する賃労働の身分上の地位について、一般に労働者の社会的存在、すなわち高度に組織化され自覚化された、闘う『労働力』に相応じた、その再生産の最低条件に必要な社会政策の具体的内容が日程に上らざるをえなくなる。……〔健全な労働力の再生産のために必要な社会政策の具体的な内容は、その労働力の成熟の段階に応じて異なったものとなってくる。〕……資本に対する単なる生産要素、商品たる『労働力』としてひたすらその物質性＝肉体性において捉えらるべき『労働力』から、次第に自己の階級的存在と意義とを自覚し、資本に対する労働の利害を確信し、強靭な階級的組織と闘争意欲をもち、最早や単なる弾圧法規の威力をもっては抑圧しえなくなった『労働力』への成熟の中に、実は社会政策の全発展史がひそんでいるのである[14]」。「労働力」は、その成熟過程のなかで、「それが〔資本制的商品たる『労働力』のふくむ矛盾が〕一面において資本制的な商品であるという事実、しかも他面においてそれが人間的または社会的要求の担当者であるという事実、この相対抗する事実の、この資本主義経済の発展とともに日を追っていよいよ激しくなる矛盾――『労働力』に対する資本家的要求と、それに対する『労働力』の担当者の社会的要求との間の矛盾――の発展にほかならないのである[15]」。

三　小括——若干の整理とコメント

1　若干の整理

以上の紹介からもうかがわれるように、とくに日本においては、西欧の学界の動向をもふまえて、社会政策の必然性・不可欠性が「経済的必然性論」と「社会的必然性論」の対立の形をとって激しく論じられたようである。大河内によって代表される「経済的必然性論」においては、社会政策は、総資本が、自らの円滑な再生産を確保するために、資本制経済のそれぞれの発展段階において個別資本の恣意性を抑え、必要な一定量の健全な労働力の保全・倍養をはかる方策であり、発展の各段階にふさわしい社会政策をもつことによって、はじめて総資本の再生産が可能になるとする。その意味で、「労働力」政策としての社会政策は、資本制経済のいかなる発展段階においても、その発展段階が必要とするものを不可欠とすることになる。労資間の階級闘争は、その「自然律」を時々の社会政策として具体化するうえでの現実的な契機または条件にとどまるとする。社会政策の主体は総資本（その「理性」を体現した国家）であり、その内容は総資本の理性的に必然的な要求ということになる。

そのような経済的必然性論を批判する「社会的必然性論」の代表的な一つは、賃労働の経済理論を資本蓄積論のなかに位置づけて、これを労働者階級の窮乏化法則として定式化し、社会政策とは、その窮乏化法則に起因する階級対立が剰余価値生産を動揺・不安定化させるのを防止するために、総資本の共同事務執行機関としての国家がおこなうその維持改善策（資本による労働力の価値収奪の抑制・緩和）にほかならないとする。社会政策は、そのような目的をもって、不可避的な階級闘争に対処しようとして国家がおこなうものであるから、社会的に必然的なものでありまた本質的に政治的なものとして説明されることになる。それは、階級闘争に直結しているところから、資本主義の枠組みを超えて社会主義に連節しうるものと説明され、また、資本家階級とその国家によって策定されるものであるところから、賃働者等をその疎外状況から「恢復」させるものではありえず、疎外を「緩和」するにとどまるともされている。

＊　資本の蓄積とは、労働者の生み出す剰余価値によって資本を拡大することであるが、それは相対的な剰余人口の創出を基軸として、労働者階級の貧困等の人間疎外の状況を生み出す傾向をもつという。

二つの理論は、社会政策の必然性についての説明の仕方を異にしてはいるが、適切な社会政策を欠くと、資本主義体制が不安定となり、存続不能となるとする点においては共通していた。このような社会政策学が、賃労働者の労働条件・生活実態・階級闘争等と相まって、近現代を通じて資本主義体制のあり方に大きな修正をもたらしたしまたもたらしつつあることは、間違いない。具体的な名称はともかくとして、社会政策学が、大学の内外における研究・教育を通じて社会と政治に滲透し、国家法を通じて社会と政治のあり方を修正させる役割を果していたことは間違いないであろう。

2　若干の疑問

興味深い社会政策の必然性についての二つの見方であるが、若干の疑問もある。

その第一は、二つの見方のいずれが正当であるかにかかわることである。いずれが正当であるかについては、判断能力をもたないが、その二者択一的な問題提起の仕方には疑問が残る。労資関係にかんする一つの社会的政治的現象が労資のいずれにとっても無視できない程の重要な負の意味をもっている場合には、いずれの側からもその改革または変革に向けての動きが出てくるのは当然のことである。「上からの対応論」と「下からの変革論」の必然性といってもいいであろう。「経済的必然性論」と「社会的必然性論」は、現状の変更に働きかける二つの要因論だとする、見方がありうるのではないか、ということである。もちろん、現状の変更を求める実質的な主体が異なっているところからすれば、変更の程度は相対化するであろうが、いずれの場合にも変更の法的主体を「国家」としているところからすると、革命の場合を別として、大差は生じないように見える。

その第二は、二つの必然性論が、「社会的総資本」「その総資本の理性を体現した近代国家」「総資本の共同事務の執行機関としての国家」「階級闘争」等の文言を資本主義体制の発展の各段階におけるそれらの具体的な存在形態や憲法的諸条件を超越して、資本主義体制のあり方を憲法超越的に規律するキー・ワードとして使用しているかに見えることである。たとえば、フランス近代が典型的に示しているように、近代の段階においては、憲法上、財産権の神聖不可侵性と「自由放任」の経済的自由権の保障とによって、ブルジョアジーは、社会的に支配階級の立場にあっただけでなく、一定の男性有産者のみに選挙権を認める男性制限選挙制度等によって、政治的にも支配階級の立場にあった。「ブルジョアジーは国家である」ことを憲法によって保障されていた。その段階の初期においては、労働者階級が「対自的階級」として成立していなかったことや「反革命」の可能性もあって、労資間の階級闘争自体が政治的社会的主題になりえなかった。しかし、労働者階級が対自的階級として登場するその段階の後期になると、労資間の階級闘争が本格化するが、それぞれの憲法上およびその下の法律上の地位に規定されて、労働者側の闘争は新しい憲法的または法律的保障を要求する変革の闘争（たとえば、団結権・

争議権・低賃金長時間労働の改善・労働権・結社の自由・普通選挙制度などを要求するもの）となり、ブルジョアジーと国家（政府）の対応は軍隊を含めた実力による弾圧になりがちであった。一八四八年の「六月事件」から一八七一年のパリ・コミューンに至る階級闘争の経過はその典型的事例である。

しかし、現代に入って、憲法上、社会国家（福祉国家）の理念がとられて団結権・争議権・労働条件法定主義等が認められ、かつ男女平等の直接普通選挙制度、それに立脚する国民代表制が出現するようになると、階級闘争も、主としては適法な団体交渉・争議行為・主権者の成員による選挙闘争・集団的意思表示の形態をとっておこなわれるようになる。政府も、この段階になると、法的外見的には階級的中立性（全体の奉仕者性）を行動準則とせざるをえなくなる。それに、現代になると、資本も一枚岩ではありえなくなり、その内部矛盾も顕在化する（たとえば、ごく少数の独占的企業と圧倒的多数の中小企業の間の利害の対立）。労働者階級をはじめとする民衆層は、有権者集団のなかで多数を占めるようになり、社会と政治の伝統的なあり方を変革する憲法的手掛りをえるようにもなっている。その意味では、労働者階級をはじめとする民衆層が、その「人間疎外状況」から脱出することは、社会と政治の質的革命的転換から始まるのではなく、資本主義体制のこの段階における合憲・合法の闘争から始まることになる、ということになるであろう。

いずれにしても、労働者階級をはじめとする民衆層が現代資本主義憲法における人権・民主主義の保障の強化を重視してその積極的活用に努めないと、一方で悲惨なまでの歴史的努力によって憲法的制度にまで高められた社会的諸政策が労働者・民衆層自体によりひたすらに「総資本」のためのものとして軽視されたり（階級関係の質的な転換がおこらないかぎり、ブルジョアジーによる社会的および政治的支配は不可避であるとされたり）、他方で、社会主義体制になれば、社会的にも政治的にも労働者階級をはじめとする民衆層は当然に解放されるとして、そここにおける人権保障・民主主義の具体化が軽視され、無責任で非民主的な官僚主義的社会主義が慢延するという事態をもたらしかねない。

量的な改革と質的な変革は区別されなければならないが、後者が前者の積み重ねの結果であることも軽視してはならないであろう。また、「フランスは、歴史上の階級闘争がつねにほかのどの国よりも徹底的に、決着までたたかいぬかれた国であり、したがってまた、つぎつぎと交替する政治的諸形態――階級闘争がそのなかでおこなわれ、また階級闘争の結果がそれに総括されてゆく、その政治的諸形態――が最も明確な輪郭をとってきた国である」[16]とするエンゲルスの指摘の傍点部分に注目したい。近代以降においては、階級闘争の結果を政治形態として総括する方法が法であり、最終的には憲法である。現に近現代の資本主義憲法は、その総括を平和と人権と民主主義の保障の仕方の問題としておこなっている。社会政策についてもこの観点からの検討の必要を感じさせられている。

疑問の第三は、第二とも関係するが、「経済的必然性」または「社会的必然性」としての社会政策を、政治の場において、とくにどのような民主主義によって確保していくかの問題である。「総資本の理性を体現した近代国家」「総資本の共同事務の執行機関としての国家」による対処や調整を強調しても、必要な社会政策の具体化の保障には結びつかない。「階級闘争」がその具体化の「条件」「契機」となりまたは「要因」となっているというのであれば、その制度化と活用――政治的表現の自由・労働運動・政党運動・民主的な選挙制度・市民の役割を強化した国民代表制・「充実した地方自治」などの整備保障と活用――が不可欠となっていることを認めなければないのではないか、との思いも禁じえない。

II　総合的な経済社会政策学の展開

一九二九年に始まる世界恐慌以降においては、社会政策（学）は、総合的な経済社会政策（学）への転換を求められているようである。この点についての検討は、私の能力を超える問題でもあるので、ここでは、以下の諸点を指摘しておくにとどめたい。

一　総合的な経済社会政策学への転換の動向

一九二九年前の社会政策（学）は、生産手段の私有と自由競争を原理とする生産面には原則として積極的な関心を寄せず、労資関係の改善に焦点を合せ、生産の成果の配分を中心とする労働条件の是正を主題としていたようである。しかし、一九二九年に始まる世界恐慌は、慢性の大量失業、多数の生活困窮者、社会不安、さらには政治的危機をもたらした。政府が、労資関係の調停役にとどまるのではなく、大規模な公共投資・企業の社会化と経営・金利政策等によって積極的に雇用を創出し、税制（累進税税）や広範な社会経済的弱者を積極的に救済する社会保障によって所得の再配分を強化し、経済を活性化する有効需要創出の主役となることを求められるに至った。たんなる社会国家（福祉国家）にとどまりえない、社会国家・文化国家にして経済国家としての「国家独占資本主義体制」の登場である。(17)*

＊　次のような指摘にも、注目すべきであろう。「いまや『社会政策』という言葉はやや死語になりつつある」。晩年の隅谷は「社会保障の対象が賃労働者に限られず、全国民に広げられていることから労働力の再生産を契機とする社会政策の理論ではこれを説明することは不可能である」（『隅谷三喜男著作集（第三巻）』岩波書店、二〇〇三年、二六一頁）とリアルに指摘している。「社会保障の体系も、非常に広くなってい〔る〕……現在では、戦前ないし戦後のある時期まで有力だった国家社会政策ではなく〔市民参加を加えた〕市民社会政策といった発想が新しい社会政策となろう」（京極高宣「河合栄治郎と社会政策」法律時報二〇〇六年六月号一〇七頁以下）。

二　総合的な経済社会政策の理論的主役――ケインズ学派

1　ケインズ学派の登場

この種の資本主義体制の改革を促す理論上の主役は、一九七〇年頃前の時期においては、ケインズ学派であったといわれる。J・M・ケインズ（John Maynard Keynes）は、一九三六年公刊の『雇用・利子および貨幣の一般理論』（The general theory of employment, interest and money）[18]において、「失業の原因を経済全体としての有効需要の不足にあると見て、国家による総需要管理の必要性を説〔いた〕」[19]。ケインズ学派は、「ケインズの理論をうけつぎ、政策的には国家による有効需要の増減をつうじて大量失業と不況の緩和をはかり、資本主義の修正をはかろうとし〔た〕」[20]。

ケインズ学派は、次第に二つに分れていったという。「第一は、利子率の高さを中央金融当局が操作して民間投資を刺激すること、同時に政府が有効需要を増すために軍需支出をおこない、民間企業に土木事業などを発注し、また民間投資の増大のため各種の補助金を与えることなどによって、完全雇用政策をはかろうとするもので、これは普通ケインズ右派の立場である。この立場は、当初ケインズ政策に反対した企業家の側に受けいれられ、イギリスでは保守党、アメリカでは第二次大戦後の共和党内にも多くの支持者を見出した。第二は、ケインズ左派の人たちの立場で、有効需要を高めるために所得と富の平等化をはかろうとする一方、投資内容の計画化・社会化と同時に政府投資を人々の社会的福祉の増大に役立つ分野におこない、それによって、ひとつには国家資本の分野を増大して産業国有化の基礎を作ろうとする立場である。……自由資本主義時代にかわって国家と大企業の癒着を直接的にし、修正資本主義と二重経済ないし国家独占資本主義の時代を生みだしたのである……」[21]。そうすることによって、一方で、国家による需要創出政策を生み出して、資本主義の危機を乗り切り、他方で資本主義への批判を広め、その修正を促進することになった、という。

2　ケインズ学派の提案の意義と問題

この点については、二様の指摘をしておきたい。一つは、第二次世界大戦前の、同学派の登場初期の段階のものであり、もう一つは、第二次世界大戦後の憲法・法律においてその提案が一応受容されかつ多様な政治的施行の経験を経た段階のものである。「初期段階の指摘」と「後期段階の指摘」と、そのそれぞれを略称することにする。

(1)「初期段階の指摘」

ここでは、ケインズ経済学を含む近代経済学の研究と批判を経由してマルクス主義経済学に至ったP・M・スウィージー（Paul Marlor Sweezy）によって、その意義と問題点を見ておきたい。彼は、以下のような指摘をしていた。

①「まじめに考慮する価値のある提案は、多かれ少なかれ直接にジョン・メイナード・ケインズの論著からとられたものであり、またそれらの提案の基礎的な考え方は、どの場合においても、消費と投資にたいする社会的統制である……」[22]。

②ケインズ学派の提案の論理的一貫性は、「提案それ自体としてみるにせよ、あるいは再生産過程のマルクス主義的分析からみるにせよ、疑う余地はない」[23]と評価している。軍事支出の再生産外消耗性の点については、あとで見るように、他の経済研究者たちからアメリカ合衆国の経験をふまえた実証的な批判を受けることになるが、マルクス主義経済学から見てもケインズ（学派）の提言に論理的一貫性が見出せるとしていたことは注目に値する。

③「ケインズ派の自由主義的資本主義改良理論の批判は、その理論の経済的論理から出発するのではなく、経済学と政治的行動とのあいだの関係――あるいはむしろ関係の欠如というべきであろう――についての誤まった（普通は暗黙裡の）前提から出発する……。ケインズ派のひとびとは、経済体制をその社会的関連から引き離し、それをあたかも修理工場に送るべき一個の機械のように、そしてそこで技術家としての国家によって分解修理されるものであるかのように、とり扱うのである」[24]。

④ケインズ派的な資本主義体制の改革は「資本主義社会における国家は、少くとも可能性としては、社会全体の利益のために機能しうる社会全体の機関である」[25]ことを前提としているが、しかし、歴史的には資本主義社会の国家はつねに資本主義的階級支配の道具であった。資本主義的蓄積にたいする統制はただのひとときも国家の関心事となったことはなかった。目下の課題は、「生産者の社会に利益を与えるという目的で蓄積を制限し消費

を高めることを意図した政策である。資本家がこの種の計画を彼ら自身のものとして採用することは、少くとも他の解決方法があるかぎり、明らかに期待できない。そして事実、他の解決方法というのは、対外的〔帝国主義的〕拡張という形で常に存在してるのだ[26]」。「冷厳な現実の世界においては、資本は戦略的地位を保持している。貨幣、社会的威信、官僚制および国家の武装兵力、公共通信網――これらすべてのものは資本によって支配されている。……覇気ある〔改良主義の〕指導者たちは（その本来の目的との関係では）たやすく堕落させられ、支持者となりそうな人たちも、威嚇または宣伝に驚かされて近寄らなくなる。……とどのつまりは資本主義の改良ではなくして、改良の破産である。このことは偶然事でもなく、また人間本性の不道徳性のためでもない。それは資本主義政治の法則なのだ[27]」。

ケインズ学派的な資本主義体制の改革論は、資本主義体制内改革論であるが故に、それをなしとげうる政治的社会的諸条件をもちえないとする。

⑤資本主義体制の抜本的改革を求める要因は、資本主義体制自体のうちにある。抜本的な改革をしなければ、資本主義体制の存続自体が困難または不可能となる。対内的には階級闘争が激化し、対外関係においては帝国主義的諸戦争（帝国主義諸国家間における植民地・市場再分割のための戦争や帝国主義国と植民地・半植民地の間の戦争等）が不可避となり、さらには資本主義的諸矛盾を克服したソ連（社会主義体制）の発展により、資本主義体制は衰退に向わざるをえないとする。

スウィージーの『資本主義発展の理論』は、「一九三〇年代末から一九四〇年代のはじめに書かれた」（「訳者はしがき」）といわれている。その段階では、ケインズ学派的提案をふまえた社会国家（福祉国家）理念を導入した現代資本主義憲法はきわめて少なく、それを具体化する政治経験も同様であった。ソ連型社会主義憲法体制

（一九三六年の「スターリン憲法体制」）についての認識と批判は、その実態に十分に対応していなかった。スウィージーによるケインズ学派への批判も、レーニンの『帝国主義論』にならったもの、現代の基本的諸課題を解決しえないソ連型社会主義憲法体制の存在に期待を寄せたもの、となっている。

しかし、スウィージーが、資本主義体制下において、その内部的諸矛盾の解決策としての帝国主義的対応につき阻止可能性を指摘していることには注目したい。本書初版の「第二刷への序」（一九四六年一月一八日付）での指摘である。「この国〔アメリカ〕に民主主義が存在し、かつ労働者階級が組織することの自由を維持しているかぎり、アメリカ帝国主義は有効に阻止されるであろう(28)」。「『民主主義が存在するかぎりは』――これがもっとも肝要な要件である。……この問題は決定的に重要な歴史的課題をなすものである(29)」。

(2)「後期段階の指摘」

第二次世界大戦後、ケインズ学派の提案は、帝国主義戦争としての第二次世界大戦の悲惨さとソ連＝東欧型社会主義諸国の増大に対応して、資本主義憲法に一般的に導入されるに至った。資本主義体制が新たに目指すべき方向性を示す「社会国家」（福祉国家）の理念およびその理念の具体化を示す多様な個別規定をもつ現代資本主義憲法の一般化である。なかでも、一九四六年のフランス憲法（第四共和国憲法）、同年の日本国憲法、一九四八年のイタリア共和国憲法などは、その注目すべき代表的事例である。

それらの現代資本主義憲法の運用のなかで、ケインズ学派の提案も大きく試されているようである。とくに以下のような諸点が、その提案にかかわる問題として指摘される傾向にある。

その第一は、ケインズ学派の登場の当初から指摘されていたことであるが、資本蓄積を抑制しうる民主主義をどのようにして構築するかが問われている。それにもかかわらず、今もってその民主主義が構築されていないだけでなく、構想さえも十分に示されていないことである。いかに注目すべき提案であっても、それを具体化しうる民主主義を欠けば、その提案は絵に描いた餅にとどまらざるをえなくなる。スウィージーにならっていえば、「決定的に重要な歴史的課題」を未処理にした「裸の王様」的対応の継続ということになる。

その第二は、その第一と密接にかかわるが、現代資本主義憲法下における「行政国家」状況（政府発案の法律や委任立法の著増、企業の社会化・財政支出拡大による雇用・需要の創出、経済政策上の目標に従って管理する通貨制度への転換等々による官僚政治の慢延）と立法府の形骸化（その本務中の本務である立法能力と行政統制能力の喪失）について適切な対応策を現在なお十分に提示できていないでいることである。それどころか近時においては、「例外なき自由化」や「民間でできることは民間へ」などをスローガンとして、「小さな政府」を唱導する傾向さえも見られる。現代資本主義憲法の基本的諸課題に対処しうる立法府・行政府のあり方を見出しえないでいる現代資本主義憲法の状況・ケインズ学派の政治的無策を示すものといっても誤りではあるまい。

その第三は、現代資本主義憲法下で、ケインズ学派にならい、再生産外消耗である軍事支出の増大とそのための巨額の赤字国債の発行が常態化していることである。現在では最新鋭の軍備・そのための巨大な軍事支出と社会国家理念の両立可能性が問われるに至っているだけでなく、巨大な軍事支出と経済・財政の安定の両立可能性までもが問われるに至っている。すでに見ておいたように、ソ連＝東欧型社会主義憲法体制は、巨大な軍事支出を一大要因として、その体制自体を崩壊させてしまった。アメリカ合衆国は、同様にして第二次世界大戦後に手にしたパックス・アメリカーナの地位の喪失だけでなく、経済・財政的に破綻状況に陥っている。ケインズ学派の提案は、この問題と大きくかかわっており、その責任を免れない状況にあるようである。

その第四は、国際化する巨大金融機関、多国籍企業および大投資ファンドの飛躍的な展開に対する無策も指摘されている。[30] その無策をすべてケインズ学派の責任とすることはできないであろうが、グローバリゼーションの中心問題であるだけに、社会国家理念を掲げる現代資本主義憲法が避けて通るわけにはいかない問題となっていることは間違いあるまい。

(3)　問題点の整理

「必要な有効需要を確保できなければ、資本主義体制は、不安定となり、おそらくは存続不能となる」。ケインズ学派の提案は、その意味では「経済的必然性論」「社会的必然性論」として提示されるべきはずのものであった。しかし、その提案は、その実行にとって停止条件的条件となるような、必要不可欠な諸条件の充足を欠いていた。(2)の第一から第四は、その代表的なものの例示である。

その第一と第二は、その提案を実行に移しうる民主主義・国民代表制・行政府・地方自治のあり方等、統治権の組織・運営の根本にかかわる。これらの問題の検討は、本来憲法学の守備範囲に属する問題であり、憲法学はそのための努力もしてきた。その一部はすでに紹介しておいたが、あとでさらに整理することにしたい。

その第三の問題については、経済的諸条件が同様の国家間においては、経済・財政に対する軍事支出の負の効果が無視できないものとなることを指摘する経済研究者の検討に注目したい。とくに「抑止力論」に依拠して巨額な軍事支出が常態化している第二次世界大戦後においては、軍事支出こそが一国の経済・財政を左右する状況にあることに注目すべきであろう。この第三に関連しては、次の「Ⅲ　平和のための経済学」において、R・W・ディグラスと佐藤定幸の実証的な研究を紹介しておきたい。この問題と関連しても、これら研究者たちの研究の成果を実行に移しうる政治のあり方——第一と第二の問題——が条件となることは、あらためて指摘するまでもない。

その第四の問題は、国境を超えて活動する大金融資本・大企業・大投資ファンドの抑制にかんする問題である。一国では処理しがたい、国際社会・国際法で処理すべき問題として受けとめられがちである。しかし、なお、つぎの諸点に留意すべきであろう。①その国境を超えた活動の自由を求める「例外なき自由化」「市場開放」の経済政策やその活動の外交的・軍事的保護は、本籍国ともいうべき国家に大きく依存している。その意味で、その活動は、なお国家性を強くもっている。②現代・現在においては、発展途上国を含めてどの資本主義国・市場経済国家も、すべての国民に「人間らしい生活」の保障を、その憲法で明示していると否とにかかわらず、政治の基本理念とせざるをえない状況にある。大金融資本・大企業の活動を野放しにすれば、発展途上国の多くは「経済的植民地」状況に追いこまれ、先進資本主義国においても中小企業はその存立をおびやかされる。大投資ファンドの投機的活動は生産と消費のすべてをおびやかす。どこの国でも多くの国民は「人間らしい生活」を否定されることになる。経験的に見ても、その事実は否定できない。③この①②からすれば、大金融資本・大企業・大投資ファンドの国境を超えた活動も、なお、各国の対応に大きく依存しているし、また依存せざるをえない[31]。条約等でその活動の自由が認められている場合であっても、なお、各国の憲法等によるその制約に服さざるをえないし、各国による条約等の修正の提案も免れない。各国における社会国家理念のありようとそれを具体化する民主主義のあり方および国家主権の問題が、立ちはだかる。

III 「平和のための経済学」

一　はじめに

軍事支出の再生産外消耗性等の問題に焦点を合せて経済の活性化の方途を探ろうとする経済学・経済論をかりに「平和のための経済学（論）」と呼ぶならば、それに該当するものは、近代以降においても少なくないようである。とくに社会主義体制との関係では、その種の検討や指摘が目立っていた。一八七一年のパリ・コミューンが三月二七日、「二〇区共和主義中央委員会の宣言」で、「市民の自由にとって危険であり、市の経済財政にとって負担の大きい常備軍の廃止」を明言し、三月二九日のデクレで徴兵と常備軍の廃止を定めていたことは、よく知られている。軍拡に走ったソ連においても、すでに紹介しておいたように、ペ・ムスチラフスキーやフルシチョフ等によって、「軍事予算は、その多少をとわず、つねに社会の物質的資源および労働資源を吸いあげ、それによって諸国民の経済と文化の向上の実際の可能性を減殺し、その欲求の充足をきりつめる。その意味で、軍事支出は生産と国民の福祉をできるかぎり急速に増大させる必要がある社会主義の基本的経済原則に矛盾する」等の指摘がされていた。社会主義体制下でこの種の指摘が目立つのは、生産手段が「国有化」されているので、経済投資も軍事支出もともに同一の国庫からおこなわれ、軍事支出の増大が経済の活性化を直接に抑止する関係にあることが自明であることによるものであろう。

資本主義体制下においては、経済活動の主体の相違の故もあってのことであろうが、軍事支出にかんする本格的な検討は、第二次世界大戦後の「東西冷戦」段階およびそれ以降のことのように見える。この段階以降においては、外国でも日本でも、この点につきいろいろな書物が公刊されている。日本では、たとえば、以下のようなものがあげられる。

宮崎勇『軍縮の経済学』一九六四年
島恭彦『軍事費』一九六六年
坂井昭夫『軍拡経済の構図――軍縮の経済的可能性はあるのか』一九八六年
伊藤三郎『軍拡症を診断する』一九八六年
R・ディグラス『アメリカ経済と軍拡――産業荒廃の構図』（藤岡惇訳）一九八七年
佐藤定幸『二〇世紀末のアメリカ資本主義』一九九三年（とくにその第一部）
上田耕一郎『戦争・憲法と常備軍』二〇〇一年

ここでは、R. W. DeGrasse Jr., Military expansion, Economic decline—The impact of military spending on U. S. economic performance, 1983（藤岡訳・前掲書）と佐藤の前掲書につき、軍事支出・軍拡と経済の関係を見ておきたい。

二　R・ディグラス『アメリカ経済と軍拡』

本書については、藤岡による前掲訳書があり、また伊藤の前掲書による紹介もある。その意図は、「国防支出拡大が米国経済に与える影響を、雇用・研究開発・経済成長などあらゆる角度から膨大な資料の分析を通じ考察し、『軍拡は、米国経済を究極的に損う』と訴える」[32]ことのようである。

1　背景となる主要事実

ディグラスは、以下のような指摘をしている。訳文は、前掲の藤岡訳書による。

①「第二次世界大戦前には、軍事支出から経済的利益が生み出されるなどという考えは、ほとんど一顧だにされなかった。ことは逆に、軍事支出は経済成長の障害となり、そのゆえ戦時下でのみ許されるものだというのが、普通の常識であった。第二次大戦中の兵器生産が、合衆国をあの大恐慌から救い出す役割を果したことから、この伝統的考えに異変が生じ始めた。巨額の連邦財政赤字によってファイナンスされた軍事支出が、一九三〇年代の間アメリカ経済を悩ましてきたあの二けたの失業という病を解決したのである[33]」。

②「軍事支出は経済に好い影響をもたらしうるという主張は、ケインズ経済学によって理論的な基盤を与えられた。ケインズ経済学は戦争のおかげでいかに不況が克服されたのかを論証した。西側諸国が自分の理論を実証するに足るだけの資金を、民間部門に投じることができないでいることにいらだちを感じつつ、ジョン・メイナード・ケインズは、一九四〇年に次のような予言をおこなった。『私の学説を実証する大実験をおこなうに足るだけの規模で政府支出を組織することは、民主主義的な資本主義国家では不可能であるように思われる。――ただし戦時下のばあいは除いて[34]』。経済手段として軍事支出が役に立つという経験は、平時に高額の軍事予算を組むことを拒否してきた伝統的なアメリカ的観念を解体するうえで大いに役立った。冷戦期の軍事戦略をめぐって闘わされた重要な論戦のなかでも、『ケインズ主義的』な経済ロジックが駆使され、その知的・政治的影響力を

強めることになった[35]」。

③一九八一年、レーガン大統領は、その演説で、軍拡と経済発展による「強いアメリカ」の創出を約束した。ワインバーガー（Cospar Willard Weinberger, 1917-2006）国防長官は、「経済を刺激するためには所得移転的支払*よりも軍事支出のほうが、優れた方策であることを主張した。さらに彼は、景気後退期に軍事予算を削減するならば、アメリカ経済は削減額一〇億ドルあたり三・五万人の雇用減少という犠牲を払わなければならないと断言した[36]」。

* 「〔原注〕所得移転的支払いとは、社会保障費のように政府が税金として集めた資金を、法律にもとづいて個人収入として配分しなおすものをいう[37]」。

2 軍拡による経済衰退の証明

ディグラスは、経済成長、研究開発のいずれの面においても、軍事支出が民生部門に資金を支出する場合より効率が悪いことを、多くの資料をもって論証しようとする。

①ここでは、諸資料のうちから、とくにつぎの三別表を紹介しておきたい。

別表9　軍事費のGDP（国内総生産）比の国際比較

別表10　投資対軍事費の国際比較

別表11　製造業の生産性上昇率の国際変化

これらの別表は、アメリカ経済の国際競争力の低下の要因が軍事支出の大きさにあることを示唆しているとす

別表９　軍事費のGDP（国内総生産）比の国際比較

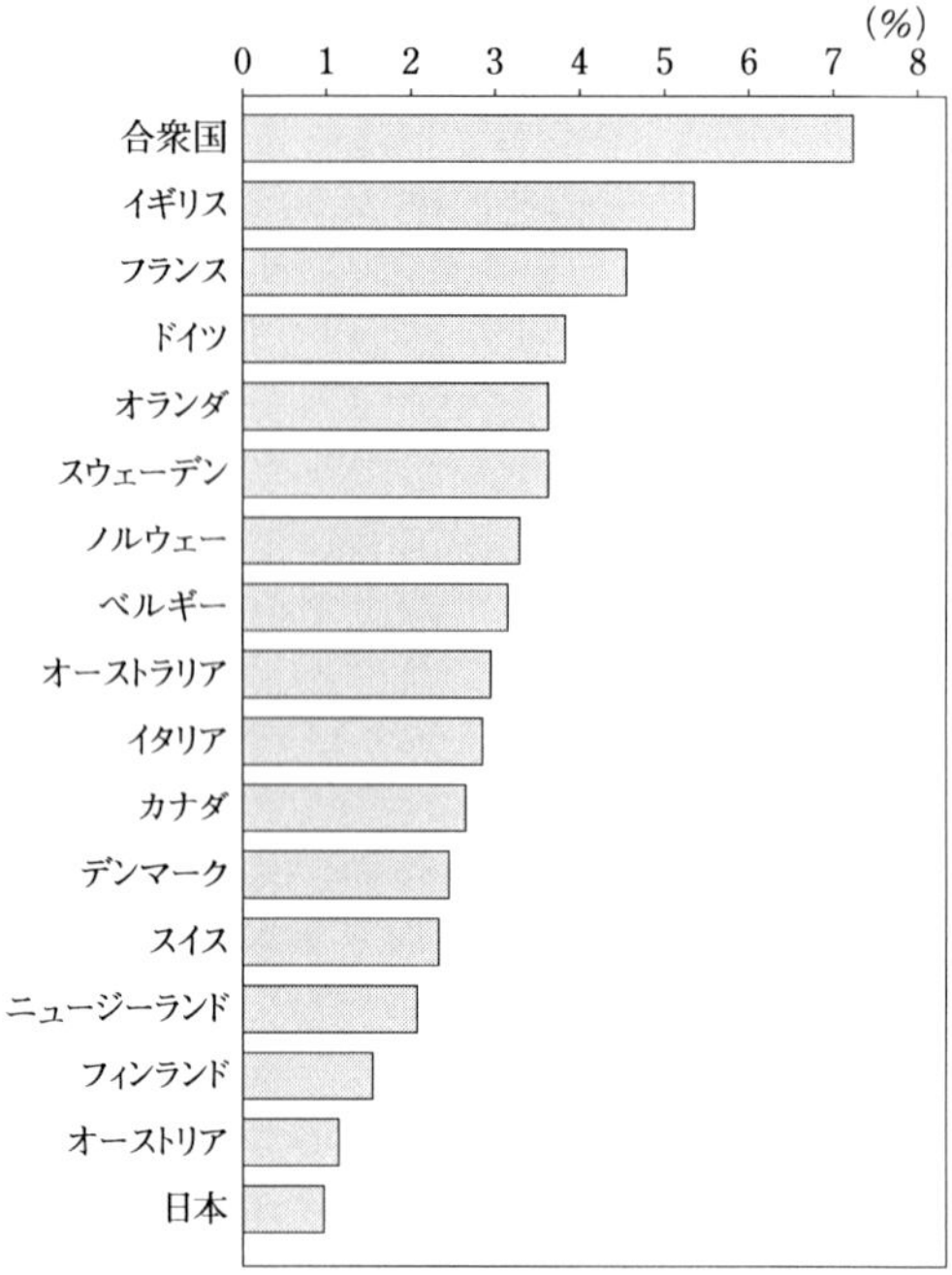

（出典）　ディグラス・前掲訳書三八頁による．

る。軍拡が投資の衰退を招き、投資の衰退が生産性の向上を妨げ、経済成長も国際競争力も失わせていることを示しているとする。

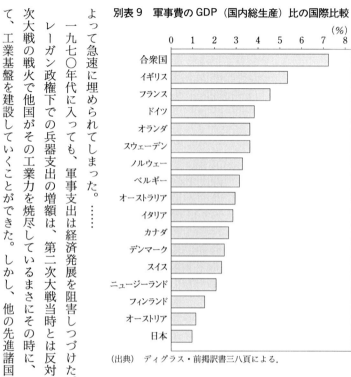

「経済成績に影響を与える要因は無数にあるが、なかでもアメリカが負担した莫大な軍事費が、過去数十年にわたって投資活動を圧迫し、わが国の経済成長・生産向上を阻害してきたのは、明らかであるように思われる。一九五〇―一九六〇年代のわが国の高額の兵器支出のために、当時他国との間にあった経済的格差は他の工業諸国によって急速に埋められてしまった。……

一九七〇年代に入っても、軍事支出は経済発展を阻害しつづけた。……

レーガン政権下での兵器支出の増額は、第二次大戦当時とは反対の影響を経済に与えるであろう。当時は第二次大戦の戦火で他国がその工業力を焼尽しているまさにその時に、アメリカはひとり『民主主義の兵器廠』として、工業基盤を建設していくことができた。しかし、他の先進諸国がその工業力を拡充するために必死の努力を払っているこれからの時代に、合衆国が軍拡の道を歩めば、われわれの経済的健康がさらに蝕まれていくのを放置することになる[38]」。

②政府高官・エコノミスト・研究者たちは、軍事支出を正当化するために、それが技術革新をうながし、民間への波及効果が大きいことを説いてきた。しかし、ディグラスは、半導体の分野における技術開発を例にとって、最近では、純民生用の技術が軍事目的に活用される「逆スピンオフ」現象が顕著になりつつあると指摘し、軍事目的の技術開発の波及効果が急速にそのコストに見合わなくなっているとする。本書の「総括」においては、以下のような注目すべき指摘をしている。

「一九六〇—七三年の公私の研究開発（R&D）費総額の三八・一パーセントを負担することによっても、ペンタゴンは技術発展に大きな影響をあたえている[39]」。

別表10　投資対軍事費の国際比較（1960〜80年）

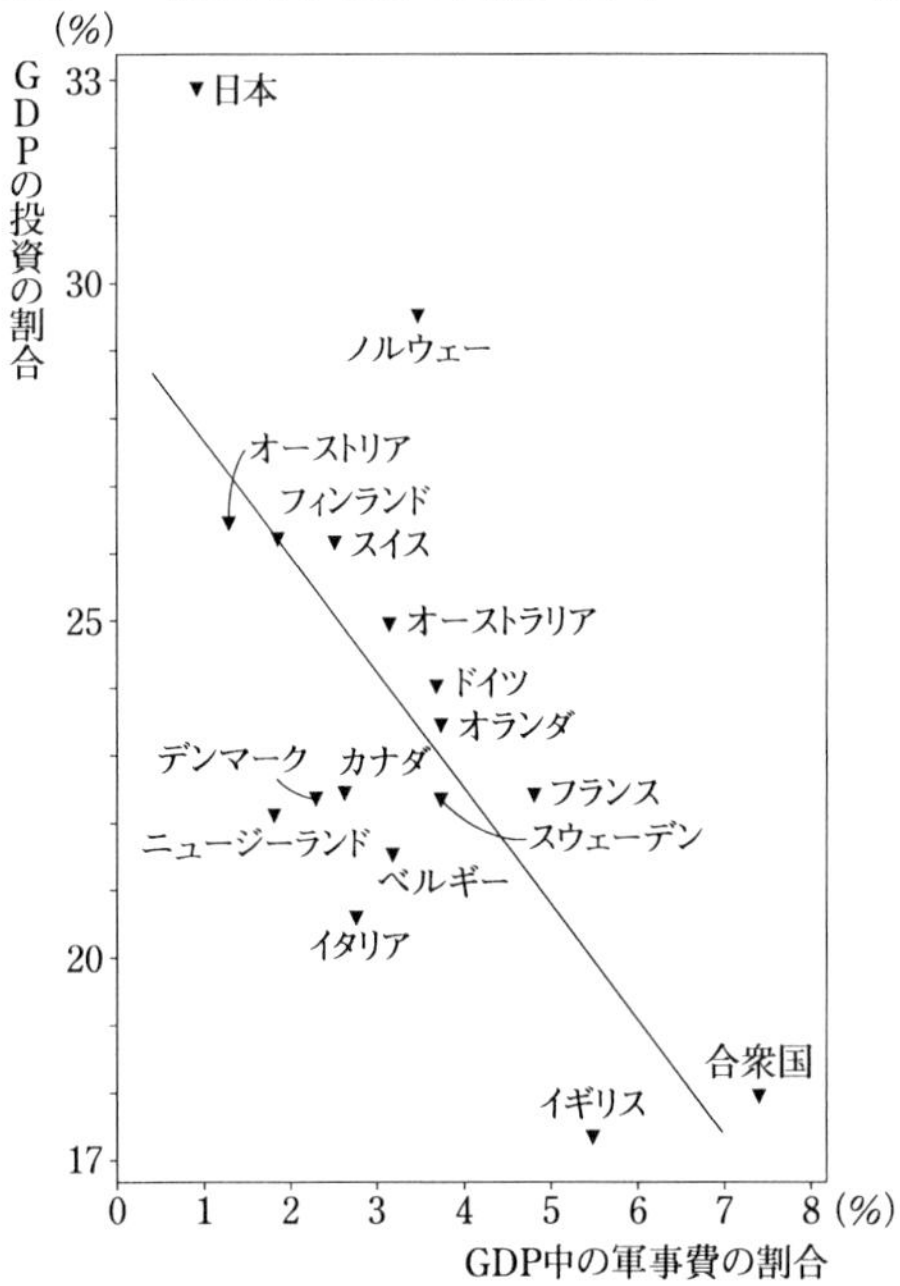

（出典）　ディグラス・前掲訳書五五頁による.

「連邦政府の有するもっとも強力な技術開発促進メカニズムをあげるとすれば、それは断然軍事的な研究開発になるであろう。連邦政府負担の研究開発費のなかで、ペンタゴン負担部分は一九六〇—七三年の平均で、六一・四パーセント程度に達していた[40]」。

「われわれの推定によれば、一九六〇年代には軍事生産と軍事的研究開発のために、全米科学技術者総数の二五—三五パーセント程度が動員されていた[41]」。

「わが評議会（ディグラスが属する、非営利的研究組織である経済優先度評議会（Council of economic priorities）のこと」は、主要工業国の軍事用R&D費のGDP比と生産性上昇率の間には、大まかではあるが逆の相関関係があることを見いだした[42]」。

そして、エレクトロニクス産業にかんする事例研究から、以下の四つの重要な命題を見出しているとする。

別表 11　製造業の生産性上昇率の変化

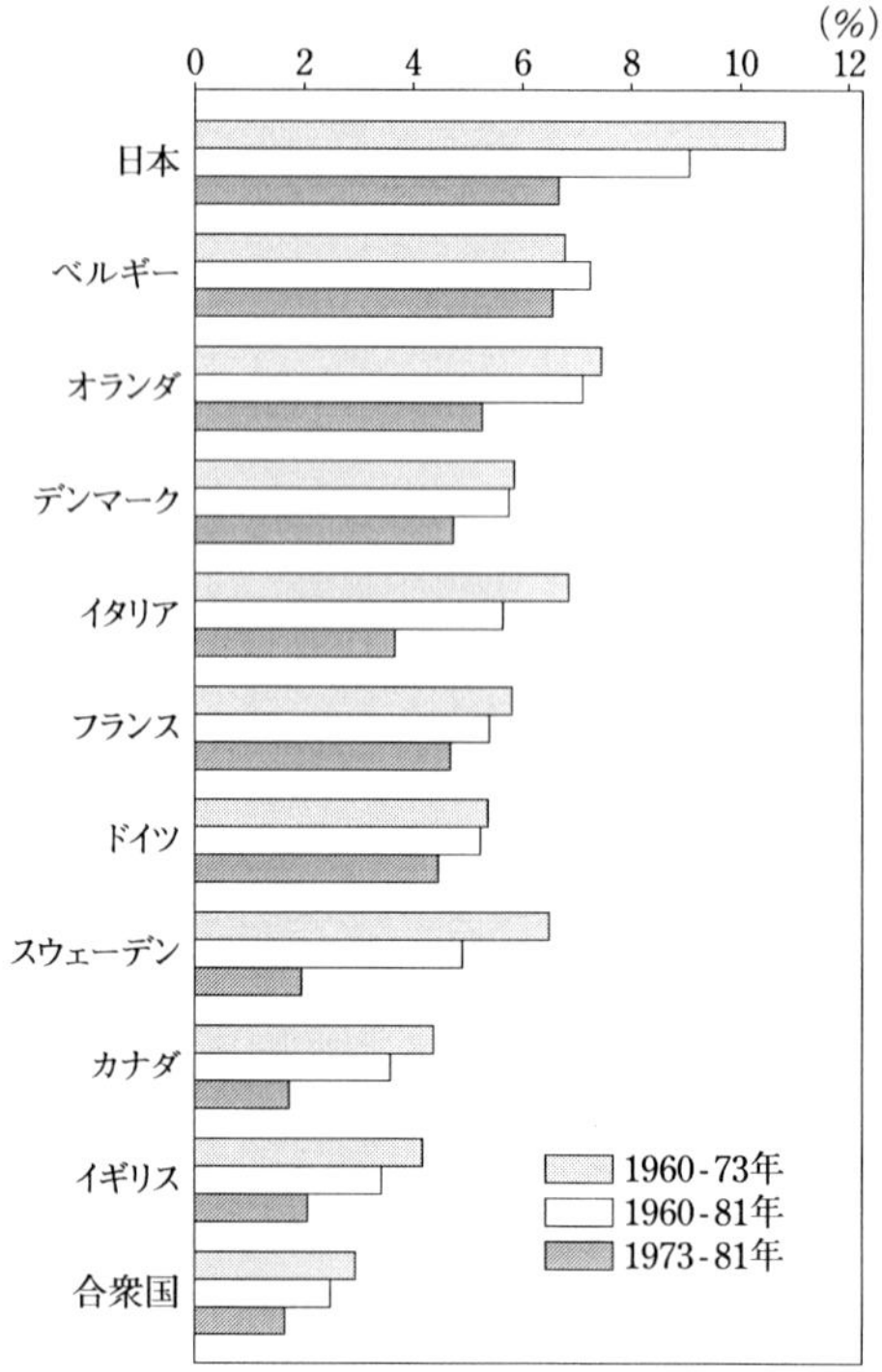

（出典）　ディグラス・前掲書四一頁による.

「(1)　軍事目的で開発された最終製品を商業目的に転用する可能性は、きわめて少ない。たとえ転用できたとしても、商業市場で使うためには根本的な再設計を必要とするのが普通である。

(2)　画期的な技術革新にいたるプロジェクトを軍事研究がサポートするケースは、稀である。何が将来性ある研究かを、軍人が見定めるのは困難であることに加えて、ペンタゴンは技術革新に意欲的な新興企業よりも、既成の大企業をサポートする傾きがある。

(3)　半導体技術の民需的応用の分野が急速に拡大してきているため、ペンタゴンの『最初の顧客』としての役割もその重要性を失ってきている。

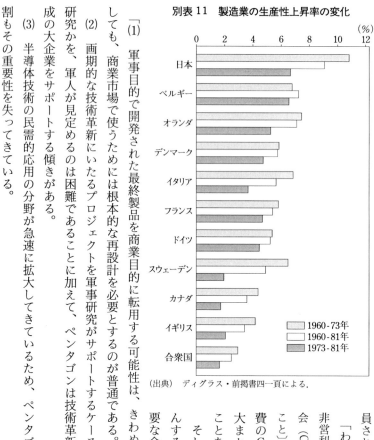

(4) 半導体や工作機械の技術開発を促進すると称して、最近ペンタゴンが打ち上げた計画についても、深刻な経済的・政治的問題が内在している。一九八〇年代に新たな半導体技術を求めて軍事的助成を傾注することは、逆に民需用新製品の開発を阻害する恐れがある。さらにファクトリー・オートメーション化を促進するというペンタゴン計画によって、労働組合は悪影響をうける恐れがあるが、その組合側の意見を十分聞かずに進められているという問題点もある[43]」。

3 小括

本書は、「軍拡と経済発展による強いアメリカ」を掲げて登場したレーガン政権の誤りの証明を直接の主題とするものであったが、同時に、それは、ケインズ学派の提案を軍事支出を肯定的に捉えている点で批判し、かつその意味で「抑止力論」に依拠する現在の資本主義体制の安定と存続に批判的な問題提起をするものであった。

この問題を的確に処理できない限り、すべての国民に「人間らしい生活」の保障を求める社会国家（福祉国家）理念の実現も政治の具体的な課題になりえない。アメリカは、いまなお、憲法上においても、法律（予算）の段階においても、必要な対処をしえないでいる。

三 佐藤定幸『二〇世紀末のアメリカ資本主義』（一九九三年）

1 はじめに

佐藤は、同書の「まえがき」でその検討の目的を大要以下のように指摘していた。①第二次世界大戦直後、アメリカは、政治的にも、経済的にも、軍事的にも、全世界にたいして圧倒的優位を保持していた。「パックス・ブリタニカ」以上の「パックス・アメリカーナ」と呼ばれる状況である。②アメリカは、冷戦の過程で、そのような地位を失ってしまった。「軍事力だけでは、たとえ数千発・数万発の原爆で支えられた軍事力でも、それだけでは現代の世界政治・世界経済で覇を唱えることは不可能である」(44)。「冷い戦争」での勝利・敗北にこだわるならば、「冷い戦争」の仕掛人アメリカは、「冷い戦争」政策の故に、世界資本主義におけるかつての圧倒的優位を喪失しただけでなく、国内においてもその政治的、経済的、社会的矛盾の未曾有の深刻な状況という「対価」に苦しんでいる。アメリカが本書公刊の一九九三年春現在経験している深刻な経済危機もけっして一時的循環的なものでなく、「冷戦政策」の五〇年がアメリカ資本主義にもたらした構造的変動との関連でとらえなければならない。③「偉大な民主主義国家アメリカ」としての再生を願い、また著者の五〇年間にわたるアメリカ経済研究の「集大成」として、アメリカの一庶民の立場に立って、その経済・政治・社会の歩みを検討する。

同書における佐藤の研究は、「第一部　アメリカ経済の戦後五〇年」「第二部　アメリカにおける経済力集中過程」「第三部　アメリカの産業・多国籍企業」の三部にわたっている。「平和のための経済学」との関係でとくに問題となるのは、その第一部である。ここでも、その第一部に焦点を合せてその要旨を紹介するが、この点については、同書の著者自身が六年後に公表した「二〇世紀世界資本主義体制におけるアメリカ」(『大東文化大学経済学部創設六〇周年記念論文集』一九九九年)において、その要点ともいうべき部分を簡潔に整理している。ここでは、便宜上、主としてこの論文により佐藤の検討の要点を紹介するが、詳細な資料や立ち入った検討の問題もあるので、書物の方も並読または参考文献として積極的に利用されるように願いたい。

2 佐藤の検討の紹介

(1) 「『アメリカの世紀』だった二〇世紀」

一九世紀末アメリカはすでに世界最大の工業力を擁するまでの目覚ましい経済発展を遂げていたが、政治的にも経済的にも頂点の地位にはなかった。「世界政治においては一九世紀の『パックス・ブリタニカ』体制は依然健在で、イギリスを先頭とする旧帝国主義諸国の支配はきわめて強力であった。アメリカ自身の帝国主義的膨張は一八九八年の米西戦争とともに本格的に展開されるにいたったが、二〇世紀初頭におけるアメリカの勢力範囲は主として中南米諸国に止っていた。……アメリカは依然急発展を遂げつつある新興工業国にすぎ〔なかった〕」[45]。

植民地時代以来、アメリカの経済発展は、英独などのヨーロッパ諸国からの資本輸入に頼っていた。「アメリカが国際的債権債務関係において純債務国から純債権国に転換したのは、一九一四年の第一次世界大戦勃発以降のことである」[46]。交戦中のヨーロッパ諸国は、アメリカから兵器・食糧等を輸入せざるをえなかっただけでなく、巨額の借り入れ（戦債）もおこなった。アメリカは、イギリスにかわって国際金融の中心国となったが、国際連盟に加入していなかったこともあって、国際連盟を中心として国際政治を動かしていたのは、イギリスとフランスであった。

(2) 「第二次世界大戦後のアメリカの圧倒的地位」

「アメリカが世界経済のみならず世界政治においても『覇権国家』としての地位を確立したのは、第二次世界大戦以降のことだった。戦争遂行のために英仏両国は第一次大戦当時以上にアメリカの経済力に依存せざるをえなかった。その国土を直接戦火にさらしたばかりか、戦時中および戦後にその支配する植民地の殆どを失い、……文字どおり『命からがら』戦争から抜け出すことができたにすぎなかった[47]」。イギリス・フランスなどの西欧の旧帝国主義諸国は、アメリカからの経済的支援なしには、その支配体制を維持することもできなかった。

「第二次世界大戦終了直後の時期に、アメリカは資本主義世界の工業生産の五三・九％（一九四八年）、輸出の三二・五％（一九四七年）を占めていたばかりか、世界の金・外貨準備の五三・七％（一九四八年）を擁していた。ＩＭＦをはじめとする各種の国際通貨・貿易体制が、アメリカの利益を最優先に作られた……。核兵器によって裏付けられた強大な軍事力を背景に、世界政治においても国際連合をはじめ各種の機構がアメリカの世界支配を確立し維持して行くための道具として作られた[48]」。

第二次世界大戦後しばらくの間、世界の政治と経済におけるアメリカの優位は圧倒的で、不動のようであった。しかし、そのような戦後体制も、五〇年代後半、おそくとも六〇年代に入るとともに崩壊の兆しを示すに至った。「アメリカの世界経済における圧倒的優位が崩壊しかけていることが誰の眼にも明らかとなったのは、一九七一年夏のニクソン〔Richard Milhous Nixon, 1913-94〕大統領の『新経済政策』、および同年末のいわゆる『スミソニアンの合意』においてであった[49]」。その年の八月一五日、ニクソン大統領は金とドルの一時交換停止政策を発表し、また同年一二月末の「スミソニアンの合意」でドルの切り下げ（金一オンス三五ドルから三八ドルへ）と各国通貨の切り上げ（七・四五％から一六・八八％へ）が決定された。一九七三年には、固定相場制から変動相場制への移行も、おこなわれた。

「かつて一九四九年には二四五億六三〇〇万ドルに達していたアメリカの金準備は、一九七一年末には一〇二億六〇〇万ドルにまで減少していた。アメリカの金準備がこのように急減したのは、各国がその手持ちのドルをアメリカの意向に反して金と交換したからだった。……各国がドルではなく金を選好したのは、世界的なドル過剰がドルの価値の低下を結果することを恐れたからだった。そして、大戦直後には『ドル不足』が問題だったのに、この時期になると遂に『ドル過剰』が騒がれるようになったのは、毎年アメリカの国際収支が大幅な赤字を計上し、巨額なドルが海外に流出したからだった(50)」。

とくに一九五八年以降顕著になったアメリカの国際収支の危機は、アメリカの対外債務を急増させた。国際収支の危機の解決のために効果的な対策がとられなかったので、「ドルの垂れ流し」といわれる事態も生れた。「アメリカの国際収支の危機は、あえて簡単化していえば、それは戦後のアメリカの対外政策、いわゆる『冷たい戦争』政策の結果に他ならない。『冷たい戦争』政策を遂行するために、アメリカは膨大な軍事費を計上し軍拡政策を続けたばかりか、世界中に軍事基地網をはり巡らした。それに加えて、しばしば自ら局地戦争に従事さえした。これらがアメリカ経済にとって大きな負担となったことはいうまでもない。一九五〇年代の朝鮮戦争について、一九六〇年代にはベトナム戦争を展開したが、すでにその頃にはアメリカ経済力はそのような負担に耐えられぬ程に弱体化していたのだった(51)」。

(3) 「アメリカの地盤沈下に拍車のかかった八〇年代」

地盤沈下を促進したのは、冷戦政策だけではなかった。ドイツ・日本などの旧敗戦国の急速な戦後復興と高度成長、イギリス・フランス等の西欧諸国の経済復興、東南アジア等の開発途上国の急速な経済発展なども、要因であった。「激化しつつあった国際競争のなかで、冷戦政策の呪縛から抜けきれないアメリカは効果的な対応ができなかった。アメリカの貿易収支が一九七一年以来赤字に転落した時も、そのことがもつ重要性をアメリカは看過していた。一九八〇年代のレーガン政権は、とくに対ソ対決の立場から軍事力の強化に狂奔し、世界経済におけるアメリカの地位の低下の現実を直視することを避けた。経済学の原則を無視したレーガノミックスの結果、アメリカの国家財政は破綻の度を深める一方、アメリカの貿易赤字は急速に増大し、いわゆる『双子の赤字』状況を生むにいたった」[52]。

アメリカの連邦財政の赤字は、レーガン大統領の就任年度（一九八一年度）に一〇〇〇億ドル台に乗ったあとも増加を続け、九一年度には二六九二億五九〇〇万ドルに達した。国債残高も、八二年度に一兆ドル台に達し、九一年度末には三兆五九八四億九八〇〇万ドルに達した。貿易赤字もレーガン政権下で急増し、八〇年の一九四億ドル強から八四年には一〇九〇億ドル余へ、八七年には一五三三億ドルに達した。

一九八四年一一月、レーガンは、圧倒的な票差で再選された（共和党レーガンの獲得した選挙人五二五人、民主党モンデール〔Walter Frederick Mondale〕一三人）。しかし、「〔レーガン政権の第二期が始まった〕一九八五年は戦後世界経済史上の一大転換点となった。……つい数年前まで世界最大の債権国であったアメリカが『一九八五年の上半期のいつか、引き続く巨額の経常収支赤字と同じく巨額の純資本流入を反映して、一九一四年以来、純債務国となった』からだった」[53]。この対外純債務は、その後も増加を続け、一九九一年には時価評価で三六一五億ドル余に達している。「八〇年の時点でもまだ三九二五億四七〇〇万ドルの純債権を擁し世界最大の債権国だったアメリカがいま世界最大の純債務国に転落したのだった」[54]。「アメリカの対外債務のほとんどすべて自国通貨のドル建てである。……アメリカは自国通貨のドル紙幣を『増刷』すれば事足りる。したがってアメリカの場合、いかに対外債務が巨額に上ろうとも、支払危機は生じない（対外債務が巨額によるということ自身、諸外国が対外決済にドルの受け取りを認めていることを意味する。……）」[55]。

いっぽう大な貿易赤字、巨額な財政収支赤字にもかかわらず、アメリカが世界中から資金を集められるのは、「ひとえに高金利のせいである」[56]。佐藤は、「わが国〔アメリカ合衆国〕の財政赤字を賄うために外国資金を引き続き引き寄せることによって、アメリカは一種貯蓄帝国主義をおこなっているのだ」とする見解を引用しつつ、その帝国主義が「あたかも麻薬のように……その身がぼろぼろになるまでなかからアメリカをむしばんでいる」[57]と評している。みずからの生産活動によってみずからの経済・財政を維持せずに、他国民の生産活動に寄生してそれらを維持する独占資本主義体制を帝国主義と呼ぶならば、アメリカの資本主義は帝国主義的であり、「双子の赤字」はその体制を崩壊させる病を意味することになるはずである。

(4) 「アメリカ経済の空洞化」

これまで見てきたような状況下で、以下のような現象がおこっていることも指摘している。

①アメリカの多国籍企業の対外進出である[58]。レーガン政権前半期におけるドル高の現象もあって、多国籍企業はその生産拠点を海外に移した。アメリカの貿易が影響を受けただけでなく、アメリカの経済構造自体が大きく変化した。「空洞化」(hollowing) 現象であるが、それは「短時間のうちに、かつ大量的におこなわれた」[59]。「今日の空洞化はアメリカ産業の世界市場競争における敗北の結果であり、大幅貿易赤字・国際経常収支赤字と表裏一体関係にある」[60]とする。

②「物」をつくる経済から「サーヴィス」優位の経済への転換である[61]。GNPに占める製造工業部門の比率は、一九五三年がピークで三〇・三%であったが、八五年には一九・九%、八八年には一九・四%に低下している。GNPに占めるサーヴィス部門(農林漁業・鉱業・建設業・製造業以外の部門)の比率は、一九五三年の五五・一%から八五年の六九・三%に上昇している。脱工業化が進行している。

③サーヴィス産業部門の肥大化がひき起こす諸問題も、検討している[62]。サーヴィス雇用は物作り雇用の代替物たりうるか、サーヴィス産業の増大は第二次産業革命かそれとも長期にわたる経済衰退にすぎないか、それは

「低賃金爆発」をひき起さないか等を検討をしている。

(5)「冷戦」終了後のクリントン政権下の問題状況

佐藤の「論文」は、この問題にもふれている。ここでは、その結論的な指摘を紹介しておくにとどめたい。「九一年春からの好景気にもかかわらず、アメリカ経済が『再生』したとはとてもいえないばかりか、現在のアメリカ経済の依って立つ基盤がきわめて脆弱なことは、いわゆる『双子の赤字』のうち財政赤字は留保条件付ながらも一応の改善を示しているのに、双子の片割れの貿易赤字が未だに改善の兆しさえも見せていないという事実に表れている。双子の赤字という以上、財政赤字が解消すれば貿易赤字も解消する筈なのに実際には悪化こそすれ改善してはいない[63]」。国内産業が衰退に向い、輸入依存度が高まる状況にあれば「クリントン大統領のいうように財政赤字が解消間近に迫ったかに見えることこそ虚像であって、実際には『双子の赤字』はいまでも続いているといわなければならない[64]」。

(6) 社会的不平等の急速な拡大

「一九九〇年代のアメリカ経済について語らねばならぬもうひとつの事実は、これだけ長期間の景気上昇が続き繁栄が謳歌されたにもかかわらず、アメリカ国民の各社会階層間の所得格差がますます拡大したという事実である。……『富めるものはますます富み、貧しきものはますます貧しくなる』という資本主義の鉄則は二〇世紀末のアメリカでも貫徹されたのだった[65]」としている。クリントン政権の下においてもその鉄則は作動していたとする。

(7)「アメリカ経済『再生』の道」

佐藤は、『二〇世紀末のアメリカ資本主義』の終章である「第一七章　アメリカ経済『再生』の道」で、以下のよう指摘をしている。「当面」の〔クリントン政権当時の〕「不況を切り抜ける」だけでなく、「もっと長期的な歴史的展望の上に立っていうならば、ここまで進んだ世界経済におけるアメリカの地盤沈下に歯止めをかけることこそ最重要の課題だろう」。「『双子の赤字』が解決されないかぎり、アメリカ経済の『再生』などありえないだろう」。「〔クリントン政権当時〕アメリカが『世界の憲兵』となることはもはやありえないとしても、アメリカが『世界の警察官』の役割まで放棄すると考えるのは実際的でない。アメリカの軍事費の削減にも一定の限度が客観的に存在する。しかし、現在のアメリカの国家予算のなかで軍事費以外になにを削減できるかとなると、社会保障費を中心とする民生費以外にはない。社会保障費の削減とは、実際にはアメリカ人一般の生活水準の引き下げを意味する。……クリントン政権の政策にたいして国民がそこまでの信頼を寄せているとは、少くとも現状では考えられない。……〔しかも、多民族国家アメリカで、多数の〕少数民族がアメリカ社会で疎外された存在として自らをとらえアメリカ社会の行方と自らの幸福とを『水と油』さながらに峻別しているような現状では、とても全国民の協力など期待しようもないのではなかろうか。ここにアメリカ経済の『世紀末』が暗いだけでなく、きたるべき二一世紀初めも明るく輝いているとはいえない理由がある(66)」。

3 小括

ここで紹介した佐藤の著書・論文は、時間的空間的な広がりを大きく異にしつつも、すでに見ておいたディグラスの著書『軍拡と経済衰退』と焦点を同じくする同心円的研究ともいいうるものであった。アメリカ資本主義体制にたいする軍拡・軍事支出の破壊的意義を歴史的実証的に検討しようとするものである。「パックス・ブリタニカ」より強力な「パックス・アメリカーナ」が軍拡・軍事支出からもたらされる「双子の赤字」によってひ

別表 12　主要国の防衛費の推移（年度）

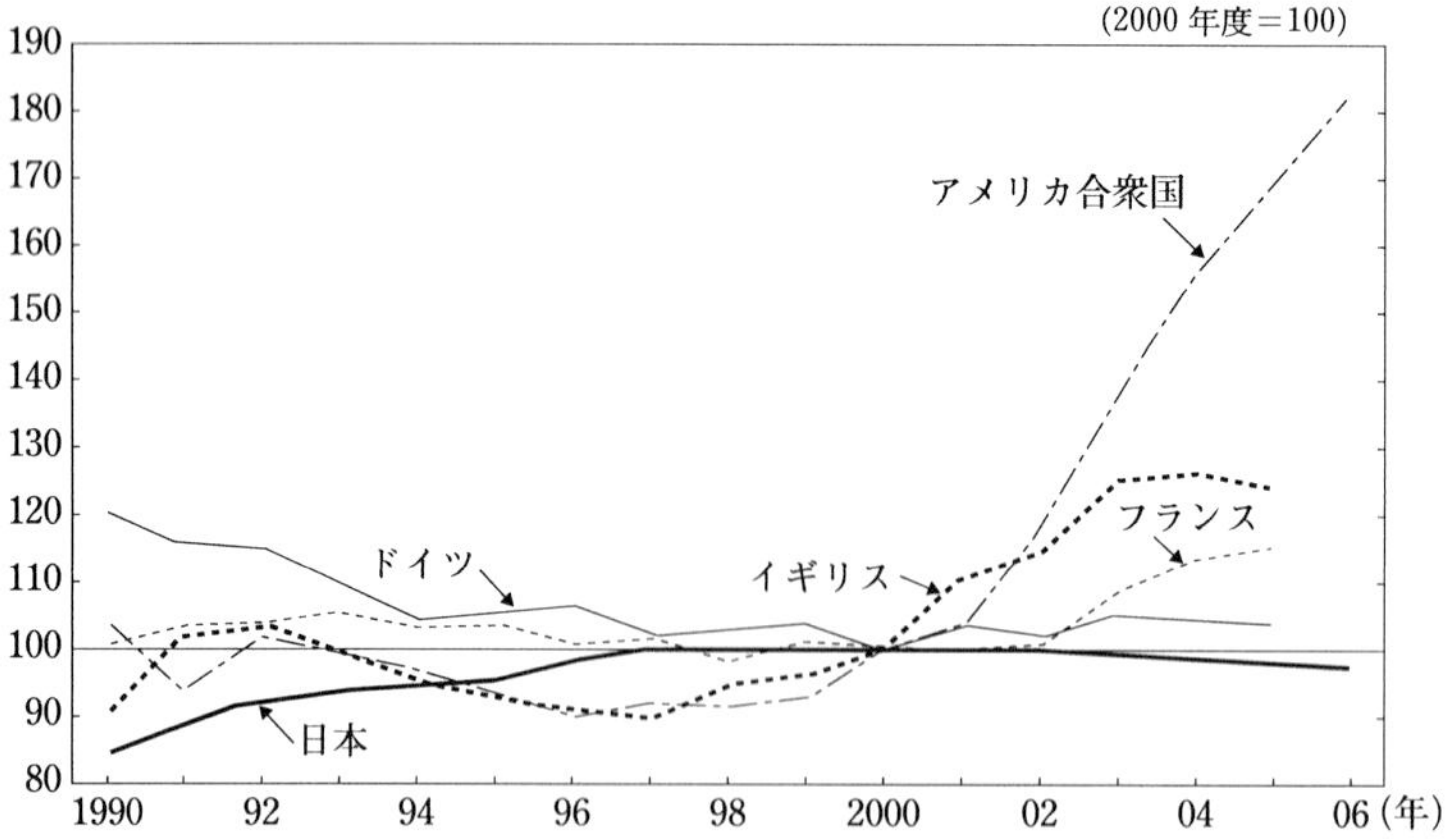

（出典）　防衛省「防衛白書」より作成. 原資料は各国の予算書および国防白書で，指数は各国通貨によるもので算出. ただし，フランスとドイツは 2002 年度からユーロに変更したため，対前年度伸び率から防衛費を逆に算出. イギリスは 2001 年度より予算算出法を変更したため，前後は厳密に接続しない. 1997 年度からの日本の予算は SACO（沖縄に関する特別行動委員会）関連の経費を含んだもの.『世界国勢図会 2007/08』496 頁による.

たすらに衰退に向う様は、そのイニシアチブをとったリーダーたちの歴史的、社会的、政治的責任をも示す壮大な歴史劇のようでさえもあった。

佐藤の著書・論文は、「世界の憲兵」の役割をまたぞろ買って出て、アフガン・テロ戦争と対イラク戦争による巨大な軍事支出および空前の数字の「双子の赤字」をもたらしたブッシュ（Jr.）政権下の状況には及んでいない。惜しまれる検討の余白であるが、それは、佐藤やデイグラスの結論的な指摘を否定または修正するような状況にはないようである。二〇〇三年、二〇〇四年、二〇〇五年のアメリカの国防支出は、それぞれ、四〇四九億ドル、四五五九億ドル、四九五三億ドルに達している。レーガン政権末期をはるかに超えている。連邦財政の赤字は、二〇〇四年度には四一二七億ドルに達し、その国際経常収支の赤字は、二〇〇五年度には八〇四九億ドル（貿易収支の赤字は同年八二五二億ドル）に達している（**別表12**、**別表13**を参照）。明るい展望をもちうる経済・財政状況にはとうていないようである。*

別表 13　主な国の入出超額の推移

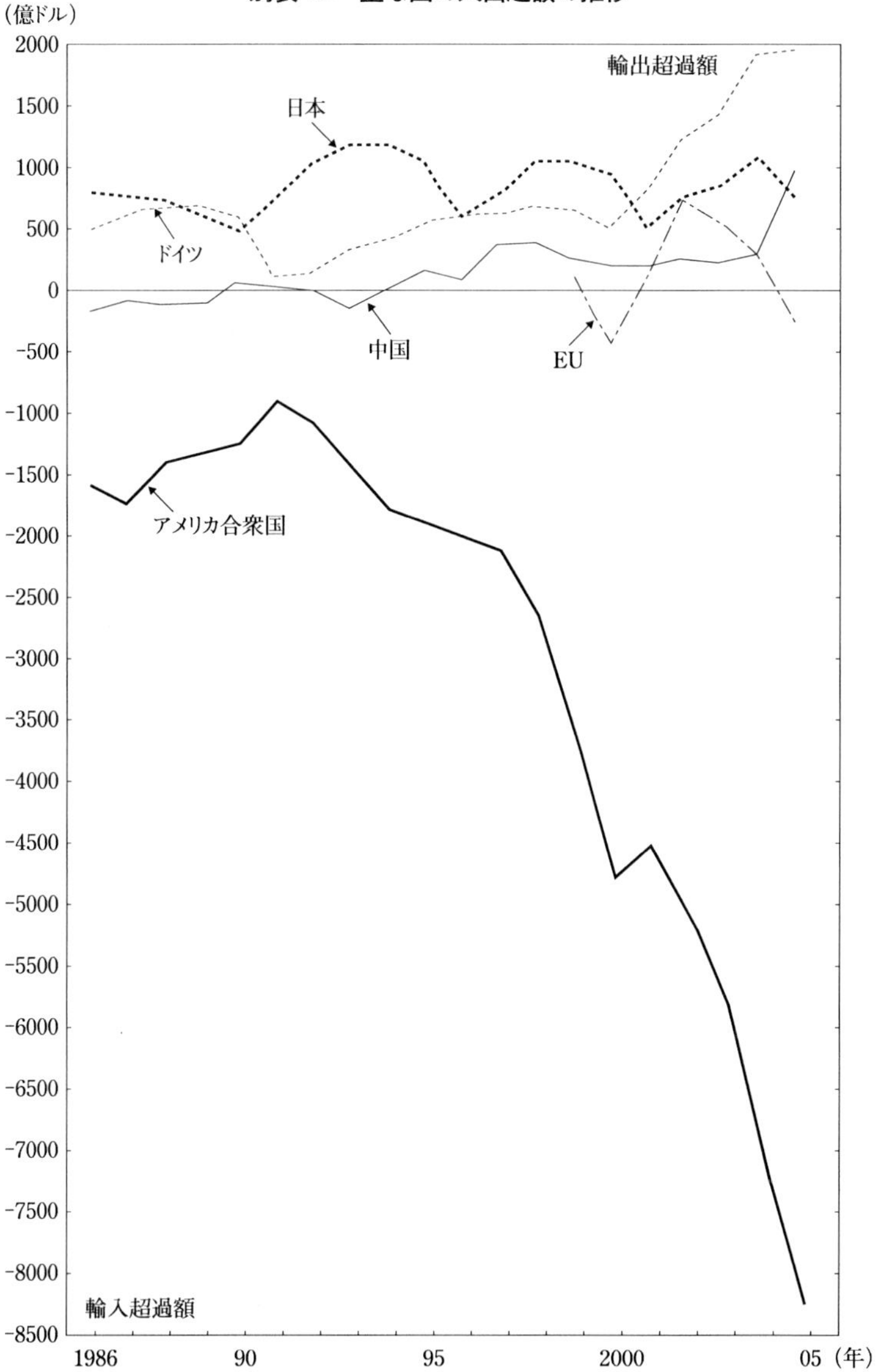

(出典)　国連貿易統計年鑑および国連統計月報（2007 年 2 月号）による．EU は 25 か国（加盟国は過去にさかのぼり修正されているため，当時の加盟国と一致しない）．ドイツは，1990 年までは旧西ドイツの数値．『世界国勢図会 2007/08』342 頁による．

＊　二〇〇八年早々にチャルマーズ・ジョンソン（Chalmers Johnson）が「軍事ケインズ主義の終焉」と題して、アメリカ合衆国の危機的な経済財政状況を折出する小論を雑誌『世界』二〇〇八年四月号に発表している。[67] その要点は、以下のようである。

(1)　まず、総論的に以下の三点をアメリカの債務危機の特色として指摘する。

①二〇〇八年度においても、合衆国の安全保障となんの関係もない「防衛」プロジェクトに正気とは思えない巨額が支出されているが、最富有層の税負担率は驚くほど低く据えおかれている。②アメリカでは、国内の製造業が衰退し続け仕事を海外に奪われ続けても、巨額の軍事支出をしていれば経済は維持できる、となお信じられている。いわゆる「軍事ケインズ主義」（"military Keynesianism"）である。「軍事ケインズ主義は、戦争を頻繁に行うことを公共政策の要とし、武器や軍需品に巨額の支出を行い、巨大な常備軍を持つことによって、豊かな資本主義経済を永久に持続させられると主張する」[68] 誤った信仰である。③アメリカは、軍国主義にすべてをかけて、社会的インフラなどアメリカの長期的繁栄のために必要な投資をないがしろにしている。公教育、健康保険、環境問題も放棄状態にあるが、なによりも問題なのは、民需のための製造業が競争力を失ってしまったことである。

(2)　各論的に、上記の諸特色を以下のように解説する。

①財政破綻をもたらす巨額の軍事支出である。「米国防総省の〇八年予算は、他のすべての国々が抱える軍事予算の合計額を上回る（四八一四億ドル）。現行のイラクとアフガニスタンでの戦争は、この公式予算に含まれていない。……〇八年度の防衛に関する支出は一兆ドルを超えると見込まれる。史上初めてのことだ」[69]。アメリカの軍事支出は、国防総省の予算のみではなく、他省庁の予算にも含まれる等、多様な形態をとって支出されている。「信頼できる経験則がある。ペンタゴンが（いつも鳴り物入りで）発表する基本予算の総額を見て、その二倍が本当の予算だと考えれば、ほぼ間違いない」[70] とする専門家の見解も紹介している。そして、「合衆国の現会計年度（〇八年度）における軍事支出は、控えめにみても、合計で一兆一〇〇〇億ドルを下らない」[71] と推計する。

②軍事ケインズ主義はなにをもたらしたか。アメリカは地上でもっとも豊かな国になるはずであった。事実は正反対であった。たとえば国際経常収支である。「合衆国は第一六三位。最下位である。大きな貿易赤字に苦しむオーストラリアや英国より下だ。〇六年の経常収支を見ると一六二位のスペインが一〇六四億ドルの赤字だったのに対して、合衆国は八一一五億ドルの赤字を出している(72)」。軍需産業が民需産業を圧倒し、アメリカ経済が弱体化してしまったためである。また、二〇〇七年一一月七日、アメリカ財務省は、国家債務が史上初めて九兆ドルを突破したと発表した。これも巨額な軍事支出の継続の故であった。軍事ケインズ主義は、経済にとっても財政にとっても自殺行為となる。

③アメリカ経済は、空洞化した。「国内の大手製造業をことごとく国防総省の専属企業にして、何の投資価値もなく消費もできない武器という製品を作らせ続けたために、民間経済が停滞していった(73)」。一九四〇年代から一九九六年まで、アメリカは、核兵器の開発・実験・製造に五兆八〇〇〇億ドル以上を費やし、ピーク時の一九六七年には三万二五〇〇発もの原水爆を保有していた。そのようにして雇用の目的のためだけに、不必要な仕事をつくり出した。「二一世紀に入ってアメリカの製造基盤はほぼ消滅してしまった。その主な原因のひとつが、設備や器材などの資本資産を近代化または交換しなかったことにある(74)」。

(3) 総括的に以下のような指摘をする。①「アメリカが被った損害〔の相当な部分は回復〕できないだろう(75)」。②緊急に以下の措置をとるべきである。「ブッシュ政権が二〇〇一年と二〇〇三年に実施した高額所得者に対する減税策を廃止する。さらに、この帝国が世界各地に築いた八〇〇を越える軍事基地を撤去する事業に着手する。防衛予算から、安全保障に何の関係もないプロジェクトをすべて切り捨てることも必要だ。そして、防衛費をケインズ主義の〔雇用〕プログラムに使うことを止めなければならない(76)」。③「このような対策をとれば、危機をどうにか切り抜けられるかもしれない。もし何の対策を取らないなら、おそらく国家は破産し、長い恐慌の時代を迎えることになる(77)」。

一九二九年の再来またはそれを超える事態の出現のさしせまったおそれが、アメリカにおける軍事ケインズ主義の帰結として指摘されている(78)。

佐藤の研究においては、アメリカ資本主義体制下においては、軍拡の問題を処理できないのではないかとする疑念が通底しているように見える。社会国家（福祉国家）理念も、侵略戦争の放棄・国際紛争の平和的解決等「戦争の違法化」原則も、憲法に明示していないアメリカ資本主義体制だから、軍拡政策を阻止できなかったのか、それとも憲法にそれらの明示があっても、資本主義体制は、軍拡を求め、ときに国際法を無視して帝国主義的行動に走ることが避けがたくなるのか、なお問われる。

佐藤は、軍拡・戦争が資本主義体制を蝕み、社会経済的弱者に「人間らしい生活」の保障をむずかしくすることを指摘している。人類は、二〇世紀末に「ソ連＝東欧型社会主義憲法体制」が軍拡を主因とする経済・財政の破綻によって崩壊した経験をもっている。いままたアメリカの同様な難局に立ち会っている。資本主義・社会主義の経済体制のいかんにかかわらず、徹底した軍縮・平和・戦争の違法化原則およびすべての国民に対する「人間らしい生活」の保障の諸原則によって未来をきり拓くほかはない。米ソの厳しい負の経験のうちに経済体制の相違をこえて、共通の基本課題を読みとらなければならないようである。

しかし、ディグラスの場合にもいえることであるが、ここでも、どのような政治のあり方によって、その基本的諸課題を解決していくかが問われている。

IV　ジェンダー論と環境政策論からの問題の提起

現代資本主義憲法的な対応とその強化の必要性を論証する社会諸科学等は、当然のことながら、これまで若干立ち入って見てきた社会政策学、総合的な経済政策学、「平和のための経済学」に限られない。たとえば、「法女性学」を含むジェンダー論や学際的な環境政策学などから看過するわけにはいかない重要な問題提起がされている。看過することができない生活現実があるからである。しかし、これらの問題については、ここで立ち入って検討する余裕も能力ももっていないので、若干の参考文献をあげておくにとどめたい。

一　ジェンダー論の場合

現代資本主義憲法は、性差別を明示的に禁止している。しかし、長年にわたる性差別の現実は、それも普遍的超実定法的慣習として根をおろしている差別状況の下では、憲法や条約に若干の禁止規定を設けるだけで克服できるほどやわではない。憲法や条約を具体化すべき法律はその具体化を怠りがちであり（たとえば平等処遇の義務に憲法または条約上根拠のない「合理的差別」を認めたり、その法的義務を「努力義務」にすりかえたりする）、法律で具体化してもそれを実施するために必要不可欠な諸条件の整備（産休、育児休暇、保育施設等々の保障）をしなければ、性差別の禁止の法律は現実には機能できない。ここでは、以下の文献をあげておきたい。

金城清子『法女性学』一九九一年

金城清子＝辻村みよ子『女性の権利の歴史』一九九二年
糠塚康江『パリテの論理』二〇〇五年
西村裕美編訳『韓国フェミニズムの潮流』二〇〇六年
辻村みよ子『ジェンダーと人権』二〇〇八年（『女性と人権』一九九七年の改訂版）

二　環境政策論の場合

環境問題は、もろもろの地球環境の破壊に見られるように、現在では、遠くない将来に人類の存続を不可能としかねないほどの危険性をもつに至っている。しかし、現代憲法では時代の基本課題としての扱いはなく、若干の憲法が若干の言及をしているにすぎない。* 憲法への基本課題としての登場はこれからのことのようであるが、その先駆をなすものとしては、フランスの二〇〇四年の「環境憲章」（二〇〇五年に憲法前文に追加挿入されて、憲法的効力をもつに至っている）をあげることができるであろう。** ここでは、以下の文献をあげておきたい。

都留重人『公害の政治経済学』一九七二年
宮本憲一『環境経済学』一九八九年、同新版二〇〇七年
大来佐武郎監修『地球環境と経済』一九九〇年
宮本憲一『環境と開発』一九九二年
M・A・シュラーズ（Miranda Alice Schreurs）『地球環境問題の比較政治学』二〇〇七年（長尾伸一＝長岡延孝監訳）

＊　①立法等を通じて、自然的生活基盤および動物の保護を求めるドイツ連邦共和国憲法第二〇ａ条、②国民に環境保全の義務を課しかつ環境権の内容を法律で定めるとする韓国憲法第三五条、③自然的生活基盤の永続的維持を連邦の内外政策目的とすることを求めるスイス連邦憲法第二条四項・第五四条二項、④環境保護を連邦・国家・地方自治体等の課題としかつ各人に良好な環境に対する権利・環境についての情報請求権・環境の違法侵害により健康または財産につき損害を受けた者に賠償請求権を認めるロシア連邦憲法第四一条一項と第四二条、⑤生活環境・生態環境を保護・改善しかつ植樹造林を組織・奨励し森林樹木を保護する国の任務を定める中華人民共和国憲法第二六条等が、現代憲法における例外的事例である。

④のように若干の具体的な権利保障をしている憲法もあるが、これらの例外的な憲法の大部分は、環境の保護・保全について、原則として、国民の具体的な権利保障にまで至ることができず、国の保護義務についても具体的な方法・基準・対象等は法律にほぼ白紙委任されている状況にある。

＊＊　二〇〇四年に制定され、翌年に憲法前文においてその権利と義務の部分につき憲法的効力を与えられたフランスの「環境憲章」(Charte de l'environnement) は、環境問題が現在の基本課題であることを承認し、それに対処するための基本方針を以下のように提示している。

まず、前文では、自然的な資源と均衡が人類の出現をもたらしたこと、人類の未来と存在自体が人類を取りまく自然環境と不可分の関係にあること、環境が人類の共有財産であること、人間が生活の諸条件とその発展についての影響力を強化していること、生物の多様性、人格の開発および社会の発展が消費または生産のある種の様式および天然の資源の過度の開発によって影響を受けていること、環境の保全が他の重要な国民的利益と同様に追求されなければならないこと、持続可能な発展を確保するために現在の必要に応ずる選択が、将来の世代および他民族の固有の必要を充足する能力を損ねてはならないこと、を考慮して、以下のように宣言する、としている。

第一条「各人は、均衡がとれ、かつ健康が尊重される環境のなかで生きる権利をもつ。」
第二条「何人も、環境の保全と改良に参加する義務をもつ。」
第三条「何人も、法律の定める要件に従って、環境に損害を与えることを回避し、またそれができない場合には、その損害を小さくしなければならない。」
第四条「何人も、法律の定める要件に従って、環境に与えた損害の賠償に寄与しなければならない。」
第五条「損害の発生が、科学的知識の現状では不確実であっても、発生すれば重大で回復困難な影響を環境に及ぼす場合には、公的機関は、損害の発生に備えて、自己の権限の範囲内で予防原則に従い、危険評価手続を実施しかつ比例原則に従って暫定措置をとるようにつとめる。」
第六条「公的政策は、持続可能な発展を促進するものでなければならない。それ故、公的政策は、環境の保護と開発、経済発展と社会の進歩を調和させる。」
第七条「何人も、法律の定める要件と制約に従って、公的機関が保有する環境にかんする情報にアクセスする権利、および環境に影響を与える公的決定の作定に参加する権利をもっている。」
また、第八条は環境にかんする教育・訓練が本憲章の権利・義務の行使に寄与するものであることを求め、第九条は研究と技術革新が環境の保全と活用に寄与することを求め、第一〇条は、本憲章がフランスの対外活動の指針となることを求めている。(79)

第八章　現代・現在の基本的諸課題を解決する「民主主義」の問題

I　はじめに

これまで、主として第七章で、現代・現在の基本的諸課題の解決を社会主義体制のものとするのではなく、資本主義体制の現代・現在の課題として解決すべきことを論ずる社会諸科学の諸提案を見てきた。現代資本主義憲法が、不十分ではあってもそれをもふまえて明文でそれらの解決を求めている、という事情もある。この点は、近代資本主義憲法の段階と明確に異なっている。社会主義体制に解決をあげてゆだねるとする議論は、現代・現在の基本的諸課題を的確に解決しうる社会主義体制が存在しない現状においては、説得的ではない。それに、性差別・社会国家（福祉国家）・戦争・軍拡・環境などの基本的諸課題を資本主義体制の故に解決不能とすることは、資本主義社会とそこにおける人間の可能性を過度に固定的に把握することになるだけでなく、とくに現代資本主義憲法下の現在、国民的規模で、さらには世界的規模で市民のうちに根をおろし始めている平和・人権・民主主義の意識の強化を軽視することにもなる。たとえばイラク戦争を批判する世界の市民運動はそれを示す象徴的な経験であった。イラク戦争に積極的に関与した主要国においては、政権党がほぼ例外なしに政権の座から退くことを余儀なくされるような厳しい批判をその有権者・市民から受けている。そして、なによりも問題なのは、提起されているこれら諸課題の解決が、現在においては、民族と人類の存続の条件となっていることである。本格的な核戦争、「抑止力論」的軍拡による経済・財政の破綻、地球環境の破壊等は、そのことを明示している。

現代資本主義憲法に導入されている諸原理とそれを具体化した諸規定およびそれらの正当性と強化の必要性を論証する社会諸科学の成果をふまえて、現代資本主義憲法下で、現代・現在の基本的諸課題の解決と本格的な取り組みをすることが不可避とされている。それは、二一世紀の初頭の回避するわけにはいかない基本的諸課題である。

しかし、そのためには、もう一つ大きな検討課題が残っている。それは、これまで見てきたような現代・現在の基本的諸課題を積極的に処理しうる政治（権力）のあり方の問題である。市民の意識は諸課題解決の原動力となるものではあるが、諸課題の具体的な解決のためには、それを政治（権力）のあり方を規律しうる憲法的制度として組織化しなければならない。

①近代資本主義憲法体制下の「陰」の問題は、現代資本主義憲法においては、克服すべき基本的諸課題とされている。性差別の禁止（両性の平等）、すべての国民に対する「人間らしい生活」の保障（社会国家＝福祉国家、文化国家）、侵略戦争の放棄・国際紛争の平和的解決（戦争違法化の原則）等として、克服の原理が、ときにはその具体化の方法を伴って、明示されている。その意味では、それらの積極的な具体化は、法的には、憲法の遵守（立憲主義）・国際法の遵守（多くの現代資本主義憲法はそれを憲法上の義務としている）の問題として提起されている。現代資本主義憲法と国際法を軽視する国は、近代の「陰」をいつまでも存続させる反立憲主義の国となる（この点と関連しては、アメリカ合衆国のように、現在なお憲法典上に現代の基本的諸課題に対処する諸原理・諸規定を

明示していない若干の資本主義国があることを忘れてはならない)。いずれにしても、現代・現在においては、性差別、貧困と社会的格差、軍拡と戦争等の諸問題は、各国の現代化の度合を示すリトマス試験紙の役割を果している。

②現代資本主義憲法の基本的諸課題およびその現代資本主義憲法下で新たに提起されつつある諸問題(たとえば、地球環境問題、「例外なき自由化」を掲げる「グローバリゼーション」の問題、「南北問題」など)への積極的な対処とかかわって、もう一つ問題がある。それは、民主主義の問題である。近代資本主義憲法下の経験から明らかなように、市民のうちの一部のみが政治に関与する非民主的な政治は、全市民や多数の市民の利益のためではなく、一部の市民の利益だけを追求しがちとなるから、性差別、貧困と社会的格差、軍拡と戦争等の克服等を憲法上の基本課題とすることができず、憲法上の基本課題としていてもそれとの積極的取り組みを怠りがちとなる。憲法課題としてまだ明示されていない地球環境問題、「南北問題」やグローバリゼーションの問題については、とくにそのような対応が際立つことになる。政治の民主化をはかることなしに、これらの現代・現在の課題に的確な対処をすることはできない。

一　立憲主義の問題について

憲法の遵守は、権力担当者のもっとも基本的な義務である。「しかし、権力を担当する者がすべて権力を濫用しがちであるということは、永遠の経験の示すところである」(モンテスキュー『法の精神』第一一編第四章)。この指摘は、立憲主義体制下でも、公理性をもっているようである。日本国憲法は、「天皇又は摂政及び国務大臣、国会議員、裁判官その他の公務員は、この憲法を尊重し擁護する義務を負ふ」（第九九条）として、すべての公務員に憲法の尊重擁護義務を課している。しかし、政治の頂点にある首相が、「戦後レジームからの脱却」を明言し、憲法の明文と抵触する度合いの大きい「日米同盟」「集団的自衛権」や「例外なき自由化」を口にする。憲法の軽視は、日本で際立っているが、日本に限られることではない。主権者・国民が、憲法を理解して自己のものとし、権力担当者による権力の濫用を監視・統制することが、立憲主義体制にとって不可欠の条件となる。憲法の諸原理・諸規定の意味を理解することも重要であるが、「憲法による政治」の意味での「立憲主義」についても的確な理解をもたなければならない。

この意味での「立憲主義」については、別の機会にやや立ち入って検討しておいたので、ここでは、その要点を再確認するにとどめたい。以下のようである。

「日本国憲法は、アメリカ合衆国やフランスの場合と同様、主権者の名において制定されている。この主権者・国民は、憲法改正を国民投票で決定する国民と同義であり、『人民』〔people〕を意味する。その国民（人民）が憲法を通じて国会・内閣その他に権限としての統治権の分担を命じ、その担当者のすべてが憲法に従ってそれを行使することを義務づけている（第九九条）。主権者・国民が、権利としての統治権の所有者であるから、憲法を通じて〔その所有する統治権の行使を〕授権しかつその行使の手続と条件を制限しているのである。統治権の所有者〔主権者〕の授権・制限によらなければ、その所有者でない者はその行使にかかわることができない。授権規範・制限規範としての憲法である。所有者の授権によらない統治権の行使は統治権の簒奪となり、制限に反する行使は統治権の濫用となり、いずれも違憲無効である（第九八条一項）。〔国会・内閣等は、担当する権限の行使にあたっては、当然のことながら、その所有者（権利主体）である国民（人民）の意思に従い、かつ国民（人民）の利益のために行使しなければならない。」(1)*」。

このような立憲主義の理解の仕方は、国民主権(人民主権)の下においては、当然のことであり、憲法による明示的な授権がないのに、自衛隊という名の軍隊をもち、それを海外に派遣し、集団的自衛権の行使も認められるとすることは、立憲主義に反する「専制政治」の展開にほかならない。

* この立憲主義の理解と関連しては、アメリカとフランスの以下の諸規定がとくに参考になる。
一七七六年ヴァージニア州権利章典第二条「すべての権力は人民のものであり、したがって人民に由来する。統治の任にある者は、人民の受託者にして奉仕者であり、かつつねに人民に服従する」。

一七七六年ペンシルヴァニア州権利章典第四条「すべての権力は、本来人民に固有のものであり、したがって人民に由来するものであるから、立法権であれ行政権であれ、それを担当する政府の公務員は、すべて人民の受託者であり、つねに人民に説明責任を負う」。

一七八九年フランス人権宣言第三条「あらゆる主権(統治権のこと)の淵源は本来国民にある。いかなる団体も、いかなる個人も、国民から明示的に発するものでない権限を行使することができない」。

すでに紹介しておいたことであるが、フランス革命の理論的指導者であったシエイエスは、フランス革命の前夜(一七八九年一月)、『第三身分とはなにか』において、やがて出現する、国民代表制につき、①国民代表制になっても、統治権は国民の不可譲の財産であり、国民はその行使を委任しているにすぎず、「代表は、自己の固有の権利としてそれを行使するのではない。それは他人の権利である」、②代表は委任された限度で統治権を行使できるにすぎず、国民は国民代表等に対する委任の範囲と条件を憲法に明確に定めておくべきである、としていた。(2)

二　民主主義の問題について

近代資本主義憲法体制の段階においては、政治の民主化につき、一つの支配的な考え方があった。「政治の民主化は、不可避的に社会・経済の民主化をもたらし、資本主義体制の展開を困難としかつ不安定とする」というものである。「生産者の政治的支配と生産者の社会的奴隷制の永久化とは、両立することができない」とおきかえうることかもしれない。それ故、近代市民革命を経たフランスやイギリスにおいても、近代化の主役となったブルジョアジーは、近代の段階では、非民主的な政治に固執した。たとえば、「人民の、人民による、人民のための政治」を求めない「国民主権」（または議会主権）を原理として、国民代表制につき、選挙権・被選挙権を成年男性の有産者に限定する制限選挙制度をとり、かつ有権者の役割を議員の指名だけに限定する「純粋代表制」（古典的代表制・議会主義）として具体化した。有権者が議員の発言・表決を拘束する「命令的委任」は憲法上禁止され、選挙公約に反する「発言表決の自由」（免責特権）も当然のこととされ、かつ有権者集団（選挙人団）に総選挙の際に提示してその承認をえていない重要問題の処理についても、その判断を求める議会の解散は、国民代表制に反するものと解されがちであった。このような民意から超然とした国民代表制と同様の観点から、「人民による、人民のための政治」をもっともおこないやすい地方自治も、近代の段階では軽視された。地方公共団体を中央政府の末端行政機構とする中央集権体制が当然のこととされていた。

当時のブルジョアジーは、このような非民主的な政治制度によって、賃労働者をはじめとする民衆層の要求を封殺し、「自由放任」の近代資本主義体制の整備発展を確保しようとしていた。

この段階においては、民衆層、とくに労働者階級は、近代資本主義憲法体制外の社会主義と「人民主権」によって、近代資本主義憲法（その下での近代資本主義）体制の「陰」の克服をはかるほかはなかった。事実、近代の段階においては、資本主義体制の根元的な批判・否定と社会主義体制の実現・維持を課題とし、かつ「人民による、人民のための政治」を徹底して求める「人民主権」論が、近代資本主義憲法（近代資本主義）体制につねに批判者として伴走していた。西欧の一九世紀前半の多様な社会主義思想と一八七一年のパリ・コミューンを経由して現代に至る労働運動・社会主義運動は、そのことを示している。ヨーロッパの左翼は、フランスを越えて、ほぼ一様に「人民主権」を掲げていた。ジャコバン的中央集権的「人民主権」論のような系譜もあるが、「人民主権」論は、「人民による、人民のための政治」を求めるものとして、それ故に「充実した地方自治」の体制をも求めるはずのものであった。フランス革命期のサン・キュロット運動や一八七一年のパリ・コミューンは、その象徴的事例であった。

現代資本主義憲法（や現代国際法）は、資本主義体制を維持しつつも、その基本的諸課題を解決し、さらに現代資本主義憲法下で発生した新しい基本的諸問題にも対処しなければならない。それをおこないうる民主主義のあり方が問題となる。資本主義体制をとっているから、民主主義の強化は、不可能だといっているわけにはいかない。現代資本主義憲法の対応とそれを促す憲法学の動向が問題となる。この問題については、すでに第四章IIの**四**「民主主義の強化の動向――『人民主権』への傾斜」で、とくに現代資本主義憲法下における憲法政治の動向を見ておいたので、ここでは、主として憲法学説や憲法運動の動向を次のIIで見ておくことにしたい。

II　現代資本主義憲法下における「人民主権」論の展開

一　資本主義体制における「人民主権」「人民代表制」への動向

外見的立憲主義型資本主義憲法の場合を別として、近現代の資本主義憲法は、個人の尊重を基底に据え、各人の自由と平等を宣言している。その前提の下では、政治における平等の原理である「人民主権」の要求を、資本主義体制を理由に拒み続けることはできない。資本主義憲法に導入されている主権原理が「人民による、人民のための政治」を必然としない「国民主権」（またはその変型としての議会主権）であることを楯として、たとえば選挙権・被選挙権を成年男性やその一部のみに限定し続けることはできない。「国民主権」は、男女平等の直接普通選挙を必須とはしていないが、それを絶対的に拒否しているわけでもない。自由と平等が憲法で宣言されているのであれば、その原理の下でもほぼ必然的に政治的平等の方向に向っていく。憲法でその宣言がされていない場合であっても、人間が人間として出生し、人間として生きようとしている限り、同様であろう。それに、性差別の禁止、すべての国民に対する「人間らしい生活」の保障、侵略戦争の禁止・国際紛争の平和的解決およびそれら問題解決に不可欠な政治参加の平等の保障は、本来、民衆層の生活に内在する基本的な要求でもあった。近現代の資本主義憲法の歴史からも明らかなように、君主主権を原理として個人の自由平等を宣言していなかった国においても、制限選挙制度から男女平等の直接普通選挙制度への移行は、避けがたいことであった。資本主義体制において「人民主権」の原理の必然性を強調したA・トクヴィルは、「平等化への発展は普遍的であり、永続的であり、日々人の力を超えて進んでいる」「それは神の摂理による事実である」とし、「人民主権」は政治的平等の原理であるから、その展開を阻止することができない旨を強調していた。(3) 示唆に富む指摘である。

不平等で反民主的な政治は、とくに西ヨーロッパ一九世紀の経験から明らかなように、女性・労働者を含む民衆層を人間疎外の状況に陥れ、資本主義体制を賭ける階級闘争をもたらす。「国民主権」下の政治の現実は、ほぼ一貫して「人民主権」の方向に変動している。

二　資本主義体制下における「人民主権」体制への変動を正当化する憲法論

西欧の諸国においては、一九世紀末から二〇世紀にかけて、「国民代表制」のあり方が大きな変動を続けている。その第一は、「議会主義」「純粋代表制」「古典的代表制」から「議会制民主主義」「半代表制」「現代代表制」への転換の動向である。その第二は、「議会制民主主義」「半代表制」「現代代表制」における「比例代表制」「社会学的代表制」への転換の動向である。

直接普通選挙制度の導入（男性直接普通選挙制度、さらには男女平等の直接普通選挙制度の導入）、近代的組織的大衆政党の出現と政党中心の公約選挙の一般化（議会で議決しようとする重要問題については総選挙の際にその基本方針を有権者に提示してその承認をえておかなければならないとする慣行、憲法慣習法または憲法制度の出現）、議会解散の制度（有権者・人民の承認をえていない重要問題を議会で審議・議決しようとする場合には議会を解散して有権者・人民の判断を問わなければならないとする慣行、憲法慣習法または憲法制度の出現）、例外的な直接民主制の導入（とくに重要な問題についての人民投票、人民拒否、人民発案や重要な権限担当者についてのリコール制の導入）などが、第一の転換の主内容である。

この第一の転換を前提としたうえで、現代、とくに現在においては、比例代表制を典型とする、有権者・人民の意思の分布状態を議会構成に正確に縮図として転写する選挙制度を求めるものが第二の比例代表制・社会学的代表制である。西ヨーロッパ諸国のうちでこの代表制を拒否しているのは、現在においては、小選挙区一回投票制をとるイギリスと小選挙区二回制をとるフランスの二国だけのようである。

第一と第二の転換の動向の基礎には、「人民による、人民のための政治」を求める「人民主権」原理の影響があることは間違いない。このような転換の動向については、すでに見ておいたので、ここではそのような転換の動向を指摘し、かつその動向の促進に大きく寄与した代表的な憲法研究者の学説の要点を簡単に紹介することにしたい。

1　議会制民主主義・半代表制・現代代表制のための憲法論

(1)　A・V・ダイシー等の場合

「古典的代表制」から「現代代表制」への転換を、イギリスの場合について、おそらく最初に説得的な指摘をしたのは、ダイシーであった。彼は、一八八五年に公刊した名著『憲法研究序説』(Introduction to the study of the law of the constitution）で、イギリスにつき、男性普通選挙制度類似の選挙制度が導入されたことに伴って、法的には「議会主権」がとられているにもかかわらず、「人民」が「政治的主権者」(political sovereign）として登場し、国民代表制が以下のように転換したとしていた。「代表制の要点は、立法府が……選挙人団つまり人民の多数の意思を表明しまたは実行しなければならないことである」[4]として、代表の概念が変ったことを指摘し、かつ「近時においては、議会の解散にかんする諸ルールは、他の憲法習律（constitutional convention）と同様に、国の真の政治的主権者としての選挙人団の最終的優位の確保を狙いとしている」[5]として、代表概念の転換が単なる事実上のものではなく、裁判所で適用されるものではないが憲法慣習法上のものであることを明らかにしていた。議会と人民の意思が異なる場合、異なると推定される場合には、解散はつねに許されるしまた必要とされるとしていた。このようにして、ややまわりくどい方法によってではあるが、「人民主権」による政治のあり方がイギリスで保障されるに至った、としていた。

ジェニングス（William Ivor Jennings）は、二〇世紀の中葉に、総選挙が、重要な政策はあらかじめ人民に提示され、その実施は人民の支持を条件とするという、いわゆるマンデイト（委任）の原理の実行手段となっていることを指摘している。総選挙は、首相と与党に、人民に提示された一定重要政策についてそれを実施する権限と義務を与え、人民に提示されなかった重要政策についてはその実施を禁止する義務を課す、というものである。それ故、人民の事前の承認をえていない重要問題が発生した場合には、政府与党は、現議員の任期満了に伴う総選挙までその処理を延期するか、または議会を解散して人民の承認を求めるか、いずれかを義務づけられることになる、とする[6]。また、解散については、二〇世紀前半においては、重大問題について庶民院（下院）と内閣が対立した場合、前内閣が解散の手続きをとらずに総辞職している場合、前回の総選挙の際に人民からマンデイトをえていない重大問題が発生した場合等におこなわれていたようである[7]。

(2) A・エスマンの場合

一九世紀末に、「純粋代表制」（le gouvernement représentatif pur）と「半代表制」（le gouvernement semireprésentatif）の名称を用いて、「古典的代表制」と「現代代表制」の相違および前者から後者への転換の動向を、危惧の念をもちつつ、明らかにしようとしたのは、フランスのA・エスマン（Esmein）であった。

エスマンは、主権者が統治権の行使に一切関与せず、かつ有権者の役割を議員の選任に限定する「純粋代表制」（古典的代表制）につき、「国民自身による直接民主制の代替物としてではなく、それよりも好ましい政治制度」「それのみが入念に準備されかつ効果的に審議された開明的な立法を確保できるもの」[8]として、歴史の進歩と人間の智恵の所産だとしていた。

彼は、一九世紀末に、その「純粋代表制」とは異質の「半代表制」が登場しつつあることを以下のように指摘していた。

ヨーロッパでもアメリカでも、代表制の基本原則のあるものを放棄して、新しい異質の要素を導入しようとする傾向がある。それは、とくに次の四点である。①一院制への傾向、②命令的委任緩和の傾向、③人民投票制導入の傾向、④少数代表制の展開、である。「それらは、〔純粋〕代表制の特質と背反し対立するものである。……それらは、別の政治形態の論理的メカニズムに属するものだからである」[9]。

このような諸制度を導入する傾向にある場合には、「代表制は、事実、第二のそしてまったく別の方法で理解され運用されることが可能である。代表制は、そこではもはや直接民主制の代替物にすぎず、直接民主制自体が矯正剤としてまた補完物としてときおり入りこんでくる」[10]。イギリスの学者は、この政治形態を「受任者による政治」（gouvernement par délégués）と呼んでいる。フランスでは、他国以上に強くこの傾向が見られるが、まだ固有の名称を与えられていない。「半代表制」の名称を提案する。

「この政治形態は、その淵源を〔「人民主権」の主唱者〕ジャン・ジャック・ルソーのうちにもっている。……

その中核をなしている原理は、ビールスのごとくあるいは酵素のごとくひそかに現代民主主義に働きかけることをやめない」「半代表制は、ただ一つの目的を追う。選挙人の多数によって表明された真の国民意思を可能なかぎり正確に表明し執行することである」[11]。

「半代表制」は、まだ完全な形では実現されていない。

エスマンは、一八九四年に、フランスの『公法・政治学雑誌』(Revue du droit public et de la science politique en France et à l'étranger)の創刊号に発表したその記念碑的論文「二つの政治形態」において、従来の「純粋代表制」が「人民主権」に立脚する「半代表制」にとって換られる傾向にあることを、フランスを越えた憲法政治の動向として指摘していた。

(3)　カレ・ド・マルベールの場合

フランス憲法学において、「国民主権《ナシオン》」と「人民主権《プープル》」が異質の原理であることを、はじめて認識論的に提示したのは、カレ・ド・マルベール(Carré de Malberg)であった。『国家の一般理論への寄与』(Contribution à la théorie générale de l'état, 2 vols., 1920–1922)と題した大著においてのことである。フランス革命は、一七八九年人権宣言では「人民主権」を樹立することを宣言したが、続く一七九一年憲法で現実に樹立・施行したのは、「人民による、人民のための政治」を必然としない「国民主権」であった。一七八九年人権宣言をかくれみのにした「国民主権」の樹立と実施である[12]。事実、フランスにおいては、一九世紀前半を通じて男性制限選挙制度がとられていたし、女性に選挙権が認められたのは第二次世界大戦後のことである。

しかし、カレ・ド・マルベールは、一九三一年に、フランスの『公法・政治学雑誌』に発表した「議会制と人民投票制の結合にかんする理論的考察」(Considérations théoriques de la combinaison du referendum avec le parlementarisme）において、「人民主権」の観点から議会制について本格的な転換の必要性を説いていた。[13] ①フランス第三共和制下においても、その議会制は、一七八九年人権宣言の場合と同様に、選挙による「人民代表」の観念と「一般意思の表明としての法律」の観念によって基礎づけられていると説明されている。これらの諸観念を前提とする限り、「人民」の立法参加を排除する議会制は、その諸観念と矛盾するものでしかありえない。②それ故、「人民代表制」においては、「人民が欲するたびに、立法問題への人民の介入を認め、さらに人民が介入する場合にはその意思を優越させる可能性を人民に確保[14]」すべきだ、とする。③一九三一年に公刊されたカレ・ド・マルベールの『一般意思の表明としての法律』（La loi, expression de la volonté générale）では、②の具体的方法として、「人民拒否」の制度（veto populaire,「市民に、両院によって採択された法律につき異議を申し立てる権利、およびその異議が十分な数を集めた場合その法律につきその成否を最終的にきめる人民投票を惹起する権利」を認める制度）と「人民発案」の制度（initiative populaire,「議会は採択を拒否しているが、市民の多数が求めているような法改正または新立法のための手段を、人民が立法府の外のみずからの側に所持していないのであれば、一般意思の優越は不完全なものにとどまるからである」）を提起していた。[15]

2　比例代表制・「社会学的代表制」のための憲法論

「半代表制論」が登場し始めた頃、憲法学においてはもう一つの代表制論が歩み始めていた。比例代表制論・社会学的代表制論である。この議論も国民代表制の民主化を求めるものであった。その正当化論は多様であったが、国民代表制のあり方にかかわるものとして、憲法論としては主権原理に依拠せざるをえないはずのものであった。たとえば、「国民主権」や「議会主権」の下においては、有権者集団（人民）は主権者ではなく、また国民代表府は選挙人団から独立して国家意思を形成表示する地位にあったから、憲法に特別の規定がない限り、「人民」の意思を議会構成にどのように反映させるかは、選挙人団の意思を立法にどのように反映させるかの問題と同じく、単純な立法裁量の問題となる。小選挙区一回投票制をとるか、小選挙区二回投票制をとるか、比例代表制をとるか、またはその他の方法をとるかは、国民代表府（議会）が自由に決定できる。

しかし、直接普通選挙制度が一般化し、「人民主権」が市民の憲法意識として定着し始めると、「人民」の意思を法律とすることを求める「半代表制」への動きが強まるだけではなく、「人民」の意思を議会構成に公平に反映する比例代表制を典型とする「社会学的代表制」も求められるようになる。「人民主権」の下では、「人民」の意思による「人民」の利益のための政治が求められるが、「人民」の意思・利益が「人民」を構成する各市民の意思・利益の集積となることも求められる。直接民主制が理念とされるのは、その故である。「人民」の意思が一枚岩的でないところからすれば、比例代表制を典型とする社会学的代表制も当然のこととなる。

(1)　**M・デュヴェルジェの説明**[16]

二〇世紀の最後の四半世紀になると、西欧の諸国においては、イギリス（小選挙区一回投票制）とフランス（小選挙区二回投票制）を除いてすべての国が比例代表制を導入するに至っている。デュヴェルジェは、この制度を「社会学的代表制」として整理し、その問題点も指摘している。

①従来の代表制論においては、「代表」（représentation）の語は、法的意味で用いられていた。「代表とは、委任者（ここでは選挙人）という人格が、受任者（ここでは当選者）という他の人格に、委任と呼ばれる本人の地位において行動する権能を授けることに対応する」[17]。

②社会学的代表制においては代表の語がそれとは別の意味で用いられる。「代表という語が、そこでは受任者

と委任者という二つの人格の間における法的関係をもはや指示せずに、選挙において表明された世論とその帰結である議会構成の間の事実上の関係を指示し、両者の類似性がそこにおける代表を規定する。当選者は、受任者が委任者を代表するようにではなく、写真が被写体を現わすように、その選挙人を代表する、といわれる[18]」。

③しかし、この写真性（写実性）を強調してはならない。類似性の確保を口実にしつつ、選挙制度がそれをゆがめがちとなる。「写真においては写真機は受動的であるが、選挙はその写真より画家が事実を解釈して描き出した絵画に似る。そこでは、代表に課されている枠組みが、社会の深層構造（structures profondes）を表現しているか、世論の根本的な断層に対応しているかが問われることになる[19]」。

⑵　若干の補足

右のデュヴェルジェの指摘は、法学的代表制から世論（民意）の分布状態と議会構成の類似性を重視する社会学的代表制への動向を示すものとして注目に値する。「一世紀以上前に開発された比例代表制は、一九世紀末以降徐々にほとんどすべての西ヨーロッパで導入された。イギリスとフランスだけが世界のこの部分ではそれに抵抗している[20]」状況にある。しかし、なお、以下の諸点に留意すべきであろう。

第一は、社会学的代表制の現実体が政党単位の比例代表制であるところからわかるように、それは半代表制を排除して展開しているわけではなく、それと一体をなすものとして展開していることに留意したい。「人民主権」に根差す半代表制の展開が不可避的であれば、社会学的代表制の展開も同様にして不可避的となる。背反関係にあるわけではない。

第二は、イギリスのような二大政党制の条件をもつ国においては、比例代表制をとる必要はなく、小選挙区一回投票制によっても「人民による、人民のための政治」を維持できるといわれる。しかし、そのような国、つまり重要な社会的、経済的、政治的な対立軸が一つしかない国は現実にはほとんど存在しない。とくに現代・現在においては、ほとんどすべての国で主要な——政党に結集して対抗に努めなければならないような——対立軸を二つも三つももっているのが通例である。そうであればこそ、西欧のほとんどすべての国で比例代表制が導入されているのである。イギリス自体が、とくに一九七〇年代以降になると、得票率二〇%前後の第三党をもつようになり、得票率の面では二大政党制の条件を明らかに失っている。すでに見ておいたように、小選挙区一回投票制の故もあって、イギリスでは、第一党が得票率で五〇%を超えることは事実上不可能となっており、その意味で民意による政治がおこなわれているとはいえない状況にある。(21)

(3)　G・ライプホルツの場合

半代表制、比例代表制への動向は、ドイツでも論じられている。その代表的唱導者は、ライプホルツ（Gerhard Leibholz）だといわれる。(22)彼は、第二次世界大戦前から、近代的大衆政党の登場をふまえて、伝統的な自由代表制にかわる政党国家的民主制の不可避性を説いていたという。戦前におけるその指摘の要点は、以下のようであった。

「〔一九世紀的な配分的・比例的平等概念にかわって、新しい平等の概念が登場し、政治的および社会的領域において広範な民主化と反自由化をもたらした。ワイマール憲法第二二条一項では比例代表制の導入が宣言されていた。こうした発展の流れに沿って、政治の領域では有権者を組織化しそれに行動能力を与える政党がその役割を強化した。〕政党なくして国民は、おそらく、国家的事象にたいして有効な政治的影響力を行使し、政治的領域において自己主張することは不可能であろう。民主制は、だから、ほとんどの西欧諸国においては必要かつ不可欠な行動単位としての政党を基礎として成り立っているといえよう。この政党国家的民主制にあっては、国民投票的民主制の合理化された現象形態が問題とせられなくてはなるまい。直接民主制においては能動的市民の多数の意見がそのつど全体〔一般〕意思と同一視されるように、機能する政党国家的民主制においては政府および議会におけるそのときどきの多数派政党の意思が全体〔一般〕意思と同一視される。これにより議会の役割・議員の地位および選挙の性格は、決定的に変化してしまったといっていい。……〔この動向は、〕もはや逆転させることはできぬであろう。政党組織の内部に形成されていく寡頭政治的傾向によって生じる政党の能動的市民からの疎外にたいしてはむしろ、政党自体の民主化という手段をもって対処することが必要だと考えられる(23)」。

第二次世界大戦後においても、「すべての西欧民主制においていまや政治的現実となった現代の大衆民主主義的政党国家は、その全体構造において、代表議会主義的民主制とは根本的に異なる民主制の一形態である」として、同趣旨を展開している。

①「現代政党国家は、その本質と形態からすれば、国民的投票的民主制の合理化された形態〔であり〕、……現代広域国家における直接民主制の代用物にほかならない(24)」。

②直接民主制においては能動的市民の多数の意思が国民の意思と同一視されるが、政党国家的大衆民主制においては、議会や政府における多数党の意思が一般意思と同一視され、一般意思は代表原理の助けをかりることなく同一性の原理の助けをかりて構成される。

③政党国家形態の民主制においては、政党こそが国民を組織化し国民に活動能力を与えるものであるから、政党は国民そのものであり、不可欠のものである。そこでは、「代表制議会への回帰などありえないのであって、現代の大衆民主主義的政党国家に残されるただひとつの選択は、独裁形態の一党国家のほかにない(25)」。

④政党国家的大衆民主制の展開に伴って、国民代表の地位が根本的に変化するだけでなく、議会そのものがそ

の本来の性格をますます喪失し、多数党に有権者から与えられた委任を確認する場になっていく。現代政党国家的民主制においては、政治の重点は有権者に、それを組織する政党に移っていく。「この事情はいずれの西欧民主制国家においても同じである[26]」。

⑤比例代表制は、「徹底的かつ急進的な民主制を志向するものであり、したがって、現代民主的政党国家の論理的帰結である[27]」。「選挙行為は、それを通じて政党の内部に結集され、かつ政党によって指名された候補者のために表明された一種の国民投票的行為へと次第に変化してしまっている……。……その場合、能動的市民の国民投票的な政治的目標設定がより特定化され、かつ明確化されればされるほど、政党国家的な大衆民主制はそれだけよりよく機能することになる……。……国民投票的な選挙がその特殊な機能を果たし、議会の次期立法期のために将来の統治方針を確定すべきものであるとするならば、国民投票的な選挙は、政党国家的民主制においては、きわめて具体的な性格を帯びざるをえない[28]」。有権者と政党の関係は一種の委任関係として把握され、委任内容が議会と政府によって履行されるべきものとなる。

⑥今日、現実に必要なことは、民主制に不可欠な政党が、その潜在的破壊者となることを阻止することである。これへの対処は、「時勢おくれの議会代表的自由主義の諸手段をもってではなくして、政党そのものの民主化という方法によらなくてはならない[29]」。具体的には、党組織の民主的構成の保障、党員に対する平等の処遇、平等かつ秘密の選挙権と表決権の保障、党員の活性化（とくに議員候補指名への参加）等が求められるとする。

ライプホルツの政党国家的大衆民主制論においても、伝統的な「純粋代表制」から、「半代表制」と不可分に結合した「比例代表制」への転換の動向が論じられている。その動向を阻止したり逆転したりすることはできないと論じている。その指摘の基礎に、イギリス・フランスと軌を一にする歴史的動向――政党国家状況の展開、

「人民による、人民のための政治」の強化を求めてやまない歴史的動向を見ることができる。*

＊　若干気になることもある。ライプホルツがその歴史的動向を指摘しつつも、それを憲法的に正当化し、推進する主権原理をふまえては論じていないことである。イギリス・フランスにおいては、その動向は、憲法典、憲法慣習法または憲法運用における「人民主権」論およびその歴史的社会的担い手の登場と結びつけて論じられがちであった。それ故、イギリス・フランスの現代・現在における転換の構造は、民主主義の面においても（男女平等の直接普通選挙制度・半代表制・比例代表制および「充実した地方自治」の要求）、それなりに明瞭であった。しかし、政党国家条項と政党国家状況に転換の主たる根拠を求める立論においては、①ドイツ連邦共和国基本法第三八条一項（「ドイツ連邦議会の議員は、普通・直接・自由・平等および秘密の選挙によって選挙される。議員は全国民の代表であって、委任および指図に拘束されることなく、自己の良心のみに従う」）が存在し、②かつその選挙制度は、ワイマール憲法の場合と異なって比例代表制の導入を求める憲法規定を欠いており、基本法第二一条一項（「政党は、国民の政治的意思形成に協力する」）を前提にしていても、連邦法律で定めるとされているから、転換の憲法的正当化が困難になりはしないかと気になる。また、反人民的な多数党の独走（たとえば、選挙を通じて承認されていない重要問題を処理したり、野合的な政党連合によって重大問題を処理することなど）を阻止する人民の側の統制手段（たとえば、人民拒否、人民発案、リコール、議会解散請求など）の欠落も問題となる。

III　「行政国家」状況への対応論——議会制度の強化論

現代資本主義憲法下の議会制は、IIで見ておいたように、「半代表制」や「比例代表制」の様相を強め、多様な理解を受けつつも、「人民代表」「直接民主制の代替物」としての性格を強化している。しかし、その動向の評価は一義的ではありえない。たとえば立憲主義や民主主義の観点からしても、古典的代表制（純粋代表制）の段階よりも退化しているかに見える動向も示しているからである。たとえば、「行政国家」化の動向はその代表的事例である。行政府が事実上立法権を併呑し、立法府が行政統制の能力を事実上喪失する状況である。現代資本主義憲法の一部は、その動向を明示的に認めている場合もあるが、大部分の現代資本主義憲法下では、憲法の運用のなかでそのような、違憲で反民主的な事態を創出するに至っている。

一 「行政国家」の諸要因

ここでいう行政国家とは、行政法と行政裁判所をもつ国家の意味ではなく、「本来統治《ガバメント》の出力《アウトプット》の過程（執行）の公的担い手たる行政が同時に入力《インプット》過程すなわち政治（国家基本政策の形成決定）にも進出し中心的かつ決定的役割を営む類の国家」(30)を意味する。この意味での行政国家は、以下のような諸要因に由来している。

第一は、現代資本主義国家が、現代資本主義憲法における社会国家（福祉国家）理念の導入に伴って、消極国家から積極国家への転換を不可避とされていることである。近代資本主義憲法の段階では、「治安と国防」のみが国家の主要な任務とされ、私人相互関係は、原則として契約の自由・私的自治・自己責任にまかされていた。しかし、現代資本主義憲法は、すでに見ておいたように、社会国家（福祉国家）の理念に基づいて、社会経済的強者の経済活動や公共性の強い経済活動を積極的に規制し、社会経済的弱者にもろもろの社会権を保障し、契約の自由・私的自治・自己責任の体制の積極的な修正を求めている。「すべての国民に人間らしい生活」を文化的な側面にまでわたって保障すべく、公的な守備範囲を強化している。

第二は、現代資本主義国家におけるもろもろの緊急事態の常駐である。資本主義諸国と社会主義諸国の間の総力戦的な軍拡競争（「東西冷戦」）、資本主義体制内の諸矛盾（労資の対立、大企業と中小企業の対立、大企業労働者と中小企業労働者の対立等もろもろの社会的格差問題）、帝国主義諸国家間の対立の問題、帝国主義国と植民地・半植民地さらには発展途上国との間の対立問題（「南北問題」）、「抑止力論」に依拠する軍拡と経済衰退・財政破綻の問題、市場原理主義的市場経済の世界化《グローバリゼイション》の進行をめぐる問題、さらには人類の存続にもかかわる地球環境の破壊などへの対応をつねに求められていることである。それらへの対応のために、現代・現在においては、憲法上または憲法の運用上、高度国防国家、高度治安国家、多角的危機管理国家の形態がとられ、統治権の積極的な発動が常時求められがちとなる。

このような積極国家、高度国防・高度治安・多角的危機管理国家は、ことの性質上、即物性、機動性、専門技術性を不可欠とし、その要求をみたしうる行政府の権限・機能の拡大強化を求め、行政国家状況をもたらしがちとなる。それは、「現象的には、(イ)立法過程における実質的指導権の行政への移転、(ロ)行政過程そのものの変質＝政治化、(ハ)行政の一部たる財政機能の政治的意義の増大、(ニ)そして以上のすべての収斂点としての計画化権力の行政部独占、という諸ルートを経て進行する[31]」ことになりがちだといわれる。

政党が立法・行政にまたがってそれらのあり方を大きく規定する政党国家状況においては、行政国家状況は一段と強化されがちとなる。立法府の多数派と行政府の担当者が同一政党となりかつ行政府がその政党の幹部によって構成されるようになると、立法府と行政府は事実上融合し、後者が立法においても主役を演じがちとなる。半代表制は、多数党の地位を強化し、行政府の地位を強化するようにさえなる。

二　立法府の形骸化への対応

1　形骸化の状況

行政国家状況においては、立法において以下のような事態がおこりがちとなる。

第一に、法律の発案においても、行政府が中心となりがちになる。主要な法律案は与党の方針と指揮に従って有能な行政官僚によって作成され、政府案として提出されがちとなる。ぼう大な資料をもって法律案を作成した政府与党がそれをもたない野党側を審議において圧倒するのは当然のことである。行政官僚が政府委員として審議に参加している場合にはとくにそうである。資料をもたないアマチュアがそれをもつプロに対抗するのは容易なことではない。イギリスの場合、一九世紀中葉、議会で審議する法案の大部分は平議員によって起草・提出されていたが、一〇〇年後には平議員提出の重要法案が可決されることはきわめて稀な状況になっていた。二〇世紀後半の二つの会期（一九七七―七八年と一九七八―七九年）のそれぞれにおいては、政府提出法案の数は、それぞれ四九と五五であり、その可決数は四九と四四であったが、議員提出法案の数は、それぞれ八九と六六であり、その可決数は一一と三であったという[32]。このような事態はイギリスの場合に限られない[33]。現代議会は、事実上行政府提出の法案にほぼ機械的な承認を与える「登録院」(registration chamber) に転落させられがちとなる。

第二に、現代においては、一般に委任立法が激増している。立法権自体を行政府に授権する委任立法さえもが常態化する傾向にある。たとえば、フランスの場合、第三共和制下で、デクレ・ロワ (décret-loi) ――授権法による授権を前提として、一定の事項につき、一定の期間法律としての効力をもつ命令《デクレ》で、政府による公布後ただちに施行され、かつ一定期間内に議会に提出しなければならない命令《デクレ》――の制度が、憲法の運用上出現した。第三共和制下では、とくに一九三三年以降大きな改革の大部分はデクレ・ロワによっておこなわれた。フランス第四共和制下では、「国民議会のみが法律を議決する。国民議会は、この権限を委任することができない」（一九四六年憲法第一三条）とする憲法の明文規定にもかかわらず、一九五三年以降デクレ・ロワがほぼ全面的に復活していた。一九五八年のフランス第五共和制憲法は、第三四条で法律事項を制限列記し、第三七条第一項で「法律の領域に属する事項以外のものは、命令の性格をもつ」と定めたうえで、第三八条で「政府は、その綱領の執行のため、国会に対して、通常は法律の領域に属する措置を、一定の期間に限り、オルドナンスで定めることの承認を求めることができる」（第一項）としている（オルドナンスは、コンセーユ・デタの意見を聴いたうえで閣議で定めるものとされている、第三八条二項）。(34)

このような事態は、フランスに限られず、憲法規定の有無や委任の程度の差異はあるが、現代においては、一般的に見られる現象のようである。(35)

第三に、現代においては、議会による行政統制の機能も、衰退する傾向にある。現代においては、直接普通選挙制度の導入と相まって、近代的な規律的大衆政党が一般化する。この政党状況は、第一・第二の現象を強化する要因となるだけでなく、議会による行政府の統制をも困難とする。議院内閣制の下においても、議会による内閣の政治責任の追及は、機能しがたくなる。与党の幹部によって内閣が構成されているからである。議会は、法律や予算の審議・議決や国政調査権の行使等によって行政の統制をはかるべき任務をもっているが、議会の多数党が行政権を担当する与党である場合には、この機能も期待しがたくなる。日本国憲法下においては、本格的な政権交替がなかったこともあって、議会の衰退と官僚制の弊害が際立つ「国民不在」の事態が出現している。

このような行政国家状況は、基本的には現代における社会的、経済的、政治的および国際的諸条件の変化に由来するものであるから、それを阻止することは不可能であり、議会は伝統的な立法府の諸機能の全面的な維持にこだわるべきではないとする見解が有力である[36]。①審議・議決権が留保されていれば、立法権の実は維持されていることになるから、法律の発案を行政府にまかせても問題ないとするものや、②議会が立法作用を十全にはなしえない現在の状況を認めたうえで、国民が選挙を通じて事実上直接に決定する行政府に統治（決定と執行）をまかせつつも、議会はその「統治」の統制の役割を担うべきだとするものも見られる[37]。

2　あるべき対応の検討の必要性

この点については、憲法学においても十分な検討がおこなわれていないようである。したがって、以下の指摘と提案はいずれも私見である。

①法律についてまともな発案の能力をもたない議会がどうして実質的な審議と議決の能力をもちうるのか、根本的な疑問が残る。②十全な立法能力も行政統制能力ももたない議会が、統治（決定と執行）につきどうして十全の統制能力をもちうるのかも、問題となる。③議会が、現代において、伝統的な機能の喪失状況に陥った一因は、「夜警国家」段階でのそのあり方を維持し続けていることにある。この点からすれば、その旧いあり方の議会が現代・現在において期待されている役割を的確に果しうるかも疑問とならざるをえない。④現代・現在の行政国家状況は、著増する新しい職務の即物性・機動性・専門技術性を理由に無責任な官僚主義を立法においても行政においても著増させた。議会について役割の転換を説く提言がこのような官僚主義体制にどのように対処しようとするのか、わかりにくい。⑤転換の提言がもう一人のルイ・ボナパルトやヒットラー（Adolf Hitler, 1889-

1945）の登場についての防御を欠いているかに見えることも気になる。⑥フランスの一九五八年憲法などを別として、現代資本主義憲法は、なお権力分立制を明示しており、行政府による立法権の併呑を認めていないことも忘れるわけにはいかない。

たしかに、半代表制の下においては、事実上多数党が「人民代表」の地位につくことになり、それ故に、多数党の幹部によって構成される執行部が立法においても主役となることは避けがたいし、また、認められるという。しかし、半代表制下で「人民」から認められているのは、多くの場合、重要問題についての基本方針のみである。法律等によるその具体化は、なお野党がいる立法府の役割である。半代表制下においても、立法府の役割は大きい。憲法上、国政についての立法は、ごく一部の国の場合を別として、国会の権限とされている。

以上からすれば、行政国家状況を過度に強調して、行政府による立法権の併呑を不可避とするのではなく、議会の立法能力や行政統制能力等を現代の諸状況に対応しうるよう強化することこそが肝要となる。具体的には、とくに以下のような対応である。すでに一部の国では実行に移されている。その第一は、議会による法律の発案・審議能力および行政統制能力を強化するために、議会と議員に調査能力をもつ十分な数のスタッフを保障することである。その第二は、同じ目的のために、国政調査権を強化することである。

これらの点については、議会・議員スタッフの面における現代アメリカ合衆国連邦議会の積極的な対応、および国政調査権についての現代ドイツの対応が参考になる。

(1)　アメリカ合衆国の連邦議会のスタッフ

合衆国の連邦議会のスタッフは、現代に入って増加し、現在において激増している。議員スタッフ（秘書）の総数は、上院議員については、一八九一年＝三九人、一九三〇年＝二八〇人、一九九七年＝四四一〇人、下院議員については、その総数は、右のそれぞれの年に、〇人、一一二人、一二五〇人であった。また、常任委員会スタッフの総数は、右のそれぞれの年に、一八九一年＝四一人、一九三〇年＝一六三人、一九九七年＝一〇〇二人、下院については、その総数は、右のそれぞれの年に、六二人、一一二人、一二五〇人であった。一九九七年現在、議員スタッフ（秘書）数は、上院議員一人あたり四四人、下院議員一人あたり一七人とのことであり、委員会スタッフ数は、上院で平均一委員会五八人、下院で六九人とのことである。また、議員・委員会に対する調査・分析・情報提供サービスを担当する議会調査局のスタッフは、一九九七年現在七四七人とのことである。事務局や議会警察を含めた広義の議会スタッフは、一九九九年現在二万三六四八人となっている。[38]現代・現在におけるこの対応は注目に値する。日本の場合と比較しても桁違いの状況にある。

(2) ドイツの二つの現代資本主義憲法と国政調査権

国政調査権の面では、一九一九年の「ワイマール憲法」と一九四九年の「ボン基本法」の対応が際立っている。

ワイマール憲法は、第三四条で以下のように定めている。

「ライヒ議会は、調査委員会を設置する権利をもち、構成員の五分の一の提案があれば、これを設置する義務をもつ。これらの委員会は、委員会または提案者が必要と認める証拠を、公開の審理において調査することができる。この公開は、調査委員会が三分の二の多数で同意すれば、これをやめることができる。議会規則によって委員会の手続が規律され、委員の数が定められる。

裁判所および行政官庁は、証拠調べについてこれらの委員会の請求に応じる義務がある。諸官庁の公文書は、請求があれば、これを委員会に提示されるものとする。

委員会およびその要求に応じる官庁の証拠調べについては、刑事訴訟法の規定が準用される。信書、郵便、電信および電話の秘密はこれを侵害してはならない」。

ボン基本法は、その第四四条で以下のように定めている。

「連邦議会は、公開の議事において必要な証拠を取り調べる調査委員会を設置する権利をもち、議員の四分の一の申し立てがあるときは、これを設置する義務を負う。公開は、これを禁止することができる。

証拠調べには、刑事訴訟に関する規定が類推適用される。信書・郵便および電信電話の秘密が、これによって影響を受けることはない。

裁判所および行政官庁は、法律上および職務上の援助をする義務を負う。

調査委員会の決議は、裁判による審査を受けることがない。裁判所は、調査の基礎となっている事情の評価および判断においては、自由である」。

この(2)についても立ち入った検討をする余裕はないが、たとえばボン基本法の場合、①連邦議会は必要がある度に調査委員会を設けて調査することができ（議員の四分の一の申し立てがある場合には調査委員会の設置が義務とされ、野党が委員会設置のイニシアチブをとることができる）、②「証拠調べには刑事訴訟に関する規定が類推適用される」として、必要な強制手段と人権保障が用意されている、③公務員の供述および官庁の記録の提出につき承認を求められた官庁は、証拠調べが調査主題に直接関連するときはつねに承認する義務を負うと一般に解されている、④現に裁判に系属中の事件を並行調査することも、調査委員会が確認した事実について評価しうる立場にあることおよびいかなる確定力をもつ決定をなしえないことを条件として、許される（裁判所と調査委員会は独立に活動し、一方が他方に優位する関係にはない）と解されていることは、注目に値する。(39)

(1)(2)のいずれに関連しても、議会の側の能力の強化を放棄して、行政国家状況・政党国家状況を理由に、行政府の能力の強化に走れば、議会は行政府についての統制能力さえも喪失して、与党独裁、さらには行政官僚独裁の政治を招き、議会制民主主義自体が存在理由を喪失することにもなりかねない。アメリカ合衆国連邦議会の充実した調査スタッフの制度やドイツ現代の国政調査権の制度などは、「人民主権」下においても「人民代表府」として担う大きな役割（「人民」によって認められた基本方針をふまえた立法と行政統制の役割）を遂行するうえで不可欠のものと解される。

IV 「充実した地方自治」体制への動向

一 中央政府の制度に内在する限界

国会・内閣等からなる中央政府は、現代・現在においては、「人民主権」の原理に依拠している旨を一般的に認めざるをえない傾向にあるが、その場合にもなお、中央政府の政治が「人民による政治」にも、「人民のための政治」にも十分にこたえられない構造上の限界をもっていることに留意しなければならない。

1 「人民による政治」の困難性

全国民と全国土を対象とする中央政府の政治は、ことの性質上、国民代表制を原則とせざるをえない。人民投票制、人民発案、人民拒否、リコール等の直接民主制は、現在においても、例外的にしか認められていない。市民の集まりである「人民」は選挙によって議員を選び、議員の集りである議会が法律を制定し、行政府（内閣・大統領）と裁判所が法律を執行するのが通例である。たしかに、現代の国民代表府（議会）はすでに見ておいたように、「直接民主制の代替物」となることを求められ、「半代表制」や比例代表制などの諸条件を充すことを求められる傾向にある。しかし、それを積極的に肯定する場合であっても、「人民」が決定できるのは、多くの場合、重要問題についての基本方針のみで、その具体化はなお国会の裁量にまかされがちとなる。このような事態に、すでに見ておいたような即物的、機動的、専門技術的な対応の必要性を強調する「行政国家」状況が加わると、中央政府の政治は、国民・国民代表不在の官僚政治やむき出しの党派政治になりがちとなる。「人民による政治」を最低限において維持することさえも容易ではなくなる。立法権自体を行政府に授権してしまうような委任立法の出現（たとえば、「デクレ・ロワ」の経験）や「人民」が反対する戦争への加担とその継続（たとえばイラク戦争について諸国で見られた経験）などは、その典型的事例である。

「人民による政治」の確保の観点からすれば、一方で、国政につき、議員についての任期の短縮、議員・閣僚等についてのリコール制の整備、議会解散請求、人民拒否や人民発案などの整備が求められ、他方で直接の民意による政治（意思決定のみならずその執行の統制においても）の条件を豊にもつ地方公共団体の政治の守備範囲を立法・執行のいずれにおいても拡充強化することが求められる。また、その地方の政治に直接参加することを通じて、主権者の成員としての意識と知識をもった「真の市民」が創出されることになることにも注目する必要がある。

2 「人民のための政治」の困難性

中央政府の政治においては、「人民のための政治」も困難となる。国会は、国民代表府として、中央政府の政治の準則（法律等）を定める「立法」の役割を担当する。その「立法」は、国民を直接の対象とする政治との関係では、憲法が例外を認めている場合を別として、「一般的抽象的規範」としての法律の定立を意味する、と解されている。「一般的」とは全国民を対象とするということであり、「抽象的」とはすべての事件に適用される、ということである。要するに、国民を直接の対象とする政治の準則としての法律は、特定の国民や事件、一部の国民や事件を対象とするものであってはならず、全国民・全事件に適用されるものでなければならない、ということである。すべての国民が不可侵の人権をもち、法的に平等の価値であるとしている憲法の下では、近代の初頭以降この「立法」の概念は当然のこととされている。すでに紹介しておいたように、たとえばフランス革命期には、「法律は、保護を与える場合にも、処罰を加える場合にも、すべての者に対して同一でなければならない」旨が、一七八九年人権宣言をはじめとして、繰り返し表明されていた。現代資本主義憲法のほとんどすべては、基本的人権と法の下の平等を認めているから、そこでも「立法」の概念は、原則としてそうなるはずである。

この「立法」の概念に依拠する中央政府の政治は、その意味で、自然的、社会的、文化的等の諸条件を異にする各地域の多種多様な要求に本来こたえることができず、また、それ故に、本来全国民的な性質・性格の事項と中央政府の組織・内部的運営にかんする事項の担当にしか適さないという限界をもっている。国会や内閣の担当者が、各地域の生活、産業、文化等の具体的事情を熟知していないことをも考慮すれば、なおさらのことであろう。

近現代の国民国家においては、国民は、自然的、社会的、文化的、政治的に全国的な共通性をもった生活（国民としての生活）をしているだけでなく、そのような共通性を欠いた生活（地域住民としての生活）もしている。言語、度量衡、通貨、もろもろの安全保障、もろもろのナショナル・ミニマムの保障など国民としての生活の重要性を否定するわけにはいかないが、地域住民としての生活の重要性を否定することもできない。そして、国民の多くは、各地域でこそ、生産・消費活動をはじめとして、保健・医療・文化活動も含む日常生活の大部分をしている。住民の生活実態を知らない中央政府の政治が「住民のための政治」の保障に欠けるところがあることは間違いない。

二　中央集権体制の問題性

中央政府の政治には、「人民による政治」においても、「人民のための政治」においても看過するわけにはいかない欠陥がある。近現代の資本主義憲法はすでに見ておいたように、またすぐあとで再度見るように、その中央政府に、原則として統治権の行使を全面的に担当させる中央集権体制、地方公共団体に統治権の行使を分担させていても地方公共団体によるその行使を中央政府の指揮監督の下におく中央集権体制がとられてきた。その体制の下では、一の弊害だけにはとどまりえない大きな弊害が起りがちであった。

1　中央集権体制と地方分権体制

統治権は、中央政府、地方公共団体（市町村や都道府県）等によって行使される。中央政府に統治権の行使を集中する体制を中央集権体制といい、その行使をできる限り地方公共団体に分散する体制を地方分権体制という。

いずれの体制をとるか、中央政府と地方公共団体の関係をどのようなものとするかは、統治権の権利主体（所有者）としての「国家」（主権者）の名において制定される憲法によって定められる。

中央集権体制と地方分権体制について、それぞれ二つの概念を区別しなければならない。

(1) 中央集権体制について

その第一の概念は、統治権上の中央集権体制（centralization）である。それは、統治権の権利主体（所有者）を「国」（主権者）のみとし、その領土内には他権利主体を認めない体制を意味する。憲法上地方公共団体の存在が認められていても、それは、その担当する立法権・行政権等をその地方公共団体の利益のために行使することができないことを意味する。地方公共団体は、「国」のために行使しなければならない権限の担当者にすぎないということである。

その第二の概念は、権限上の中央集権体制（concentration）である。統治権の行使は、すべて中央政府の権限としておこなわれ、地方公共団体による権限の行使はすべて中央政府の指揮監督の下におかれていることを意味する。

中央集権体制は、通常第一を当然の前提とし、かつ第二を意味する。(40)

(2) 地方分権体制について

地方分権体制についても、中央集権体制の二概念に対応して、二つの概念を一応区別しなければならない。

まず第一は、地方公共団体に対して、権利としての統治権の一部を自治権として憲法で分与する decentralization の体制である。この意味では、地方公共団体は、その自治権を地方公共団体の利益のために行使できることになる。その第二は、地方公共団体がその担当する権利・権限を中央政府の指揮監督を受けることなく行使しうる deconcentration を意味する。

2　中央集権体制に伴う弊害

近現代の資本主義憲法は、原則として、地方公共団体に権利としての地方自治権を認めず、地方公共団体を、中央政府の指揮監督の下で、憲法と法律により認められている権限の担当者としていた。地方公共団体は原則として中央政府の下級機関・出先機関であった。権利としての自治権もなく、中央政府から独立して行使できる権限もなく、したがってまた自主財源もなかったから、地方公共団体は地域の生活・産業・文化を保護育成することもできなかった。資本主義的な工業・商業・農業地帯に転換し大企業を地元にもつことができた一部の地域を別として、多くの地域が衰退に向うのは避けがたいことであった。「白河以北一山百文」は、そのことを示す象徴語であった。中央集権体制を取り続ける限り、この事態は続く。「過疎過密の進行」「地域間格差の拡大」はとどまらず、「社会国家」（福祉国家）・「文化国家」の理念は現実の政治を規律する力を奪われていく。

三　近現代の資本主義憲法と地方自治

すでに一応は見ておいたことであるが、近代以降の政治の一つの特徴は、地方自治の強化に逡巡を続ける態度であった。その要点だけ再確認しておこう。

1 近代資本主義憲法と地方自治

近代資本主義憲法は、地方自治の保障には、原則として、きわめて消極的であった。地方自治については、憲法上具体的な保障はなにもせずに、「地方公共団体の組織と運営にかんする事項は、法律でこれを定める」とする一条のみを設けるのが通例であった。憲法上、「人民の、人民による、人民のための政治」を求める「人民主権」の原理を欠いていたこと、および近代資本主義体制の本格的な展開のために封建的割拠体制の解体と統一的国内市場の形成を不可欠としていたことが、その要因であった。近代資本主義体制と中央集権体制の創出こそが近代資本主義憲法の主題で、憲法上地方公共団体の存在が認められていても、その実態は中央政府に従属するその末端行政機構であった。

2 「充実した地方自治」の体制を求める動き

しかし、近代の初頭から、「人民主権」原理とそれに立脚する「充実した地方自治」の体制を求める思想と運動が、民衆層を主たる担い手として、1のような中央集権体制に一貫して批判的に伴走していた。民衆層にとっては、地域は生産・消費・文化活動などその日常生活の場で、その充実した自治（その自治体内の事務事項につき条例や予算などを直接民主制的に決定し、その執行を住民が選挙しかつ罷免する首長に担当させる地方自治）は、地域の生活・産業・文化の活性化をはかり、かつ名目的な市民から主権者の成員としての意識と知識をもった「真の市民」に転生するうえで、不可欠なものであった。

この点と関係しては、とくに、①フランス革命時のサン・キュロット運動が「充実した地方自治」の体制を求める理由として、地方自治体が、中央政府の議会の議員を選任・統制する場として必要であること、住民の生活に直結する自治体の事務を住民の意思により住民の利益のために処理しうる場であること、および市民が主権者意識をもった「真の市民」に転生する（「市民の公民化」formation civique des citoyens）ために必要不可欠な場であるとしていたこと、②一九世紀の中頃に、A・トクヴィルが『アメリカの民主主義』（De la démocratie en Amérique, 第一巻一八三五年、第二巻一八四〇年）において、アメリカでは、市町村こそが、その内部の共同事務をもっとも民主的に処理しうる場所であり、「真の市民」を形成する「民主主義の小学校」の役割を果しており、それこそがアメリカ民主主義の核であることを強調していたこと、[41] および③一八七一年のパリ・コミューンが「人民主権」を政治の原理とし、その原理の故に市町村最優先の公的事務配分の原則をうち出していたことが、注目に値する。

「人民主権」の原理に基づいて、「充実した地方自治」の体制を求める上記のような思想や運動は、「自由放任」の近代資本主義体制・それに呼応する中央集権体制の下で、それらの限界と弊害が顕在化するにつれて、その影響力を次第に強化していくはずであった。「人民による、人民のための政治」は、小さな地方公共団体においてこそ実行に移し易いはずのものであったし、地域の生活・産業・文化の活性化のためには「充実した地方自治」が不可欠であった。

3　現代資本主義憲法と地方自治

この点についても簡単にその特色を再確認しておこう。

第一次世界大戦後に登場し始める現代資本主義憲法においても、地方公共団体のあり方、その自治の保障は、近代資本主義憲法の段階と質的に異なっているとはいえない。しかし、「人民主権」の原理と「充実した地方自治」の体制を求める思想や運動の影響もあって現代においては、憲法上、団体自治や住民自治が徐々に強められている。直接普通選挙による地方議会議員や首長の選挙、法律に従属する条例の制定権などが一般的に認められるに至っている。また、法律を通じて地方自治の強化をはかろうとする姿勢も見られる。しかし、現代資本主義憲法は、なお、地方公共団体が担当する自治事務事項についての保障やそれらについて始原的立法権（法律による制約を伴わない条例制定権）の保障、さらには自主財源や自主課税権についての保障を欠落させている。地方公共団体の組織・運営のあり方は、なお原則として法律で定めるものとされ、中央政府の監督の下におかれている。

現代における地方自治の強化については、現代の初期段階以降におけるアメリカの動向が注目に値する。さきに見ておいたように、アメリカは、近代の段階においても、その建国の仕方の故もあって、「人民主権」を原理とし、地方自治を重視してきたが、現代においては、その初期段階以降におけるＨＲ運動が注目すべき成果をあげているようである。ＨＲ（Home Rule）とは、地方的事項の自主的処理につき、州立法府の干渉なしに、その基本的事項・その処理の基本構造を定める憲章を制定する自治体の権利をいい、ＨＲ運動はその権利を州憲法で認めさせる運動をいう。アメリカでは、地方自治は州憲法事項であるが、多くの州憲法で、「地方政府」（Local goverment）の章を設けて、地方的事項を自治体の担当事項とし、自治体を始原的立法権や自治的な行政権・財政権等をもつ「統治団体」「地方政府」とするに至っている。(42) このアメリカの経験は、世界におけるその後の地方自治の強化の動向（「充実した地方自治」体制の動向）に大きな影響を及ぼしているようである。

4 現代資本主義憲法を超えて――「充実した地方自治」の体制へ

二〇世紀最後の四半世紀は、世界的な規模で中央集権体制の弊害を自覚し、「充実した地方自治」体制への転換を多様な方法で開始し、かつ二一世紀が「充実した地方自治」の時代となることを予告するに至っている。その転換の代表的な試みは、以下のようである。

(1) **一九八五年の「ヨーロッパ地方自治憲章」と「世界地方自治宣言」**(43)

(i) 「ヨーロッパ地方自治憲章」(European charter of local self-government)。この憲章は、ヨーロッパ評議会の閣僚委員会が一九八五年に採択し、一九八八年に発効した多国間条約である。ヨーロッパ諸国に「充実した地方自治」の体制を法的拘束力をもつ条約によって導入しようとするものである。各国の事情を考慮して、拘束される憲章の規定につき若干の選択の余地を認めている。

(ii) 「世界地方自治宣言」(IULA world-wide declaration of local self-government)。この宣言は、地方自治の強化を目指す世界的組織である国際地方自治体連合(International Union of Local Authorities, IULA)が一九八五年九月の第二七回世界大界で採択したものである。「ヨーロッパ地方自治憲章」の定める地方自治の諸原則は、ヨーロッパ諸国だけでなく、世界のすべての国で採用されるべきものだとして、その諸原則を宣言したものである。ＩＵＬＡは、それを国連の宣言とすべく国連に送付し、国連は経済社会委員会で審議した。しかし、同委員会が好意的であったにもかかわらず、ソ連＝東欧型社会主義諸国の混乱や崩壊などの事情もあって、その審議は停止されてしまったようである。一九九三年六月のＩＵＬＡ第三一回世界大会で新宣言が採択された。本文は八五年と同一であるが、前文は、改められて、地方自治体の積極的意義を再確認し、中欧・東欧の旧社会主義諸国において、ヨーロッパ地方自治憲章が地方自治につきガイドラインの役割を果していることなどを指摘している。

(iii) 「憲章」と「宣言」の主内容。両者は、「充実した地方自治」の体制の導入を求め、以下のような諸原則を定めている。

①地方自治体に権利（right, droit）としての地方自治権を保障する。「憲章」は「地方自治は、法律の範囲内で、自らの責任において、その住民のために公的な事項の基本的な部分を規制し処理する地方自治体の権利及び実質的な権能をいう」（第三条一項）と述べ、「宣言」は「地方自治とは、自らの責任において、当該地域の住民のために、公的事項を規制し処理する地方自治体の権利及び義務をいう」（第二条一項）（傍点はいずれも引用者）とする。

②地方自治体の機能につき、「全権能制」「補完性」（近接性）、排他性などの原則をとっている。ⓐ地方自治体は、他の団体に排他的には配分されていない事項または地方自治体の権能から明確に排除されていないすべての事項を自主的に処理する一般的な権能をもつ（憲章第四条二項、宣言第三条二項）。ⓑ公的事務は、地方自治体に優先的に配分されること（市町村最優先、都道府県優先）を原則とし、（憲章第四条三項、宣言第三条一項）、より包括的団体は、より小さな団体で効果的に処理できない公的事務のみを担当するという「補完性」（Subsidiarität, subsidiarity）の原則、国民にもっとも近い団体が優先的に公的事務を分担する「近接性」（proximity）の原則である。ⓒ地方自治体に付与される権能は、原則として、排他的でなければならない（憲章第四条四項、宣言第四条四項）。

小さな地方自治体においてこそ「人民による、人民のための政治」をおこないやすいからである。

③住民自治の原則である。地方自治権は、直接普通選挙で選ばれた議会、市民集会、住民投票その他の直接民主制および有責の執行機関によって行使される（憲章第三条二項、宣言第二条二項）。

④地方自治体に自主財政権を保障すべく、ⓐ固有財源の保障とその自由な処分権（憲章第九条一項、宣言第八条一項）、ⓑ権能と財源の適正な対応の保障（憲章第八条二項、宣言第八条二項）、ⓒ自主課税権（憲章第九条三項、宣

言八条三項）、ⓓ財政力の弱い地方自治体のための財政調整制度（憲章第九条五項、宣言第八条五項）、ⓔ自主起債権（憲章第九条八項）などが、具体的に規定されている。

⑤そのほかに、他の地方自治体と協力・連合組織を設ける権利、国内的および国際的な地方自治体の連合組織に加盟する権利を保障し（憲章第一〇条、宣言第九条・第一〇条）、かつ、地方自治権を侵害された場合に司法的救済を求める権利も保障されている（憲章第一一条、宣言第一一条）。

(iv)　ヨーロッパ地方自治憲章加盟国における転換の動向。ヨーロッパ地方自治憲章加盟国では、憲章の発行後に地方自治制度につき相当に大きな憲法改正がおこなわれた。

たとえば、イタリア憲法は、二〇〇一年一〇月一八日の憲法改正で、以下のように改められた。①第一一四条は、「共和国は市町村、県、大都市圏、州および国により構成される」（第一項、市町村を最初におく）、「市町村、県、大都市圏および州は、憲法に定める原則にもとづき固有の憲章、権限および権能をもつ団体である」（第二項）とされた。②第一一七条では、「立法権は、憲法ならびに欧州連合の組織および国際的義務に由来する拘束を尊重して、国と州により行使される」（第一項）とし、その第二項で一七項目の国の専属的立法事項を制限列記し、第三項で国と州の競合的立法事項を制限列記し（州に立法権が帰属するが、基本原則の確定は国の立法に留保される）、第四項で国に明示的に留保されていない事項は州の立法事項とされている。③第一一八条では、行政権能は、統一的権能行使を確保するために、補完性・区分性・最適性の原理に基づき、県、大都市圏、州および国に移譲される場合を別として、市町村に属する、とされている（第一項）。④各地方公共団体は、収入支出の財政自治権をもち（第一一九条一項）、自主財源と自主課税権ももちかつ財政能力調整のため財政基金を保障されている（同条二項・三項）。

また、たとえばかつて典型的な中央集権国家であったフランスも、とくに二〇〇三年三月二八日の憲法改正で、地方分権の方向にふみ出している。①第一条の末尾にフランスの政治組織につき「地方分権化」が明示されている。②第七二条で、市町村、県および州（région）等の地方公共団体は、その属する階層においてもっともうまく行使できる諸権限のすべてにつき決定することができ（二項）、かつ法律の定める要件に従って、民選の議会により自由に自己行政をし、その権限行使のために命令（条例）制定権をもつとされている（三項）。③地方公共団体は、法律の定める要件に従って自由に利用可能な財源をえることができるし（第七二条の二の一項）、あらゆる性質の税を徴収できかつ法律の定める限度内で租税の基礎と税率を決定でき（同条二項）、また地方公共団体間の財政能力の平等化のために法律で財政調整制度を設ける（同条五項）とされている。第七二条の一では若干の直接民主制も導入されている。

これらの事例からもわかるように、「充実した地方自治」体制への動きは、憲法改正にまで及んでいるが、なお転換の途上にあることも否定できない。

(2) 旧ソ連＝東欧型社会主義諸国の一九九〇年代の新憲法における地方自治

ソ連＝東欧型社会主義諸国の崩壊後、それらの諸国で新たに制定された資本主義憲法においては、「ヨーロッパ地方自治憲章」「世界地方自治宣言」、さらにはアメリカ合衆国の州憲法における「地方政府」「地方自治憲章」の制度等をガイドラインとして、地方自治の保障を現代資本主義憲法のレベルを超えて強化しようとしている（ロシアは一九九八年ヨーロッパ地方自治憲章を批准している）。たとえば、一九九三年のロシア連邦憲法には、以下のような規定が設けられている。(44)

「第一章　憲法体制の原則」では、第三条で「ロシア連邦憲法における主権の担い手及び権力の唯一の源泉は、その多民族からなる人民である」（第一項）、「人民は、直接に、または国家権力機関及び地方自治機関を通じて、その権力を行使する」（二項）、「人民権力の最高の直接的表現は、レフェレンダム及び自由な選挙である」（三項）と定め、その第一二条で「ロシア連邦において、地方自治を承認し、これを保障する。地方自治は、その権限〔利〕の範囲内において、独立である。地方自治機関は、国家権力機関の体系に属さない」としている。「人民主権」の原理を明示し、その具体化に不可欠なものとして、その自治権の範囲内で国家権力機関から独立の地位をもつ地方自治体を保障するに至っている。

「第八章　地方自治」では、第一章の原理をふまえて、「充実した地方自治」体制の諸原則が明示されている。地方的意義をもつ諸事項についての自治体の権利としての地方自治権、団体自治、「人民主権」の原理に立脚する住民自治（住民による、住民のための政治）、自治のための諸機関についての自己組織権、課税権・予算編成権を含む自主財政権などが保障されている。そこには、「人民主権」の原理を欠き、官僚主義的中央集権体制にふけるなかで崩壊した旧体制への批判的対応を読みとることもできるであろう。旧「社会主義」憲法体制下でこそ実践すべきであった政治の原理と制度を、その崩壊後に取りこまざるをえなかったことのうちに歴史的な過誤の重大さを見ないわけにはいかない(45)。

このような対応は、ロシア連邦の場合に限られないようである。たとえば、一九九七年のポーランド共和国憲法や旧東ドイツ諸ラントの新憲法にも、また、ハンガリー、クロアチア、ルーマニア、スロヴァキア、チェコ等の一九九〇年代の憲法にも類似の対応を見ることができるという(46)。この動向のなかにも、現在における民主主義の課題と動向を見出すことができるようである。

(3) 「世界地方自治憲章」の採択運動

二〇〇一年六月の国連特別総会に向けて、「世界地方自治憲章」(World charter of local self-government) という条約の強力な採択運動があった。二〇〇〇年五月の準備委員会では圧倒的多数の国がその第二次草案に賛成したが、ごく一部の国の反対で、特別総会では審議されなかったという[47](憲章草案の内容は引き続き検討されることになっている)。しかし、「人民主権」の原理に立脚して「充実した地方自治」の体制の創出を求める運動の正当性とエネルギー、およびそれを支える中央集権体制下の厳しい経験からすれば、その審議・採択が遠い将来のこととは考えにくい。二一世紀が「充実した地方自治」体制の時代となることを予告する象徴的なできごとであったといっても、おそらく間違いではあるまい。

Ⅴ 「知る権利」の問題

憲法上またはその運用上、「人民による、人民のための政治」を求める「人民主権」が前提とされるようになると、「人民」とその成員としての市民に政治について「知る権利」を保障することが求められるようになる。政治について必要な情報がなければ、「人民」・市民は政治の重要問題についても的確な判断をすることができず、主権者・その成員としての役割を果せなくなり、その結果として、「人民主権」の政治・「人民の自己統治」を不在とすることになる[48]。

政治についての「知る権利」の保障は、形成過程にある「新しい人権」の問題として説明されがちであるが、その保障は、近代の初頭から「人民主権」下の政治においては、「人民主権」の原理に内在するものとして、当然のことと解されてきた。たとえば、アメリカの独立当時、ペンシルヴァニアの一七七六年「権利宣言」は、「すべての権力は本来人民固有のものであり、したがって人民に由来するものであるから、それ故立法権であれ、行政権であれ、それを担当する公務員は、すべて人民の受託者兼奉仕者であり、つねに人民に対して説明責任を負う（accountable）」（第四項）と定めていた。「知る権利」に対応する「説明責任」である。フランスの一七八九年人権宣言は、その第六条で「法律は、一般意思の表明である。すべての市民は、みずからまたはその代表者を通じてその制定に協力する権利をもっている」として「人民主権」の立場を表明したうえで、その第一五条で「社会は、すべての公務員に対して、その行政につき報告を求める権利をもっている」としていた。また、フランスのロベスピエールは、一七九三年四月二四日に国民公会に提出した人権宣言案のなかで、「人民は、その受任者の活動のすべてについて知る権利（droit de connaître）をもっている」（第三四条）としていた。

現代資本主義憲法下においても、「人民主権」論が社会の憲法意識として一般的に定着し始めると、「人民」・市民の「知る権利」が説明責任とともに立ち入って論じられるようになる。この論議の支援を受けて、各国で情報公開法も制定されている。アメリカ合衆国の「情報の自由法」（Freedom of information act, 1966）は、その代表的事例である。それは、連邦政府の情報の公開を定める法律である。

「知る権利」については、憲法に明示的な規定がないのが通例であるので、憲法上の権利かそれとも法律によって設けられた権利かについても争いがあるが、「説明責任」や情報公開法の一般化は、現代資本主義憲法下における動向を示すものとして、注目に値する。現代資本主義憲法では、ドイツ連邦基本法第五条が「各人は、……一般に近づくことができる情報源から妨げられことなく知る権利を有する」と定め、スウェーデンの基本法の一つである「出版の自由法」第二章第一条が「自由な意見交換と公衆の啓発を促進するために、すべてのスウェーデン国民は、公文書への自由なアクセス権を有する」としているにとどまるようである。しかし、「知る権利」は、「人民主権」原理に内在するものであるから、「人民主権」が憲法上の原理と解される状況にある限り、憲法上に明示的規定があると否とにかかわらず、法律によるその具体化が求められることになるはずである。そう解さなければ、「人民主権」原理に基づく政治が不可能となる。

この知る権利は、「人民主権」下においては、憲法上特別の制約がある場合を別として、「人民」に代ってその統治権の行使を担当するすべての者に向けられる。原則としてすべての統治権の担当者は、その公務について説明責任をもつ。同様にして公権力担当者がその地位においてもっている情報についての公開の制度化や、「人民」・市民の知る権利を代行する地位にあるマスメディアの公的情報アクセス権の具体的保障も求められる。大部分の市民は、マスメディアを通じて知る権利を行使せざるをえない状況にある。

この問題と関連してとくに問題になるのは、議会の調査権の制度である。かつては、この調査権は、「補助的権能説」と結びついて、議会の権限の行使と無関係な調査をすることはできないと解されていた。したがって、「人民」に情報を提供するためだけの調査は許されない、とされがちであった。しかし、その考え方は、「人民」が主権者でない場合（たとえば、君主主権、「国民主権」「議会主権」などの場合）に限られるべきはずのものであった。「人民」が憲法上または憲法の運用上主権者の地位にあると解されるようになり、「人民」とその成員が知る権利をもち、かつすべての統治の権限を「人民の意思により、人民の利益のために」行使することが求められるようになると、そうはいかなくなる。議会の調査権限もまた、主権者たる「人民」の自己統治のための手段として、憲法上特別の制約のある場合を別として、その知る権利に応えることを求められるようになる。これを否定すると、「人民」とその成員は、「人民主権」原理から求められているその重責を効果的に果せなくなる。

Ⅵ　小　括

第七章では、現代資本主義憲法体制下においても、その資本主義体制の安定と存続のために、またすべての国民に人間としての生存をあらゆる部面で保障するために解決しなければならない現代・現在の基本的諸課題があることを見ておいた。現代資本主義憲法とその下での法律および現代国際法は、それらの解決を現代・現在の法的課題として認めまたは認める傾向にある。第八章では、それらの課題を解決するうえで必要不可欠な民主主義のあり方についての問題の提起の動向を見ておいた。現代・現在の基本的諸課題は、大部分の市民にとって国境を越えて賛成しうることであり、立憲主義（法治主義）と民主主義によって克服しうる問題である。

「資本蓄積のために、できないことがある」となおいい続けるか、が問われる。経済発展のために、環境問題の処理に留保をつけ、国際紛争の平和的解決に例外を設けようとするリーダーたちも少なくない。地球環境の破壊や軍拡・戦争は、人類の存続を脅かすまでに至っている。それでも、資本蓄積・経済的発展の積極的規制には反対だというのであれば、それは、人類滅亡の肯定論でもあり、多くの市民の心からの支持をえることはできない。それは、その目的とする資本主義体制・社会主義的市場経済体制の滅亡肯定論でもある。

終　章　現在の問題状況

一　第三の転換期としての現在

憲法という「国の最高法規」に社会と政治の根本的なあり方を定め、その憲法の定める社会と政治の具体化のために、その憲法に従って統治権を行使する立憲主義の体制は、近代とともに始まる。その体制は、時代とともにその基本的諸課題を変えているが、現在は第三の憲法史的転換期にあたっているようである。

第一の転換期は、封建体制を終らせて、資本主義体制と立憲主義体制を社会と政治の根本的なあり方とする近代資本主義憲法体制の登場期であった。この憲法体制は、「自由放任」の資本主義体制の整備展開とそれに適合的なブルジョアジーの代表者のみによる統治権の担当とを主内容としていた。この憲法体制は、すべての国民の自由と平等を宣言しつつも、性差別、低賃金長時間労働、平均寿命の低下、非和解的な階級闘争、資本主義体制の存続に不可欠な有効需要の欠落、経済恐慌・経済停滞の周期化、帝国主義的な海外進出と帝国主義戦争、反「人民主権」的な政治、中央集権体制と地域間格差（地域の衰退）の進行など、もろもろの「陰」をもたらした。

第二の転換期は、第一次世界大戦後に始まる。近代資本主義憲法体制の「陰」の克服を目指す現代憲法の体制

――その代表的なものは、現代資本主義憲法体制とソ連＝東欧型社会主義憲法体制――の登場の段階である。この段階は、いずれの憲法体制が近代資本主義憲法体制がもたらした「陰」をよりよく克服することができるか、その克服を主内容とする現代の基本的諸課題をいずれがよりよく解決できるか、を競う「大競争」の段階となることを期待されていた。解決すべき基本的諸課題の性質上そうならざるをえないはずであった。その基本的諸課題の解決は、二つの現代国家の存在理由そのものであった。とくに資本主義国との関係では、資本蓄積を目的とする資本主義体制下では本来処理しがたいはずのことと考えられがちであった。

第二次世界大戦後においては、「大競争」の期待がとくに強かった。

しかし、第二の転換期の段階は、この期待にはこたえなかった。「大競争」は、あったが、本筋の諸課題についてではなかった。現実に存在した「大競争」は、資本主義憲法体制とソ連＝東欧型社会主義憲法体制を賭けた、総力戦的な「東西冷戦」「米ソ軍拡競争」であった。そして、その「大競争」は、ソ連＝東欧型社会主義憲法体制の崩壊をもって終った。アメリカも、その軍拡競争のなかで「パックス・アメリカーナ」の地位を喪失し、ぼう大な「双子の赤字」にさいなまれる状況に陥った。われわれは、いま、その「大競争」後に、どのような憲法・社会経済の体制をもって現代・現在の基本的諸課題に対処するかを問われている。第三の転換期の段階である。

二　第三の転換期で問われていること

1 「大競争」の再開ではありえない

第三の転換期における当面の主題は、真性の「大競争」つまり近代の「陰」、さらには現代・現在の「陰」（「抑止力論」に依拠する軍拡の問題、地球環境破壊の問題、「例外なき自由化」をスローガンとする市場原理主義の世界化、南北問題およびいぜんとして続く「人民主権」の軽視など）の克服を具体的な課題とする。しかし、それらの課題に立ち向う憲法体制の問題としては、少くとも当面のところ、資本主義憲法体制か社会主義憲法体制かの選択の問題ではありえない、状況にある。

すでに見ておいたように、かつて存在したソ連＝東欧型社会主義体制（そのモデルは一九三六年の「スターリン憲法」体制であった）が、現代・現在の基本的諸課題の解決に必要不可欠な諸原理と制度を欠き、それ故に内部崩壊をしているところからすれば、その体制が現在における転換のモデルたりえないことはいうまでもあるまい。それどころか、それらの欠落からすれば、崩壊したものが社会主義憲法体制であったか否かさえも問題となりうる。旧ソ連＝東欧型社会主義憲法体制の諸国の大部分は、その体制による現代・現在の基本的諸課題の解決を断念して、資本主義的市場経済の憲法体制に転換した。

ソ連＝東欧型社会主義憲法体制の国の一部は、社会主義的市場経済体制に転換した。しかし、この新憲法体制が、現代・現在の基本的諸課題に対処するためにどのような原理と制度をもち、ソ連＝東欧型社会主義憲法体制の場合と異なった的確な対応することができるかについては、まだ判断できる状況にはない。その憲法体制下で強化される社会的格差、際立つ環境破壊、進まない民主主義・立憲主義・民族問題・軍縮・平和等の状況は、市場原理主義体制と接合しえても、統治権を人民のものとする社会主義体制とは背反しかねないものであり、社会主義的市場経済体制の意味と実効性があらためて問われることにもなりかねない。資本主義的市場原理主義的経済体制と異なる社会主義的市場経済体制の課題解決能力を具体的に実証することが求められている。

また、社会主義憲法体制のモデルとかかわっては、一八七一年のパリ・コミューンがうち出そうとした社会主義憲法体制の諸原理が問題となる。ソ連＝東欧型社会主義憲法体制がパリ・コミューンの諸原理から離脱しまたはそれと異質の諸原理をもつことによって崩壊したと見られるだけに、パリ・コミューンが提起しようとした諸原理の正確な認識と検討は、現在においてこそ必要なことともいえるであろう。その後の一世紀半の間における諸状況の変化とそれに伴うその諸原理およびその具体化についての修正が重要な検討課題となることも間違いあるまい。

2　二つの資本主義憲法体制のいずれを選ぶか

二一世紀初頭の資本主義諸国の国内的および国際的諸状況からすれば、第三の転換期における当面の転換の主題は、(A)現代・現在の基本的諸課題の解決を目指す現代資本主義憲法体制か、それとも、(B)その諸課題の解決を憲法に明示せず、市場原理主義の世界化、軍事単独行動主義および地球環境の保全に優先する経済活動の自由に固執する資本主義憲法体制か、ということになるであろう。この(A)と(B)の対抗は、ソ連＝東欧型社会主義憲法体制の崩壊前にも存在したが、その崩壊後においては、第一義的な重要性をもつものとして、また多様な形態をとって鋭く対立している。イラク戦争と地球環境問題への対応の仕方は、それを示す象徴的な事例である。

(A)(B)の当面の選択肢のなかでは、(B)は効果的な選択肢にはなりえないと見るべきであろう。近現代の資本主義憲法体制下でもたらされたもろもろの「陰」を克服する諸原理もそれを具体化しうる民主的な政治のあり方も欠いているからである。現代資本主義憲法体制の基本的諸課題である、社会的格差の増大と社会的不安定化の克服の問題、資本主義体制の存続に不可欠な有効需要の確保の問題、世界的な規模での政治的および経済的な従属体制の克服の問題、帝国主義的進出・抑圧・戦争の違法化の問題、「抑止力論」に依拠した軍備・軍拡による経済・財政の破綻の克服の問題、もろもろの方法による地球環境の破壊阻止の問題、これらの諸問題の克服に不可欠な強化された民主主義の構築等に対処する原理と制度を、(B)は原則として憲法上またはその運用上欠いている。第七章と第八章で見ておいた社会諸科学と憲法学からの問題の提起は、すべてこれら諸問題の克服と現代資本主義体制の存続にかかわるものであったが、(B)はそれと本格的な取り組みをしてはいない。「自らの秩序のなかで、生存権と自由の確証をあげてゆかなくてはなるまい。その努力も実効性も示されないとしたならば、資本制秩序は、どうあがこうとも、没落の運命を免れないといってもよい[1]」。第六章と第七章で見ておいたように、もろもろの社会科学が論証してきたところである。(B)は、非和解的な階級闘争を不可避とし、その存続に不可欠な有効需要の創出を不可能とし、帝国主義戦争をも構造化し、「抑止力論」に依拠し続けるならば経済・財政の破綻をも招来する。「例外なき自由化」「市場原理主義」の下で横行する投機的マネーゲームの世界化は、国境を越えて原油・小麦・とうもろこし・大豆・砂糖等の高とうを招き、中小企業の生産活動も一般市民の消費活動も破壊する（一九九〇年代末一バレル一〇から二〇ドルであった原油が二〇〇八年六月には一四〇ドル台に達しているが、実需とかけ離れた投機によるという）。たんなる所有者にすぎない不生産者（金利生活者）の投機は、反社会国家的行為の最たるものとして、社会国家（福祉国家）理念の名において、国内的にも国際的に禁止されるべき性質のものであろう。

当面の選択肢は、(A)でしかありえない、というべきであろう。(B)の代表ともいうべきアメリカ資本主義憲法体制は、いま、経済・財政的に本格的な試練に直面しているようである。

3　資本主義憲法体制によって現代・現在の基本的諸課題を解決できない場合

上記2の(A)によっても、資本主義憲法体制である故に、現代・現在の基本的諸課題を解決できない場合には、その諸課題の解決に固執する限り（固執しなければ、すべての国民に対する「人間らしい生活」の保障も、民族・人類の存続も困難となる）、資本主義憲法体制外の憲法体制（おそらくは社会主義憲法体制）に移行せざるをえなくなる。マルクスやレーニンが指摘していたような資本主義憲法体制の崩壊の現在版である。しかし、移行する社会主義憲法体制は、その諸課題を解決できなかったソ連＝東欧型社会主義憲法体制ではありえないはずである。この意味で、社会主義憲法体制の問題は、憲法学の検討課題から消去しうるものではなく、資本主義憲法体制の(A)(B)とともに、その視野になお収めておかなければならない。

4　民族・人類の滅亡・破滅的混乱の阻止のために

いまから一〇〇年前、民族・人類が遠くない将来に滅亡するかもしれない、と考えるような人はおそらく皆無に近いことであったろう。しかし、二一世紀初頭のいま、遠くない将来民族・人類が存続しているかを疑いうる合理的理由は、われわれの生活のうちに山積している。核戦争で、生物化学兵器使用の戦争で、地球温暖化・大気汚染・河川海洋汚染・放射能汚染・地球砂漠化の進行で、それらの諸要因等による生態系の大変動で、世界的な気候変動による食糧不足で、市場原理主義の世界化による世界的な規模での経済財政の破綻や混乱で、民族・人類の存続を左右しうる要因は、現実的な可能性をもってわれわれの生活のうちに山積している。そのうちの多くのものが資本主義体制のあり方に直結している。

憲法学を生活と切断された法技術学としてしまうわけにはいかない。社会と政治の根本的なあり方を定める憲法（法の中の法）を検討するものとして、その基本的な諸課題にたえず対峙するものであり続けなければならない。とくに現在においては、「憲法と資本主義」——資本主義体制のあり方を社会的にも政治的にも規律する憲法のあり方——の問題を検討の主題としないわけにはいかない。たしかに、市場原理主義の世界化の動向だけからしても、問題は憲法問題の枠を超えているようにも映る。しかし、そう考えるべきではあるまい。「自由放任」の近代資本主義憲法体制の下では、どこの国でも多くの国民が低賃金長時間労働・平均寿命の低下をきたすような人間疎外の状況におかれ、多くの国の多くの国民が他民族を抑圧する植民地支配や正義なき戦争にかり出された。世界化を目指す現在の市場原理主義は、近代資本主義憲法の場合と質的に異なる社会と政治のあり方にかんする憲法原理をもっているわけではない。現代資本主義憲法をもっている多くの国家は、それを修正する原理をその憲法に導入している。社会国家（福祉国家）や「戦争の違法化」原則などがそれである。市場原理主義の世界化や軍事単独行動主義や地球環境破壊の動向は世界の各国で一般的に受容されているわけではない。その動向に歯止めをかけようとする各国の市民と政府、その国際的協働の動きも大きい。問題の処理は、なお各国の市民と政府の手中にあり、その意味で各国憲法のあり方のうちにあり、そこにおける問題の提起から始まる。*

＊　いまなお、世界連邦・世界政府があるわけではない。国連・ＥＵ等の国家連合が存在するにすぎない。そこでは、

一国を越える国際的な問題についても、なお、各国の市民と政府による説得的な問題提起から始めるほかはない。現代・現在の基本的諸問題についていうならば、すでに見ておいたように可能な選択肢は少ない。各国の市民と政府がその対応の成果をふまえて、他国に働きかけるほかはない。「軍事力だけでは、たとえ数千発・数万発の原爆で支えられた軍事力だけでは現代の世界政治・世界経済で覇を唱えることは不可能である」。近時における米ソはそのかっこうの事例である。経済力についても、おそらく同様なことがいえるであろう。時代の基本的諸課題の解決に向う真摯な姿勢をもっていなければ、その経済力は自滅に向い、時にはその犠牲となる国内・国外の多数の市民と政府の政治的な反抗さえも招くことになる。第二次世界大戦後の米ソは、この点でもモデルの役割を果しているようである。

5　なお固執すべき日本国憲法とその資本主義体制

これまで見てきたような人類の歴史的な歩みと現状からすれば、日本国憲法とその資本主義体制にこそ固執すべきであろう。日本国憲法が、批判的な検討を要する問題点をもちながらも、その自称通り人類の憲法の歴史に比較的よく学び（第九七条参照）、現代・現在の基本的諸課題を解きうる原理・原則を一応は用意しているからである。具体的には、以下のようである。

①近代資本主義憲法体制がもたらした「陰」を克服する原理・原則は、一応は用意されている。たとえば、その平等原則は、性による差別を禁止しかつ「政治的、経済的又は社会的関係において、差別されない」としている。社会国家（福祉国家）・文化国家理念は⒜第二五条から第二八条にわたって社会権的諸権利と文化的諸権利の保障として、⒝第二二条一項や第二九条二項における経済的自由権の積極的制限として、整備されている。第

二五条一項の生存権の保障規定（「すべて国民は、健康で文化的な最低限度の生活を営む権利を有する」）は、その⒜⒝を通底する社会国家・文化国家理念の注目に値する宣言となっており、その⒜⒝は第二五条一項を基準として解釈運用することを求められている。日本国憲法下の資本主義体制は、その前提の下で機能することを求められている。その前提の下で資本主義体制はその維持存続を確保しうるとする判断がその基礎にあることを忘れてはなるまい。

②とくに傑出しているのは、いうまでもなく、第九条として具体化されている日本国憲法の平和主義である。その徹底した非戦・非武装の立場は、戦争史・軍事史における新段階の到来の認識（戦争と軍隊の伝統的な手段性の喪失、つまり人権の保障・民主主義を含めて広く文明とそれらとの非両立の時代の到来についての認識）、軍事支出の再生産外消耗性についての認識（とくに第二次世界大戦後の現在においては膨大な軍事支出が経済・財政を不可避的に破綻させることについての認識）および日本の戦争責任の自覚（再度失敗をくり返さないことがもっとも重要な戦争責任のとり方であることの自覚）をふまえた素晴しい対応であった。日本国憲法制定後における世界的な経験は、現在におけるその妥当性のみならず、現在においてはそれ以外にすべての個人・民族そして人類の安定した存続の保障がありえないという意味で、現在におけるその必然性を明示するものであった。ソ連＝東欧型社会主義憲法体制の崩壊、アメリカにとくに際立つ先進資本主義諸国における経済・財政の破綻とそれに伴う社会国家・文化国家理念の衰退、多くの発展途上国における停滞や慢性的な人間疎外状況などと無関係に憲法第九条を見るわけにはいかない。それだけに、アメリカの「同盟国」であるかのようにして軍拡に向う「解釈改憲」の政治についてはその専制政治性とともに憲法史的な誤りの指摘をしないわけにはいかない。

③近代資本主義憲法体制下における「陰」は、男性制限選挙制度をはじめとする非民主的な政治制度により維

持され、正当化されてきたが、日本国憲法は、それを克服する措置もとっている。男女平等の直接普通選挙制度をはじめとする現代選挙制度の諸原則を導入し、憲法改正など若干の重要事項については直接民主制も用意している。地方自治についても、現代資本主義憲法としてはなお例外的であるが、「第八章　地方自治」として独立の章を設け、「充実した地方自治」の体制と解しうる保障をしている。(2) しかし、日本の憲法学が、その政治とともに、地方自治について憲法の主題とすることに消極的な対応をとり続けたことは悔まれることである。その故もあって、地域の産業・文化を保護育成することも活性化することもできず、地域間格差を強化し、農水産業をも含めて企業数においても労働者数においても圧倒的多数を占める中小企業の衰退を放置し続けている。

日本国憲法の民主主義の面でとくに注目に値するのは、公務員の選定のみならず、その罷免をも「国民固有の権利」として保障していること(第一五条一項)と、その選定・罷免権の保障に対応してのことと思われるが、「命令的委任の禁止」(自由委任)の規定を欠落させていることである。現代資本主義憲法の多くは、この前者(とくに罷免権の保障)を欠き、この後者をなお存続させているのが普通である(フランスもドイツもそうである)。そうすることによって、少くとも法的には、いまなお選挙人団(「人民」)から独立した国民代表制を維持しようとしている。この点からすれば、日本国憲法は、並の現代資本主義憲法ではなく、民主主義を質的に高めようとする「人民主権」を原理とする憲法といえそうである。日本国憲法は、資本主義体制をとりつつ、「人民による、人民のための政治」を求めていることに注目したい。(3)

④日本国憲法が外国人および外国との関係においても、現代・現在の基本的諸課題の解決を求めていることも、注目に値する。たとえば、前文第二段は「われらは、全世界の国民が、ひとしく恐怖と欠乏から免かれ、平和のうちに生存する権利を有することを確認する」とし、その第三段は「いずれの国家も自国のことのみに専念して

他国を無視してはならない」としている。外国人に対する人権の保障と他国への配慮の必要性を明示している。たしかに、それらの内容やそのための具体的方法はなお黙示的であるが、人権の保障、平和、民主主義につき日本国憲法の掲げる原理・原則を念頭においていることは、間違いあるまい。

⑤もちろん日本国憲法は、現代・現在の基本的諸課題のすべてを解決しているわけではない。④でも見ておいたように、外国人・外国との関係においては、憲法の求める対応の内容や方法は、なお黙示的、抽象的である。子ども権利の保障、私人間における人権保障、環境権の保障、教育・研究を含む文化活動の保障、諸々の社会的弱者の保障においても不十分である。しかし、これらの諸問題は、民主主義を活性化すれば法律で十分に対応できることである。日本国憲法は法律による積極的な対応を求めこそすれ、それを妨げているわけではない。

⑥他によりよき、選択可能な憲法の原理・原則が存在しない日本の現状においては、①②③④のような現代・現在の基本的諸課題にこたえうる原理・原則をもつ日本国憲法に固執するのは、当然のことである。現在までに至る世界の資本主義憲法史の中で科学的な検証をすることもなしに、そのような日本国憲法の原理・原則を「解釈改憲」の手法によって事実上放棄しようとする憲法政治の下では、なおさらのことである。その憲法政治は、立憲主義に反するだけでなく、反歴史的でもあり、日本の社会と政治を破綻させるものとの思いも禁じえない。また、同様にして、「明文改憲」により、それらを放棄しようとする動きも、後者の批判を免れない。

日本国民は、日本国憲法にどう対応するかを問いかける政治のなかで、自己の生活を賭けるほどの重さをもって、第三の転換期に対処することを求められている。

注

序　章　『憲法と資本主義』の概要

（1）　この点については、たとえばフランスの場合、R・ペルヌ『近代社会の形成――フランスブルジョワジーの起源』（山上正太郎訳）一九五四年・第二章以下を参照。

（2）　G・デュプー『フランス社会史――一七八九年〜一九六〇年』（井上幸治監訳）一九六八年・六二頁。

第一章　近代の初頭における憲法と資本主義についての三構想

（1）　マルクス「ルイ・ボナパルトのブリュメール18日」第三版におけるエンゲルスの序文、マルクス＝エンゲルス八巻選集翻訳委員会訳『マルクス＝エンゲルス八巻選集第三巻』一九七三年・一五二頁。

（2）　この点にかんする私の見方については、杉原『国民主権の研究』一九七一年・五三頁以下および杉原『人民主権の史的展開』一九七八年・四頁以下を参照。簡単には、杉原『憲法の歴史』一九九六年・三〇頁以下を参照。

（3）　この部分については、井上幸治「十八世紀におけるノール県の織物工業」同編『ヨーロッパ近代工業の成立』一九六一年・二一八〜二二一が参考になる。

（4）　小井高志『リヨンのフランス革命』二〇〇六年・四二三頁。

（5）　Montesquieu, De l'esprit des lois, Classique Garnier, t. 1, 1949, p. 162. 同書の第二部第一編第四章。野田良之ほか訳『法の精神　上巻』一九八七年・二一〇頁も参照。

（6）　ジェファーソンの起草によるものである。その原文については、Basic writings of Thomas Jefferson, edited by P. S. Foner, 1944, pp. 330-331 を参照。

（7）　たとえば、G・イエリネック『人権宣言論外三篇』（美濃部達吉訳）一九四六年および同『人権宣言論争』（初宿正典訳）一九九五年を参照。しかし、主権原理の問題に典型的に現れているように、両国間には大きな違いもある。

（8）　E. Sieyès, Qu'-est-ce que le Tiers Etat ? Ed. de Société de l'histoire de la Révolution française, 1888, chap. V, p. 66.

（9）（10）　Sieyès, op. cit., p. 66.

（11）　Sieyès, op. cit., chap. V, pp. 67-68.

（12）　この点については、簡単には、杉原『人権の歴史』一九九二年の「第二章　立法権にも対抗できる『人間の権利』の登場」を参照。

（13）　オランプ・ド・グージュの問題提起については、O・ブラン著・辻村みよ子訳『女の人権宣言』一九九五年のとくに「第十章　女性の権利」の部分を参照。原書名は、Olvier Blanc, Une femme de libertés, Olympe de Gouges, 1989, である。

(14) この点については、田村理の実証性豊な研究『フランス革命と財産権』(一九九七年) のたとえば「第三部　一七八九年宣言と財産権」を参照。

(15) 一七八九年人権宣言は、「すべての市民は、法律の目には平等であるから、その能力に従って、かつその特性とその才能による以外の差別なしに、等しく公の位階、地位および職につくことができる」(第六条第三文) としていた。

(16) このような正当化論については、杉原『国民主権の研究』二四二〜二四三頁、三三〇〜三三二頁を参照。

(17) 共和暦三年 (一七九五年) 憲法の起草を担当した一一人委員委員会 (Commission des Onge) の名において発言したものである。Réimpression de l'Ancien Moniteur, t. 25, 1854, p. 92.

(18) フランス革命における「国民主権」の成立と構造については、杉原『国民主権の研究』の「第三章　国民主権の成立」と「第四章　国民主権の基本構造」を参照。

(19) 宮沢は、イギリスとフランスにおける、ほぼ同一の国民代表概念の成立の差異に着目して、この型の議会構想を知るには、「フランス革命におけるその発生課程を検討することが何より便利である」としていた (宮沢俊義「国民代表の概念」同『憲法の原理』一九六七・一九一頁)。

(20) この点については、杉原『国民主権の研究』の「第四章　国民主権の基本構造」の「国民主権と憲法制定権」(同書三四二頁以下) を参照。

(21) この点については、杉原泰雄・只野雅人『憲法と議会制度』二〇〇七年・二七頁以下を参照。

(22) 日本国憲法の国民主権にかんする私の解釈については、杉原『憲法と国家論』二〇〇六年・一九六頁以下を参照。日本国憲法の英語訳では主権者・国民は people と表現されるのが通常であり、またその国民主権は「人民の、人民による、人民のための政治」を求めるとするのが市民の常識的な理解である。

(23) この点については、小沢隆一『予算議決権の研究』(一九九五年) が詳しい。予算法律説をめぐるフランスの論争については、簡単には、杉原「予算法律説について」杉原泰雄＝樋口陽一編『論争憲法学』二五七頁以下を参照。

(24) この点については、小沢・前掲書二一頁以下、簡単には、杉原『憲法I憲法総論』一九九一年・三三三頁以下を参照。

(25) 宮沢俊義「固有事務と委任事務の理論」同『公法の原理』一九六七年・二〇四頁。

(26) A. de Tocqueville, De la démocratie en Amérique, t. 1, Edit, Robert Laffont, 1986 première partie, chap. II, p. 70.

(27) この点にかんするトクヴィルの指摘については、杉原ほか編『資料現代地方自治』二〇〇三年・一四九頁以下を参照。また、アメリカの地方自治制度の展開については、阿部照哉他編『地方自治大系I』(一九八九年) の「第六章　アメリカ地方制度」が、憲法との関係では参考になる。

(28) この点については、野田良之『フランス法概論上巻(2)』一九五五年・五六六頁以下を参照。
(29) この点については、野田・前掲書五八二頁以下を参照。
(30) 「フランス革命による農地制度の改革の結果、フランス農民層のなかに非常に多数の自由な小土地所有者と、アンシィアン・レジィム下の特権階級に代って現れた大土地所有者たる《オオト・ブルジョアジィ》とが作り出された……。このブルジョア的土地所有の結果として、土地所有は再び集積され、多数の農村プロレタリアが輩出してくるが、これが新興産業資本にとって労働力の一大源泉となることも明らかであろう。かくしてコンヴァンション〔国民公会〕もまたその本質においてブルジョア革命の基本線から決して逸脱したものでないことが知られる」(野田・前掲書五八四頁)。
(31) E・J・ホブズボーム『市民革命と産業革命』(安川悦子・水田洋訳)一九六八年・一三五頁。その原書名は、E. J. Hobsbawm, The age of revolution: Europe 1789-1948, 1962である。
(32) ホブズボーム・前掲訳書一七三頁。
(33) H・ゲルデス『ドイツ農民小史』(飯沼二郎訳)一九五七年・一三三頁。
(34) ゲルデス・前掲訳書一三六頁。
(35) J・クチンスキー『ドイツ経済史』(高橋正夫・中内通明訳)一九五四年・四四頁。
(36) F・エンゲルス『ドイツ農民戦争』の一八七一年および一八七五年版への序文における指摘である。大内兵衛＝細川嘉六監訳『マルクス＝エンゲルス全集第七巻』一九七七年・五四七頁。
(37) 清宮四郎「ドイツ憲法の発展と特質」同『国家作用の理論』一九六八年・三一三頁。
(38) 「フランクフルト憲法」の特質については、清宮・前掲書三〇九頁以下、小林孝輔『ドイツ憲法小史』一九八五年・一一二頁以下を参照。
(39) この憲法争議については、前田光夫『プロイセン憲法争議研究』(一九八〇年)の第五章以下に詳しい紹介がある。
(40) ビスマルクの「欠缺説」については、前田・前掲書のとくに二六六―二六七頁を参照。
(41) この点については、田上穣治『法律による行政』(一九四七年)に収録されている〔論文〕「憲法に於ける法律の意義」が参考になる。簡単には、田上穣治『比較憲法』一九五〇年・七一頁以下を参照。
(42) プロイセンおよびドイツ帝国における統帥権の独立については、中野登美雄『統帥権の独立』(一九七三年)の第二編の一(一七五頁以下)を参照(一九三六年の原本のリプリント版である)。
(43) イエリネクの国家法人説については、栗城壽夫『一九世紀ドイツ憲法理論の研究』(一九九七年)の「V補論　イエリネクの一般国家論について」のとくに五五九頁以下を参照。なお、イエリネクの主著、Allgemeine Staatslehre, Dritte

Aufl., 1960 については、芦部信喜ほかによる翻訳『一般国家学』（一九七四年）がある。
(44) この点については、簡単には、小林孝輔・前掲書一四〇頁以下を参照。
(45) この点については、E. X. Huber, Deutsche Verfassungsgeschichte seit 1789, Bd. III, 1963, S. 91 および小林孝輔・前掲書・一四一―一四二頁を参照。
(46) このようなプロイセン憲法における地方制度の経緯については、阿部ほか編『地方自治体系I』一〇二頁以下を参照（三成賢次執筆）。
(47) 一八五三年五月七日法律で、第一院は「国王が世襲の権利を付与して、また終身で任命する議員で」組織するものとされていた。
(48) 固有事務と委任事務の問題については、宮沢俊義「固有事務と委任事務の理論」同『公法の原理』（一九六七年）のとくに第一章・第二章・第三章を参照。
(49) 赤木須留喜『行政責任の研究』一九七八年・四二九頁。
(50) この原文については、『福沢諭吉選集第二巻』一九八一年・二二一頁以下を参照。
(51) 地租改正の要点については、高橋泰蔵＝増田四郎編『体系経済学辞典　第六版』一九八四年・一〇七―一〇八頁（中村正則執筆）を参照。
(52) 秩禄処分の要点については、高橋＝増田編・前掲辞典一〇八頁（中村正則執筆）を参照。
(53) 明治憲法の成立過程については、稲田正次『明治憲法成立史上・下』（一九六〇年・一九六二年）が詳しいが、枢密院における審議については、同書下巻の第二五章から第二七章を参照。
(54) トク・ベルツ編『ベルツの日記(上)』菅沼竜太郎訳・一九七九年・一三四頁。
(55) 星島二郎編『上杉慎吉対美濃部達吉　最近憲法論全』（一九二四年）が両者間の論争を収録している。両者の論争の紹介については、当面、宮沢俊義『天皇機関説事件(上)』（一九七〇年）の「第二章　上杉・美濃部論争」および杉原泰雄『憲法と国家論』（二〇〇六年）の五頁以下の「上杉・美濃部論争」を参照。
(56) 美濃部『日本憲法第一巻』二八八―二八九頁。
(57) 美濃部・前掲書二九〇頁。
(58) 上杉『新稿憲法述義全』一九二八年第八版・九五―九六頁。
(59) 上杉・前掲書八六―八七頁。
(60) 上杉・前掲書六一〇頁。
(61) 穂積・前掲書（一九四三年増補版）のたとえば、二五―二六頁を参照。
(62) 美濃部は、通説的見解によれば、「議会ノ協賛ヲ要スル事項ハ唯憲法各条ニ特ニ法律ヲ以テスルヲ要スルコトノ明文アル事項ノミニ限〔ラレ〕……其所謂立法事項〔憲法上ノ立法事項〕ノミガ法律ヲ以テ定ムルコトヲ要シ其他ノ事ハ凡テ政府ノ専断ヲ以テ定メ得ベキモノ」であった（美濃部『憲法撮要』訂正四版・一九三〇年・四〇三頁）。この点についてより詳しくは、美濃部『逐条憲法精義全』初版第一一刷・一九三五年・一三八頁以下を参照。

(63) 伊藤博文『帝国憲法・皇室典範義解』一八八九年・一一二頁。「枢密院の憲法会議」では、明治憲法と旧皇室典範の各条項についての解説も配布されていた。井上毅の執筆したものである。憲法の発布後に、この解説を関係者が再検討したうえで、伊藤の著書として公刊した。「大日本帝国憲法義解」と「皇室典範義解」を含み、通常『憲法義解』と呼ばれている。なお引用においては、漢字は原則として当用漢字に置きかえている。同書については、宮沢俊義校註『憲法義解』（一九四〇年、岩波文庫）が便利である。

(64) この点については、田上穣治『法律による行政』一九四二年・一〇三頁以下を参照。

(65) 宮沢『憲法略説』一九四四年・二二一―二二二頁。なお、この点については、より詳しくは、美濃部達吉『逐条憲法精義』一九三五年・五八八頁以下、上杉慎吉『帝国憲法逐条講義』第三版・一九三七年・一六三頁以下を参照。

(66) 美濃部『逐条憲法精義』一九三五年・一三一頁。憲法普及会編『新憲法と財政・新憲法と地方自治』（一九四八年）に収録の田中二郎「新憲法と地方自治」三頁も参照。

(67) 俵静夫『地方自治法』一九六五年・一六頁。

(68) 家永三郎『歴史のなかの憲法上』一九七七年・一一〇頁。

(69) 家永・前掲書一一四頁。

(70) 伊藤・前掲書二四頁。「統帥権の独立」の考えによれば、統帥（軍令）事項については、軍令機関としての陸軍参謀総長、海軍軍令部総長、陸軍大臣、海軍大臣が総理大臣を経ずに「帷幄上奏」（輔弼）するものとされていた（陸・海軍大臣は、国務大臣であると同時に軍令機関であると解されていた。）

(71) 伊藤・前掲書四二―四三頁。

(72) 伊藤・前掲書四四頁。

(73) 伊藤・前掲書五〇―五一頁。

(74) 久米武編『米欧回覧実記(一)』（一九九七年、岩波文庫）所収の田中彰「解説」・同書四〇九頁。

(75) J・M・トムソン『ロベスピエールとフランス革命』（樋口謹一訳）一九五五年・七頁。

(76) 柴田三千雄『バブーフの陰謀』一九六八年・三五頁。

(77) 「命令的委任案」におけるヴァルレの「人民主権」の構想については、簡単には、杉原『人民主権の史的展開』四七頁以下を参照。

(78) 「厳粛宣言」におけるヴァルレの憲法構想については、杉原泰雄『人民主権の史的展開』六六頁以下を参照。

(79) この点については、杉原『人民主権の史的展開』七九頁以下を参照。

(80) この点については、遅塚忠躬『ロベスピエールとドリヴィエ――フランス革命の世界史的位置』（一九八六年）の

「第二章　ドリヴィエと農民革命」一三一頁以下、および田村理・前掲書の第二章・第二節「ピエール・ドリヴィエ」二六七頁以下を参照。

(81) ルソーの『社会契約論』等における「人民主権」論については、杉原『国民主権の研究』一四二頁以下を参照。

(82) この点については、杉原『人民主権の史的展開』三九頁以下、六六頁以下、八四頁以下を参照。

(83) ヴァルレは、「人民主権」の名において「充実した地方自治」を求めるサン・キュロット運動のリーダーの役割も果していた。この点については、杉原『人民主権の史的展開』の八四頁以下を参照。

(84) A. Soboul, Les sans-culottes parisiens en l'an II, 1958, p. 537.

(85)「テルミドールの反動」については、杉原『人民主権の史的展開』一三〇頁以下を参照。

(86) この選挙制度の改悪については、杉原『人民主権の史的展開』一三五—一三六頁を参照。

(87) C. Mazauric, Babeuf et la conspiration pour l'égalité, 1962, p. 32 より引用。

(88)「バブーフの陰謀」については、柴田・前掲書一六三頁以下、杉原『人民主権の史的展開』一五二頁以下を参照。

(89) この点については、杉原『人民主権の史的展開』一七八頁以下を参照。

(90) 公安秘密総裁府が一七九四年四月九日に配布した『バブーフの教義の概要』の第六条についての説明。この部分については、杉原『人民主権の史的展開』一七二頁以下を参照。

(91) Buonarroti, op. cit., t. 1, p. 156.

(92) Buonarroti, op. cit., t. 1, pp. 94 et s.

(93) この点についいは、杉原『人民主権の史的展開』一七六頁以下を参照。

(94) この点については、杉原『人民主権の史的展開』一七九頁以下を参照。

(95) Buonarroti, op. cit., t. 1, p. 171.

(96) この点については、杉原『人民主権の史的展開』一八〇頁以下を参照。

(97) 杉原『人民主権の史的展開』一八九—一九〇頁を参照。

(98) Buonarroti, op. cit., t. 1, pp. 181-182.

(99) Buonarroti, op. cit., t. 1, p. 181.

(100) この点については、杉原『人民主権の史的展開』一九〇頁以下を参照。

(101) エンゲルス『マルクス＝エンゲルス八巻選集第三巻』一五二頁。

第二章　近代立憲主義型資本主義憲法体制の「光」と「陰」

(1) 身分制の具体的な内実については、G・デュプー『フランス社会史——一七八九〜一九六〇』の「第一章　アンシアン・レジーム末期のフランス社会」が簡明で、参考になる。

(2)『第三身分とはなにか』の第二章の表題を参照。

（3）アダム・スミス『国富論3』（水田洋監訳＝杉山忠平訳）二〇〇一年・三三九頁。

（4）この点については、デュプー・前掲訳書二九五頁以下を参照。

（5）フランソワ・フュレ／モナ・オズーフ『フランス革命事典1』（河野健二他監訳）一九九五年・七二一頁。

（6）これらの点については、E・J・ホブズボーム『市民革命と産業革命』（安川悦子＝水田洋訳）一九六八年の第二部の「第一五章　科学」の部分を参照。

（7）この点については、当面、辻村みよ子＝金城清子『女性の権利の歴史』一九九二年・二九頁以下を参照。

（8）この点については、詳しくは、杉原『人民主権の史的展開』二三一頁以下を参照。また、デュプー・前掲訳書一三三頁以下も参照。

（9）『イギリスにおける労働者階級の状態2』（マルクス＝エンゲルス全集刊行委員会訳）一九七一年・三三二頁。

（10）オウエン『オウエン自伝』（五島茂訳）一九六一年・二〇六―二〇七頁。原書名は、The life of Robert Owen,(1857) である。

（11）大阪市立大学経済研究所編『経済学辞典』第一版一〇刷・一九七四年・二九五頁。

（12）J. Ellul, Histoire des institutions, t. v, 6e éd., 1969, p. 259.

（13）V. Cosiderant, Destinée sociale, t. 1, 1ère éd., 1835, pp. 197-198 を参照。

（14）エンゲルス・前掲訳書1・二一六―二一七頁。

（15）E. Dolléans, Histoire de mouvement ouvrier, t. 1, 1967, p. 22 による。

（16）Dolléans, op. cit., t. 1, p. 23 による。

（17）オウエン・前掲訳書二一二頁。

（18）エンゲルス・前掲訳書1・二二〇頁。

（19）コンシデランの現状の認識と克服の方法については、杉原『人民主権の史的展開』二九二頁以下を参照。

（20）この問題については、杉原『人民主権の史的展開』二三六頁以下および、革命期のル・シャプリエ法については、杉原『国民主権の研究』二五二頁以下を参照。

（21）Alexis de Tocqueville, R. Lafont, 1986, p. 730. 喜安朗訳『フランス二月革命の日々――トクヴィル回想録』一九八八年・一八頁も参照。

（22）Alexis de Tocqueville, pp. 734-735. 喜安・全掲訳書三一頁以下も参照。

（23）Alexis de Tocqueville, p. 537

（24）これら社会主義思想については、J. Bruhat, Le socialisme français de 1815 à 1848, dans《Histoire générale du socialisme》t. 1, 1972, pp. 331 ets., C. willard, socialisme et communisme français, 1976, pp. 17 et s., ジャック・ドローズ『フランス政治思想史』（横田地弘訳）一九五二年の第八章、J・P・メイヤー『フランス政治思想』（五十嵐豊作訳）

一九四九年・七三頁以下を参照。

(25) ジャン・ロム『権力の座についた大ブルジョアジー——一九世紀フランス社会史試論』(Jean Lhomme, La grande bourgeoisie au pouvoir (1830-1880), Essai sur l'histoire sociale de la France, 1960)。(木崎喜代治訳) 一九七一年・二七一—二七二頁。

(26) パリ市北部の労働者地区ベルヴィルは、一八六九年の総選挙の際、市民の集会を母胎とした選挙委員会を組織し、選挙綱領を作成した。急進派の候補者ガンベッタ (Léon Gambetta, 1838-1882) がこれを受諾し、その候補者となった。命令的委任の実行である。

(27) 大阪市立大学経済研究所編『経済学辞典』第一版第一〇刷・一九七四年・一六九頁 (林直道執筆)。

(28) この点については、高橋泰蔵・増田四郎責任編集『体系経済学辞典』第六版・一九八四年・四九八頁以下 (都留康執筆) を参照。

(29) この点については、高橋・増田責任編集・前掲書五〇〇頁以下 (都留康執筆) を参照。

(30) 高島善哉監修『社会科学小辞典』一九八〇年・二二四頁。

(31) P・スウィージー『資本主義発展の理論　第四版』(Paul Sweezy, The theory of capitalist development, 4th ed., 1956) (都留重人訳)・一九六七年・三六五—三六六頁。

(32) スウィージー・前掲訳書三六六頁。

(33) スウィージー・前掲訳書三六七頁。

(34) スウィージー・前掲訳書三六九頁。

(35) スウィージー・前掲訳書三七一頁。

(36) スウィージー・前掲訳書三七二頁。

(37) スウィージー・前掲訳書三七三頁。

(38) スウィージー・前掲訳書三七四頁。

(39) 高木八尺ほか編『人権宣言集』一九五七年・三四四頁。

(40) 高木八尺ほか編・前掲書三四五—三四九頁。

(41) 田畑茂二郎『国際法Ⅰ〔新版〕』一九七三年・七二頁。

(42) 田畑・前掲書四六頁。

第三章　閃光的な「先駆者」

(1) 一八七一年のパリ・コミューンにかんする、私のより立ち入った検討については、杉原『人民主権の史的展開』一九七八年・三三頁以下を参照。また、日本の憲法研究者のものとしては、ほかに、長谷川正安『コミューン物語　一八七〇—一八七一』(一九九一年) がある。この書物では、「第一部　パリ・コミューン」のほかに、「第二部　地方コミューン」が検討紹介されており、興味深い。

(2) その主要なものについては、杉原『人民主権の史的展開』三六六頁以下を参照。より広範囲にわたっては、木下半治訳『フランスの内乱』(一九五二年) の「附録　パリ・コミューン資料文書集」と「パリ・コミューン資料文書補遺」が参考になる。

(3) この宣言の原文については、Le Cri du Peuple, le 27

mars 1871を参照。同宣言は、同新聞に発表された。同新聞については、EDITIONS LES YEUX OUVERTSの一九六八年のリプリント版による。

（4） 人間の精神的および肉体的能力を全面的に発展させる教育を意味する。

（5） 四月一九日宣言の正文については、Réimpression du Journal Officiel de la République Française sous La Commune, Editeur Victor Bunel, 1871, pp. 323-324を参照。

（6） パリ・コミューンは、四月二日、《フランス共和国の諸原理の第一が自由であり、思想・信仰の自由が諸自由の第一であり、宗教予算がこの原理に反していること等を考慮して、「第一条　教会は国家から分離される」「第二条　宗教予算は廃止される」「第三条　宗教団体の所有する差押え禁止財産は、動産であれ不動産であれ国民財産とされる」等を法定していた（この正文については、Réimpression du Journal Officiel, p. 33)。

（7） バスチーユ解放一周年記念日に、パリのシャン・ド・マルスで、フランスの統一を確認する目的をもっておこなわれた祭典を意味する。

（8） Jacques Rougerie, Paris libre, 1971, pp. 153 et s.

（9） この点については、杉原『人民主権の史的展開』三八九頁以下も参照。

（10） この点については、Réimpression du Journal Officiel, p. 197および高橋安光編訳『ヴォルテール書簡集』二〇〇八年・一三二五頁以下を参照。

（11） マルクス「フランスにおける内乱」『マルクス＝エンゲルス八巻選集　第四巻』一九七四年・二五八頁。

（12） マルクス・前掲論文・『マルクス＝エンゲルス八巻選集第四巻』二六三頁。

（13） この点については、杉原『人民主権の史的展開』三九二頁以下も参照。

（14） この点については、杉原『人民主権の史的展開』三九五頁以下を参照。

（15） Réimpression du Journal Officiel, p. 38.

（16） この法律の正文については、Réimpression du Journal Officiel, p. 96を参照。

（17） 同法の正文については、Réimpression du Journal Officiel, p. 126を参照。

（18） この法律の正文については、Réimpression du Journal Officiel, p. 613を参照。

（19） これらの点については、第六章のII―3「『フランスにおける内乱』における一八七一年パリ・コミューンの検討」および同章II―1「『国家と革命』における検討」を参照。

（20） 内部分裂の具体的な経緯については、杉原『人民主権の史的展開』四〇六頁以下を参照。

（21） この法律の正文については、Réimpression du Journal Officiel, p. 439を参照。

（22） 「少数派宣言」の原文については、Le Cri du Peuple, le

17 mai 1871 を参照。

(23)(24) フランス革命期における「革命政府」の問題については、杉原『人民主権の史的展開』八四頁以下および一九〇頁以下を参照。

(25) この点については、杉原『人民主権の史的展開』二〇〇頁以下を参照。

(26) A. Soboul, De la Révolution française à la Commune de 1871 : Problèmes de l'Etat révolutionnaire, La Pensée N° 158-août 1971, p. 21.

第四章 二つの現代憲法の登場

(1) この問題にかんする憲法研究者の立ち入った憲法科学的研究は、比較的少ない。以下のもの参照していただきたい。小林直樹『憲法の構成原理』(一九六一年)(とくに「第五章 生存権理念の展望」を)、中村睦男『社会権法理の形成』(一九七三年)、奥貴男『生存権の法理』(一九八五年)、内野正幸『社会権の歴史的展開』(一九九二年)、エクハルト・シュタイン『ドイツ憲法』(浦田賢治ほか訳)(一九九三年)(とくに「第二編 社会的法治国」「第四編 経済憲法」「第五編 文化憲法」を)。

(2) この点については、デュプー・前掲訳書二一六頁以下、P. Rosanvallon, L'Etat en France, 1990, pp. 243 ff., R・カピタン「フランスの憲法上の体験の教訓」(野田良之訳)『憲法調査会資料』一九六〇年一月・三五頁以下(『比較法雑誌』第五巻第一号からの転載)を参照。

(3) R・W・ギャロウェイ『アメリカ最高裁判所二〇〇年の軌跡』(佐瀬一男・尹龍澤・須藤悦安訳)一九九四年・vi頁。

(4) この点については、田中耕太郎『新憲法と文化』(一九四八年)の一〇一頁以下、一一二頁以下、一一六頁以下が参考になる。また、杉原泰雄『憲法の「現在」』(二〇〇三年)の「『文化国家』の理念と現実」も参照されたい。

(5) 佐藤功『日本国憲法概論 全訂第五版』一九九六年・二〇頁。

(6) 「新自由主義」については、大阪市立大学経済研究所編『経済学辞典 第三版』一九九二年・七三五頁(古賀勝次郎執筆)を参照。

(7) この点については、小林直樹『現代基本権の展開』一九七六年・二一八頁以下における整理を参照。また、渡辺洋三『安保体制と憲法』一九六五年(とくに「第三章 基本的人権と福祉国家」)および鈴木安蔵編『現代福祉国家論批判』一九六七年も参照。

(8) 『ブリタニカ国際大百科事典一一巻』第三版六刷・一九九八年・九三頁。

(9) 前掲『ブリタニカ国際大百科事典一一巻』三四九頁。

(10) 田岡良一『国際法上の自衛権(増補版)』一九八一年・一七一頁。

(11) 田岡・前掲書一七五頁。

(12) 田岡・前掲書一七四頁。

(13)「〔ロカルノ条約とは〕一九二五年一〇月一六日にスイスのロカルノで締結された条約で、一つの相互保障条約と四つの裁判調停条約から成る。相互保障条約はドイツ、フランス、ベルギー、イギリス、イタリアの五カ国の間に締結され、ヴェルサイユ講和条約に基づく領土の現状維持とライン沿岸の武装解除の尊重、ドイツとフランス、ドイツとベルギー間の相互の攻撃・侵入・戦争の避止、これらの諸国間の一切の国際裁判又は国際調停付託、以上の規定の違反行為の被害当事国に対する正当防衛権の肯定、及び他の条約当事国の援助などを約した」(竹内昭夫・松尾浩也・塩野宏他編『新法律学辞典(第三版第四刷)』)一九九四年・一四七九頁。

(14) 田岡良一『国際法III(新版)』一九七三年・一四一―一四四頁。

(15) 慣習法の一種であるが、裁判所によって「強制(enforce)される規範」という意味での「法」と区別されている。この点については、戒能通厚編『現代イギリス法事典』二〇〇三年・一二七頁を参照。

(16)(17) Dicey, Introduction to the study of the law of the constitution, 9th ed., pp. 429-430 を参照。伊藤正己＝田島裕訳『憲法序説』一九八三年・四〇六頁も参照。

(18) フランス近代におけるこのような「国民代表制」の展開については、杉原『国民主権の史的展開』一九八五年・四七頁以下を参照。このような「国民代表制」のあり方は、フランスの場合に限られるわけではなく、イギリス近代にも見られる。

(19) 近現代の政党の特色については、M・ウェーバー『職業としての政治』(西島芳二訳)一九五二年・五〇頁以下を参照。また、フランスにおける近代的大衆的政党の展開については、杉原『国民主権の史的展開』一九九頁以下を参照。

(20) フランスで結社の自由が原則的に承認されるのは一九〇一年七月一日法以降のことであり、議会内で議会運営のために政党会派の存在が認められるのは一九一〇年七月一日の代議院決議(議院規則第一二条)以降のことであった。

(21) M. Duverger, Les partis politiques, 6e éd., 1967, p. 199.

(22) M. Duverger, Introduction à《J-M. Cotteret et als., Lois électorals et inégalités de représentation en France 1936-1960》1960, p. xv.

(23) この点については、西川敏之『現代イギリスの選挙政治』二〇〇五年・二〇頁以下を参照。

(24) フランスの第五共和制下における小選挙区二回投票制(アロンディスマン投票制)については、只野雅人『選挙制度と代表制』一九九五年・三〇五頁以下、大山礼子『フランスの政治制度』二〇〇六年・一二二頁以下を参照。

(25) この点については、芦部信喜『憲法と議会政』一九七一年・三八九頁以下を参照。

(26) Duverger, Introduction à《Lois électorales et inégalités de représentation en France 1936-1960》1960, p. vi.

(27) この点については、杉原『地方自治の憲法論』二〇〇二年・六四頁以下、杉原ほか編『資料現代地方自治』（二〇〇三年）の第一四、第一五、第一六の各章を参照。

(28) たとえば日本の場合、地方自治の研究に力を注いだ宮沢俊義（芦部信喜補訂『全訂日本国憲法』一九七八年・七六〇頁）や田上穣治（『憲法撮要』一九六三年・二三一頁）に、この種の指摘が見られる。本文中の前者の指摘は、宮沢のものであり、後者は田上のものである。

(29) 中村哲・丸山真男・辻清明『政治学事典』初版第一八刷・一九六九年・五七二頁（半田輝雄執筆）。

(30) この点については、第二章II二2(3)の(ii)と(iii)を参照。

(31) Tocqueville, p. 731 (Souvenirs, premiere partie). なお、トクヴィル『フランス二月革命の日々』（喜安朗訳）一九八八年・一八―一九頁も参照。

(32) 杉原泰雄『民衆の国家構想――失われた理念の再生を求めて』（一九九二年）の一四二頁以下を参照。

(33) 大江泰一郎「社会主義憲法史序説」杉原泰雄編『市民憲法史――講座・憲法学の基礎第五巻』一九八八年・一五二頁。

(34) 福島正夫「現代社会主義憲法の基本特色と問題点」社会主義法研究会編『現代社会主義憲法論』一九七七年・四頁。

(35) 大江・前掲論・杉原編・前掲書二一一―二一二頁。

(36) レーニン「二重権力について」『レーニン全集第二四巻』一九五七年・二二頁。

(37) レーニン「労働者・兵士・農民代表ソヴェト第三回全ロシア大会」『レーニン全集第二六巻』一九五八年・四七二頁。

(38) 「同じ諸原理」となっているところから明らかなように、条件となっているのは「人民主権」的な原理のみではなく、その人権の保障、常備軍の廃止と国民衛兵の制度の導入等も条件となっている。

(39) 一九七七年憲法下においても、一九三六年憲法下の慣習法が維持され、「実際には投票用紙には一名の候補者の氏名のみが記載され、信任投票のごとき外観を呈してい〔た〕」（藤田勇ほか『ソビエト法概論』一九八三年・九六頁）といわれている。この点については、エレーヌ・カレル＝ダンコース『奪われた権力・下』（尾崎浩訳）一九八二年・一四六頁以下も参照。

(40) 畑中和夫「社会主義憲法と人民代表」社会主義憲法研究会編『現代社会主義憲法論』六七頁。

(41) 畑中・前掲論文・社会主義憲法研究会編・前掲書七三頁を参照。

(42) 藤田勇ほか・前掲書一二五頁以下を参照。

(43) 稲子恒夫『ソビエト国家組織の歴史』一九六八年・六二頁。

(44) 藤田勇「社会主義社会と基本的人権」東京大学社会科学研究所編『基本的人権――総論』一九六八年・三七〇頁。

(45) 大江泰一郎・前掲論文・杉原編『市民憲法史』二〇一頁。

(46) 大江泰一郎・前掲論文・杉原編『市民憲法史』二〇一―二〇二頁。

(47) トポルニン『ソビエト憲法論』(畑中和夫ほか訳)一九八〇年・九二頁。

(48) この点については、杉原『民衆の国家構想』一五一頁以下、一六三頁以下を参照して欲しい。

(49) 「党の指導は、政治的指導である。党の指導は、いかなる場合においても、中央・地方をとわず、国家権力機関、国家行政機関や社会団体を行政的に従属させることはありえない。ソ連邦共産党のこれら諸機関への指導内容は、……これら諸機関にその機関で活躍している党員を通して、政治的に厳密な意味で科学的な提案を勧告することである」(トポルニン・前掲訳書九二頁、傍点は引用者)。

(50) 塩川伸明「ソヴェト史における党・国家・社会」渓内謙・荒田洋編『スターリン時代の国家と社会』一九八四年・一五頁。

(51) 新美治一「ソビエト社会主義共和国連邦憲法・解説」樋口陽一・吉田善明編『解説・世界憲法集』一九八八年・二四三頁。

(52) この点については、杉原『人民主権の史的展開』二〇〇頁以下を参照。

(53) マルクスとエンゲルスは、パリ・コミューンの経験をふまえて、一八七一年九月、インターナショナルのロンドン協議会の際に、各国に自主的な労働者党が必要である旨を提案し、採択されていた。この協議会では、「労働者階級が有産者階級の集合権力に対抗して階級として行動できるのは、有産者階級によってつくられたすべての旧来の党から区別され、それに対立する政党に自分自身を組織する場合だけである」とする決議がされていた(「労働者階級の政治活動」『マルクス＝エンゲルス全集第一七巻』一九六六年・三九五頁)。この決議は、社会主義憲法体制における労働者党の指導的地位の問題となんらかかわるものではない。社会主義憲法体制における労働者党の指導的地位の問題は、そこにおける公権力の行使のあり方にかんする問題である。

第五章 「大競争の時代」とソ連＝東欧型社会主義憲法体制の崩壊

(1) 木原正夫「ソ連経済の崩壊と軍産複合体」『経済』一九九二年八月号四五頁。

(2) 毎日新聞一九九四年一一月二〇日朝刊を参照。

(3) 「これまで公表されてきた軍事費は……『ソ連軍維持費の総額』であり、軍事費の中心である兵器・機材の購入費や研究・開発費などは含まれていなかった」(木原・前掲論文・『経済』一九九二年八月号四八頁)という注目すべき指摘もある。

(4) この点については、中馬清『軍事費を読む』一九八六年・二八頁以下を参照。

(5) アメリカの軍拡については、より詳しくは、第七章のIIIを参照されたい。

(6) この数字は、『世界国勢図会一九九〇／九一』六〇頁によっているが、『図会』は『ミリタリー・バランス』によっているという。

（7） 国際連合「核兵器の包括的研究」専門家グループ（服部学監訳）『核兵器の包括的研究——国連事務総長報告——』（一九八二年）が翻訳・公刊されている。

（8）（9） 豊田利幸「米国の軍産複合体とＮＰＴ」『軍縮』一九九五年七月号六二頁。

（10） この点については、ラムゼイ・クラーク『被告ジョージ・ブッシュ有罪』（日本国際法律家協会訳）一九九一年・四六頁以下を参照。

（11） 原田鋼ほか編『現代政治学事典』一九九一年・一〇二三頁。

（12） 朝日新聞一九九四年九月一四日朝刊。

（13） 宮崎勇『軍縮の経済学』一九六四年・二三頁による。

（14） 伊藤三郎『軍拡症を診断する』一九六八年・一〇四頁による。

（15） 佐藤定幸『二〇世紀末のアメリカ資本主義』一九九三年・二頁。

（16） 森本忠夫「ソ連経済の現在」世界一九八八年六月号九七頁。

第六章 「社会主義憲法体制の崩壊」と「資本主義憲法体制の存続」の問題

（1） Ｐ・スウィージーは、ソ連の崩壊時に以下のように述べていた。「国有化と計画経済だけでは社会主義とはいえない。生産手段を所有し、計画をコントロールするのが労働者・大衆でなければならない。つまり、社会主義とは単に国有化と計画による経済システムではなく、労働者の民主主義に基づく政治システムなのだ。そこでの生産資源の配分は、何よりも子供や老人、障害者を含む労働者・大衆のニーズを優先して決されねばならない」（朝日新聞一九九一年一〇月一六日朝刊）。「ついに発見された政治形態」が、民主主義、人権の保障、軍縮・平和の問題のいずれにおいても、資本主義国を質的に超えることを意図していたところからすれば、当然のコメントであろう。

（2） マルクス＝エンゲルス八巻選集翻訳委員会『マルクス＝エンゲルス八巻選集　第三巻』一九七三年・一五二頁（『ルイ・ボナパルトのブリュメール一八日』第三版・一八八五年への序文）。

（3） 『マルクス＝エンゲルス八巻選集　第五巻』一九七四年・二四四頁。

（4） 『マルクス＝エンゲルス八巻選集　第五巻』二四五頁。

（5） 『マルクス＝エンゲルス八巻選集　第五巻』二四五―二四六頁。

（6） 『マルクス＝エンゲルス八巻選集　第八巻』一九七四年・二八六頁。

（7） 『マルクス＝エンゲルス八巻選集　第八巻』二五四頁。

（8） この問題については、森英樹「マルクス・エンゲルス」

杉原泰雄編『講座　憲法学の基礎4　憲法思想』一九八九年・一三一頁以下も参照。

(9)『マルクス＝エンゲルス八巻選集　第三巻』一九七三年・一六〇頁。

(10)『マルクス＝エンゲルス八巻選集　第三巻』一六一頁。

(11)　この点については、『マルクス＝エンゲルス八巻選集　第三巻』一六五―一六六頁を参照。

(12)『マルクス＝エンゲルス八巻選集　第三巻』一七〇―一七一頁。

(13)『マルクス＝エンゲルス八巻選集　第三巻』一七九頁。

(14)『マルクス＝エンゲルス八巻選集　第三巻』一八〇頁。

(15)『マルクス＝エンゲルス八巻選集　第三巻』一八二頁。

(16)『マルクス＝エンゲルス八巻選集　第三巻』一九二頁。

(17)『マルクス＝エンゲルス八巻選集　第三巻』一九四―一九五頁。

(18)『マルクス＝エンゲルス八巻選集　第三巻』一九五頁。

(19)『マルクス＝エンゲルス八巻選集　第三巻』一九七―一九八頁。

(20)『マルクス＝エンゲルス八巻選集　第三巻』二一〇―二一一頁。

(21)『マルクス＝エンゲルス八巻選集　第三巻』二一六―二一七頁。

(22)『マルクス＝エンゲルス八巻選集　第三巻』二三一頁。

(23)『マルクス＝エンゲルス八巻選集　第三巻』二三四頁。

(24)『マルクス＝エンゲルス八巻選集　第三巻』二三五頁。

(25)『マルクス＝エンゲルス八巻選集　第三巻』二三六頁。

(26)『マルクス＝エンゲルス八巻選集　第三巻』二三七頁。

(27)『マルクス＝エンゲルス八巻選集　第三巻』二四一頁。

(28)『マルクス＝エンゲルス八巻選集　第三巻』二四三頁。

　この傍線の部分は、一八五二年にニューヨークで発行された初版には収録されていたが、一八六九年の第二版では削除されている。

(29)　この点については、大佛次郎『パリ燃ゆ　上巻』一九七一年・一九七頁以下を参照。

(30)　この経緯については、大佛次郎『パリ燃ゆ　中』一九七一年・二二三頁以下が参考になる。

(31)　Réimpression du Journal Officiel, p. 5.

(32)　エンゲルス「ドイツ版『内乱』第三版に対する序文（一八九一年）」木下半治訳『フランスの内乱』（岩波文庫）一九五二年・一六二頁。

(33)『マルクス＝エンゲルス八巻選集　第四巻』一九七四年・二五九―二六〇頁。

(34)『マルクス＝エンゲルス八巻選集　第四巻』二六〇―二六二頁。

(35)『マルクス＝エンゲルス八巻選集　第四巻』二六二―二六三頁。

(36)(37)『マルクス＝エンゲルス八巻選集　第四巻』二六三頁。

(38)『マルクス＝エンゲルス八巻選集　第四巻』二六三―二六四頁。
(39)(40)『マルクス＝エンゲルス八巻選集　第四巻』二六五頁。
(41)『マルクス＝エンゲルス八巻選集　第四巻』二六五―二六六頁。
(42)『マルクス＝エンゲルス八巻選集　第四巻』二六六頁。
(43)『マルクス＝エンゲルス八巻選集　第四巻』二六九頁。
(44) ヴァルレは、一七九三年に、一七八九年の憲法制定国民議会以降の代議士たちの動向をこのように総括していた。『社会状態における人間の権利の厳粛な宣言』（一七九三年）の第一部「主権的人民たる、八五県のフランス人へ」と題する訴えのなかでの指摘である。
(45)『マルクス＝エンゲルス八巻選集　第四巻』二八四―二八五頁。
(46) Sieyès, op. cit., chap. V., pp. 28–29.
(47) Sieyès, op. cit., chap. V., p. 31.
(48) マルクス＝レーニン主義研究所訳『レーニン全集第二五巻』一九七二年第二一刷四一八頁。
(49)『レーニン全集第二五巻』四一九頁。
(50)『レーニン全集第二五巻』四二六頁。
(51)『レーニン全集第二五巻』四四二―四四三頁。
(52)(53)『レーニン全集第二五巻』四四八頁。
(54)『レーニン全集第二五巻』四四九頁。
(55)『レーニン全集第二五巻』四四九―四五〇頁。
(56)『レーニン全集第二五巻』四五二―四五三頁。
(57)『レーニン全集第二五巻』四五四頁。
(58)『レーニン全集第二五巻』四五七―四五八頁。
(59)『レーニン全集第二五巻』四六三頁。
(60)『レーニン全集第二五巻』四六六頁。
(61)『レーニン全集第二五巻』四九九―五〇〇頁。
(62)『マルクス＝エンゲルス八巻選集　第四巻』二六三―二六四頁。
(63) この点については、大江泰一郎「社会主義憲法史序説」杉原編『市民憲法史』（講座・憲法学の基礎　第五巻）一九八八年・一七三頁も参照。
(64) レーニンは、一九一三年に執筆した「民族問題についての論評」では、以下のような指摘をしていた。

「マルクス主義者は連邦制と地方分権に反対の態度をとるが、それは、資本主義はその発展のために、できるだけ大きな、できるだけ中央集権化された国家を要求するという簡単な理由からである。他の諸条件が同じばあいには、自覚したプロレタリアートはつねにより大きな国家を主張するであろう。……

……

しかし、中央集権を主張するにあたって、われわれがもっぱら民主主義的中央集権を主張していることをわすれるならば、それは許しがたいことであろう。……

民主主義的中央集権は、地方の行政的自治と、経済上および生活様式上の特殊な民族的構成などによって区別される諸地方の自治とを排除しないばかりでない。反対にそれは、そのいずれをも必然的に要求する」（『レーニン全集第二〇巻』一八六四年第八刷・三二一―三三頁）。

(65) マルクス＝レーニン主義研究所レーニン全集刊行委員会訳『レーニン全集　第二二巻』一九七二年第一八刷・三〇六―三〇七頁。

(66)『レーニン全集第二二巻』三〇七―三〇八頁。

(67)『レーニン全集第二二巻』三一七―三一八頁。この点については、同書の三四一頁以下の指摘も参照。

(68)『レーニン全集第二二巻』三一九―三二〇頁。

(69)(70)『レーニン全集第二二巻』三二〇頁。

(71)『レーニン全集第二二巻』三二九頁。

(72)(73)『レーニン全集第二二巻』三四六頁。

(74)『レーニン全集第二二巻』三四六頁。

(75)『レーニン全集第二二巻』三四七頁。

第七章　現代資本主義憲法的対応とその強化の必要性を論証する社会諸科学の登場

(1) 高島善哉監修『社会科学小辞典』一九八〇年・一三六頁（大陽寺順一執筆）。

(2) 大阪市立大学経済研究所編『経済学辞典　第一版』（一九六五年）で、大河内一男自身が執筆している。同辞典五五八―五五九頁における「社会政策」の項目を参照。

(3) 大河内・前掲解説・前掲経済学辞典五五八頁。

(4) 大河内・前掲解説・前掲経済学辞典五五九頁。

(5) 戸塚秀夫「社会政策本質論争の一回顧」『社会政策の基本問題　大河内一男先生還暦記念論文集第一集』一九六六年・九頁。

(6)『社会政策の基本問題　第一集』の「はしがき」同書一―二頁。

(7) 大河内一男『社会政策論の史的展開』一九七二年・二九三頁。

(8) 岸本「社会政策の政治経済学」『社会政策の基本問題　第一集』二八頁。

(9) 岸本・前掲論文『社会政策の基本問題　第一集』三三―三四頁。

(10) 岸本・前掲論文『社会政策の基本問題　第一集』三四頁。

(11) 岸本・前掲論文『社会政策の基本問題　第一集』三八頁。

(12) 戸塚・前掲論文『社会政策の基本問題　第一集』一二頁。

(13) 大河内・前掲書二九三頁。

(14) 大河内・前掲書二七三―二七六頁。

(15) 大河内・前掲書二七六頁。

(16)『マルクス＝エンゲルス八巻選集　第三巻』一五二頁。マルクスの『ルイ・ボナパルトのブリュメール一八日』の第三版への序文である。

(17) この点については、簡単には、大阪市立大学経済研究所

編『経済学辞典　第三版』一九九二年・六三八頁（氏原正治郎執筆）を参照。

(18) 日本語訳としては、塩野谷九十九訳『雇用・利子および貨幣の一般理論』一九四一年、改訳版一九五五年、がある。

(19) 高橋泰蔵・増田四郎編『体系経済学辞典　第六版』一九八九年・二六一頁（美濃口武雄執筆）。

(20)(21) 大阪市立大学経済研究所編『経済学辞典　第一版』二八〇頁（伊東光晴執筆）。

(22)(23) スウィージー・前掲訳書四二五頁。

(24) スウィージー・前掲訳書四二五―四二六頁。

(25) スウィージー・前掲訳書四二六頁。

(26) スウィージー・前掲訳書四二七頁。

(27) スウィージー・前掲訳書四二九―四三〇頁。

(28) スウィージー・前掲訳書第一版（中村金一訳）・一九五一年・三四頁。

(29) スウィージー・前掲訳書第一版三五頁。

(30) ケインズ的提案は、たんなる所有者にすぎない不生産者（金利生活者）によって投資が支配される資本主義を否定し、投資のかなり広範な社会化によって、その目的を達成しようとしていたという。しかし、強大な金融資本は一国の権力の統制から逃避できるようになり（金融の自由化、多国籍企業化）、その他の分野においても多国籍企業化が進行するようになると、ケインズ的提案も、目的を達しがたくなる。この点については、宮崎義一『世界経済をどう見るか』一九八六年・六四頁以下を参照。宮崎は、それ故に、「グローバルな視野に立って、諸外国の〝忘れられた人々〟や〝南〟の人々の権利要求に対しても十分妥協し連帯しうるような大連合を目指さなければならないであろう」とも指摘している（前掲書七〇頁）。加藤栄一『現代資本主義と福祉国家』（二〇〇六年）も参照。

(31) この点については、森英樹「『グローバル化』変動と憲法・憲法学」樋口陽一ほか編『国家と自由』二〇〇四年・二〇五頁以下の「『グローバル化』と主権国家」も参照。

(32) 伊藤・前掲書八〇頁。

(33) ディグラス・前掲訳書二頁（DeGrasse, op. cit., p. 2)。

(34) ディグラスによると、ケインズのこの指摘は、The New Republic, July 29, 1940, p. 158 でおこなわれていたとのことである（藤岡・前掲訳書六頁注(5)）。

(35) ディグラス・前掲訳書二―三頁（DeGrasse, op. cit., p. 2)。

(36) ディグラス・前掲訳書四―五頁（DeGrasse, op. cit., p. 3)。

(37) ディグラス・前掲訳書五頁（DeGrasse, op. cit., p. 3)。

(38) ディグラス・前掲訳書六二―六四頁（DeGrasse, op. cit., p. 53)。

(39)(40)(41) ディグラス・前掲訳書一四三頁（DeGrasse, op. cit., p. 156)。

(42) ディグラス・前掲訳書一四四頁（DeGrasse, op. cit., p.

156)。
(43) ディグラス・前掲訳書一四四—一四五頁 (DeGrasse, op. cit., p. 157)。
(44) 佐藤・前掲書一頁。
(45) 佐藤・前掲論文・前掲書一四四頁。
(46) 佐藤・前掲論文・前掲書一四五頁。
(47) 佐藤・前掲論文・前掲書一四五—一四六頁。
(48) 佐藤・前掲論文・前掲書一四六頁。
(49)(50) 佐藤・前掲論文・前掲書一四七頁。
(51) 佐藤・前掲論文・前掲書一四八頁。
(52) 佐藤・前掲論文・前掲書一四九頁。
(53) 佐藤・前掲書九五—九六頁。
(54)(55)(56) 佐藤・前掲書九六頁。
(57) 佐藤・前掲書九六—九七頁。
(58) 多国籍企業の問題については、佐藤・前掲書の「第三部 アメリカの産業・多国籍企業」で検討している (同書二一一頁以下)。
(59) 佐藤・前掲書一〇二頁。
(60) 佐藤・前掲書一〇五頁。
(61) この点については、佐藤・前掲書一〇二頁以下を参照。
(62) この点については、佐藤・前掲書一〇七頁以下を参照。
(63) 佐藤・前掲論文・前掲書一五七—一五八頁。
(64)(65) 佐藤・前掲論文・前掲書一六〇頁。
(66) 引用はいずれも、佐藤・前掲書三〇八—三一〇頁から。
(67) 原題は, Chalmers Johnson, Why the United States Really Has Gone Broke, 川井孝子=安濃一樹訳、世界二〇〇八年四月号四四頁以下。紹介は、原則として、その訳文による。
(68)(69)(70) ジョンソン・前掲論文・世界前掲号四五頁。
(71)(72) ジョンソン・前掲論文・世界前掲号四七頁。
(73) ジョンソン・前掲論文・世界前掲号五〇頁。
(74) ジョンソン・前掲論文・世界前掲号五一頁。
(75)(76)(77) ジョンソン・前掲論文・世界前掲号五二頁。
(78) 近時におけるアメリカの経済・財政状況については、福島清彦『アメリカ型資本主義を嫌悪するヨーロッパ』(二〇〇六年) の「第五章 アメリカの保守革命」にも注目すべきであろう。市場原理主義に向う政治と軍事最優先の戦略が、アメリカの今日の難局を創り出していることを実証的に検討している。
(79) フランスの「環境憲章」の翻訳については、辻村みよ子訳 (初宿正典=辻村みよ子編『新解説世界憲法集』二〇〇六年・二四六—二四七頁) と高橋和之訳 (高橋和之編『新版世界憲法集』二〇〇七年・三二二—三二五頁) も参考にした。

第八章 現代・現在の基本的諸課題を解決する「民主主義」の問題

(1) 杉原『憲法と国家論』二〇〇六年・三五—三六頁。
(2) この点については、本書の第一章Ⅱ二1⑵を参照。

（3） Tocqueville, op. cit., p. 43.
（4）（5） Dicey, op. cit., p. 430（伊藤正巳＝田島裕訳『憲法序説』一九八三年・四〇六頁）も参照。
（6） Jennings, The law and the constitution, 1956, pp. 162 ff. なお、マンデイトの原理については、「重要な憲法的変更は、委任なくして行われるべきではないという、曖昧でかなり疑わしい習律であるように思われる」とする指摘もある（J・A・G・グリフィス＝T・C・ハートレー『イギリス憲法』浦田賢治＝元山健訳・一九八一年・三六頁）。
（7） W. Harrison, The government of Britain, 1957, p. 35. ハリソンは、本文に指摘しておいた三つの場合のほかに、庶民院議員の任期満了の接近時にも、解散がおこなわれることがあるとしている。
（8） A. Esmein, Deux formes de gouvernement, Revue du droit public et de la science politique en France et à l'étranger, 1894, vol. 1, pp. 16-17. なお、以下においては、雑誌名はRDPと略記する。
（9）（10） Esmein, op. cit., RDP, vol. 1, p. 24.
（11） Esmein, op. cit., RDP, vol. 1, p. 25.
（12） この点については、簡単には、杉原『憲法と国家論』二〇〇六年・九三頁以下を参照。
（13） 同論文については、当面、杉原『憲法と国家論』一〇八頁以下を参照。
（14） Carré de Malberg, Considerations théoriques, RDP 1931, p. 236.
（15） Carré de Malberg, La loi, p. 217.
（16） デュヴェルジェの社会学的代表制論にかんする検討については、高橋和之『国民内閣制の理念と運用』一九九四年・二一一頁以下、杉原泰雄＝只野雅人『憲法と議会制度』二〇〇七年・一五二頁以下（只野執筆）を参照。
（17） Duverger, Institutions politiques et droit constitutionnel, 1970, p. 104. すでに見ておいたところから明らかなように、このような「代表」＝「代理」の概念は「国民主権」のもとでは、原則として成立しない。
（18） Duverger, op. cit., pp. 104-105.
（19） Duverger, op. cit., p. 105.
（20） J. Cadart, Institutions politiques et droit constitutionnel, t. 1, 1979, p. 253.
（21） 第二次世界大戦後の総選挙の結果については、西川敏之『現代イギリスの選挙政治』二〇〇五年・二〇頁以下を参照。
（22） ライプホルツの政党国家論・現代民主主義論については、私がとくに参考にした竹内重年の翻訳・紹介のほかに、多くの著書・論文が日本でも発表されている。阿部照哉ほか訳『現代民主主義の構造問題』（一九五八年）、清水望ほか訳『現代政党国家』（一九七三年）も参照。
（23） 竹内重年『ライプホルツとその時代』二〇〇四年・一二一―一二二頁の紹介による。
（24） ライプホルツ「政党国家と代表民主制」・ライプホルツ

ほか『二〇世紀における民主制の構造変化』（竹内重年訳 一九八三年・八六頁。

(25) 竹内・前掲訳書八七頁。

(26) 竹内・前掲訳書八七―八八頁。

(27) 竹内・前掲訳書八八頁。

(28) 竹内・前掲訳書八九頁。

(29) 竹内・前掲訳書九一頁。

(30) 手島孝『行政国家の法理』一九七六年・一三頁。

(31) 手島・前掲書一六頁。

(32) グリフィス＝ハートレー・前掲訳書二四三頁。

(33) たとえば、日本の場合については、浅野一郎編著『国会事典　第三版補訂版』一九九八年・二九七頁以下を参照。

(34) フランスの第三、第四、第五共和制下の委任立法の問題については、村田尚紀『委任立法の研究』一九九〇年を参照。

(35) フランス、ドイツ、イギリスにおける委任立法とその統制については、上村貞美「委任立法の統制」公法研究第四七号（一九八五年）五四頁以下を参照。

(36) たとえば、現代議会政の検討にも努めた芦部は、「現代国家においては、内閣の法案提出権や委任立法を違憲もしくは違憲の疑いありとし、名実ともに『唯一の立法機関』たることを議会に要求することによって議会主義を生かすことは不可能である」（『憲法と議会政』一九七一年・二四〇頁）としていた。

(37) たとえば、高橋和之『国民内閣制の理念と運用』（一九九四年）は「議会＝決定、内閣＝執行」の体制から「内閣＝統治、議会＝統制」の体制への転換の必要性を強調する（二一―二二二頁）。

(38) この点については、Vital statistics on Congress 1997-1998, Congressional quarterly's guide to Congress (5th ed.), The encyclopedia of the United States Congress (vol. 4, 1995) などを参照。書物によって若干の数字のちがいがある。

(39) この点については、浅野一郎『議会の調査権』一九八三年・三七頁以下がよく整理をしている。また、芦部信喜『憲法と議会政』四七一頁以下も参照。

(40) 中央集権体制については、美濃部の概念規定が参考になる。「中央集権主義は、以て地方分権主義に対するもので、統治権を原則として中央に統一することを意味する。それには更に二つの意味を分つことを要する。第一の意味に於いては、中央集権とは統治権を国家に統一し国内に於いて他に統治権の主体あることを認めないことを意味する。或は之を国家的中央集権と称することが出来ようと思ふ。第二の意味に於いては、中央集権とは最高の中央官庁が直接に全国を支配し、中央官庁の命を受けない行政官庁が地方に存在することを認めないことを意味する。私は之を行政上の中央集権と称しようと思ふ」（美濃部『日本憲法の基本主義』一九三四年・一五三―一五四頁）。

(41) この点にかんするトクヴィルとパリ・コミューンの簡単

な資料については、杉原ほか編『資料現代地方自治』（二〇〇三年）の第Ⅳ部の第一四章—第一六章を参照。

(42) この点については、阿部照哉ほか編『地方自治体系Ⅰ』（一九八九年）の第六章第二節「ホーム・ルール・シティ」（南川諦弘執筆）、横田清『アメリカにおける自治・分権・参加の発展』の「第二章　都市憲章と自治権の拡充」、杉原ほか編『資料現代地方自治』の「第九章　アメリカ合衆国州憲法」を参照。

(43) この憲章と宣言の日本語訳については、杉原ほか編『資料現代地方自治』六七頁以下、八五頁以下を参照。

(44) 関連規定の日本語訳については、杉原ほか編『資料現代地方自治』一一八頁以下を参照。

(45) 一九九三年憲法の定める基本原則は、一九九五年の「ロシア連邦における地方自治の組織の一般原則についての連邦法律」等でさらに具体化されているが、民主主義と地方自治の伝統のないところで、「充実した地方自治」の体制を構築することは容易ではないようである。連邦構成主体による地方自治の軽視の問題、非画一的な地方自治と自治憲章の問題、地方自治体の事務と税財源の配分の問題等については、小森田秋夫編『現代ロシア法』二〇〇三年・一〇九頁以下（樹神成執筆）を参照。

(46) この点については、木佐茂男「地方自治をめぐる世界の動向と日本」法律時報一九九四年一一月号三七頁以下、杉原ほか編『資料現代地方自治』一二九頁以下・一三八頁を参照。

(47) 「世界地方自治憲章」第二次草案（日本語訳）とその簡単な解説については、杉原ほか編『資料現代地方自治』九一頁以下を参照。

(48) この点と関連しては、二〇世紀後半以降のアメリカにおける「知る権利」の理論と保障につき、芦部信喜『現代人権論』（一九七四年）の「Ⅻ　民主国家における知る権利と国家秘密」および奥平康弘『知る権利』（一九七九年）の「第一章　知る権利の成立、その法的構成」の四と五に紹介と検討がある。また、奥平康弘『表現の自由Ⅱ』（一九八四年）の「第六編　知る権利」で、この権利が多面的に検討されている。

終　章　現在の問題状況

(1) 小林直樹『憲法の構成原理』一九六一年・三四〇頁。

(2) 日本国憲法の定める地方自治制度の構造と意義については、代表的な憲法書とともに、杉原『憲法と国家論』（二〇〇六年）の「第三部　地方自治権論・再考」を参照願いたい。

(3) 日本国憲法の国民主権の解釈については、杉原『憲法と国家論』一九六頁以下も参照願いたい。

人名索引

アークライト，R.　22
アルブレヒト，W. E.　68
アロー，K. J.　294
イエリネク，G.　68
伊藤三郎　379
伊藤博文　79, 84, 92, 94
伊東巳代治　79
井上毅　79
岩倉具視　94
ヴァルレ，J.-F.　31, 96, 97, 100, 102, 104-107
ヴィニー，A.　127
ヴィルヘルム１世　317
ヴィルヘルム４世　61, 62
ヴィレルメ，L. R.　140, 141
上杉慎吉　81, 82
上田耕一郎　379
ヴォルテール　177
エスマン，A.　12, 413-415
エンゲルス，F.　137, 140, 259, 260, 301, 303, 330, 331, 368
オウエン，R.　137, 140, 350
大来佐武郎　400
大久保利通　94
大河内一男　356, 359, 361, 364
尾崎行雄　79

カヴェニャック，L. E.　148
カートライト，E.　22
金子堅太郎　79
カベ，E.　146
カルノー，L.　130
カレ・ド・マルベール　12, 415, 416
カント，I.　113
岸本英太郎　360, 361
木戸孝允　94
ギャロウェイ，R. W.　201
京極高宣　370
金城清子　399, 400
グージュ，O.　31
久米邦武　95
クリントン，W. J.　296, 392, 393
クールベ，G.　127
グロ，A.　127
クロンプトン，S.　22
ケインズ，J. M.　10, 370, 372, 380
小泉純一郎　200
小井高志　23
ゴーチェ，T.　127
コンシデラン，V.　139, 141, 146, 147

坂井昭夫　379
サッチャー，M. H.　200
佐藤定幸　10, 295, 296, 376, 379, 385-387, 390, 392, 394, 398
サン・シモン，C. H.　146, 147
シエイエス，E. J.　28, 36, 37, 124, 329, 407
ジェニングス，W. I.　413
ジェファーソン，T.　26
ジェリコ，T.　127
島恭彦　379
シャトーブリアン，F. R.　127
シャンガルニエ　308, 310
シュビエル　318
シュモラー，G.　357
シュラーズ，M. A.　400
ショパン，F.　127
ジョンソン，C.　396
スウィージー，P. M.　152, 153, 371, 373-375
スターリン，I.　188, 258

スタンダール，H. B.　127
スミス，A.　23, 126
隅谷三喜男　137, 370
ソブール，A.　192, 279

ダイシー，A. V.　12, 230, 412
ダヴィド，L.　127
ダングラス，B.　37
チャーチル，W.　282
辻村みよ子　400
都留重人　400
ティエール，L. A.　169, 318
ディグラス，R. W.　10, 295, 296, 376, 379–381, 383, 384, 393, 394, 398
デュヴェルジェ　244, 417, 418
デュマ，A.　127
トクヴィル，A.　51, 145, 246, 247, 253, 411, 438
ド・フロット　309
ド・モログ　135
ドラクロワ，E.　127
ドリヴィエ，P.　96, 100, 101

中江兆民　79
長尾伸一　400
長岡延孝　400
中島信行　79
中曽根康弘　200
ナポレオン（1世）　117, 128, 138, 302, 310, 313, 317
ニクソン，R. M.　388
西村裕美　400
糠塚康江　400

ハイエク，F. A.　212
ハイネ，H.　127
バブーフ，F.　111, 116
バルザック，H.　127
バルナーヴ，A.　37
バロー　308
ビスマルク，O.　62, 63, 81, 328
ヒットラー，A.　427
ビュシェ，P.　146
ブオナロッティ，F.　111, 112, 118, 146, 147, 191
福沢諭吉　76
藤岡惇　379, 380
ブッシュ Jr., G. W.　200, 256, 296, 394
ブラックストーン，W.　113
ブラン，L.　146, 148, 305
ブランキ，L. A.　146, 147, 191
フリードマン，M.　212
フルシチョフ，N. S.　294, 378
プルードン，P. J.　146, 147
フーリエ，C.　141, 146, 147
ブレアー，T.　200
ブレンターノ，L.　357
ペクール，C.　146
ベートーヴェン，L.　127
ペノー，A.　140
ペ・ムスチラフスキー　294, 378
ベルツ，E.　79
細井和喜蔵　138
ボーダン，J.　39, 69
穂積八束　82
ホブソン，J. A.　344

マクナマラ，R. S.　293
マルクス，K.　6, 8, 9, 14, 178, 187, 188, 259, 260, 270, 271, 301–304, 315, 316, 319, 324, 325, 327, 328, 330–333, 335, 336, 338–341, 347, 353, 354, 454
美濃部達吉　80
宮崎勇　379
宮沢俊義　89
宮本憲一　400
ミュッセ，A.　127
モッセ　91
モンジュ，G.　130
モンテスキュー，C.-L.　26, 46, 106, 405
モンデール，W. F.　390

山口尚芳　94
ユゴー，V.　127
横山源之助　138

ラ・イット　309
ライプホルツ，G.　12, 419, 421, 422
ラーバント，P.　64, 88
ラヴォアジェ，A. L.　130
ラマルチーヌ，A.　127
ラムネ，F.　141
リスト，F　127
ルイ・フィリップ　302
ルイ・ボナパルト（ナポレオン3世）　304–313, 317, 321, 322, 328, 427
ル・シャプリエ　142
ルージュリー，J.　174
ルソー，J.-J.　102, 104, 349, 414
ルルー，P.　146
レーガン，R. W.　200, 256, 285, 286, 295, 296, 381, 382, 385, 389, 390, 394
レーニン，V. I.　6, 8, 9, 14, 188, 259, 260, 330, 336, 338–341, 347, 353, 374, 454
ロック，J.　30, 34, 113
ロベスピエール，M.　13, 105, 109, 110, 190, 278, 446

ワインバーガー，C. W.　381
ワグナー，A. H. G.　357
ワット，J.　22

著者略歴
1930年　静岡県に生まれる
1961年　一橋大学大学院法学研究科博士課程修了
現　在　一橋大学名誉教授，駿河台大学名誉教授
主　著　『憲法と資本主義の現在』（勁草書房，2010）
『新版体系憲法事典』（編集代表，青林書院，2008）
『憲法と国家論』（有斐閣，2006）
『第3版　憲法読本』（岩波書店，2004）
『憲法の「現在」』（有信堂高文社，2003）
『地方自治の憲法論』（勁草書房，2002）
『憲法を学ぶ　第3版』（共編，有斐閣，2001）
『恒久世界平和のために』（共編，勁草書房，1998）
『日本国憲法史年表』（編集代表，勁草書房，1998）
『憲法の歴史』（岩波書店，1996）
『憲法問題の見方』（弘文堂，1995）
『民衆の国家構想』（日本評論社，1992）
『人権の歴史』（岩波書店，1992）
『人民主権の史的展開』（岩波書店，1978）
『国民主権の研究』（岩波書店，1971）ほか

憲法と資本主義

2008年8月25日　第1版第1刷発行
2010年4月15日　第1版第3刷発行

著者　杉《すぎ》原《はら》泰《やす》雄《お》

発行者　井村寿人

発行所　株式会社　勁《けい》草《そう》書房

112-0005　東京都文京区水道2-1-1　振替　00150-2-175253
（編集）電話　03-3815-5277／FAX　03-3814-6968
（営業）電話　03-3814-6861／FAX　03-3814-6854
三秀舎・牧製本

憲法と資本主義

2024年9月20日　オンデマンド版発行

著　者　杉　原　泰　雄

発行者　井　村　寿　人

発行所　株式会社　勁《けい》 草《そう》 書 房

112-0005 東京都文京区水道 2-1-1　振替　00150-2-175253
（編集）電話 03-3815-5277／FAX 03-3814-6968
（営業）電話 03-3814-6861／FAX 03-3814-6854
印刷・製本　(株)デジタルパブリッシングサービス

AM273

ISBN978-4-326-98614-9　Printed in Japan